기술사업화 실무

T echnology Commercialization

INSTRODUCTION
머리말

사업에 있어 기술은 사업 주체의 핵심 경쟁력이고 가치 창출의 원동력이라는 사실을 부정하기는 어렵다. 애플과 테슬라처럼 혁신 기술을 사업화함으로써 시장을 선도하고 새로운 가치를 창출하는 기업들이 그 좋은 예가 될 것이다. 사업을 준비하는 예비창업자, 기업을 운영 중인 경영자, 연구개발사업에 참여고 있는 연구자 모두는 스티브 잡스(Steve Jobs)와 엘론 머스크(Elon Musk)를 꿈꾸며 각자의 기술이 사업으로 성공하기를 꿈꾼다. 하지만 기술사업화에 성공하기 위해서는 사업 주체의 의지 뿐만 아니라 전문 지식과 함께 체계적인 전략의 수립과 실행이 필요하다.

기술사업화를 구현하는데 필요한 지식과 전략에 관한 연구가 학계에서는 이루어지고 있고 관련 서적이 국내외에서 다수 출간되었다. 하지만 이들 논문과 서적들이 현장의 실제적 상황을 전달하기 보다는 이론적인 측면에 치우쳐 있던 것이 사실이다. 이로 인해 기술사업화 현장을 생생하게 이해할 수 있고 현실적인 추진 전략을 수립하는데 참고할 수 있는 실용적인 지침서에 대한 요구가 있어 왔다.

이에 본 교재는 기술사업화 현장에서 다 년간의 경험을 보유한 저자들이 보유한 전문 지식과 현장 경험을 정리하고 체계화 하여 대중들과 공유하고자 기획되었다. 따라서 기술사업화를 처음 접한 이들에게는 다소 어려울 수 있으므로, “꼭 알아야 할 기술사업화 바이블”(도서출판 청람, 2016)와 함께 읽어보기를 권한다. “꼭 알아야 할 기술사업화 바이블”이 입문서라면 본 도서는 전공서에 가깝다고 할 수 있다.

본 교재는 전체적으로 기술사업화의 3대 축인 시장성, 기술이전사업화, 지적재산권에 대해 각 1편 씩 총 3편, 10장으로 구성되어 있다.

1편은 시장성 분석에 관한 것이다. 창업자는 창업아이템이 기업 가치 창출로 이어지는 현장인 시장에 대해 이해하고, 시장의 크기 및 성장성, 변동성, 경쟁 현황 및 구조 등을 파악할 수 있는 분석 방법에 대해 습득하도록 한다. 이를 통해 본격적인 사업화 단계 돌입 전 사업타당성 분석을 수행하여 진척 여부를 결정하거나 사업화 전략을 정교화하고 향후 환경 변화에 따른 대응전략을 사전 수립할 수 있다.

제 1장에서는 먼저 시장의 중요성 및 분석의 필요성, 시장성 분석의 개요 및 절차에 대해 다양한 사례 등을 바탕으로 학습하도록 하였다. 특히, 기술 기반 창업자가 간과하기

쉬운 시장에 대한 중요성을 환기시키고, 시장성 분석이 반드시 필요한 절차이며 각 분석에 따라 도출해야 할 시장 요소에 대해 학습할 수 있도록 제시하였다.

제 2장에서는 제 1장에서 제시된 시장성 분석의 개요 및 절차에 따라 각 단계별로 구체적이고 실무적인 분석 방법을 분석 예시 등과 함께 상세히 학습할 수 있도록 제시하였다.

기존 문헌들이 대부분 이론적인 모형 및 원론적인 방법론 제시에 그쳤던 반면, 이 책에서는 기존 문헌에 제시된 방법론을 포함하면서도 필자의 기술평가 및 시장 · 산업 분석 경험을 바탕으로 실무에 많이 활용되고, 창업자가 직접 적용할 수 있는 방법론을 상세하게 제시하였다.

실제로 해당 분석 방법을 제시한 예시를 제시하거나 분석결과를 도출하는 과정을 상세히 기술하려 노력하였으며, 실제로 필자가 분석 과정 중에 부딪혔던 문제점 및 주요 이슈에 대해서도 미리 설명하여 창업자도 쉽게 따라하면서 활용할 수 있는 실무 지침서가 될 수 있을 것이라 판단된다.

2편은 외부기술 도입하여 사업을 추진하는 기술이전사업화에 관한 것이다. 최근 글로벌 대기업에서 시작된 개방형 혁신 전략이 대중화 되면서 기술이전사업화에 대한 관심이 커진 상태이나, 중소기업 규모에서의 사례와 실무적 지식을 접하기는 어려웠다. 이로 인해 기술이전사업화의 확산이 다소 제한된 것도 사실이다. 여기서는 중소기업 수준에서의 다양한 사례와 기술이전사업화 전반에 걸친 실무적인 정보와 지식을 제공함으로써 기술이전사업화를 준비하는 중소기업들의 이해를 돕고자 한다.

제1장에서는 기술이전사업화를 이해하기 위해 필요한 배경 지식을 소개하였다. 배경 지식으로는 기술이전사업화 개념, 중소기업 적합성, 공공연구기관들의 연구개발 산출물, 기술이전사업화 전담조직 등이 있다. 이들은 기술이전사업화의 기초적이고 기본적인 지식으로 이에 대한 이해가 필수적이다.

제2장에서는 기술이전사업화의 전반적인 프로세스에 대해 자세하게 설명하였다. 총 10 단계로 구성된 프로세스별로 도입기업이 필수로 알고 있어야 할 절차와 주의점들을 상세하게 기술하였다. 특히 현장의 용어와 표현을 사용하여 최대한 실무적으로 이해하기 쉽게 작성하였다.

제3장은 도입기업이 기술이전사업화를 통해 추구할 수 있는 경영 전략에 대해 설명하였다. 기업 성장 단계별로 활용할 수 있는 사업화 전략을 실제 사례와 더불어 소개하였다. 사례들과 함께 독자들이 이를 응용할 수 있는 통찰력을 갖을 수 있도록 유도하였다.

3편은 지식재산 창출 및 활용에 관한 것이다. 창업자는 창업아이템에 관해 특허, 실용신안, 디자인, 상표, 저작권을 받을 수 있는 아이디어를 창출하고, 양질의 권리를 획득하여 사업 전 주기에 적극 활용해야 한다. 창업자가 반드시 알아야할 부분을 최대한 실무적이고, 사례 위주로 제시하고자 하였다. 다만, 테크니컬 라이팅 및 지식재산권법 등 이론적으로도 충실히 뒷받침 되도록 노력을 아끼지 않았다.

제 1장에서는 기술 창업에서 가장 중요한 특허권 또는 실용신안권 창출을 위한 발명서 작성에 대해, 제 2장에서는 해당 발명서를 바탕으로 출원 명세서를 작성하는 방법과 특허청 심사 및 등록 절차에 대해 제시한다. 올바른 개념 이해와 실무적인 스킬 함양을 위해 반드시 알아야할 사항을 소개하여, 창업자가 양질의 특허권 또는 실용신안권을 획득할 수 있도록 하였다.

제 3장과 제 4장에서는 특허 또는 실용신안권을 창출하는데 그치지 않고, 해당 권리를 창업, 제품개발, 고객 유치, 시장 확장 등의 각 비즈니스 단계별로 활용하는 방법과 로열티 수익을 창출하는 방법에 대해 상세히 소개하였다.

디자인권, 상표권, 저작권은 특허 또는 실용신안권과 상보적이면서도 유용하게 활용할 수 있는 대표적인 지식재산권이다. 제 5장에서는 디자인, 상표, 저작물을 작성하는 방법과 활용하는 방법에 대해 각각 소개하였다.

본 교재가 출간되기 까지 적극적인 지원과 격려를 보내주신 창업진흥원 관계자분들께 감사드립니다. 마지막으로 혁신기술의 사업화를 추진하고 있는 도전가들이 본 교재를 통해 세상을 변화시키고 새로운 가치를 창출할 수 있게 되기를 간절히 바라겠습니다.

PART
01
시장성 분석

PART
03
지식재산 창출 및 활용

C o n t e n t s

PART 02

기술이전 사업화

Technology **Commercialization**

제1장 | 시장성 분석 이해하기

제2장 | 시장성 분석 실무

PART 01

시장성 분석

학습 목표

1. 시장의 중요성에 대하여 이해 한다.
2. 시장성 분석에 대하여 이해 한다.
3. 시장성 분석의 절차 및 단계에 대하여 숙지 한다.
4. 시장성 분석 단계별 다양한 분석 방법에 대하여 학습 한다.

Part 01. 시장성 분석

01_ 시장성 분석 이해하기

도 입
사 례

시장의 선택

Palm의 성공과 몰락

지금은 스마트폰의 등장으로 역사의 뒤안길로 사라졌으나, 그 전까지만 해도 PDA는 대중적이지는 못해도 첨단의 모바일 단말기로 개인 및 산업 현장 등에 활발히 활용되었다.

최초의 PDA는 Apple(미국)의 Newton으로 평가된다. Newton은 터치스크린에 일정관리, 통신 기능 등을 갖춰 PDA 또는 현재 스마트폰의 원형이 되는 기기로 1993년에 출시되었다. 현재 관점에서 보기엔 매우 혁신적인 제품이었기 때문에 시장에서 잘 팔렸을거라 생각할 수 있지만, 결과는 그 반대였다. Newton이 가진 혁신성에 비하여 시장이 혁신을 받아들일 준비가 안되어 있었고, 당시 기술 수준에서 해당 기능을 구현하려했기 때문에 너무 비싼 기기였기 때문이다.

반면에, Palm은 최초의 PDA는 아니지만, 최초로 대중적으로 성공한 PDA로 평가된다. Palm의 성공요인은 간결한 디자인, PIMS(개인일정관리) 등 소비자가 원하는 필수기능 만으로 구성, 상대적으로 저가인 점 등에 있었으며, 이는 당시 시장에서 소비자가 원하는 수준에 맞춤형으로 대응한 것이라 할 수 있다. 이 후에 PDA 시장에서 Palm은 승승장구하며 성공가도를 달리게 된다.

그러나, Palm의 성공은 그리 오래가지 못하였다. 2000년 이후 소비자의 needs가 기존의 PIMS 위주의 단순한 제품에서 보다 다양한 기능의 실용적인 기기를 원하는 방향으로 전환되어 전반적인 PDA 시장의 축소로 이어졌다. Palm은 이러한 시장의 변화에 적응하지 못하고 기존 concept의 PDA에 안주하여 축소되는 시장과 운명을 같이 하였다.

살펴본 바와 같이 Palm의 성공과 몰락은 철저하게 시장의 선택에 따른 것이었고, 사업화 관점에서 시장의 중요성을 일깨워주는 중요 사례라 할 수 있다.

Motorola 이리듐의 실패

Motorola(미국)는 한때 통신 분야에서 독보적이었던 기업으로, 무수한 세계 최초의 제품을 개발한 대표적 통신 기업이었다. 무선호출기 실용화(1956), 무선 휴대 텔레비전(1960), 무선호출기 상용화(1965), 우주통신 성공(1969), 32비트 마이크로 프로세서(1984), 폴더형 휴대폰(1996) 등이 세계 최초의 타이틀을 달고 Motorola가 이룩한 업적이었다. 그러나, 스마트폰이라는 시장의 큰 변화에 제대로 대응하지 못하여 부침을 거듭하다가 현재는 레노버에 인수되어 하위 브랜드 수준으로 몰락하였다.

Motorola가 전성기였던 시절에도 큰 실패를 맛본 경우가 있었는데, 대표적인 경우가 이리듐 프로젝트(Iridium Project)이다.

이 프로젝트는 저궤도 위성을 이용하여 전 세계 어디에 있든지 통화가 가능하게 한다는 아이디어로 시작되었으며, Motorola는 이 프로젝트를 기술적 위업의 상징이 될 잠재력을 지닌 사업으로 간주하고 막대한 투자를 감행하였다. 1991년 이리듐을 별도의 기업으로 설립하여 공식적으로 사업을 시작하였고, 1998년 11월 1일 엘 고어 부통령이 이리듐 통화를 개시하면서 본격적인 위성전화 서비스를 시작하였다. 그러나, 1999년 8월까지 가입자가 불과 2만명에 그쳤고, 결국 15억 달러 부도와 함께 파산 보호를 신청하게 되었다.

이리듐의 실패원인은 크게 시장 요인과 기술 요인으로 나뉠 수 있는데, 특히 시장 요인이 크게 작용하였다. 이리듐의 당초 목표시장은 휴대전화가 사용될 수 없는 원거리 출장이 잦은 국제 사업가들과 CEO들에 맞춰져 있었고, 그 수요 예측이 지나치게 장밋빛이었다. Motorola의 당시 CEO인 스테파노는 1999년까지 가입자가 50만 명에 이를 것으로 전망할 정도였다.

그러나, 생각보다 목표시장의 규모가 크지 않고 제한적이었으며, 대체재인 지상파 휴대전화의 급속한 확산 등에 따라 결국 실패하게 되었다.

기술은 일반적으로 사람의 필요에 따라 도구나 기계, 재료 등을 개발하고 사용하는 과정이나 제품을 생산하는 방식을 의미하며, 산업 노하우 및 지식의 집합으로 인식되어져 왔다. 그러나, 최근에는 기술적 지식이 생산방법으로 변환될 수 있을 때 비로소 기술이라고 정의하는 것이 일반적이며, 제품 · 서비스의 개발뿐 아니라 생산 및 판매에 사용될 수 있는 knowledge, skill, artifacts들의 집합 또는 Value chain을 구성하는 활동과 관련된 모든 기술을 포함하는 것으로 범위가 확장되고 있다.

즉, 기술 자체에 경제적 의미가 부여되어 있으며, 기술사업화를 통해 기업의 본연의 목적인 영업에 따른 매출과 수익, 즉 이윤으로 연결될 때 비로소 가치가 창출되는 것으로 볼 수 있다.

그림 1-1 기술사업화의 가치 창출 과정

기술 (Technology)		사업화 (Commercialization)		기업 가치 (Value)
· 지식재산권 (특허 등) · 기술 노하우 · R&D 프로젝트	+	· 시장 분석 · 마케팅 전략 · 제품화 · 생산 역량 · 자금조달	=	· 매출 · 영업이익 · 현금흐름

1.1 시장 분석의 필요성

시장은 기술이 사업화를 통해 수익을 창출하여 기업 가치로 이어지는 현장이므로, 시장에 대한 분석은 기술사업화에서 필수 불가결한 절차이자 사업타당성을 분석하는 첫 번째 관문이라 할 수 있다. 즉, 만들어진 제품 · 서비스를 시장에서 판매할 수 있는지 여부가 기본적인 사업성 확보 여부와 연결된다. 최첨단 · 고기능 기술로 무장한 제품이라도 시장에 안착하지 못하고 팔리지 않으면 실패할 수밖에 없으며, 이러한 예는 앞서 살펴본 바와 같이 역사적으로도 무수히 많다.

이에 따라, 최근 많은 기업이 제품 · 서비스의 기획 단계부터 철저한 시장조사 및 고객 분석을 통해 시장의 흐름과 고객 수요에 맞춰 개발 방향이 결정되는 시장주도형(Market Driven) 전략을 취하고 있을 정도로 관련 시장을 파악하는 것은 매우 중요한 일이다.

물론, 최근 Apple이나 Dyson(영국)과 같이 기술적 혁신에 전략적 핵심을 집중하는 기술주도형(Technology Driven) 전략으로 전례없는 성공을 거두는 현상이 많아짐에 따라 기술주도형 전략이 야기할 수 있는 전방위적인 혁신에 대한 주목도가 높아지고 있기는 하나, 결국 이들 기업도 '시장'에서 경쟁해야 하므로 시장에 대한 지속적인 분석은 기업 활동에 꼭 필요한 것이라 할 수 있다.

읽어 보기

시장주도형(Market Driven) vs 기술주도형(Technology Driven)

"Don't find customers for your products, find products for your customers." ~ Seth Godin

or

"It's not the customer's job to know what they want." ~ Steve Jobs

시장주도형 전략은 "고객이 원하는 제품을 만든다"는 기본적인 명제에 충실한 전략으로, 마케팅 전략의 기본으로 여겨져왔으며 지금도 대부분의 제품 · 서비스에 유효한 전략이라 볼 수 있다.
반면, 기술주도형 전략은 우선 제품을 만들고 고객을 설득시킨다는 전략으로 언뜻 보기에도 사업화 성공 가능성 등을 고려할 때 시장주도형 전략이 합리적으로 보인다.

그러나, 새로운 범주의 혁신적인 제품에서는 완전히 다른 얘기가 될 수 있다. 고객의 의사가 틀릴 가능성에 주목하여야 한다. 즉, 고객은 과거의 경험을 투사하여 제품에 대한 구매여부를 합리적으로 결정하게 되는데, 과거에 경험할 수 없었던 새로운 형태의 제품일 때는 기존과는 전혀 다른 양상을 보이게 된다는 것이다. 이러한 기술주도형 전략의 대표적인 경우가 Apple이라 할 수 있으며, 성공적인 기술주도형 전략을 통해 지난 15년간 iPod, iPhone and iPad 등을 히트시키며 전세계적인 혁신의 아이콘이 되었다. 그리고, 많은 기술창업기업들도 기술혁신에 집중하여 기술주도형 전략에 주력하는 경우가 많다.

시장주도형 전략은 대부분의 경우 위험이 적고, 현명한 접근방법이 될 수 있다. 특히, 소비재 기업이나 일부 B2B기업에게는 고객과 시장을 관찰하고 분석하는 것이 매우 중요하다. 시장주도형 전략을 채택한 기업은 현재고객, 잠재고객 등 다양한 부류의 고객과 지속적으로 소통하고 그 결과를 전략에 반영해야 하며, 시장의 흐름을 지속적으로 모니터링하여 성공적인(=고객이 원하는) 제품에 집중하도록 해야 한다.

기술주도형 전략은 개발 방향의 결정을 내부 역량에 의존하고, 개발 후에 시장에 나가서야 고객의 반응을 볼 수 있기 때문에 시장주도형 전략보다 위험 가능성이 높다. Apple의 경우에도 최근의 성공 이전에는 Apple Lisa, Apple III, Power Mac G4 Cube 등의 실패작들이 있었고 기업의 생존이 위태로운 상황까지 이르기도 했다. 그러나, 혁신적인 제품일 경우엔 기존 시장의 경쟁으로부터 자유로울 수 있으며, 막대한 이윤 창출 가능성 및 파괴적 혁신의 가능성이 높다는 장점이 있다.

어떤 전략을 택할 것인가는 결국 제품 특성 및 기업이 처한 환경에 달려있다. 시장주도형 기업은 밀접한 고객 관계를 바탕으로 점진적인 발전이 가능하며, 기술주도형 기업은 단기간에 크게 성장할 가능성을 가지고 있다. 다만, 기술주도형으로 단기간에 성장한 기업도 제품의 범용화 등에 따라 시장에서 경쟁할 수 밖에 없으며 결국 시장주도형 전략으로 전환할 필요는 있다. Steve Job의 Apple이 Tim Cook의 Apple로 변모하고 있는 것처럼..

사업타당성 분석

기술은 개발 자체에도 시간과 비용, 인적 · 물적 역량이 소요되지만, 이를 사업화하는 과정에서는 생산역량 확보, 공정개발 등 더 많은 자원 투입이 필요하다. 따라서, 본격적인 사업화 과정에 들어가기에 앞서 개발 기술의 경쟁력, 목표로 하는 시장의 매력도, 자원 투입에 따른 사업화 성과 및 기업 가치 창출 가능성을 객관적으로 판단하기 위한 사업타당성 분석(Feasibility Test)을 실시하여 사업화 단계로의 진척 여부를 결정하게 된다. 사업타당성 분석결과 타당한 것으로 판단될 경우 사업화 단계로 진척할 수 있으나(다만, 타당성이 높다고 해서 사업화 성공을 보장하지는 않는다), 타당하지 않은 것으로 판단될 경우엔 아이디어, 기술개발 전략 또는 사업화 전략의 전반적인 수정이 불가피하다.

사업타당성 분석의 의의

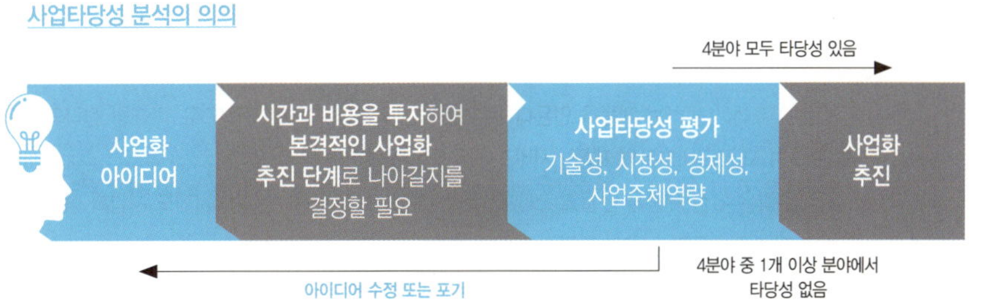

사업타당성 분석을 하는 주요 목적은 상기한 바와 같이 아이디어/개발 단계(Stage)와 사업화 단계(Stage) 간의 일종의 관문(Gate Keeper) 역할을 하는 것이나, 이 외에도 사업타당성 분석을 수행하면 다음과 같은 다양한 이점을 얻을 수 있으므로 기술사업화를 추진하는 경우 사업타당성 분석은 반드시 실시하는 것이 좋다.

---

① 사업타당성 분석은 객관적인 자료 조사와 구체적인 사업계획 수립이 필수적으로, 체계적인 사업계획 수립 자체가 사업화 성공 가능성을 높이는 요인으로 작용할 수 있다.
② 사업타당성 분석의 외부 환경 및 경쟁력 분석을 통해 강점에 대한 보강, 약점에 대한 보완 등 맞춤형 전략을 수립할 수 있다.
③ 다양한 투입 요소를 고려하여 타당성을 분석함에 따라, 사업화에 직접적으로 필요한 요소의 선별 및 우선순위 부여가 가능하여 사업화 기간을 단축하고 효율성을 제고할 수 있다.
④ 사업화 진척에 따른 예상 문제점을 미리 파악하여, 예방 전략 수립에 활용가능하다.

사업타당성 분석은 기술성 분석, 시장성 분석, 경제성 분석, 사업주체역량 분석의 크게 4가지 요소에 대한 분석으로 구성된다.
기술성 분석은 기술의 경쟁력을 평가하는 것으로 "잘 만들 수 있는지","만들면 경쟁력이 있는지"를 판단하는 분석이다. 기술성 분석에서는 기술의 차별성과 독창성 뿐 아니라 이를 개발하기 위한 기술개발 인프라, 양산에 이르는 제품화 · 생산역량에 대한 분석을 모두 포함하는 것으로 기술의 제품화 · 서비스화 타당성을 분석하게 된다.
시장성 분석은 사업화 제품 · 서비스가 목표로 하는 시장의 매력도를 평가하는 것으로 "잘 팔리는 시장인지","얼마나 팔리는 시장인지"를 판단하는 분석이다. 시장성 분석에서는 관련 산업 및 시장 환경 분석, 시장규모 및 성장성 분석, 시장 예측분석, 시장 구조 및 경쟁 분석 등이 이루어진다.
경제성 분석은 시장에서 팔린 제품 · 서비스에 대해 투입 자원 대비 경제성 정도를 평가하는 것으로 "수익이 나는지", "투입대비 경제성이 있는지"를 판단하는 분석이다. 일반적으로 기업 재무 관점에서 경제성을 분석하는 다양한 정량적 분석 방법을 이용하여 이루어진다.
사업주체역량 분석은 제품의 기술사업화를 추진하는 사업화 주체의 사업화 역량을 평가하는 것으로 "사업할 능력이 되는지", "충분한 역량을 가지고 있는지"를 판단하는 분석이다. 인력 · 조직 등의 관점에서의 분석이 주로 이루어진다.

사업타당성 평가 개요

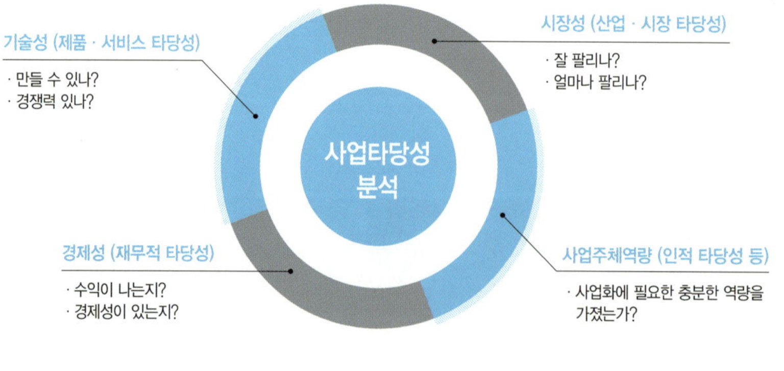

1.2 시장성 분석 개요

시장성 분석은 개발한 제품 · 서비스가 판매 경쟁을 벌이게 될 시장에 대해 다각적으로 분석하여 목표시장이 가치 창출에 있어 충분히 매력적인지 검증하는 것이다. 시장에서 사업화 제품 · 서비스가 잘 팔릴지 여부는 제품 · 서비스 자체의 경쟁력도 중요하지만, 목표로 하는 시장의 환경이 매우 중요하다.

아무리 좋은 제품 · 서비스를 개발하더라도 다음과 같은 시장 환경에서는 기업 가치 창출의 한계에 봉착하게 된다.

1. 목표로 하는 시장의 규모(Size)가 한정적이면, 기업의 수익 확보도 제한적일 수밖에 없다.

사례) 단원도입사례에서 제시된 Motorol의 이리듐이 대표적인 사례이다. 고객의 수요 파악 오류 및 대체 기술의 급속한 발전과 함께 한정적인 시장규모가 실패의 큰 원인이 되었다.

2. 시장의 규모가 크더라도 시장 성장성(Growth) 관점에서 정체된 시장이거나 감소하는 시장일 경우엔 기업 성장과 수익성 확보가 어려울 수 있다. 성장하지 않는 시장은 필연적으로 경쟁강도 심화 및 수익성 악화의 늪에 빠지게 된다.

사례) 스마트폰은 지난 약 10년간 가장 혁신적인 제품의 지위를 누려왔으나, 최근에는 범용화(Commodity화)되면서 소비자에 어필하는 강도가 약해져 수요 부진에 시달리고 있다. 또한, 과거 대비 혁신적인 기술의 출현이 줄어들고 제조기술의 발전에 따라 진입장벽이 크게 낮아져 특히 중국을 중심으로 시장 Player가 크게 증가하였다.
이에 따라, 스마트폰 시장도 2016년 처음 역성장을 기록하는 등 성장성이 크게 악화되고 있으며, 시장 Player들의 경쟁격화 및 수익성 저하가 이어지고 있다.

3. 시장의 규모도 크고 지속적으로 성장하더라도, 기술 · 자본 등 진입장벽(Entry Barrier)이 너무 높은 경우 창업기업의 시장진입이 불가능하다.

사례) 진입장벽은 기술, 자본, 특허, 영업력 등 다양하다. 기술 · 자본 등의 진입장벽이 매우 높은 산업의 대표적인 예가 반도체 산업이다. 반도체 산업은 높은 기술력과 조 단위의 투자가 요구되며, 자본력을 바탕으로 한 치킨 게임도 일어나는 산업으로 기본적으로 창업기업이 아무리 기술력이 좋다고 해도 진입 자체가 불가능하다. (Fabless 제외)

4. 시장에 진입하더라도, 산업구조(Industry Structure) 및 경쟁 강도(Competitive Intensity)에 따라 지배적인 사업자의 독과점 시장일 경우 제품 판로 개척부터 어려울 수 있으며, 반대로 완전 자유경쟁 시장인 경우에는 과도한 경쟁으로 수익성 확보가 어려울 수 있다.

사례) 최근 새롭게 이슈되고 있는 독과점 시장으로는 소프트웨어 및 인터넷 서비스 분야가 있다. 얼핏 보기에 소프트웨어 · 인터넷 서비스는 진출입이 자유로운 경쟁시장의 성격을 띠는 것으로 보이지만, 플랫폼의 선점이 중요해지면서 플랫폼을 선점한 기업들의 시장지배력이 이슈가 되고 있는 것이다. 대표적인 예로 Microsoft(미국)의 운영체제(OS, Operatng System), Google(미국)의 검색 · 광고 플랫폼, 네이버(한국)의 검색 · 포탈 플랫폼 등이 있다.
이러한 분야는 창업기업의 진입 자체는 자유로울 수 있으나, 플랫폼을 선점한 지배적 사업자보다 경쟁력을 가지고 수익을 창출하기는 매우 어렵다.

5. 법 · 규제 등의 시장 외적인 환경도 고려해야 한다. 아무리 좋은 기술도 법 · 규제의 테두리를 벗어나 사업화되지 못하기 때문에, 관련 기술 및 산업에 대한 장려 또는 제약 요인이 있는지를 면밀히 검토해야 한다.

사례) 정부는 고효율 조명 전환을 위해 2014년부터 25W이상 150W 이하 백열전구의 생산 및 수입을 전면금지했다. 국내 뿐 아니라 이는 세계적인 흐름으로 다른 나라에서도 비슷한 수준의 규제를 시행하고 있다. 이에 따라 백열전구는 초소형(25W미만), 대형(200W이상)을 제외하고는 조명 시장에서 퇴출되어, 사실상 백열전구 시장은 소멸한 것이나 다름없다.

시장성 분석은 상기한 바와 같은 사업화 제품 · 서비스 관련 시장 환경을 다각도로 분석하는 것으로, 주로 다음의 항목으로 구성된다.

표 1-1 시장성 분석 주요 항목

항목	세부 항목	주요 내용
① 목표시장 정의	–	– 사업화 제품 · 서비스의 목표시장의 정의 및 개요 – 산업의 특성
② 환경분석	②–1 거시 환경 분석 (메가트렌드)	– 기업의 활동 및 성과에 영향을 줄 수 있는 거시적(정치, 경제, 기술, 사회적 요인 등) 외부 환경을 분석 – PEST 분석, STEEP 분석 등을 주로 활용
	②–2 미시 환경 분석 (산업구조 분석)	– 기업의 활동 및 성과에 직접적으로 영향을 줄 수 있는 산업환경(경쟁자, 공급자, 고객 관계 등)을 분석 – 5 Force 분석 등을 주로 활용
③ 시장규모 및 성장성 분석	③–1 시장규모 분석	– 목표시장의 규모(Size) 및 성장성(Growth Rate) 분석 – 일반적으로 최근년도 기준 과거 5개년 시장규모를 분석
	③–2 시장 예측	– 미래 목표시장의 규모(Size) 및 성장성(Growth Rate) 전망 – 일반적으로 최근년도 기준 향후 5개년 시장규모를 예측
④ 경쟁분석	–	– 업체 현황 분석 (주요 시장 Player 분석, 지배적 사업자 존재 여부, 업체별 동향 등) – 시장 점유율 및 경쟁경쟁 강도 분석(독과점/자유경쟁시장 여부 등)

1.3 시장성 분석의 목적

시장성 분석은 기술사업화에 있어 위험을 최소화하고, 수익 창출 가능성을 점검하는 필수활동으로, 시장성 분석 결과는 다음과 같은 목적에 활용된다.

1. 시장기회의 파악

목표시장을 정의하기 위해 시장을 세분화하고, 관련 시장의 특성, 규모 및 성장성, 경쟁분석 등을 수행하여 당초 목표로 했던 시장 외에도 새로운 시장 기회를 파악하는 데에 활용할 수 있다. 특히, 기술별, 응용분야별, 국가별 등 다양한 기준에 따라 시장을 세분화하고 관련 경쟁현황 등을 분석하여 목표시장의 범위를 정교화하거나 새로운 시장기회를 포착할 수 있는 기회로 삼을 수 있다.

2. 시장진입 전략 수립

목표시장의 구조, 진입장벽, 경쟁 강도 등을 파악하여 시장진입에 필요한 요건 및 시장진입 가능성 등을 파악하고 적절한 시장진입 전략을 수립할 수 있다. 예를 들어, 목표시장에 진입하여 경쟁하기 위해 특정한 인증이 필요하다면, 해당 인증을 먼저 획득하고 관련 영업망을 구축하는 등의 시장진입 전략을 수립할 수 있다.

3. 마케팅 전략 수립 및 조정

목표시장의 고객 특성 및 밸류체인, 유통 구조, 관습 등을 파악하여 시장특성에 부합한 마케팅 전략을 수립할 수 있다. 또한 다수의 다른 특성을 가지는 시장(예를 들어, 국가별 시장 등)에 동시 진입을 계획하는 경우, 서로 다른 환경에 따른 개별 시장 간 차이점 등을 종합적으로 분석할 수 있으므로 마케팅 전략을 통합하거나 조정할 수 있다.

시장성 분석을 마케팅 전략 관점에서 살펴보면, 3C(고객, 경쟁자, 자사) 분석 중 고객 및 경쟁자 분석을 수행하는 과정으로도 볼 수 있다.

4. 환경변화에 대한 신속한 대응전략 마련

거시 또는 미시 환경변화 가능성을 미리 파악할 수 있으며, 시장 예측 및 전망 시 다양한 시나리오 분석 등을 실시하게 되므로 환경변화에 대한 예측 및 신속한 대응전략 마련이 가능하다.

1.4 시장성 분석의 방법 및 절차

시장성 분석은 방법에 따라 직접 분석과 간접 분석으로 구분된다. 직접 분석은 설문조사, 포커스 그룹 인터뷰, 현장 시험 등을 통해 직접 수행한 시장조사 자료를 바탕으로 하는 분석을 말하며, 간접 분석은 각종 시장조사기관 자료, 인구통계 데이터, 산업 통계 등 이미 발간된 기존 조사 데이터를 바탕으로 하는 분석을 말한다.

직접 분석은 목표로 하는 고객 및 시장에 대한 맞춤형 조사 설계가 가능하여 의사결정에 필요한 심도 있는 정보를 얻을 수 있는 장점이 있는 반면, 전문 시장조사 기관 등에 의뢰하는 경우가 많아 비용과 시간이 상대적으로 많이 소요되는 단점이 있다.

간접 분석은 상대적으로 낮은 비용과 시간으로 전반적인 정보를 수집할 수 있는 장점이 있으나 직접 분석 대비 구체적인 표적성은 떨어지는 단점이 있다.

구체적인 마케팅 전략 수립에는 시간과 비용이 소요되더라도 특정 집단을 대상으로 한 직접적인 문제 해결이 가능한 직접 분석이 더 적합하다고 볼 수 있으나, 사업타당성 분석에서는 비교적 낮은 비용과 시간에 불구하고 개괄적인 시장 환경 정보를 분석할 수 있는 간접 분석이 주로 활용된다.

표 1-2 시장성 분석의 방법에 따른 구분

구분	직접 분석	간접 분석
수행 주체	전문 시장조사 기관 의뢰 또는 사업화 주체 본인이 직접 수행	사업화 주체 본인이 직접 수행하거나 전문 컨설턴트 등에 의뢰
수행 방법	조사자가 특정 고객군에 대한 직접 조사(설문, 인터뷰 등)를 실시	기존 발간된 자료를 활용
장점	심도있는 정보 확보가 가능하며, 맞춤형 설계 및 결과 확보 가능	상대적으로 낮은 비용과 시간 투입하여 전반적인 정보를 획득 가능
단점	높은 비용 및 시간 소요	구체적인 표적성 낮음

시장성 분석은 일반적으로 ①목표설정(목표시장 명확화) → ②분석 계획 수립 및 설계 → ③자료 수집 → ④자료 분석 · 해석 → ⑤문서화의 순으로 이루어진다.

먼저, 목표설정 단계는 분석 목표와 분석 범위를 명확히 하는 단계를 말한다. 시장성 분석에서는 목표시장의 구체화 및 범위 설정 등이 이에 해당하며, 분석대상 및 범위, 분석내용을 구체적으로 규정하게 된다.

분석 계획 수립 및 설계 단계는 분석 방법론에 대한 구체적인 설계를 수행하는 단계로, 목표에 적합한 분석 방법론에 대한 타당성 분석 및 선택(직접 분석 또는 간접 분석 수행 여부 결정을 포함한다), 분석 일정 및 예산 편성 등 전체적인 분석의 Framework을 설계하는 단계이다.

자료 수집단계에서는 분석 계획에 따라 적합한 각종 자료를 수집한다. 직접 분석의 경우 설문조사, 포커스 그룹 인터뷰 등의 조사결과를 수집하며, 간접 분석의 경우 관련 산업 및 시장에 관한 각종 발간 자료를 수집한다.

자료 분석 · 해석 단계는 수집된 자료의 검토, 통계분석, 수집자료에 기반한 추정 등 분석 목표 및 분석 계획에서 설정한 분석 방법론에 따라 자료를 가공, 분석하고 해석하는 단계이다. 사업화 주체가 직접 분석을 수행할 경우 지나치게 낙관적인 해석은 지양해야 하며, 기본적으로는 보수적 관점에서 해석하는 것이 향후 전략 수립에 더 유리하다 할 수 있다. 필요에 따라서는 비관론 · 중립론 · 낙관론 등으로 구분한 시나리오 분석을 실시한다.

문서화 단계는 분석결과를 문서화하는 단계로 분석에 따른 향후 사업화 전략 수립도 이 단계에서 이루어지게 된다. 문서화는 분석결과의 향후 지속적인 활용 및 일관된 전략 실행을 위해 반드시 필요하다.

단원요약

- 기술은 자체에 경제적 의미가 부여되어 있으며, 기술사업화를 통해 기업의 본연의 목적인 영업에 따른 매출과 수익, 즉 이윤으로 연결될 때 비로소 가치가 창출된다.
- 시장은 기술이 기업 가치를 창출하는 현장으로, 시장에 대한 분석은 기술사업화에서 필수 불가결한 절차이자 사업타당성을 분석하는 첫 번째 관문이라 할 수 있다.
- 시장 분석의 중요성에 따라, 최근에는 많은 기업이 제품 · 서비스의 기획 단계부터 철저한 시장조사 및 고객 분석을 통해 시장의 흐름과 고객 수요에 맞춰 개발 방향이 결정되는 시장주도형(Market Driven) 전략을 취하고 있다.
- 시장성 분석은 개발한 제품 · 서비스가 판매 경쟁을 벌이게 될 시장에 대해 다각적으로 분석하여 목표시장이 가치 창출에 있어 충분히 매력적인지 검증하는 절차이다.
- 시장성 분석의 주요 요소는 시장규모(Market Size), 시장 성장성(Market Growth), 진입장벽(Entry Barrier), 산업구조(Industry Structure), 경쟁 강도(Competitive Intensity), 시장 환경(Market Environment) 등이다.
- 시장성 분석은 ①목표시장 정의, ②거시 · 미시 환경분석, ③시장규모 및 성장성 분석, ④경쟁분석의 순으로 이루어진다.
- 시장성 분석을 통해 시장기회를 파악할 수 있고, 그 분석결과를 시장진입 전략 및 마케팅 전략 수립 · 조정과 향후 환경변화에 대한 신속한 대응전략 마련에도 활용할 수 있다.
- 시장성 분석은 직접 분석과 간접 분석으로 구분되며, 일반적인 사업타당성 분석 절차에서는 간접 분석 방법이 주로 활용된다.

핵심용어 정리

- 시장(Market)
- 기술사업화
- 시장 주도형(Market Driven)
- 기술 주도형(Technology Driven)
- 사업타당성 분석(Feasibility Test)
- 시장규모(Market Size)
- 시장 성장성(Market Growth)
- 진입장벽(Entry Barrier)
- 산업구조(Industry Structure)
- 경쟁 강도(Competitive Intensity)
- 시장 환경(Market Environment)

학습하기

1. 기술사업화 과정에서 시장성 분석의 중요성에 대해 토의해 보시오.

2. 시장성 분석에서 가장 염두에 두어야 할 부분은 어떤 부분인지 설명하시오.
   - 시장성 분석의 목표 등을 고려하여 논의해 보기.

3. 시장성 분석은 어떤 단계로 이루어지며, 각 단계별 분석의 결과 도출해야 할 주요 시장 요소는 무엇인가?

4. 시장주도형 전략을 통한 성공 사례와 기술주도형 전략을 통한 성공 사례를 각각 찾아보고, 주요 성공 요인 및 시사점에 대해 토의해 보시오.

5. 기술사업화 과정에서 사업타당성 평가의 역할은 무엇인지 설명하시오.

참고문헌

- B.R. Barringer, R.D. Ireland, Entrepreneurship, Pearson, 2012
- 손수현, 이성룡, 정세호, 연구기획평가실무자를 위한 기술사업화, 한국산업기술진흥협회, 2007
- M. A. Schilling, Strategic Management of Technological Innovation(2nd Ed.), McGraw-Hill Irwin, 2006
- 박용태, 기술경영연구실, 차세대 기술혁신을 위한 기술지식 경영, 생능출판사, 2007
- 박찬수, 마케팅 원리(제4판), 법문사, 2010

02 시장성 분석 실무

2. 시장성 분석 실무

1장에서 시장성 분석이 무엇이고, 왜 해야 하는지, 어떤 분석들을 수행하는지에 대해 살펴보았다. 2장에서는 시장성 분석의 각 단계(①목표시장 정의 → ②환경분석 → ③시장규모 및 성장성 분석 → ④경쟁분석)를 따라가면서 각 단계에서 도출해야 할 결과(즉, 분석의 목표), 분석 방법 및 분석 시 유의할 점, 분석 예시, 분석의 의의 등을 필자의 시장 분석 경험 등을 토대로 실무적인 관점에서 설명하고자 한다.

2.1 목표시장 정의

시장성 분석에서 가장 먼저 수행해야 하는 것은 사업화하려는 제품 또는 서비스가 목표로 하는 시장과 관련한 산업을 정의하고, 해당 시장 및 산업의 특성을 파악하는 것이다.

목표시장은 이후 시장성 분석 및 사업타당성 분석뿐만 아니라, 향후 사업화 전략 수립의 기본 단위 및 전제가 되므로, 목표시장을 명확하게 정의하는 것이 중요하다.

시장 세분화

목표시장을 정의하기에 앞서 필요한 것은 관련 시장을 세분화하는 것이다. 시장을 세분화하는 기준으로는 일반적으로 마케팅학에서 말하는 인구학적, 지역적, 사회적 기준 등이 있을 수 있으며, 특히 기술사업화의 경우엔 기술, 응용 분야, 밸류체인 내 산업 분야 등이 세분화 기준으로 주로 이용된다.

기술 및 응용 분야에 따른 시장 세분화를 디스플레이 시장에 적용하면, 디스플레이 시장은 기술에 따라 LCD(Liquid Crystal Display), OLED(Organic Light Emitting Diode), 기타 디스플레이(PDP 등)로 구분되며, 응용 분야에 따라서는 TV용, 모니터용, 노트북PC용, 모바일용, 기타특수목적용으로 구분된다.

밸류체인 내 산업 분야에 따른 시장 세분화는 특히 IT융합 제품 또는 IT분야, 융합서비스 분야 등에서 많이 활용된다. 즉, IT를 기반으로 다양한 산업이 밸류체인을 이루어 최종소비자까지 연결되는 경우, 각 산업 분야별로 시장을 구분하게 된다. 예를 들어, 이러닝 시장의 경우 콘텐츠 시장, 솔루션 시장, 서비스 시장으로 세분화할 수 있으며, 홈네트워크 시장의 경우 홈네트워크 장비시장과 서비스 시장으로 구분할 수 있다.

또 다른 예로, 영어 이러닝 서비스 관련 목표시장을 설정하기 위해 인구학적, 사회적 기준을 적용하여 교육 시장을 세분화해보면 다음과 같다.

그림 1-2 교육 시장 세분화 예시

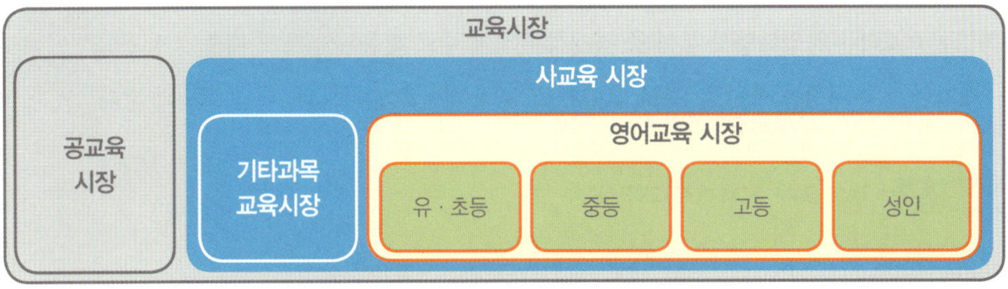

목표시장 정의

시장을 세분화한 후, 사업화 제품 · 서비스의 특성 및 성능, 개발 방향 등에 적합한 목표시장과 관련 산업을 정의한다.

목표시장 정의에서 유의해야 할 점은 목표시장의 범위 설정에 대한 것이다. 사업화 제품 · 서비스와의 특성을 고려하여 적절한 범위의 목표시장을 설정하는 것이 중요하다. 목표시장의 범위를 지나치게 크게 잡을 경우, 목표시장 정의 이후에 수행하는 시장규모 분석결과가 과대하게 평가되는 문제가 발생하며, 기술의 확장성을 고려하지 않고 목표시장의 범위를 지나치게 좁게 잡을 경우에는 기술의 사업화 가치를 과소평가하게 되는 결과를 얻을 수 있다.

시장의 범위를 설정할 때 활용되는 개념 중 하나가 TAM(Total Addressable Market, 전체시장), SAM(Served/Serviceable Available Market, 유효시장), SOM(Serviceable Obtainable Market or Share of Market, 수익시장) 개념이다. 목표시장의 범위를 TAM → SAM → SOM의 순서로 명확화하는 것도 좋은 방법이다.

TAM은 사업화 제품 · 서비스와 관련된 전체 비즈니스 도메인의 크기를 의미하며, 사업화 제품 · 서비스가 속하는 전체 시장이라 볼 수 있다. TAM은 대부분의 창업기업에게는 목표시장으로 잡기에는 너무 큰 시장 범위에 해당하지만, TAM에 대한 공개 자료를 비교적 쉽게 얻을 수 있으며 분석을 통해 전체 산업 동향 및 시장 환경을 조망할 수 있다는 점에서 중요하다고 할 수 있다. SAM은 TAM 내에서 사업화 제품 · 서비스가 적용되고 사업화 주체가 추구하는 비즈니스 모델이 적용되는 시장으로, 유효시장이라고도 한다. 사업화 제품 · 서비스가 실질적으로 경쟁하게 되는 시장이 SAM이 되므로, 일반적으로 시장성 분석 시 시장규모 및 성장성 분석 등은 SAM에 대해 수행하게 된다. 따라서, 시장성 분석에서 대부분의 목표시장 정의는 SAM이 된다고 볼 수 있다.

SOM은 SAM 내에서 사업화 초기 단계에 확보 가능한 시장을 의미하며, 수익시장이라고도 한다. SOM은 시장이라기보다는 목표시장 내에서 사업화 제품 · 서비스가 경쟁하여 확보할 수 있는 초기 시장 점유 규모라 볼 수 있다(사업화 주체가 100%의 시장을 점유(독점)하는 것을 가정할 때의 SOM의 크기는 SAM과 동일하게 된다).

따라서, SOM은 기업 외부 환경뿐 아니라 기업 내부 역량(기술력, 영업력 등)에 좌우되며, 시장성 분석보다는 사업타당성 분석 중 경제성 분석에 주로 활용된다(초기 매출 추정 등).

상기한 교육 시장을 예시로 TAM, SAM, SOM의 개념을 살펴보면, 다음 그림과 같다.

그림 1-3 TAM, SAM, SOM 예시 (교육 시장)

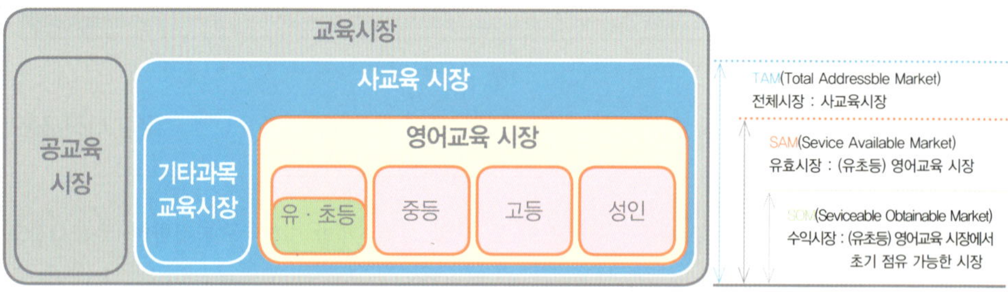

읽어 보기

목표시장 정의 예시(리튬이차전지)

사업화 기술 관련 TAM 정의

사업화 기술은 화학전지 중 연구계 및 산업계에서 가장 큰 각광을 받고 있는 전지인 리튬 이차전지의 고용량, 고출력용 음극 활물질 개발에 관한 것으로, 목표시장은 리튬이차전지 및 리튬이차전지용 음극 활물질 재료 시장으로 볼 수 있다.

사업화 기술 관련 SAM 정의

사업화 기술은 고용량 프리미엄 리튬이온전지 시장을 우선 목표로 하며, 기존 시장 대체가 아닌 신규 시장의 창출이라는 특성을 가지고 있다.

기존에 사용되는 흑연계 음극의 경우 3000 mAh가 용량의 한계라는 것이 업계의 일반적인 의견이며, 신규 물질 및 공정 등은 안정성 등의 문제로 Mobile向에 우선 채용되는 것이 일반적인 경향이다.

따라서, 사업화 기술의 주요 목표시장은 18650 원통형 리튬이온전지 기준 3000 mAh 이상의 Mobile向 시장으로 정의할 수 있다.

산업 특성 분석

목표시장을 정의한 후 사업화 제품 · 서비스가 속하는 산업에 대한 특성을 분석한다. 관련 산업의 성격 및 특성을 분석함으로써 사업화 제품 · 서비스가 시장에서 경쟁력을 가지고 경쟁할 수 있는지를 판단하게 된다.

산업 특성 분석은 전 · 후방 산업, 해당 산업의 기여도 및 중요도, 해당 산업의 성격 및 특징 등에 대해 분석하는 것으로, 사업화 제품 · 서비스가 속한 산업에 따라 분석 방법 및 범위 등이 달라진다.

전 · 후방 산업 분석은 전체 밸류체인에서 해당 산업의 앞 · 뒤에 위치한 산업에 대한 분석이다. 해당 산업에 원재료 · 부품 등을 제공하는 후방산업이 어떤 산업이며, 어떤 기업들이 있는지, 해당 산업과 어떤 방식으로 연계되는지를 분석하고, 해당 산업의 수요처인 전방산업에 대해서도 동일한 방식의 분석을 수행한다. 이를 확장하여 밸류체인 분석을 수행하기도 한다.

읽어 보기

전 · 후방산업 분석 예시 (태양전지용 커버글래스)

사업화 대상 기술은 태양전지 보호용 유리기판에 반사방지막을 코팅하여 반사율을 저감시켜 광효율을 증가시킬 수 있는 고투과율 태양전지용 커버글래스의 개발에 대한 것이다. 동 기술이 상용화될 경우 최종 제품인 태양전지용 커버글래스는 태양전지모듈용 부품소재 산업군에 속하며 태양광 모듈에 적용되어 태양광발전 시스템으로 구성, 소비자에게 제공되게 된다. 동사는 원판 유리를 구매하여 이를 가공하고, 반사방지막 코팅을 하여 태양광 모듈업체에 이를 제공하고자 하는 사업화 계획을 가지고 있다. 이에 따라, 동 제품의 후방산업은 원판 유리산업, 코팅 관련 원재료 산업으로, 전방산업은 태양광 모듈 및 시스템 산업으로 정의할 수 있다.

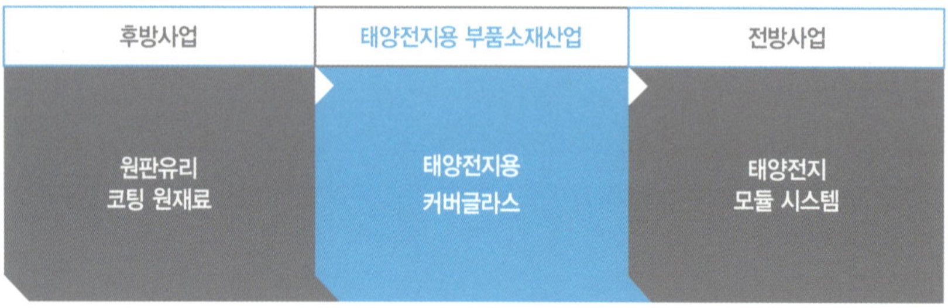

해당 산업의 기여도 및 중요도 분석은 경제 · 사회적 관점에서 해당 산업의 파급력 및 영향력 등을 분석하며, 사업화 제품 · 서비스가 적용되었을 때 해당 산업의 기여도 및 중요도가 어떻게 개선될 수 있는지에 대한 분석도 포함할 수 있다.

해당 산업의 성격 및 특징 분석은 산업을 여러 가지 측면에서 특성을 파악하는 것으로 생산요소의 투입 비중(기술집약형 or 노동집약형 or 자본집약형), 밸류체인 상 위치(중간재 or 소비재), 사업화 주체의 성격(중소기업형 or 대기업형), 사업화에 필요한 요건(특정 인증 보유여부 등), 수급특성, 법 · 규제 등 외적 요인 등에 대한 다각적인 분석으로 이루어진다.

읽어 보기

산업 특성 분석 예시 (LED칩 산업)

LED칩 산업은 다양한 전후방 산업과 연계되어 있어 산업파급 효과가 매우 큰 산업이다. 또한, 반도체 산업과 유사하게 대규모 자본 및 장치 투자가 필요한 자본 집약적 특징을 가지고 있는 한편, 반도체 공정 기술 등 높은 기술력이 필요하고 기술 경쟁이 매우 치열한 분야이기 때문에 기술 집약적 특징 또한 가지고 있다. 더욱이 최근에는 주요 기술이 선진사 몇몇 기업에 의해 선점되어 있어 지식재산권 문제가 심각하게 대두되고 있다.

LED 관련 특허 관계

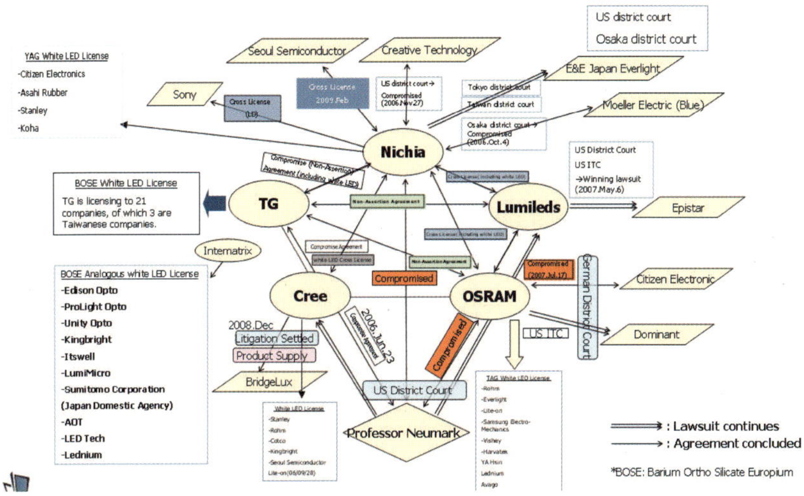

자료 : Displaysearch, 2009.

현재 주요 선진사인 Nichia사, Cree사, Osram사, Lumileds사, Toyota Gosei사 등이 2002년에 주요 특허에 대한 상호 교환이 이루어진 상태이다. 따라서 후발 업체의 시장 진입이 있을 경우 특허 문제는 매우 큰 장벽으로 작용하고 있다. 후발 업체의 경우 차별성 있는 기술과 특허를 확보하고, 제품의 성능 측면에서 기존 업체와 동등 이상의 경쟁력을 확보할 수 있을 정도로 우수해야 시장 진입이 가능하다.

국내 대부분의 LED 관련 업체는 LED를 이용한 응용분야에 집중되고 있다. 이는 응용분야가 기술 장벽이 낮고 초기 투자금이 작기 때문이다. 그러나 LED의 핵심분야인 epi와 칩 제조 분야의 경우는 약 10여개 정도로 소수 기업에 해당하며 그나마 삼성LED와 LG이노텍과 같은 대기업만이 경쟁력을 가지고 있는 상황으로 chip 기술 경쟁력 향상이 필수적인 상황이다.

2.2 환경분석

기업은 단독으로 존재할 수 없으며, 경제 · 사회 등에 따라 변화하는 시장 내에서 산업 내외의 경쟁 기업들과 경쟁하며 고객을 대상으로 기업 가치를 창출하고 생존한다. 즉, 기업 가치의 창출 및 생존은 기업 내부환경(또는 역량) 못지않게 기업을 둘러싼 외부 환경에 크게 좌우된다. 경제 위기가 닥치거나 기업의 경쟁력과 상관없이 대부분의 기업이 생존의 위협을 받게 되거나, 환경변화에 대한 대응이 미흡하여 시장에서 도태되는 경우가 그 대표적인 예라 할 수 있다.

따라서, 기업은 외부 환경의 변화를 항상 주시하고 분석하여 이에 대응할 수 있는 전략을 수립하여야 하며, 이는 기술사업화를 추진하는 창업기업에도 예외는 아니다. 사업타당성 분석 단계에서 전체적인 시장 트렌드에 맞지 않는 것으로 판단될 경우 개발 단계부터 전체적인 전략 및 방향성을 수정하는 등의 조치를 취해야 한다. 또한, 향후 다가올 변화를 예측하여 이에 대한 대응전략을 미리 수립할 수 있어야 한다.

기업의 외부 환경은 기업의 전략 및 성과에 영향을 주는 여러 가지 외부적인 요소들을 말하며, 정치적 · 경제적 · 사회적 · 기술적 환경, 산업 내 모든 참여자 간의 관계 등의 산업환경 등이 이에 해당한다.

기업의 외부 환경은 기업에 미치는 영향에 따라 기회 요인과 위협 요인으로 구분되며, 미치는 영향의 범위에 따라 거시(Macro) 환경과 미시(Micro) 환경으로 구분된다.

거시 환경은 기업에 장기적으로 영향을 미치게 되는 일반적인 기업 환경으로, 기업에 대해서 직접적인 영향력이 없고 기업의 통제 범위 밖에 있는 요인들을 말한다. 기본적으로 모든 기업은 동일한 거시 환경을 가진다고 볼 수 있다.

한편, 미시 환경은 기업 활동과 의사결정에 직접적으로 영향을 미치게 되는 환경을 말하며, 경쟁회사 · 공급자 · 소비자 등이 이에 해당된다. 미시 환경은 거시 환경과 달리 어느 정도는 개별 기업에 의해서 통제되거나 영향을 받을 수 있으며, 기업별로 서로 다른 미시 환경에 처한다고 볼 수 있다.

산업 관점에서 보면, 거시 환경은 사업화 주체가 해당되는 산업보다 큰 범위의 전체적인 환경을 바라보는 것인 반면, 미시 환경은 해당 산업 내부의 구조를 조망하는 것이라 볼 수 있다.

그림 1-4 거시 환경과 미시 환경의 범위

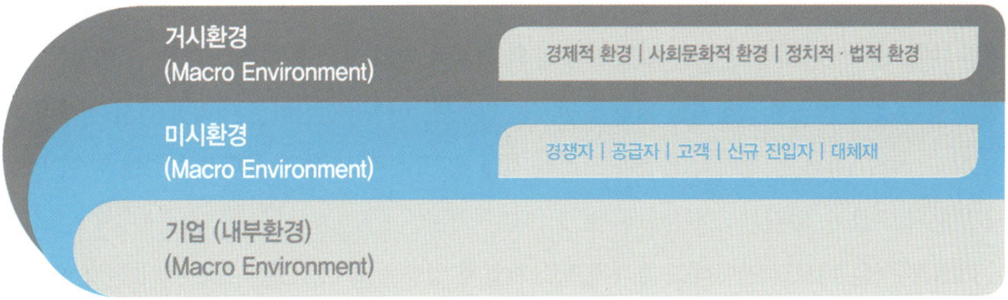

2.2.1. 거시 환경 분석

거시 환경 분석에 가장 많이 사용되는 기법으로는 PEST 분석, STEEP 분석 등이 있다.

PEST 분석은 기업의 거시 환경을 정치적 환경(Political Environment), 경제적 환경(Economical Environment), 사회(문화)적 환경(Social Environment), 기술적 환경(Technological Environment)으로 구분, 분석하고 시사점을 찾아내는 방법이다. 각각의 환경은 다음과 같은 세부 요인들을 포함한다.

표 1-3 PEST분석의 개념

구분	간접 분석
정치적 환경	공정거래 관련 규제, 환경보호 관련 규제, 세법, 기업 장려 정책, 무역 제한 및 관세, 고용 관련 법규, 정치적 안정성 등
	예시) 사드(THAAD) 배치로 인한 중국의 한한령(限韓令)에 따라 중국에 진출한 우리 기업이 피해를 입거나, 전략적 목표를 다른 나라로 전환
경제적 환경	경제성장률, 금리, 이자율, 환율, 통화공급, 인플레이션율, 실업률, 임금/가격통제, 가처분 소득수준 등
	예시) 리먼 사태 등 글로벌 금융위기, 최근의 브렉시트에 따른 경제적 영향
사회적 환경	인구증가율, 인구의 연령 및 지역적 분포, 출생률, 평균수명, 건강의식, 라이프스타일 변화, 소비자 운동의 경향, 사회 안정, 직업 태도 등
	예시) 고령화 사회 도래에 따른 실버 산업의 발전
기술적 환경	연구개발 투자 (정부 · 산업), 특허 제도, 신상품 개발 현황, 기술이전 현황, 자동화를 통한 생산성 향상 정도, 기술동향, 정보화, 과학화 등
	예시) 4차 산업혁명, 자율주행 자동차 등

각 환경 별로 각각의 트렌드와 더 큰 의미의 메가트렌드가 있을 수 있으며, 여러 환경에 복합적으로 작용하는 요인도 있을 수 있다. 산업의 특성에 따라 더 중요한 환경 요인이 달라질 수도 있다. 예를 들어, 중화학 공업은 유가 변동 등의 경제적 환경 요인에 매우 민감하나, 이동통신산업의 경우 유가 변동에 직접적인 영향을 받지는 않는다. 이동통신산업은 이러한 거시 경제적 환경보다는 관련 정책 등 정치적 환경과 모바일 시대 및 SNS 확산 등의 사회적 환경에 더 큰 영향을 받는다고 볼 수 있다.

PEST분석은 비교적 간단하고 효과적으로 기업에 영향을 줄 수 있는 주요 거시 환경 요인들을 파악할 수 있으며, 각 기회와 위협 요인들에 대한 선제적인 대응전략 수립에 활용될 수 있다. PEST 분석결과는 일반적으로 다음과 같이 활용된다.

1. 현재 시점에서 기업 성과에 영향을 미치는 외부 환경 요인을 탐색
2. 장래 시점에 변화가 예상되는 외부 환경 요인을 인지
3. 외부 환경변화를 이용하거나, 예상되는 위협에 조기 대응
4. 새로운 시장기회 탐색 및 시장 잠재력 평가에 활용

표 1-4 PEST분석 예시 (가상화기술)

구분	분석요인	기회요인	위협요인
Political Environment (정치적 환경)	- 관련법령 - 산업구조	- 정부 보안 시스템 구축 계획 - 정책적인 가상화 기술개발 지원	- 정보중앙화로 인한 관리 부담 - 개인정보보호법 규제 강화 - 가상화로 라이센스 규정 복잡
Economic Environment (경제적 환경)	- 소득수준 - 투자비용	- 자유로운 근무환경 요구 - 지적재산 중요성 인식 - 보안 비용에 지불의사 높아짐	- 시스템 초기 투자비용 큼 - 추가 소프트웨어 비용 - 서버 집중화 대형화 추가비용
Social Environment (사회적 환경)	- 인구통계 - 인구구성 - 생활양식	- 인터넷, 스마트폰 일반화 - 모바일 오피스 확산 - 재택근무 등 스마트워크 요구	- 자료 유출 등의 보안 취약 - 가상화 기대수준 과다 - 재택근무로 생산성 약화 우려
Technological Environment (기술적 환경)	- 가상화기술 - 보안기술	- 가상화 기술 발전 - 서버 가상화 기술 일반화 - 데스크탑 가상화 기술 보완	- 기술일반화로 경쟁력 약화 - 기존업체와 특허 분쟁 - 기존업체 기술 독점

한편, PEST분석은 거시 환경 분석의 기본이 되는 방법론으로, 기업 및 산업 특성에 따라 또다른 환경 요인을 추가하는 형태로 변형 · 확장하여 활용되기도 한다. 그 중 많이 활용되는 기법으로는 PEST에 생태학적(Ecological) 환경을 추가한 STEEP 분석이다. 생태학적 환경이란, 자연환경 및 소요자원 요인 등을 의미하며, 기후 변화 및 환경오염 등의 요인을 포함한다. 최근 기후변화 및 환경보호에 대한 관심이 많아지면서, 관련 정책 및 규제도 증가하여 환경 산업뿐 아니라 제조업 등 전체 산업에 영향을 미치고 있으므로, 시장성 분석 단계에서 생태학적 요인에 대한 분석도 충분히 이루어져야 한다.

그 외에도 PESTEL(PEST + Ecological + Legal), PESTELI(PESTEL + Industry analysis), SLEPT(PEST + Legal), STEEPLE(PEST + Ecological + Legal + Ethical), STEEPLED(STEEPLE + Demographic), LONGPEST(Local + National + Global factors + PEST) 등 다양하게 확장된 PEST 분석이 활용되고 있다.

PEST 분석 이외에도 거시 환경 분석에 활용되는 모델로는 Michael Porter의 다이아몬드 모델(국제 경쟁력 모형) 등 다양한 분석기법 등이 있으므로, 기업 및 산업의 상황에 맞게 이를 활용한다.

읽어
보기

Michael Porter의 Diamond 모델

PEST 분석 외에 거시 환경에 많이 활용되는 Diamond모델은 Michael Porter가 1990년 저서인 국가경쟁력(The Competitive Advantage of Nations)에서 제시한 거시적 차원에서의 국가경쟁력 결정 모델이다.
그는 다이아몬드 모델에서 경쟁력의 주체를 기업으로, 경쟁력의 분석단위는 산업으로, 경쟁력의 분석범위는 국가로 정의하고, 한 국가의 경쟁력은 다음의 4가지 요인에 의하여 결정된다고 주장하였다. 또한 다음의 4가지 요인에 일방적인 영향을 미치는 변수로 정부 지원 및 규제와 기회요인을 내생적 변수로 설정하였다.

① 생산요소 (Factor conditions)	② 시장 수요요건 (Demand conditions)
③ 관련 및 지원 산업 (Related and supporting industries)	④ 기업의 전략과 조직 및 경쟁양상 (Firm strategy, structure, and rivality)

다이아몬드 모델

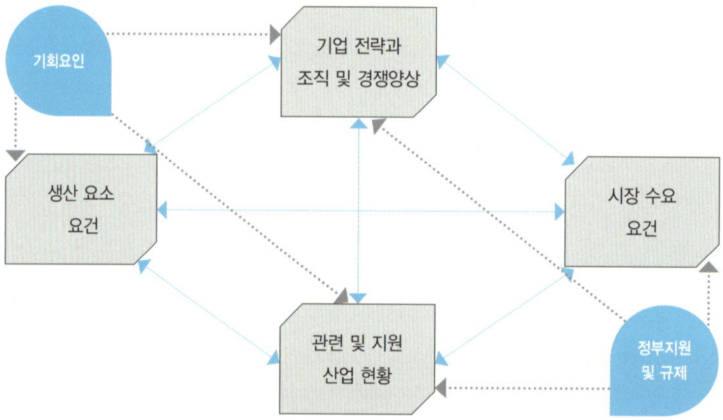

① 생산요소: 생산투입요소인 자본과 노동의 질이 중요하며, 경쟁력 확보를 위해 전문적(Specialized)이며 선진적인 생산요소(Advanced factor)를 강조하였으며, 특히 질적 우위를 위해 연구개발에 대한 투자를 강조

② 시장 수요요건: 시장의 단순한 규모보다는 소비자의 민감도(Sophistication)가 중요하여 까다로운 내수 소비자는 생산자의 경쟁력을 높이는 주요인으로 간주

③ 관련 및 지원 산업 현황: 경쟁력을 높이기 위해서는 관련 및 지원 산업의 경쟁력이 중요함. 유관산업 간의 지리적 접근성을 중요시하였으며, 특정 산업이 경쟁력을 가지기 위해서는 해당 산업을 중심으로 하는 클러스터(Cluster) 형성을 강조

④ 기업의 전략과 조직 및 경쟁 양상: 국내 기업 간의 시장 경쟁이 국제 경쟁력의 초석이 된다고 주장하였으며, 혁신과 경쟁이 잘 도입될 수 있는 기업 환경의 중요성을 강조

2.2.2. 미시 환경 분석

미시 환경 분석은 기업에 직접적인 영향을 주는 산업 내 환경을 분석하는 것으로, 산업 구조 분석으로도 볼 수 있다. 미시 환경 분석에 가장 많이 활용되는 기법으로는 Michael Porter의 5 Forces 분석이 있다.

5 Forces 분석은 궁극적으로 산업의 수익 잠재력(매력도로도 볼 수 있다)에 영향을 주는 주요한 세력에 대해 분석하는 것이다. 산업의 수익 잠재력을 파악함으로써 기업의 외부 환경과 기업의 내부 역량 간의 전략적 괴리를 인식하고 이를 연결, 최소화할 수 있는 발판으로 삼을 수 있다. Porter는 산업의 수익 잠재력에 직접적인 영향을 주는 주요 세력을 다음과 같이 5세력(Forces)로 분류했다.

그림 1-5 5 Forces

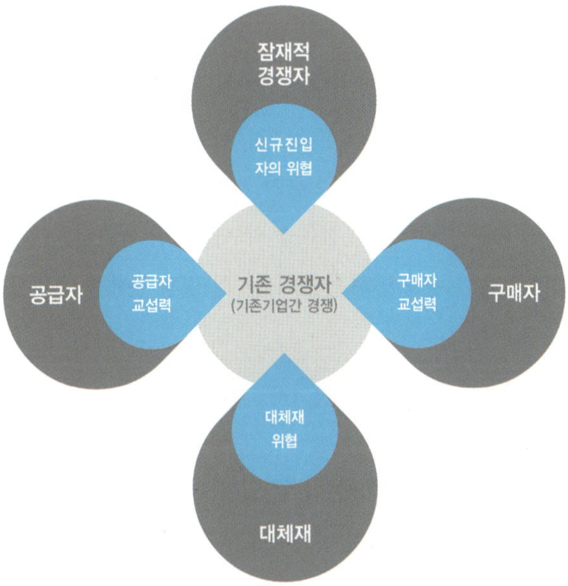

1. 기존기업 간 경쟁

5개의 세력 중 산업의 수익 잠재력에 가장 큰 영향을 끼치는 세력으로, 이 경쟁 관계를 결정짓는 주요 요인으로는 시장성장, 산업 집중도, 다각화, 제품차별화, 비용구조, 철수장벽, 교체비용 등이 있다.

☑ **시장성장** 시장이 전체적으로 성장하는 시기에는 특정 기업이 성장하더라도 경쟁기업의

성장에는 영향을 미치지 않으므로 경쟁이 약화된다. 반대로, 정체 시기에는 반도체 산업의 치킨 게임과 같이 경쟁 강도가 극대화될 수 있다.

☑ **산업 집중도** 산업 집중도란 해당 산업에 참여하는 Player의 수를 의미하며, Player 수가 적을수록 산업 집중도는 높은 것으로 판단한다. 산업 집중도가 높아질수록 산업의 전체적인 수익성이 개선되며, 다수의 Player가 경쟁할수록 경쟁 강도 심화에 의해 산업의 전체적인 수익성은 악화된다.

☑ **다각화** 유사성(규모, 포지션 등)이 높은 경쟁자가 많을수록 경쟁 강도는 높아진다. 반면, 산업내 지배적인 Player가 있을 경우엔, 작은 Player들이 Follower 전략을 취하는 경우가 많아 경쟁 강도는 약화된다.

☑ **제품차별화 및 교체비용** 기업 간 제품 차별성이 낮을수록, 즉 범용화(Commodity화)될수록 가격경쟁 외에는 경쟁수단이 없어지므로 경쟁 강도가 심화된다. 또한 범용화될수록 교체비용이 낮아져 경쟁이 심화되고 수익성이 악화된다.

☑ **비용구조 및 철수장벽** 반도체 산업과 같이 높은 고정비가 요구되는 산업의 경우, 수요가 저조한 상황에서도 과잉생산과 시장 점유율 확보를 위한 지속적인 경쟁이 일어나게 된다. 또한, 높은 고정비 등은 철수를 방해하여 지속적인 경쟁 관계를 유지시키는 요인으로 작용한다.

2. 신규진입자의 위협

신규진입자의 위협의 정도는 진입장벽과 직접적인 연관성이 있다. 진입장벽이 낮을수록 가격경쟁이 심하고 수익성도 낮은 것이 일반적이다. 진입장벽의 높낮이는 결정짓는 주요 요인으로는 소요자본, 규모의 경제, 기술력 및 특허, 비용 우위, 제품차별화, 유통망, 정부 정책 등이 있다.

☑ **소요자본 및 규모의 경제** 대규모 장치 산업과 같이 신규진입자가 산업 진입에 투자해야할 자본의 규모가 클 경우, 소요자본 자체가 높은 진입장벽으로 작용한다. 또한, 이러한 산업일수록 규모의 경제를 이루는 것이 중요한 경우가 많아 신규진입자의 위협을 낮출 수 있다.

☑ **기술력 및 특허** 소요자본 못지않게 최근 들어 중요해진 진입장벽으로 기술력 및 특허 등이 있다. 높은 자본력을 가지더라도 첨단의 기술력을 가지지 못하면 진입 자체가 불가능

한 경우가 많으며, LED 분야와 같은 특정 산업 분야는 기존 기업 간 특허 분쟁 및 Cross Licensing이 극심하여 특허가 진입장벽으로 작용하는 경우도 있다.

☑ **비용 우위** 기존기업은 규모의 경제와 학습경제를 통한 경험효과, 원자재 · 기술 · 입지 등 사업과 같은 부분에서 신규진입자에 비해 비용 우위에 있다.

☑ **제품차별화** 제품의 차별성이 높고 고객 충성도가 높은 경우 신규진입자는 이를 해소하기 위해 막대한 마케팅 비용 등을 지불해야 하는 등 높은 진입장벽으로 작용하게 된다.

☑ **유통망** 기존기업과 신규진입자 간 가장 큰 차이가 날 수 있는 분야로, 신규진입자는 기존 구매자를 설득하기 위해 추가적인 시간 · 비용 투입이 불가피하다.

☑ **정부 정책** 기존기업에 대한 정보보조금, 진입을 위한 각종 인 · 허가, 직접적인 신규 진입 제한 정책 등이 진입장벽으로 작용한다.

3. 대체재 위협

기존 또는 잠재적인 대체재가 많을수록 산업의 수익 잠재력도 낮아진다. 심지어, 특정 대체재는 기존 제품을 완전히 대체해버려 기존기업의 생사에도 영향을 미치게 된다. 대체재 위협의 수준을 결정짓는 주요 요인으로는 가격 · 성능 차별성, 교체비용 등이 있다.

☑ **가격 · 성능 차별성** 대체재가 기존 제품의 품질과 가격 또는 그 외의 부분에서 충분히 차별성이 있고 유용하다고 판단될 때 대체재 위협수준이 높아진다.

☑ **교체비용** 교체비용이 낮을수록 대체재 위협은 증가한다.

4. 공급자 교섭력

원자재 및 부품 등의 가격, 물량, 품질 등에 대해 공급자가 행사할 수 있는 권한의 수준을 의미한다. 공급자 교섭력을 좌우하는 다양한 요인이 있으며, 공급자 교섭력이 강하면 구매자 입장임에도 불구하고 "갑(甲) 같은 을(乙)"과 거래 관계를 유지할 수밖에 없다.

☑ **공급자 산업 집중도** 공급자가 속한 산업의 집중도가 높아 지배적인 Player가 있는 경우 공급자 교섭력이 높아진다.

☑ **대체품 및 교체비용** 원자재 및 부품에 대한 대체품이 있거나 다변화가 가능하다면 공급자 교섭력은 낮아진다. 공급자 교체비용이 낮아질수록 공급자 교섭력은 낮아진다.

☑ **공급자 단체** 공급자들은 교섭력을 높이기 위해 단체를 구성하여 협상에 나서는 경우가 많다. 석유수출국기구(OPEC) 등이 공급자 교섭력을 높이기 위한 카르텔의 대표적인 예라 할 수 있다.

5. 구매자 교섭력

구매자 교섭력은 가격 인하, 품질향상 요구 등을 통해 산업의 수익성 및 경쟁 구조에 강한 영향을 미치는 요소이다. 구매자 교섭력의 수준을 결정짓는 주요 요인으로는 제품차별화, 집중도, 품질, 정보 비대칭 등이 있다.

☑ **제품차별화** 제품차별화 수준이 높을수록 구매자의 가격 민감도는 낮아지고 구매자 교섭력도 약화된다.

☑ **집중도** 특정 구매자가 기업의 매출에서 차지하는 비중이 높을수록 해당 구매자에 대한 교섭력은 약화된다. 집중도가 높은 구매자일수록 가격 인하, 품질향상 등을 강하게 요구할 가능성이 높다.

☑ **품질** 제품품질이 구매자에 필수적일 때, 구매자 교섭력은 약화된다.

☑ **정보** 비대칭 구매자의 해당 산업에 대한 이해도가 낮을수록, 즉 정보 비대칭이 클수록 구매자 교섭력은 약화된다.

위와 같은 5 Forces 분석의 목표는 산업의 구조적인 특성을 파악하여 사업화에 필요한 산업 특유의 성공요인(Key Success Factor)를 도출하고, 필요할 경우 5개 세력과의 관계를 자신에게 유리하도록 영향을 주거나 산업구조를 바꾸는 전략을 수립하는 데에 있다.

표 1-5 Forces 분석 예시 (화장품 산업)

분석요소	분석항목	검토사용	LOW 1	- 2	MID 3	- 4	HIGH 5
신규 진입자의 위협	규모의 경제	진입장벽 용이성			●		
	제품 차별성	경쟁자 모방용이성			●		
	소요자본	초기 투자비용			●		
	원가우위	수익률		●			
기존사업간 경쟁분석	산업성장률	시장규모, 성장률				●	
	고정비용	설비 및 기타 고정비 크기/비중			●		
	과잉(유휴)설비	과잉 유휴 설비 보유/크기		●			
	교체비용	타산업 전환 시 소요비용크기		●			
공급자의 협상력	공급물량 비중	공급자 공급능력, 공급량 집중도				●	
	원재료(부품) 차별화	기술차별화 가능성			●		
	대체원료(부품) 존재	대체원료(부품) 출현 가능성				●	
	공급제품의 중요도	공급자 수				●	
구매자의 협상력	구매 비중	구매자 다양한 제품 선택가능성					●
	후방통합능력	동종업체 통합 능력, 내재화 가능성				●	
	가격민감도	상품 종류별 가격 민감도			●		
대체재의 위협	대체재에 대한 성향	소비자 대체재 선택 선호도		●			
	교체 비용	대체재 선택 시 소요되는 교체비용 크기				●	
	대체제 가격, 효능	대체재와 제품간의 가격, 효능 차이			●		

출처: TDB Value chain 보고서_화장품 산업(2016)

5 Forces 분석은 고전적이고 가장 많이 활용되는 분석임에도 개별 산업의 특성을 반영하지 못하고 정태적이라는 한계가 있는 것으로 알려져 있으며, 이를 보완하기 위해 전략집단분석(Strategic Group Analysis), 다이나믹(Dynamic) 산업분석 모델 등이 활용되기도 한다.

2.3 시장규모 및 성장성 분석

목표시장을 정의하고, 거시 · 미시 환경을 분석하고 나면, 시장성 분석에서 가장 중요한 단계라 볼 수 있는 목표시장에 대한 시장규모 및 성장성 분석을 실시한다.

시장규모 및 성장성 분석은 목표시장의 매력도를 정량적으로 측정할 수 있는 도구로, 구체적으로는 "얼마나 팔리는(또는 팔릴) 시장인지"를 판단하는 분석이다. 또한, 투자자 입장에선 사업의 가치를 정량적으로 가늠해볼 수 있는 중요한 기반자료가 되는 분석이라고도 할 수 있으므로 시장성 분석에서 시장규모 및 성장성 분석은 필수적인 단계라 할 수 있다.

시장규모(Size)는 시장의 크기를 말하며, 과거에서 현재에 이르는 이미 실현된 시장규모(추산 또는 추정된 값)와 현재부터 향후 몇 년간의 미래 시장규모(예측 또는 전망된 값)로 구분된다.

시장 성장성(Growth)은 시장규모가 증가하는 증가속도(성장률, Growth Rate)를 말하며, 시장규모와 마찬가지로 과거에서 현재까지의 성장률과 현재부터 향후 몇 년 후까지의 미래 성장률로 구분될 수 있다.

과거에서 현재까지의 성장률은 과거에서 현재까지의 시장규모 추정 과정에서 자연적으로 산출되게 된다. 현재 이후의 미래 성장률의 경우엔 미래 시장규모를 먼저 추정하여 자연적으로 산출되기도 하지만, 많은 경우에는 먼저 미래 성장률을 예측하여 미래 시장규모 예측에 활용하기도 한다. 미래 시장규모를 직접 추정하려면 일반적으로는 직접 조사를 실시해야 하나, 이는 상당한 전문성과 네트워크를 요하는 것으로 시장조사 전문기관의 전문 애널리스트 등이 아니면 쉽게 접근할 수 없기 때문이다.

따라서, 일반적인 시장규모 및 성장성 분석의 순서는 ①과거에서 현재까지 시장규모 분석 → ②①을 기반으로 과거에서 현재까지의 성장률 도출 → ③미래 성장률 예측 → ④미래 시장규모 추정의 순으로 이루어지게 된다.

즉, 시장규모 및 성장성 분석은 과거에서 현재에 이르는 시장규모를 분석(Estimation)하고, 이를 바탕으로 미래를 예측(Forecasting)하는 것이라 할 수 있다. 결과적으로 얻어지는 시장규모 분석 및 시장 예측 결과는 아래 그림과 같다.

그림 1-4 시장규모 분석 및 시장 예측 결과

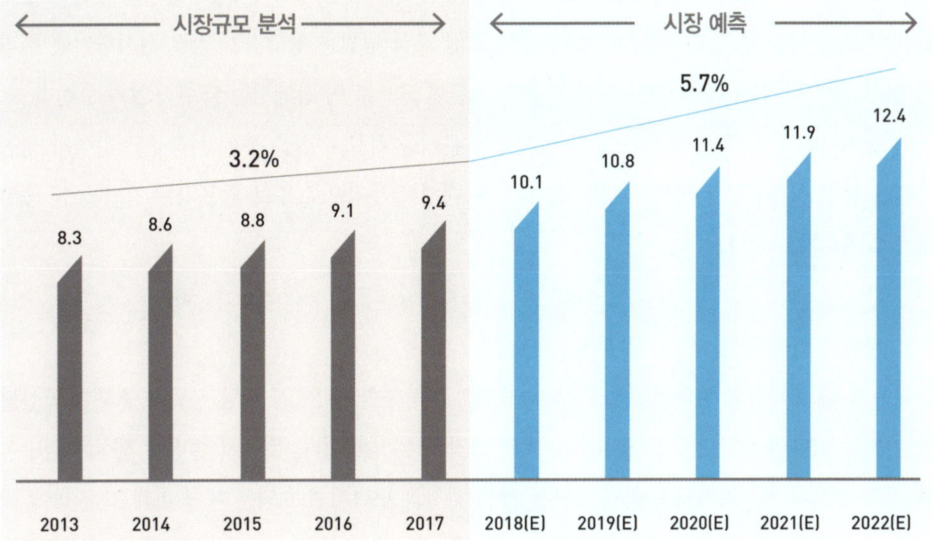

주. 개념 설명을 위한 가공된 데이터임

2.3.1. 시장규모 분석

시장규모 분석은 목표시장에 대해 과거에서 현재까지의 시장규모를 분석하는 것을 말한다. 앞서 언급한 바와 같이 목표시장을 일반적으로 SAM(상위로는 TAM)으로 정의하므로 시장규모 분석의 대상 또한 이에 맞춰 SAM 수준에서 수행하게 된다.

시장규모 분석 기간은 현재 기준 과거 5개년에 대해 실시하는 것이 일반적이다. 과거 5개년에 대한 분석이 규칙으로 정해져 있는 것은 아니며, 제품 · 서비스의 특성을 고려하여 최적의 기간을 설정할 필요가 있다.

다만, 유의할 점은 시장규모 분석 기간이 너무 짧으면, 시장의 변동성을 파악하기 어려울 뿐 아니라 시장규모 분석 이후에 실시할 시장 예측에서 오류를 범할 확률이 높아진다는 점이다.

시장은 많은 요인에 의해 실시간으로 변화하며, 그 변화가 단기적일 수도 있고 장기적일 수도 있다. 단기적인 시장 변화요인으로는 수급 불안정으로 인한 가격 변동, 전쟁 등 우발적 · 외생적인 요인 등이 있을 수 있으며, 장기적인 시장 변화요인으로는 기술수명주기(쇠퇴기 기술 등), 법 · 규제 요인 등이 있을 수 있다.

시장 분석 기간을 지나치게 짧게 하면 시장의 변화 신호를 잘못 해석하여 미래 시장규모 및 성장성을 과대 또는 과소 평가하는 오류를 범할 수 있으므로, 최대한 시장분석 기간을 길게 설정하는 것이 좋다. 다만, 분석 효율 등을 감안했을 때 실무적으로는 5개년을 분석 기간으로 설정하는 것이 일반적이다.

시장규모 분석은 크게 직접 조사 방법과 간접 조사 방법으로 나눌 수 있으며, 간접 조사 방법은 다시 자료 수집을 통해 시장규모를 확보하는 방법과 다양한 자료 등을 기반으로 직접 추정하는 방법으로 나눌 수 있다. 상기한 바와 같이 직접 조사 방법은 창업자가 직접 실시하기엔 무리가 있고, 전문가에 의뢰시엔 소요되는 비용과 시간이 크므로 이 장에서는 다루지 않기로 한다.

이 장에서는 간접 조사 방법을 통한 시장규모 분석을 자료 수집을 통한 시장규모 분석과 직접 추정을 통한 시장규모 분석으로 나누고, 각각에 대해 실무적으로 주로 활용되는 기법 등을 중심으로 알아보기로 한다.

1. 자료 수집을 통한 시장규모 분석

목표로 하는 시장의 범위에 적합한 외부 시장자료를 구할 수 있고, 해당 자료가 충분한 공신력을 가지고 있다면 해당 자료를 활용하는 것이 가장 좋은 방법이다. 뒤에서 설명할 직접 추정방식의 경우 충분히 합리적이지 못한 경우에는 많은 시간과 노력이 소요되는 데에 비해 그 결과에 대한 객관적인 신뢰성을 얻기 어렵기 때문이다.

외부 시장자료는 시장조사 전문기관의 자료를 활용하거나, 공개된 공공 자료 등을 통해 확보할 수 있다.

시장조사 전문기관 자료 활용

전문적으로 특정 시장을 리서치하여, 시장규모를 분석하고 향후 시장 예측 및 전망치 등을 제시하는 기관을 시장조사 전문기관이라 한다. 분야별로 전문 애널리스트들이 전문 지식 및 네트워크 등을 바탕으로 지속적인 리서치를 수행하며, 그 결과로 발간된 시장조사 보고서가 시장규모 분석 및 예측 등에 활용된다.

그 외에 시장조사 전문기관은 의뢰 기업에 대한 맞춤형 리서치 및 컨설팅을 제공하거나, 업계 및 기술 동향에 대한 컨퍼런스 등을 통해 관련 내용을 공유하기도 한다. 또한, 유수의 시장조사 전문기관에서는 메가트렌드를 예측하여 발표하여 전반적인 환경변화를 보여주거나 예측하는 역할을 수행하기도 한다. IT분야의 최고 시장조사 전문기관 중 하나인 Gartner가 매년 발표하는 10대 전략기술 트렌드가 그 예라 할 수 있다.

표 1-6 Gartner 발표 10대 전략기술 트렌드 (2019)

분석요소	분석항목	검토사용
Gartner Top 10 전략기술 트렌드 (2019)	Trend 1	자율주행 사물(Autonomous Things)
	Trend 2	확장된 분석 기술(Augmented Analytics)
	Trend 3	인공지능 주도 개발(AI-Driven Development)
	Trend 4	디지털 쌍둥이(Digital Twins)
	Trend 5	자율권을 가진 엣지(Empowered Edge)
	Trend 6	몰입 경험(Immersive Experience)
	Trend 7	블록체인(Blockchain)
	Trend 8	스마트 공간(Smart Spaces)
	Trend 9	디지털 윤리와 개인정보보호(Digital Ethics and Privacy)
	Trend 10	양자 컴퓨팅(Quantum Computing)

출처: 가트너 홈페이지(www.gartner.com/smarterwithgartner/)

시장조사 전문기관에 소속된 애널리스트는 주로 관련 업계 경험이 풍부하고, 해당 분야 전공 학위를 갖는 등 전문적인 지식과 기술이해도를 갖고 있으며 해당 분야를 오랫동안 추적하고 리서치하고 있어 충분한 신뢰성을 가진 전문가들로 구성된다. 따라서, 주요 기업이나 정부, 언론, 공공기관 등도 시장조사 전문기관의 자료를 주로 활용하여 시장을 분석하거나 의사결정을 수행하고 있다.

기술사업화 과정에서 수행하는 시장성 분석 과정에서도 목표시장의 범위에 부합하는 신뢰성 있는 시장조사 전문기관의 자료를 활용하는 것이 후술할 다른 어떤 방법보다 가장 좋은 방법이다. 즉, 시장규모 분석에서 정확성과 신뢰성을 동시에 충족시킬 수 있는 최선의 방법이라 할 수 있는 것이다.

다만, 시장조사 전문기관에서 리서치하는 시장 범위가 TAM 수준이거나, 첨단기술 분야 위주인 경우가 많아 이제 막 창업 과정에 있는 기술사업화 제품 · 서비스의 목표시장의 범위와는 일치하지 않는 경우가 많을 수밖에 없다.

시장조사 전문기관 자료를 활용하는 데 있어 2번째 한계이자, 가장 큰 현실적인 단점은 해당 기관이 발간하는 시장조사 보고서의 가격이 매우 비싸다는 점이다. 보고서 구매 비용이 수백만 원 수준인 경우가 대부분으로 창업기업 입장에서는 매우 부담되는 가격이 아닐 수 없다. 기관에 따라서는 연간 구독 서비스를 추가로 제공하는 경우도 있는데, 특정 보고서 여러 건을 구매하는 것보다는 당연히 저렴하나 연간 구독 서비스 비용 또한 수천만 원에서 수억 원 수준에 이른다.

이에 따라, 연구개발특구진흥재단과 같이 중소기업 지원사업의 일종으로 공공기관 등을 통해 유료인 해외 시장조사 보고서를 열람하는 서비스를 제공하는 곳도 있다. 연구개발특구진흥재단은 Frost&Sullivan, Technavio, BCC Research 등의 주요 시장조사 전문기관과 계약을 맺고, 해당기관에 직접 방문시 열람이 가능한 서비스를 제공하고 있다.

그림 1-7 연구개발특구진흥재단 기술시장정보제공시스템

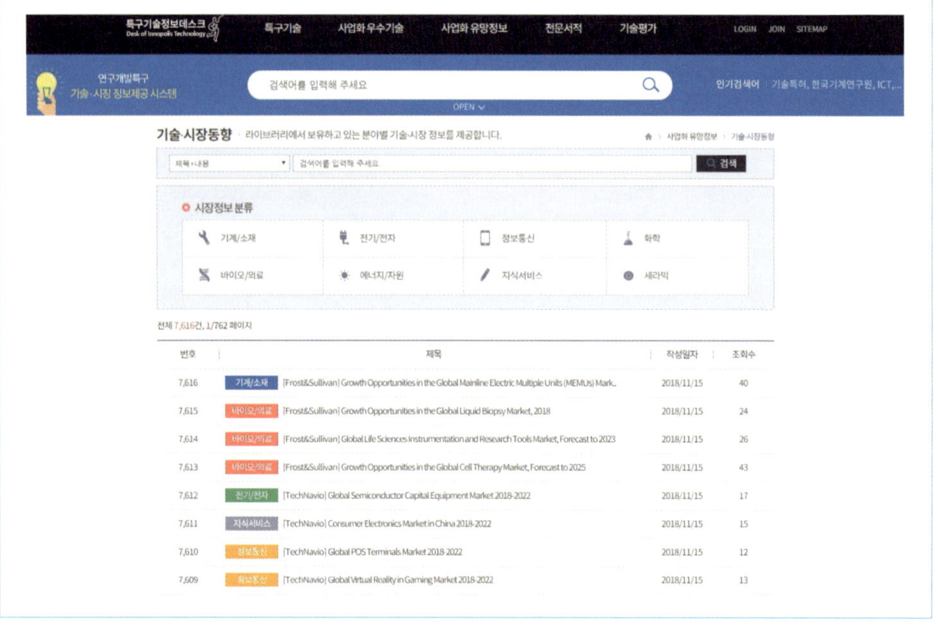

출처: 연구개발특구진흥재단 홈페이지(www.dit.or.kr)

시장조사 전문기관 자료 활용의 또 다른 어려운 점으로는, 고액의 비용을 지불해야 함에도 보고서 내 컨텐츠를 미리 확인하기 어렵다는 점이다. 기관에 따라 보고서별 샘플을 제공하는 경우도 많이 있으나, 해당 샘플만 가지고는 정확한 내용을 파악하기 어려울 때도 있다. 따라서, 충분한 사전조사를 거쳐 분석 목표에 적합한 보고서를 신중하게 선택하는 것이 중요하다.

전세계적으로 수많은 시장조사 전문기관이 있으며, 분석 산업의 종류와 분석 지역 등에 따라 다양한 유형으로 나뉘어진다. IHS Markit, Frost&Sullivan과 같이 종합적으로 다양한 산업을 다루는 기관이 있는 반면, IDC, Gartner와 같이 특정 산업분야만 전문적으로 분석하는 기관도 있다. 또한, 전세계 시장을 모두 분석하는 기관이 있는 반면, 중국 시장을 주로 다루는 China Research and Intelligence처럼 특정 지역에 특화된 기관도 있다. 이에 따라, 분석하고자 하는 목표시장 관련 보고서를 검색했을 때 다양한 기관의 보고서 목록을 접하게 되는 경우도 많다.

이때는 여러 가지 보조자료를 통해 시장조사 전문기관을 선택하여야 하는데, 선택의 기준은

전문성과 인지도(또는 신뢰성)이어야 한다. 보고서 가격 등만 생각하고 관련 보고서를 활용하여 시장규모를 분석했는데, 그 기관에 대한 인지도가 떨어질 경우엔 시장규모 분석결과 자체에 대한 신뢰도가 크게 낮아지는 결과로 이어질 수도 있다. 대부분의 경우엔, 해당 분야에서 가장 전문적 또는 가장 많이 인용되는 기관의 보고서들이 존재하므로, 해당 기관의 해당 보고서를 선택하는 것이 가장 좋다.

기관 선택시에는 관련 업계 동향 자료나 언론 기사 등에 자주 인용되는 기관을 참고하는 것도 좋은 방법이며, 추가적으로 아래와 같은 보조 정보를 활용할 수도 있다.

❶ 해외전문조사기관 현황 자료 – 대한무역투자진흥공사(KOTRA)

KOTRA 해외시장뉴스(news.kotra.or.kr)에서 제공하는 해외 시장조사 전문기관에 대한 현황 정보로 각 국가별 시장조사 전문기관에 대한 기관소개, 조사 종류별 서비스 및 세부정보, 연락처 등에 대한 정보를 제공한다. 시장조사 전문기관에 대한 전반적인 정보를 얻고자 할 때 활용할 수 있다.

그림 1-8 KOTRA 제공 해외 시장조사 전문기관 현황 자료(예시)

해외전문조사기관_독일/뮌헨 : GFK

□ 기관 소개

로고	기업
GfK	

기업명 (지역) : Gfx Group (독일, 뉘른베르크 본사)

설립연도 및 규모 : 1934년 / 13,069명(2016년 12월 기준)

설립형태 : 주식회사 (독일 주식거래소 상장기업)

– 세부형태 : 본사 (독일 뉘른베르크), 지사 (전 세계 100개국, 115개 계열회사 운영)

주소 : Nordwesting 101, 90419 Nuernbergm Germany

홈페이지 주소 : www.gfk.com (영문사이트 존재)

서비스 언어 : 다국어 (영어, 독일어, 한국어 포함)

서비스 영역 : Gfk는 주요 소비재, 제약, 미디어, 그리고 서비스 산업분야에 시장조사 서비스 제공, 제공되는 데이터의 성격에 따라 Custom Research, Retail and Technology, Media Reseach로 분류

특징 : 독일 시장 조사 전문 기업으로 전세계 100여국의 115개 해외법인 및 계열 회사를 운영 중임, 독일 Bosch, Siemens, Man등과 같은 독일 대기업들도 주요 고객사로 포함되어 있음.
* 주요고객사 : Bosch, Braas Morier, Schenker, ABB, 3M, BASF, Bayer 등
** GFK사의 경우 국가별 지사가 존재하며 조사범위는 해당 국가가됨.
예) GFK Germany : 조사지역 – 독일
GFK Korea : 조사지역 – 한국

출처: KOTRA 해외시장뉴스(news.kotra.or.kr)

❷ 시장조사 정보제공 전문회사

전세계에 수많은 중소규모의 시장조사 전문기관들이 모두 특정 지역에 지사 또는 법인을 통해 영업을 할 수는 없기 때문에, 다양한 시장조사 전문기관들의 보고서를 모아 제공하는 시장조사 정보제공 전문회사들이 있으며, 이들의 홈페이지 등을 통해 관련 정보를 얻을 수도 있다.

예를 들어, 일본계 시장조사 정보제공 전문회사의 한국지점인 ㈜글로벌인포메이션의 경우 홈페이지를 통해 다음과 같은 분야별 추천 시장조사 전문기관을 소개하고 있다.

표 1-7 분야별 추천 시장조사 전문기관(예시)

PUBLISHER	분야
ABIresearch	IT, 통신
bccResearch	첨단 소재, 바이오, 화학약품, 에너지, 식품음료, 연료전지 및 배터리 기술, 헬스케어, IT, 센서, 멤브레인 및 분리기술, 나노테크놀로지, 파머슈티컬, 플라스틱 등
databeans	반도체, 센서, 컨버터, 전원관리, 파워엠프
Enerdata	에너지
FirstWord	파머슈티컬, 의약품, 제약업계
IDTechEx	프린티드 일렉트로닉스, 에너지 저장, 에너지 수확, 전기차, 3D 프린팅, 웨어러블 기술
luxresearch	첨단 소재, PFOE(printed, Flexible, and Organic Electronics), 수처리, 에너지 저장 석유 & 가스 탐사와 생산, 바이오 일렉트로닉스, 농업 혁신, 물 등
NAVIGANT RESEARCH	스마트그리드, 신재생에너지, 스마트빌딩, 스마트에너지 홈(Smart Energy Home), 클린수송(Clean Transportation)
Tractica	웨어러블 디바이스, 바이오 매트릭스, 디지털 헬스, 자동화 및 로보틱스, 사용자 인터페이스
MARKLINES	자동차
MARKETSANDMARKETS	농업, 의약품, 바이오테크놀로지, 자동차, 에너지, 통신, 반도체, 우주, 방위, 자동화, 식품, 헬스케어 IT, 화학, 의료기기등

출처: ㈜글로벌인포메이션 홈페이지 (www.giikorea.co.kr)

그 외에도 다양한 시장조사 정보제공 전문회사가 있으므로, 이들을 통해 시장조사 전문기관에 대한 정보를 수집할 수 있다.

❸ 미국 마케팅 협회(AMA, American Marketing Association)의 AMA Gold Top 50 Report

미국 마케팅 협회(www.ama.org)는 1974년 이래 매년 미국 내 시장조사 전문기관의 현황을 조사하고, (매출액 기준) 상위 50개 기관을 선정하여 발표하고 있다. 기관의 현황이나 공신력을 파악하고자 할 경우 이 발표 결과를 참고하는 것도 좋다.

이 책에서는 대표적인 시장조사 전문기관인 IHS Markit, Gartner 2개 기관에 대해 전반적인 개요를 소개한다. 이 외에도 여러 분야에 다양한 시장조사 전문기관이 있다.

1 IHS Markit

그림 1-9 IHS Markit 홈페이지

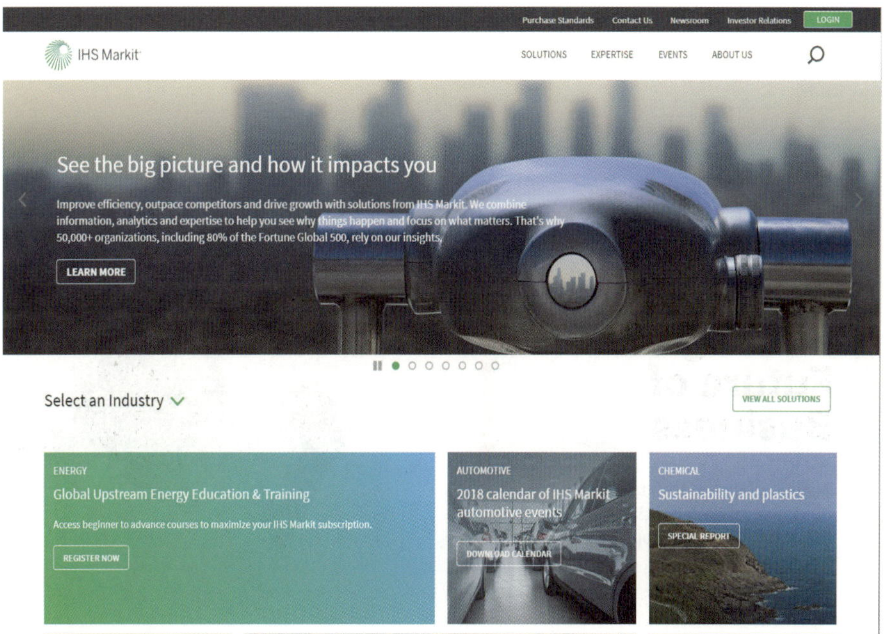

출처: www.ihsmarkit.com

IHS Markit은 영국 런던을 근거지로 하는 대형 시장조사 전문기관으로 2016년 IHS Inc.와 Markit ltd.의 합병에 의해 탄생하였다. IHS Inc.는 1959년 설립되어 지속적인 인수합병을 통해 성장해 온 회사로 다수의 특정 분야 시장조사 전문기관 및 데이터 분석 기관들을 인수합병해 왔다. 국내에서는 2014년 Display 분야 전문기관이었던 Displaysearch와 태양광 분야 전문기관이었던 Solarbuzz를 인수했다는 소식이 화제가 되기도 했다.

IHS Markit은 영국 런던을 근거지로 하는 대형 시장조사 전문기관으로 2016년 IHS Inc.와 Markit ltd.의 합병에 의해 탄생하였다. IHS Inc.는 1959년 설립되어 지속적인 인수합병을 통해 성장해 온 회사로 다수의 특정 분야 시장조사 전문기관 및 데이터 분석 기관들을 인수합병해 왔다. 국내에서는 2014년 Display 분야 전문기관이었던 Displaysearch와 태양광 분야 전문기관이었던 Solarbuzz를 인수했다는 소식이 화제가 되기도 했다.

농업, 자동차, 화학, 건설, 전력 · 에너지, 재무서비스, 정부 및 NGO, 보험, 생명과학, 제조, 해운 및 교역, 소비재, 모바일/가전 기기, 디스플레이, 헬스케어, 반도체 등 전 산업 분야에 걸쳐 리서치를 수행하고 있으며, 24개국 이상 국가에 14,000명 이상의 직원 및 5,000명 이상의 애널리스트 등 전문가를 보유하고 있다. 140개국 이상의 국가에 5만 이상의 고객을 확보하고 있으며, 포춘500 기업의 80%, 미국 100대 회사 중 94개사가 고객인 것으로 알려져 있다.

2 Gartner

그림 1-10 Gartner 홈페이지

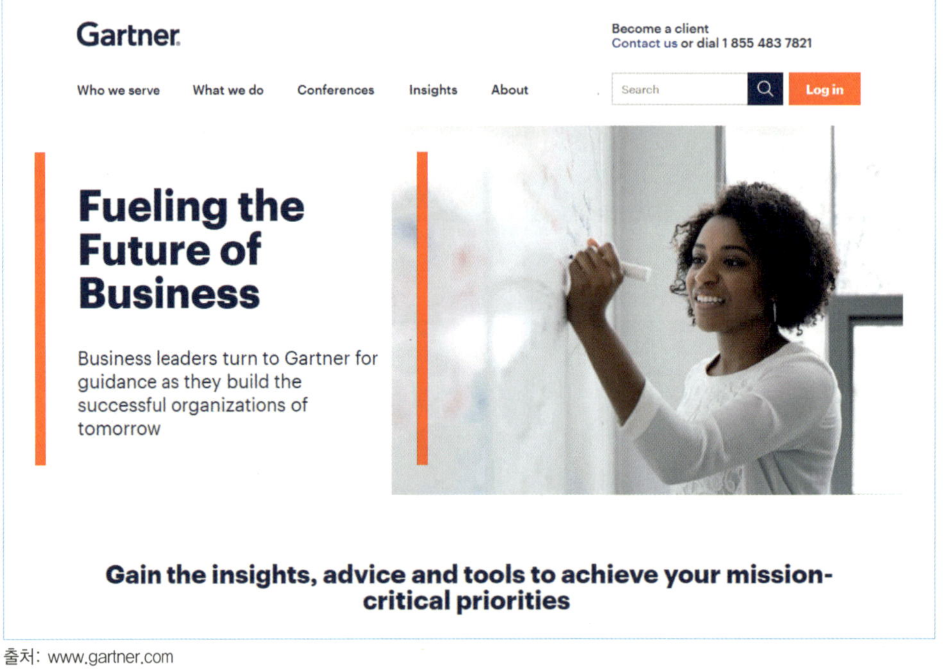

출처: www.gartner.com

Gartner는 미국 Stamford를 근거지로 하는 IT분야 최고의 시장조사 전문기관으로, 1979년 설립되었다. 전세계에 100개 이상의 사무소를 운영하며 15,000명 이상의 직원이 있으며, 100개국 이상의 국가에 15,000 이상의 고객을 확보하고 있으며, 포춘 글로벌500의 73%가 고객인 것으로 알려져 있다.

IT 전 분야에 걸친 리서치로 전문성 및 공신력을 확보하고 있으며, 상기한 바와 같이 매년 10대 전략기술을 발표하고 있으며, 시장 분석결과의 시각화 도구인 Hype Cycle과 Magic Quadrant를 개발하여 사용하고 있다. Hype Cycle은 기술성숙도를 표현하는 시각화 도구로서, 과대광고 주기로 불리기도 한다. 기술 관점의 거시 환경 분석(메가트렌드)라고도 볼 수 있다. Magic Quadrant는 특정 분야의 주요 Player 들을 "비전의 완성도"라는 가로축과 "실행능력"이라는 세로축으로 구성된 매트릭스 상에 표현하는 시각화 도구이다.

보고서를 확보하고 나면, 이를 활용하기에 앞서 유의할 점은 해당 보고서의 분석범위를 명확히 파악하는 것이다. 기술(또는 시장)명이 목표시장과 같더라도 정의하는 범위가 기관에 따라 다를 수 있다. 보통 보고서의 서두에 리서치의 범위 및 방법이 상세하게 나와 있으므로 본격적인 활용에 앞서 이를 명확히 확인하는 단계를 반드시 거쳐야 정확한 시장규모 분석을 수행할 수 있다.

공공 자료 활용

공공 자료는 정부, 공공기관 및 그에 준하는 기관, 분야별 협회 등에서 발간하는 공개된 자료를 말한다. 공공 자료는 비용 등의 문제로 접근성이 떨어지는 시장조사 전문기관 자료에 대한 훌륭한 대체재라 볼 수 있다. 공공 자료의 상당수가 무료로 제공되거나 유료더라도 시장조사 전문기관 자료 대비 저가이며, 세계 시장 위주의 시장조사 전문기관 자료 대비 국내 중심의 시장규모 분석이 가능한 장점도 있다. 또한, 많은 공공 자료가 시장조사 전문기관의 자료를 인용하여 제공하고 있으며, 공공 자료로서의 공신력이 높다는 점도 큰 장점이라 할 수 있다. 따라서, 기술사업화 제품 · 서비스에 대한 시장성 분석시 현실적으로 가장 많이 활용하는 자료가 공공 자료이다.

정부 자료의 경우, 각 부처 홈페이지 등을 통해 제공되는 보도자료 또는 각종 통계정보를 활용할 수 있다. 각 정부 부처 중 기술사업화와 관련성이 높은 산업통상자원부, 중소벤처기업부, 과학기술정보통신부, 문화체육관광부, 환경부, 해양수산부, 국토교통부, 농림축산식품부, 보건복지부, 고용노동부, 식품의약품안전처, 특허청, 통계청 등이 주요 자료 활용대상이 될 수 있다.

그림 1-11 시장성 분석에 활용 가능한 정부 보도자료 예시

'17년 나노융합산업 매출 사상 첫 140조 원대 돌파

-기업수 6.5%, 매출액 7.5%, 고용 0.4% 전년대비 증가-

ㅁ산업통상자원부(장관 성윤모, 이하 산업부)는 국내 717개 나노융합기업을 대상으로 실시한 「2018 나노융합산업조사」 결과를 발표했다.

〈2018 나노융합산업조사 개요〉

▶조사근거 : 통계법 18조에 의한 조사통계(통계청 승인 제 115031호)
▶조사대상 : 나노융합관련제품 생산업체 중 매출이 발생한 제조업체(717개 社)
▶조사항목 : 사업체 일반현황, 고용현황, 생산 및 거래구조, 투자현황, 연구개발현황
▶조사대상기간 : 17.1.1 ~ 17.12.31(1년간)
▶수행기관 : 나노융합산업연구조합

ㅁ(산업 추이) 2017년 국내 나노융합기업 수는 717개, 매출액은 145조 1,957억 원, 고용인원은 15만 1,040명으로 전년 대비 각각 6.5%, 7.5%, 0.4% 증가했다.

ㅁ(기업 현황) 나노융합기업중 중소기업이 88.9%(673개)를 차지하는 가운데, 분야별로는 나노소재 기업이 333개(46.4%)로 가장 많고, 나노장비 · 기기 기업이 191개(26.6%), 나노전자 기업이127개(17.7%), 나노바이오 · 의료 기업이 66개(9.2%)로 조사되었다.

출처: 산업통상자원부

정부 부처의 특성에 따라 특화된 통계를 제공하기도 한다. 산업통상자원부는 홈페이지에 분야별 통계사이트 안내를 통해 각 산업 분야별 통계자료에 직접 접근가능하도록 제공하고 있고, 과학기술정보통신부도 IT분야 위주의 각종 통계자료를 제공하고 있으며, 환경부는 별도의 디지털 도서관을 통해 각종 환경 관련 통계자료를 제공하고 있다.

그림 1-12 산업통상자원부 제공 분야별 통계사이트

출처: 산업통상자원부(www.motie.go.kr)–정책 · 정보–통계정보

그림 1-13 산업통상자원부 제공 분야별 통계사이트

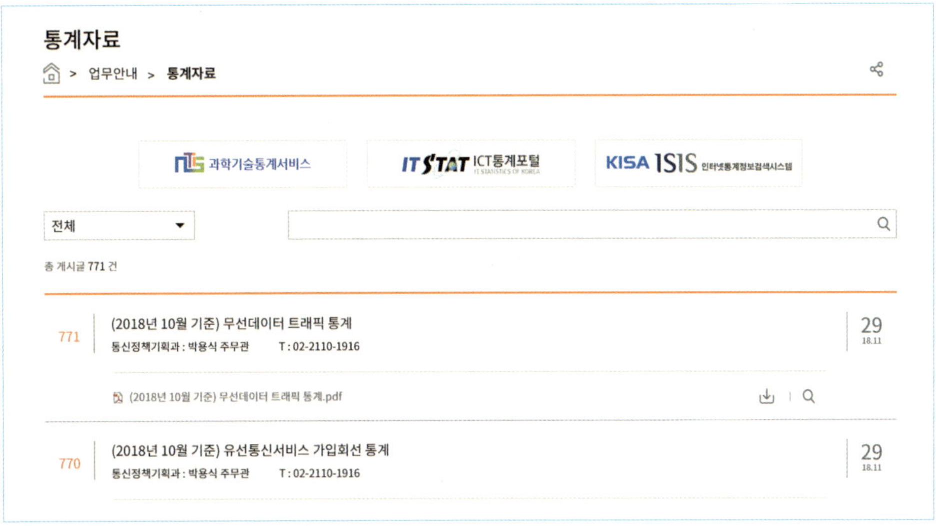

출처: 과학기술정보통신부(www.msip.go.kr)–업무안내–통계자료

그림 1-14 환경부 디지털도서관

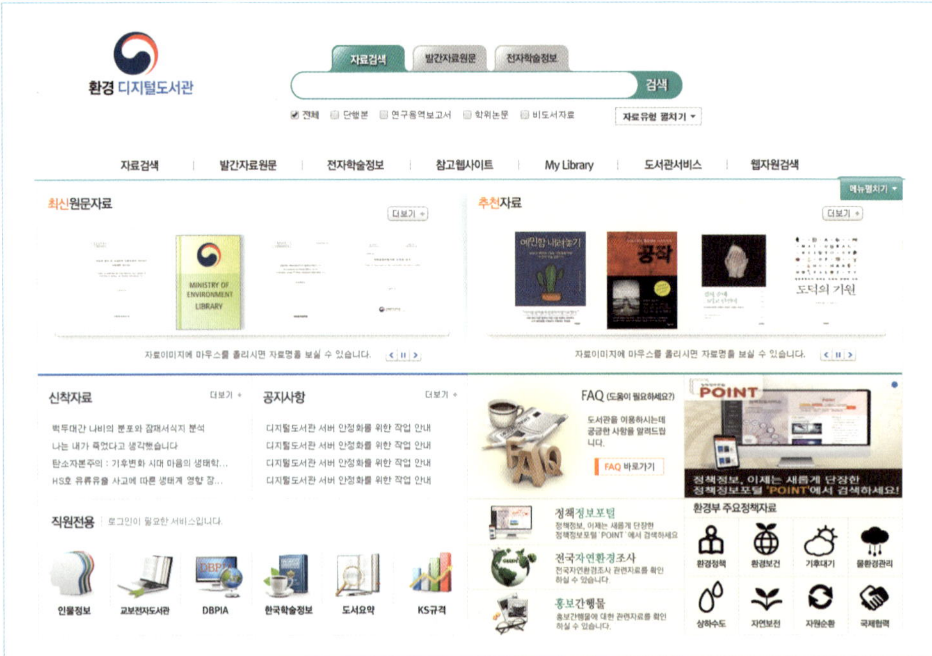

출처: 환경 디지털도서관(library.me.go.kr)

공공기관 및 그에 준하는 기관, 각 분야별 협회 등을 통해서는 정부 부처보다 더 세분화되고 상세한 자료를 얻을 수 있다. 각 기관은 분야별로 특화되어 연구, 지원, 진흥 등의 업무를 수행하는 기관들이므로, 업무 목적에 부합하는 다양한 분야별 간행물이나 통계자료를 제공하고 있어 시장성 분석에 다양하게 활용할 수 있다.

주요 기관별로 제공하는 정보를 일부 요약해보면 다음과 같다. 이 외에도 다양한 기관에서 다양하고 유용한 정보를 제공하고 있으므로 검색 등을 통해 활용할 수 있다.

표 1-8 주요 기관별 제공 정보

NO	기관	주요 정보	URL
1	한국산업기술평가관리원 (산업기술R&D정보포털)	KEIT PD 이슈리포트 등	itech.keit.re.kr
2	한국콘텐츠진흥원	KOCCA 포커스, 백서, 통계 정보 등 콘텐츠 산업 정보	www.kocca.kr
3	정보통신산업진흥원	ICT/SW/디지털콘텐츠 산업 동향, 산업백서 등	www.nipa.kr
4	한국방송통신전파진흥원	방송통신 이슈 & 전망, 연구보고서, 미디어 이슈&트렌드 등	www.kca.kr
5	한국에너지기술평가원	에너지 분야 시장전망 및 분석	www.ketep.re.kr
6	한국특허전략 개발원	특허분석보고서 등	www.kista.re.kr
7	한국보건산업진흥원	보건산업백서, 연구보고서 등	info.khidi.or.kr
8	대한무역투자진흥공사 (KOTRA 해외시장뉴스)	해외시장정보, 상품정보 등	news.kotra.or.kr
9	한국인터넷진흥원	연구보고서, Internet Security Focus	www.kisa.or.kr
10	한국정보통신진흥협회	IT분야 연보/월보 등	www.kait.or.kr
11	정보통신기술진흥센터(ITFIND)	ICT정보 종합검색시스템	www.itfind.or.kr
12	한국데이터진흥원	데이터베이스백서 등	한국데이터진흥원.한국
13	산업연구원	산업동향브리프, KIET 산업경제 등	www.kiet.re.kr
	(산업통계분석시스템)	국내외 산업통계정보를 통합	www.istans.or.kr
14	재료연구소	소재기술백서	www.kims.re.kr
15	에너지경제연구원	연구보고서, 에너지 통계 등	keei.re.kr
	(국가 에너지통계 종합정보시스템)	에너지 수급동향, 수요전망, 통계 등	www.kesis.net
16	정보통신정책연구원(ITSTAT)	IT분야 각종 통계	www.itstat.go.kr
17	한국전자통신연구원	전자통신동향분석	www.etri.re.kr
18	한국전기산업연구원	전기산업브리핑	www.erik.re.kr
19	자동차부품연구원	자동차 통계자료 등	library.katech.re.kr
20	한국기계산업진흥회	기계산업통계	www.koami.or.kr
21	한국전자회로산업협회	전자회로기판 산업동향 등	www.kpca.or.kr
22	한국광산업진흥회	기술시장정보, 통계정보 등	www.kapid.org
23	한국섬유산업연합회	섬유통계 등	www.kofori.or.kr

그 외에도, 통계청의 국가통계포털(www.kosis.kr)이나 행정안전부의 공공데이터포털(www.data.go.kr) 등을 통해서도 정부, 공공기관 등에서 제공하는 각종 통계자료를 확보할 수 있다. 특히, 통계청의 국가통계포털에 대해서는 활용법 등을 포함하여 상세히 후술하기로 한다.

한편, 상기와 같이 분야별, 기관별로 분산되어있는 정보를 한곳에 모아 기술평가의 기술성, 시장성 분석 등에 활용하려는 노력도 지속되어 왔다. 특히 시장성 분석의 경우엔 관련 시장자료를 검색 · 확보하는 데에만 약 70%의 시간과 노력이 소요될 정도로 정확한 시장자료를 적시에 찾는 것이 매우 중요하므로, 신뢰성 있는 정보를 모아 제공하여 기술평가에 적시에 활용하도록 하고

자 한 것이다. 그 대표적인 예로 기술평가정보유통시스템(Firstep)과 현재 은행권의 기술금융 인프라로 운영되고 있는 TDB(Tech Database)가 있다.

기술평가정보유통시스템(www.firstep.or.kr)은 당시의 주요 기술평가기관(시스템 오픈시 17개 기관)에서 실시한 기술평가 보고서로부터 기술 동향, 시장 동향 등의 정보를 추출하여 모아놓고, 사용자가 일괄 검색하여 활용할 수 있도록 한 일종의 기술·시장정보 포털이라 할 수 있다. 당시 산업자원부 주도로 2006년부터 서비스를 개시하여 정보제공을 지속하였으나, 기술평가결과 활용성(기술을 이용한 금융지원, 이전·거래 등)의 제한, 국가기술은행(NTB) 통합 등 정책적인 결정에 따라 현재는 운영을 중단하였다.

TDB는 기술평가 기반의 기술금융에 필요한 기술·시장정보 등 제반 정보를 제공하는 DB로, 기술금융의 급격한 성장과 함께 활용도가 크게 확대되고 있다.

TDB는 정부의 기술금융 활성화 방안에 따라 2014년 전국은행연합회에 설치되어 2014년 7월 기술금융 시작과 함께 정보를 제공하기 시작하였으며, 2016년부터는 한국신용정보원이 운영·관리하고 있다. 기술·시장·기업정보 등 약 1천만 건의 정보를 직접 생산·가공하거나 외부협약기관으로부터 수집하여 보고서 및 인텔리전스 서비스 형태로 은행 및 기술신용평가기관에 제공하고 있으며, 이를 제공 받은 기관은 해당 정보를 기술평가 및 여신·투자 심사 등에 활용하고 있다.

그림 1-15 TDB 홈페이지

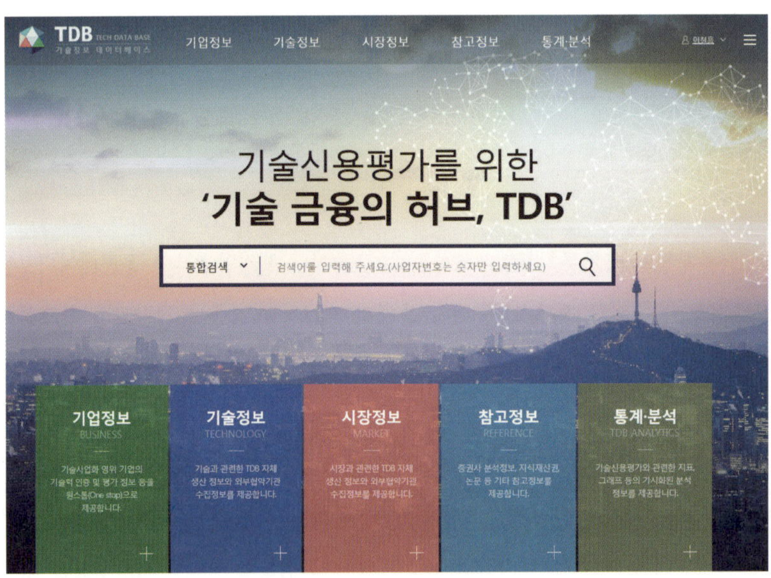

출처: www.tdb.or.kr

그림 1-16 TDB 보고서 예시 (시장보고서)

침입차단시스템(IPS)

제품(기술)정보

Date : 2018-10-30

제품(기술)명	침입차단시스템(IPS)	한국표준산업 분류코드	시스템 소프트웨어 개발 및 공급업(J58221)
산업기술 분류코드	정보보안(301001)	품목코드	-
Keyword	침입방지시스템, IPS, 네트워크 보안, 위험관리, Intrusion Protection System, IDS		

요약

국내시장규모	• 2016년: 955억 원 • 2021년(E): 1,106억 원	세계시장규모	• 2016년: 3,660백만 달러 • 2021년(E): 7,482백만 달러
국내시장 성장률 (2016~2021년)	• CAGR: 3.0%	세계시장 성장률 (2016~2021년)	• CAGR: 15.4%

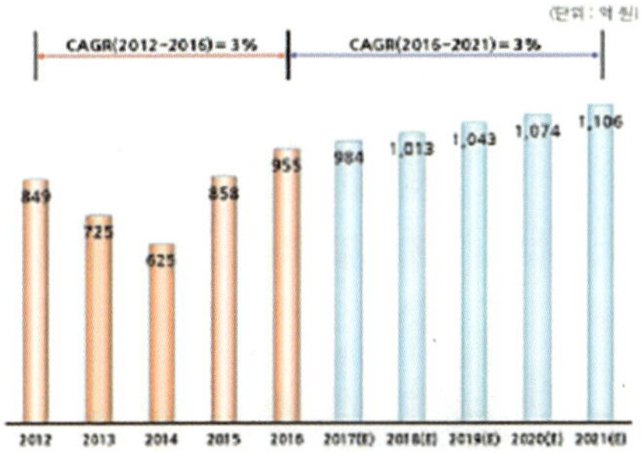

한국인터넷진흥원(2013~2017)

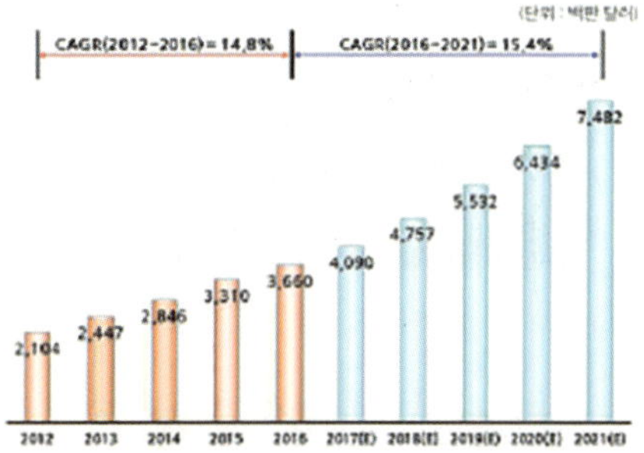

MarketsandMarkets(2017)

TCB 평가결과	T등급 평균	4.5	시장규모/성장성	양호(3.1/5)
			판매처 다양성 및 안정성	양호(3.5/5)
			경쟁강도	양호(3.2/5)
	주) 동업종(C58221) 및 동기술(301001) 분야에 해당하는 TCB 평가결과의 평균값(기준일: 2018-06-30)			

주요 참여업체	• 윈스, 시큐아이, 웨이브텍코리아, 넥스지
시장종합의견	• 사이버 안전의 중요성이 대두되어 정부정책으로도 제정되는 상황이며, 침입차단시스템 개발업체들의 영업이익률도 개선되고 있어 안정적인 사업유지가 가능할 것으로 예상됨. • 침입방지시스템(IPS)이 탐지할 수 없는 웹공격은 방화벽을 이용하여 차단·방어하기 때문에 단일 장비가 아닌 복합장비로 사용하는 것이 필요하며, 방화벽과 동반으로 성장세를 이어갈 것으로 전망됨.

시장매력도	취약		미흡		보통	●	양호		우수	

출처: TDB 홈페이지 (www.tdb.or.kr)

읽어 보기

기술금융

기술금융은 아이디어와 기술의 개발 · 사업화 등 기술혁신 全 과정에 필요한 자금을 지원하는 것으로, 기술과 아이디어 등을 평가하여 필요한 자금을 공급하는 행위를 의미한다. 기존 금융이 신용평가를 통해 과거 재무능력으로 채무상환능력을 판단하는 반면, 기술금융은 기술평가를 통해 기업의 미래 가치를 판단하고 이에 기반하여 이루어지는 금융 행위로, 결국 신뢰성 있는 기술평가가 기술금융의 핵심 요소라 할 수 있다. 기술금융은 최근 새로이 대두된 개념은 아니며, 기술사업화의 본질적 특성*으로 인해 시장실패 영역으로 간주되어 한국산업은행, 기술보증기금 등 정책금융 영역으로 유지되어 왔다.

*기업과 자금 공급자 간 정보 비대칭성으로 역선택 문제와 도덕적 해이가 발생할 수 있고, 기술개발 성공에 대한 불확실성, 무형자산임에 따라 실패시 회수가 어려운 점 등의 특징으로 시장 실패 영역으로 간주되어 왔음

정부는 2014년 1월 관계부처 합동으로 「기술금융 활성화를 위한 기술평가시스템 구축방안」*을 발표하여 현재의 기술금융 체계를 구축하였으며, 2014년 7월부터 본격적으로 은행 중심의 기술금융이 시작되었다.

* ①기술정보DB(TDB) 구축, ②기술신용평가기관(TCB)에 의한 기술신용평가 실시, ③기술신용평가를 활용한 은행의 기술신용대출 실시로 구성

기술금융 체계

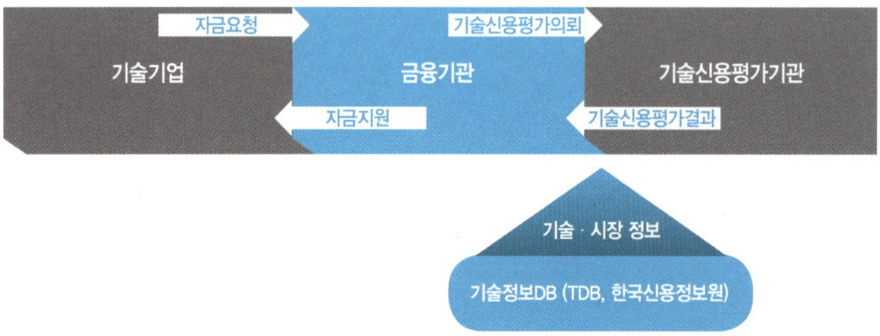

기술금융은 2014년 7월 집계 시작 이후 2018년 5월 현재 기술신용대출 잔액 약 147조 원, 누적 기술신용평가건수 약 42만 건(평가기업수 기준 약 15만 개)에 이르는 등 성장세를 지속하고 있다. 이는 전체 중소기업대출(일반은행 및 특수은행 합산)의 약 20% 규모에 해당하는 수치이다.

기술금융 성장 추이

구분	2014년 7월	~2015년	~2016년	~2017년	~2018년 5월
기술신용대출잔액 (조 원)	8.9	60.6	92.9	127.7	147.5
누적 평가건수 (건)	13,367	78,275	192,657	338,880	421,304
누적 평가기업수 (개)	11,980	56,022	94,313	131,445	151,434

출처: 한국신용정보원

주: 기술신용평가는 신용평가와 동일하게 1년 주기로 재평가를 실시함에 따라 성장추이를 누적 지표로 제시

기타자료 활용

시장조사 전문기관 자료, 공공 자료 외에 실무적으로 자주 활용되는 기타자료로는 증권사의 리서치 보고서가 있다. 증권사의 애널리스트들이 특정 산업 분야를 지속 추적 · 분석한 자료로 특정 기업의 주가 전망 외에도 시장조사 전문기관의 인용 자료를 포함한 심층적인 산업분석 내용을 담고 있는 경우가 많으며, 무엇보다 공개되어 있어 접근성이 용이하다는 장점도 있기 때문에 시장성 분석시 참고자료로 많이 활용된다.

2. 시장규모 직접 추정

앞서 설명한 바와 같이 목표시장 범위에 적합한 시장자료를 구할 수 있을 경우엔 기존 자료를 활용하는 것이 좋지만, 실질적으로 목표시장의 범위에 딱 맞는 범위의 시장자료를 구하기는 쉽지 않다. 따라서, 기존에 발표된 자료를 바탕으로 목표시장에 맞도록 시장규모를 직접 추정하여야 하는 경우가 많다.

시장규모를 직접 추정하는 것의 최대 난점은 시장규모를 산출 또는 계산해내는 기법이나 과정이 아니라, 산출 결과에 대해 객관적인 신뢰성을 얻는 것이다. 이 점을 고려할 때 시장규모 직접 추정시 유의할 점은 크게 2가지이다.

먼저, 추정에 사용하는 기초자료가 충분히 신뢰성을 가진 것이어야 한다. 따라서, 추정의 시작이 되는 기초자료는 가급적 앞서 언급한 시장조사 전문기관 또는 공공 자료 등으로 정확성과 공신력을 확보한 것이어야 한다. 또한, 추정시 여러 가지 자료를 조합하여 사용하는 경우가 많은데, 각 자료 간 기준이나 범위 등이 일치하는지 여부도 미리 확인하여야 한다.

두 번째 유의할 점은 시장규모를 추정한 후 반드시 검증을 실시해야 한다는 것이다. 아무리 정확한 기법으로 시장규모를 추정하더라도, 추정 결과가 터무니없다면 그 시장규모는 아무도 믿지 못하는 결과가 될 것이다. 분석 의도와 정확하게 일치되는 자료를 찾기는 어려울 수 있으나, 여러 경로로 확인 가능한 자료들로부터 충분히 합리적으로 추론 가능한 범위인지 등을 검증하는 작업을 통해 분석결과의 신뢰성을 높일 수 있다.

이 책에서는 시장규모를 직접 추정하는 방법으로 실무적으로 많이 활용되는 기법을 중심으로 분석 방법 및 예시 등을 소개하고자 한다.

통계청 자료를 활용한 시장규모 분석 (제품별 내수시장규모 분석)

시장규모 분석에서 시장조사 전문기관 및 공공 자료 등을 제외하고, 실무적으로 가장 많이 활용되는 자료가 통계청 통계자료(국가통계포털, www.kosis.kr)이다.

읽어 보기

국가통계포털

국가통계포털(KOSIS, Korean Statistical Information Service)은 통계청이 제공하는 원스톱 통계 서비스로, 300여 개의 기관이 작성하는 1,000여 종의 국가승인통계를 수록하고 있다. 그 외에 국제금융 · 경제에 관한 IMF, Worldbank, OECD 등의 최신 통계도 제공하고 있어 각종 학술 연구, 분석 등에 유용하게 활용할 수 있다.

국가통계포털 홈페이지

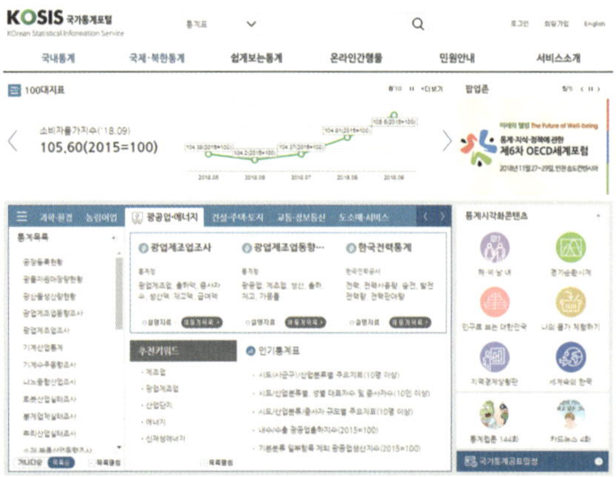

출처: www.kosis.kr

주제별로 경제 · 사회 · 환경 등 16개 분야에 대한 주요 국내통계를 제공하고 있으며, 특히 16개 분야 중 기업 활동과 관련성이 높은 광공업 · 에너지, 건설 · 주택 · 토지, 도소매 · 서비스, 경기 · 기업경영 주제에 해당하는 통계자료가 시장규모 분석에 주로 활용된다. 이 외 주제의 경우에도 인구통계학적 분석 등 외부 시장 환경 분석에 활용될 수 있다.

출처: 국가통계포털 홈페이지

통계청 자료는 매년 전국 규모의 대단위(일부 통계의 경우 전수조사) 직접 조사를 통해 집계된 자료로 자료의 신뢰성이 높고, 매년 조사되어 역사적인 시장규모를 산출하기가 용이한 장점이 있다. 또한, 온라인을 통해 쉽게 자료를 확보할 수 있으며, 품목(8-digit) 또는 표준산업분류 세세분류(5-digit) 단위로 제공되어 세분화된 시장규모 분석에 활용될 수 있는 점도 장점이다. 다만, 국내 기업을 대상으로 조사한 자료이므로 국내 시장규모 분석만 가능한 한계는 있다.

시장규모 분석에 주로 활용되는 통계청 자료로는 세분화된 매출액 또는 출하액 정보를 제공하는 광업 · 제조업조사 자료, 서비스업조사 자료, 건설업조사 자료 등이 있다. 해당 자료는 매년 이루어지는 관련 산업에 대한 전수 조사를 바탕으로 하며, 매출액(출하액) 및 종사자 수 등 시장규모 분석에 유용한 정보를 제공한다.

특히, 광업 · 제조업조사 자료는 품목 수준의 자료를 확보할 수 있는 국내 유일한 통계 조사자료로서, 특히 제조업 기반의 기술사업화 또는 기술평가 및 분석시 시장규모 분석에 매우 유용하게 활용될 수 있는 자료이다.

표 1-9 통계청 자료의 시장규모 분석 활용

<table>
<tr><th>구분</th><th>시장규모 분석 활용</th></tr>
<tr><td>광업 · 제조업 조사</td><td>광업(B), 제조업(C)의 품목분류별 출하액 정보 활용</td></tr>
<tr><td>서비스업 조사</td><td>서비스업 분야의 표준산업분류 세세분류별 매출액 정보 활용

* 원래 서비스업 조사, 도소매업 조사, 전문과학기술서비스업 조사로 나뉘어 각각 실시되다가 서비스업 조사로 통합 (전문과학기술서비스업 조사 중지 (2017년), 도소매업 조사 중지(2018년))

* 조사 대상 서비스업
<table>
<tr><th>표준산업분류코드</th><th>산업명</th></tr>
<tr><td>E</td><td>하수 · 폐기물 처리 , 원료재생 및 환경복원업</td></tr>
<tr><td>G</td><td>도매 및 소매업</td></tr>
<tr><td>I</td><td>숙박 및 음식점업</td></tr>
<tr><td>J</td><td>출판 , 영상 , 방송통신 및 정보서비스업</td></tr>
<tr><td>L</td><td>부동산업 및 임대업</td></tr>
<tr><td>M</td><td>전문, 과학 및 기술 서비스업</td></tr>
<tr><td>N</td><td>사업시설관리 및 사업지원 서비스업</td></tr>
<tr><td>P</td><td>교육 서비스업</td></tr>
<tr><td>Q</td><td>보건업 및 사회복지 서비스업</td></tr>
<tr><td>R</td><td>예술 , 스포츠 및 여가관련 서비스업</td></tr>
<tr><td>S</td><td>협회 및 단체 , 수리 및 기타 개인 서비스업</td></tr>
</table></td></tr>
<tr><td>건설업 조사</td><td>건설업(F)의 표준산업분류 세분류별 매출액 정보 활용</td></tr>
<tr><td>운수업 조사</td><td>운수업(H49, H50, H51)의 표준산업분류 세세분류별 매출액 정보 활용</td></tr>
</table>

이 외에도 국가통계포털을 통해 다양한 주제별 통계가 제공되고 있으므로, 사용자 목적에 따라 다양하게 활용할 수 있다.

읽어 보기

광업 · 제조업조사 (통계청)

광업 · 제조업조사는 광업 · 제조업부문에 대한 구조, 분포 및 산업활동 실태를 파악하여 경제정책 수립 및 관련 산업 연구분석에 필요한 기초자료 제공을 목적으로 매년 실시되는 통계조사이다.

주요 이용기관	활용분야
– 한국은행	– GDP추계 및 산업연관표 작성
– 산업통상자원부	– 산업구조분석 및 산업정책 수립
– 중소기업청	– 중소기업 인력수급분석 및 지원
– 한국개발연구원	– 산업구조분석 및 시장 집중도
– 산업연구원, 한국생산성본부	– 산업구조 및 노동생산성 분석
– 대학 및 연구소	– 관련 산업 연구 및 분석
– 지방자치단체(시 · 도, 시 · 군 · 구)	– 지역정책수립
	– 표본조사의 모집단 자료 등

출처: 통계청 광업 · 제조업조사 홈페이지

조사 대상은 표준산업분류상 광업(B), 제조업(C)을 영위하는 국내 소재 사업체로, 연간 1개월 이상의 조업실적이 있는 종사자수 10인 이상의 모든 사업체이며, 면접 또는 인터넷을 통해 조사한 결과를 국가통계포털에 매년말 공포 · 게시한다.

조사결과는 지역에 따라 전국편과 지역편으로 구분되며, 조사 수준에 따라 산업편 · 품목편 · 기업체편으로 구분되어 분류별 출하액, 생산액, 부가가치 및 주요생산비, 종사자수 등의 다양한 정보가 제공된다.

〈광업제조업조사보고서 주요 내용 (전국편)〉

구분	조사 내용
산업편	1. 산업소분류 및 연도별 주요지표(10인 이상)
	2. 산업세세분류 및 종사자규모별 주요지표(10인 이상)
	3. 산업세세분류 및 출하액규모별 주요지표(10인 이상)
	4. 산업세세분류별 사업체수, 종사자수 및 급여액(10인 이상)
	5. 산업세세분류별 출하액, 생산액, 부가가치 및 주요생산비(10인 이상)
	6. 산업세세분류별 재고액(10인 이상)
	7. 산업세세분류별 유형자산 증가액, 감소액 및 연말잔액(10인 이상)
	8. 산업중분류 및 경영조직별 주요지표(10인 이상)
	9. 산업구조 및 연도별 주요지표(10인 이상)
	10. 산업소분류별, 성별 종사자수(10인 이상)
	11. 산업소분류별, 성별 대표자수(10인 이상)
	12. 품목별 사업체수, 생산액, 출하액 및 연말재고액(10인 이상)
품목편	13. 임가공품목별 사업체수 및 수입액(10인 이상)
기업체편	14. 산업중분류 및 연도별 통계표(10인 이상)

출처: 통계청 광업 · 제조업조사보고서

통계청 자료를 활용한 시장규모 직접 추정의 대표적인 분석 방법론으로는 광업 · 제조업조사의 품목별 출하액 자료에 기반한 제품별 내수시장규모 분석이 있다.

제품별 내수시장규모 분석은 재화의 이동관점에서 내수시장을 가정하여, 관련 시장규모를 산출하는 방법이다. 즉, 기업이 출하한 제품은 수출되거나 내수시장에서 소비되며, 내수시장은 기업의 총 출하제품 중 수출된 제품을 제외한 제품과 해외로부터 수입된 제품으로 구성된다고 가정하여 내수시장규모를 산출하는 것이다.

그림 1-17 내수시장의 개념

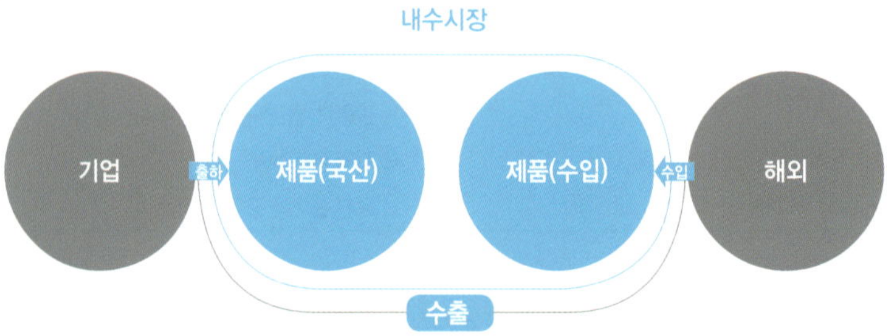

내수시장규모 = 출하액 − 수출액 + 수입액

읽어 보기

출하액

출하액은 조사대상 기간 1년간의 제품출하액, 부산물 · 폐품판매액, 임가공(수탁제조) 수입액 및 수리수입액의 합계로, 동일 기간의 출하, 수탁제조 및 수리수입액에 대한 미수금을 포함한다. 사업체에서 출고된 것을 출하로 간주하며, 판매대금을 받았더라도 아직 인도되지 않고 있으면 원칙적으로 출하로 보지 않는다.

---

①제품출하액 : 사업체에서 직접 생산한 완제품과 원재료 또는 중간제품을 타사업체에 공급하여 위탁 제조한 완제품의 1년간 출하액

②부산물 · 폐품 판매액 : 제품의 생산 과정에서 나온 폐품, 불합격품(불량품)의 판매에 의한 수입금액

③임가공(수탁제조) 수입액 : 원재료(또는 중간제품)나 원재료비를 타제조업체로부터 공급받아 가공 처리하여 준 대가로 받은 수입액

④수리수입액 : 타인의 소유에 속하는 물품을 수리하여 준 대가로서 받았거나 받아야 할 수입액

출처: 통계청 광업제조업조사보고서

제품별 내수시장 분석은 크게 ①사업화 제품에 해당하는 출하액 데이터 수집 → ②사업화 제품에 해당하는 수출입액 데이터 수집 → ③내수시장규모 산출의 총 3단계로 이루어진다.

1단계 : 사업화 제품에 해당하는 출하액 데이터 수집

상기한 바와 같이, 제품의 출하액 데이터는 통계청 광업 · 제조업 조사 자료를 통해 확보할 수 있다. 이를 위해서는 가장 먼저 사업화 제품에 해당하는 품목 분류코드를 결정해야 한다.

표준산업분류는 대 · 중 · 소 · 세 · 세세분류로 구성되어 있으나, 광업 · 제조업조사 시에는 표준산업분류 세세분류(5-digit)를 확장한 품목 분류코드(8-digit)를 활용한다.

품목 분류코드는 우선 사업화 제품의 원재료, 용도, 공정, 특성 등을 고려하여 표준산업분류(세세분류)를 먼저 결정(통계분류포털, kssc.kostat.go.kr)하고, 통계청 광업 · 제조업 조사 홈페이지(www.narastat.kr/mm)등을 통해 검색하여 결정한다.

이 때, 사업화 제품에 해당하는 품목이 없을 경우에는 사업화 제품이 대체할 수 있는 품목 또는 가장 유사한 품목으로 결정한다. 이 경우, 사업화 제품이 목표로 하는 시장의 범위보다 지나치게 큰 범위의 대체(유사) 품목을 선정하게 되면 시장규모가 과대 산출될 수 있으므로 이에 유의하여야 한다.

그림 1-18 산업분류 및 품목 분류코드 결정요령

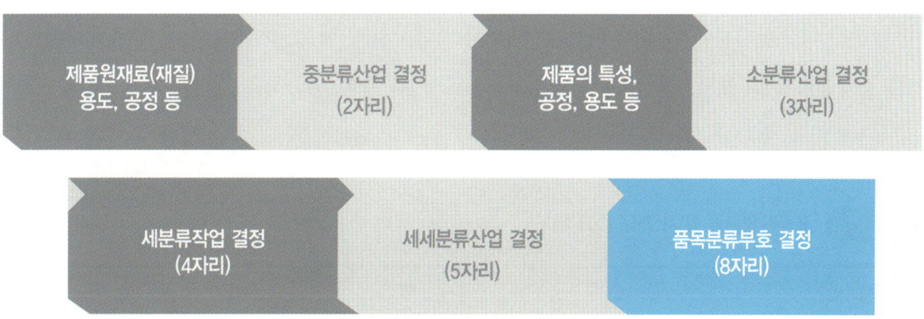

통계분류포털 (http://kssc.kostat.go.kr)에서 제품명으로 검색
- 산업분류 5자리까지 검색 가능
- 한국표준산업분류 〉 검색 〉 검색어 에 품목명 입력 후 검색 버튼 클릭

출처: 광업 · 제조업 조사 지침서, 통계청(2017)

품목 분류코드가 확정되면, 품목에 대한 연도별 출하액 데이터를 국가통계포털('포털-국내통계-주제별통계-광공업 · 에너지-광공업-광업 · 제조업조사-품목편-품목분류별 사업체수, 생산액, 출하 및 연말재고액(10명이상, 해당연도)')[1]로부터 수집한다. 예를 들어, FPD(Flat Panel Display) TV를 목표시장으로 할 경우, 이에 해당하는 C26511102 품목의 출하액은 다음과 같다.

1) 조사보고서는 '국가통계포털-온라인간행물-주제별-광공업 · 에너지-광업제조업조사보고서'에서 확인가능하다.

표 1-10 FPD TV 최근 5개년 출하액 추이

품목 분류코드	연도별 출하액 (단위: 백만원)				
	2012	2013	2014	2015	2016
C26511102	8,550,240	8,622,538	8,565,634	9,242,953	5,286,354

출처: 국가통계포털

일반적으로 최근 데이터 기준 과거 5개년치를 수집하게 되는데, 이때 가장 유의해야 할 점은 표준산업분류 개정, 품목 분류의 변동이다. 앞서 정한 품목의 과거 출하액 중 분류체계가 변동(변경, 생성, 삭제, 분리, 통합을 모두 포함한다)된 경우 사업화 제품과 무관하거나 과소 또는 과대 출하액 정보를 수집하는 오류를 범할 수 있다.

표준산업분류는 1963년 제정된 이래 국내 사회, 경제 변화상을 반영하기 위해 정해진 주기없이(일반적으로는 7~8년) 지속적인 개정이 이루어져 왔으며, 2007년 9차, 2017년 10차 개정이 이루어졌다. 표준산업분류 개정은 매우 큰 폭으로 이루어지기 때문에 동일한 산업이라 할지라도 분류 코드가 변경될 수도 있으며, 기존에 없던 새로운 분류의 신설 및 통합이 빈번하여 데이터의 일관성을 유지하기 위해서는 개정 전·후 분류코드 간 비교검토 및 연계가 필요하다.

통계청은 표준산업분류 개정에 따른 혼선을 최소화하기 위해 분류 해설서 및 연계표(9차-10차)를 통계분류포털('포털-한국표준산업분류-자료실')을 통해 제공하고 있다.

표 1-11 표준산업분류 10차 개정 주요 내용

개정 주요내용	비고
국제표준산업 분류 4차 개정안 (ISIC Rev.4) 추가 반영	-(부동산 이외 임대업 중분류) 부동산업 및 임대업 대분류→ 사업시설 관리 및 사업지원 서비스업 대분류 하위로 이동 -(수도업 중분류) 전기, 가스, 증기 및 수도업 대분류→ 수도, 하수 및 폐기물 처리, 원료재생업 대분류 하위로 이동 -(기계 및 장비 수리업 소분류) 수리 및 기타 개인 서비스업 대분류→ 제조업 대분류로 이동하고 중분류 신설 -(출판, 영상, 방송통신 및 정보서비스업 대분류) 정보통신업으로 명칭을 변경
국내 산업구조 변화 특성을 반영한 분류 신설 및 통합	- 미래 성장 산업, 기간산업 및 동력산업 등 신설 또는 세분 * 예시) 바이오연료, 탄소섬유, 에너지 저장장치, 디지털 적층 성형기계, 무인 항공기 제조업과 태양력 발전업, 전자상거래 소매 중개업 등을 신설 - 저성장 산업 및 사양산업 통합 * 예시) 일부 광업과 청주, 코르크 및 조물제품, 시계 및 관련 부품, 나전칠기, 악기 제조업 등은 통합
관련 분류 간 연계성, 통합성 및 일관성 유지	- 한국재화 및 서비스분류(KCPC), 국민계정 경제활동별분류(SNA 분류체계), 산업별 생산품목 (광업 및 제조업통계조사), 한국표준무역분류(SKTC), 관세 및 통계통합품목분류(HS), 한국상품용도 분류(BEC) 등을 동시에 고려하여 분류의 포괄범위, 명칭 및 개념 등을 조정

출처: 한국표준산업분류, 통계청(2017)

품목 분류코드의 경우, 매년 조사 전 관련 산업협회 등의 의견 조회 등을 통해 품목 분류를 확정하므로, 분류체계 변경이 잦고 따로 고시되지도 않아 연도별 데이터 수집 후 전 · 후 항목 비교를 세세히 실시하는 등 주의를 기울일 필요가 있다.

예를 들어, FPD TV(품목 분류코드 C26511102)에 대해 9차 표준산업분류 개정 이후의 분류체계 변경을 살펴보면, 2008년까지 LCD TV와 PDP TV로 나뉘어져 있다가 2009년부터 2011년까지는 LED TV가 추가되었고, 2012년부터는 LCD · PDP · LED TV를 통합한 FPD TV 1개의 코드로 운용되고 있다.

표 1-12 품목 분류코드 변경 예시 (C26511102 FPD TV)

2016~2012		2011~2009		2008~2007	
코드	코드명	코드	코드명	코드	코드명
C26511102	FPD TV	C26511102	LCD TV	C26511102	LCD TV
		C26511103	PDP TV	C26511103	PDP TV
		C26511106	LED TV		

출처: 국가통계포털

만약 LCD TV에 대한 품목별 출하액을 연도별로 수집하고자 한다면, 2011년까지 출하액은 C26511102에 해당하는 자료를 써도 되지만 2012년 이후의 C26511102의 출하액은 PDP · LED TV의 출하액을 모두 포함하여 과대 평가된 출하액 데이터가 수집되게 된다. 이 경우, 2012년 이후의 출하액은 디스플레이 기술별 TV시장 점유율(비중) 자료 등을 추가로 조사하여 LCD TV만의 출하액을 따로 산출하는 등의 방식으로 활용해야 시장규모 분석의 오류를 최소화할 수 있다.

2단계 : 사업화 제품에 해당하는 수출입액 데이터 수집

사업화 제품에 대한 수출입액 데이터는 한국무역협회가 집계하는 무역통계(stat.kita.net)로부터 수집한다. 무역통계 중 품목별 수출입 통계를 이용하게 되는데, 품목별 수출입 통계는 광업 · 제조업조사에 따른 품목 분류가 아닌 HS코드에 따라 제공된다.

읽어
보기

HS코드

HS코드(Harmonized System Code)는 국제통일상품분류체계에 따라 대외 무역거래 상품을 총괄적으로 분류한 품목 분류코드이다. 1988년 제정된 국제협약에 따라 국제 공통으로 사용되는 6자리가 기본이며, 7자리부터는 각 나라에서 세분화하여 부여하게 된다.

현재 한국은 국제 공통 6자리에 4자리를 추가한 10자리의 HSK코드를 사용하고 있으며, HS코드에 따라 해당 물품의 관세율 및 수출입 통관시 이행하여야 할 요건 등이 달라지므로 수출입 절차에서 HS코드 분류는 매우 중요하다고 할 수 있다.

HS코드 정보는 관세법령정보포털(unipass.customs.go.kr)을 조회하여 확인할 수 있다.

관세법령정보포털 홈페이지

출처: unipass.customs.go.kr

따라서, 1단계에서 정한 광업 · 제조업조사의 품목 분류코드에 해당하는 HS코드를 정하는 절차가 선행되어야 한다. 예를 들어, C26511102(FPD TV)에 해당하는 HS코드는 다음과 같이 정할 수 있다.

표 1-13 HS코드 예시 (C26511102 FPD TV)

품목번호			품명 [한국 2018년]
			한글
8528	-	-	텔레비전 수신기기를 갖추지 않은 모니터와 프로젝터, 텔레비전 수신용 기기(라디오 방송용 수신기기 · 음성이나 영상의 기록용 기기나 재생용 기기를 결합한 것인지에 상관없다)
8528	7	-	텔레비전 수신용 기기(라디오 방송용 수신기기 · 음성이나 영상의 기록용 기기나 재생용 기기를 결합한 것인지에 상관없다)
8528	72		기타(천연색으로 한정한다)
8528	72	10	음극선관 방식
8528	72	1010	아날로그의 것
8528	72	1020	디지털의 것
8528	72	20	액정디스플레이 방식
8528	72	2010	아날로그의 것
8528	72	2020	디지털의 것
8528	72	30	플라즈마 디스플레이 패널 방식
8528	72	3010	아날로그의 것
8528	72	3020	디지털의 것
8528	72	40	프로젝션 방식
8528	72	4010	아날로그의 것
8528	72	4020	디지털의 것
8528	72	50	유기발광다이오드(오엘이디) 방식
8528	72	5010	아날로그의 것
8528	72	5020	디지털의 것
8528	72	9000	기타

* 주. 유색 부위가 FPD TV에 해당하는 HS코드로 볼 수 있음

〈표 1-13〉에서 볼 수 있듯이, HS코드별 정의는 단어 형태가 아닌 서술형으로 여러 가지 단서 조항들을 포함하는 경우가 많기 때문에, HS코드를 정할 때에는 먼저 관세법령정보포털에서 제공하는 분류별 해설 및 분류사례 등을 충분히 검토할 필요가 있다. 또한, 매우 세부적인 사항까지 정하여 세분화하는 HS코드의 특성에 따라 1개의 품목 분류코드에 여러 개의 HS코드가 해당되는 경우도 있으므로 주의가 필요하다.

HS코드가 정해지면, 해당 HS코드에 맞는 연도별 수출입액 데이터를 무역통계 홈페이지 ('국내통계-품목 수출입')로부터 수집한다. 수집하는 기간은 1단계의 출하액 수집 기간과 일치시킨다.

표 1-14 HS코드 예시 (C26511102 FPD TV)

구분	HS코드	연도별 수출(수입)액 (단위: 천불)				
		2012	2013	2014	2015	2016
수출	8528722020	915,371	1,179,378	1,376,466	1,153,351	898,824
	8528723020	214,005	251,594	147,454	293	1,242
	8528725020	–		25,681	40,794	153,713
	Total	1,129,376	1,430,972	1,549,601	1,194,438	1,053,779
수입	8528722020	75,870	56,890	74,739	151,363	496,556
	8528723020	741	539	454	2	5
	8528725020	–	–	5,238	16,002	3,941
	Total	76,611	57,429	80,431	167,367	500,502

출처: 무역통계

수출입액 데이터 수집시 주의할 점은 정해진 HS코드의 범위가 품목 분류코드의 범위보다 클 경우 수출입액이 과대하게 수집될 수 있다는 점이다. 이 경우엔 HS코드별 수출입 금액을 일정 기준(출하액 비중 등)에 따라 안분, 범위에 맞는 금액을 산출하여 활용하여야 한다.

3단계 : 내수시장규모 산출

1, 2단계에서 수집된 출하액 데이터와 수출입액 데이터를 조합하여 최종적으로 내수시장규모를 산출한다.

일반적으로 출하액은 원 단위, 수출입액은 달러 단위이므로 수출입액을 환율을 고려하여 원 단위로 환산하는 절차가 필요하다. 이때 적용하는 환율은 한국은행 경제통계시스템('주제별-국제수지/외채/환율-환율-평균환율,기말환율-주요국통화의 대원화 환율 통계자료') 등을 통해 확인할 수 있다.

1, 2단계에서 예로 들은 FPD TV의 내수시장규모를 산출하기 위하여 다음과 같이 최근 5개년 환율 정보를 수집하였다. 이 경우엔 2012년~2016년 기간의 연간 평균환율(매매기준율) 정보를 활용하였다.

표 1-15 최근 5개년 환율(연간 평균환율, 매매기준율) 추이

환율 (원/불)	2012	2013	2014	2015	2016
	1126.88	1095.04	1053.22	1131.49	1160.5

출처: 한국은행 경제통계시스템(ecos.bok.or.kr)

앞서 수집된 출하액, 수출입액 및 환율 정보를 바탕으로 FPD TV의 과거 5개년간 내수시장규모를 산출하면 다음과 같다.

표 1-16 FPD TV 최근 5개년 내수시장규모

구분	내수시장규모 (단위: 백만원)				
	2012	2013	2014	2015	2016
출하액	8,550,240	8,622,538	8,565,634	9,242,953	5,286,354
(−) 수출액	1,272,671	1,566,972	1,632,071	1,351,495	1,222,911
(+) 수입액	86,331	62,887	84,712	189,374	580,833
내수시장규모	7,363,900	7,118,453	7,018,275	8,080,832	4,644,276

* 주. 적용환율: 1126.88 원/달러(2012년), 1095.04 원/달러(2013년), 1053.22 원/달러(2014년), 1131.49원/달러 (2015년), 1160.5 원/달러(2016년)

FPD TV의 내수시장규모 분석결과, FPD TV의 2016년 기준 내수시장은 약 4조 6천억 원 규모로 추정되며, 2012년 이후 정체기를 거쳐 2016년 시장규모가 크게 감소한 것으로 추정되었다.

한편, 사업화 제품이 내수시장 위주의 제품으로 국내에 한정된 제품일 경우엔 출하액 자체를 내수시장규모로 가정할 수 있다. 또한, 시장규모 분석의 목적이 기업평가일 경우엔 수출 여부와 상관없이 해당 품목을 영위 중인 각 기업의 출하액의 총합인 품목별 출하액 자체를 시장규모로 활용하는 경우도 있다.

또한, 비제조업(서비스업, 건설업 등)의 경우 특정 업종을 제외하고는 수출입의 개념이 없는 내수 중심으로, 별다른 자료의 가공 없이 서비스업 조사(건설업의 경우 건설업 조사 등)를 통해 발표된 산업별 매출액을 시장규모로 활용하는 경우가 많다.

서비스업 조사는 표준산업분류 세세분류, 건설업 조사는 표준산업분류 세분류까지 상세화된 매출액 데이터를 제공하므로, 목표시장에 따라 산업을 정하고 해당 산업의 매출액 데이터를 국가통계포털로부터 수집하여 시장규모로 활용한다.

표 1-17 업종별 매출액 수집 경로

구분	경로
서비스업 조사	'국가통계포털–주제별 통계–도소매 · 서비스–서비스업조사–9차_서비스업조사(2007~)–시도/산업별 총괄'
건설업 조사	'국가통계포털–주제별 통계–건설 · 주택 · 토지–건설–건설업조사–건설업(2008~: 10차 산업분류 기준)–산업편 총괄(기업체수,종사자수,급여액,매출액,부가가치 등)'

시장규모 직접 추정시 유용한 방법 중 하나는 페르미 추정법(Fermi Estimation)이다. 페르미 추정법은 이탈리아의 핵물리학자인 엔리코 페르미의 이름을 딴 사고법의 하나로, 어떤 문제에 대한 제한적이고 기초적인 지식과 자료를 바탕으로 논리적 추론만을 통해 신속하게 대략적인 근사치를 추정하는 방식이다. 글로벌 컨설팅 회사 등에서 신입 컨설턴트를 선발할 때나 주요 기업들의 신입사원 선발시 단골 면접문제로도 많이 쓰이는 방식으로 Guesstimation으로 불리기도 한다.

페르미 추정법은 크게 접근법 설정 → 데이터 조사(또는 가정) → 추정(어림셈) → 현실성 검증의 순으로 진행된다.

페르미 추정법의 대표적인 예시로 주로 거론되는 "미국 시카고의 피아노 조율사는 몇 명일까?"라는 문제를 3단계에 따라 살펴보면 다음과 같은 단계를 거쳐 결론을 도출할 수 있다.

표 1-18 미국 시카고 피아노 조율사 수 문제에 대한 페르미 추정 단계

구분		내용
1단계	접근법 설정	피아노 조율사 수 = 시카고 내 피아노 연간 조율 건수❶/조율사 1인당 연간 조율 건수❷ ❶ 시카고 내 피아노 연간 조율건수 = 시카고 내 피아노 대수 × 피아노 연간 평균 조율 횟수 ❷ 조율사 1인당 연간 조율 건수 = 조율사의 연간 근무시간 / 1회 조율시 소요시간
2단계	데이터 조사 (또는 가정)	❶ 시카고 내 피아노 연간 조율 건수 – 시카고의 인구는 약 300만명이다. – 가구당 구성원은 약 3명이다. – 피아노 보유율을 10% 정도라 하면 10만 가구가 피아노를 갖는다. – 피아노 조율은 1년에 1회 한다고 가정한다. ❷ 조율사 1인당 연간 조율 건수 – 조율사가 조율에 걸리는 시간은 이동시간을 포함해 2시간 정도이다. – 조율사는 하루 8시간, 주 5일, 1년에 50주간 일한다.
3단계	추정 (어림셈)	❶ 시카고 내 피아노 연간 조율 건수 시카고 가구 수 총 100만 가구 (300만/3) → 피아노 수 총 10만대 (100만/10) → 피아노 조율은 연간 10만 건 (10만대/연간 1회) ❷ 조율사 1인당 연간 조율 건수 피아노 조율사 1년 근무시간 2천 시간 (50주×5일×8시간) → 피아노 조율사는 연간 1천 대를 조율 (2천 시간/2시간) ↳ 시카고 내 피아노 조율사 수는 1백 명 (10만 건/1천 건)
4단계	현실성 검증	현실자료 등과 비교하여 검증

페르미 추정법은 위와 같은 단계를 통해 신속하게 원하는 결과를 어림해낼 수 있어 대략의 시장규모를 분석하고 신속한 의사결정을 내리는 데에는 유용한 방식이지만, 어디까지나 근사치이므로 사실상 정확한 수치와 신뢰성을 바탕으로 투자자 등을 설득해야 하는 시장성 분석에 그대로 활용하기에는 무리가 있다.

페르미 추정법을 시장성 분석에 적용하기 위해서는 논리적인 추론 및 접근법은 유지하되, 추정의 기반이 되는 데이터를 가정하지 말고, 충분히 신뢰성 있는 자료에 근거하여야 한다. 이 경우 기반이 되는 데이터를 조사하는 데에 많은 시간이 소요되므로 신속성을 장점으로 하는 페르미 추정법의 장점은 희석될 수 있으나, 합리적인 추론을 통한다면 충분한 신뢰성을 확보할 수 있다.

상기 시카고 피아노 조율사 예로 본다면, 추론의 근거로 제시된 데이터인 시카고 인구, 가구당 구성원 수, 가구당 피아노 보유율, 피아노당 연평균 조율 횟수, 조율사의 1회 조율 소요시간, 조율사의 연평균 근무시간 데이터가 가정에 의하지 않고, 시카고 시(市) 통계백서 및 미국 피아노협회의 통계자료 등에 의해 발표된 값이고, 추론 및 접근법이 충분한 논리성과 합리성을 가진다면 신뢰성을 가진 시장 분석 자료로 활용할 수 있다는 의미이다.

읽어 보기

페르미 추정법을 이용한 시장규모 분석 예시

사업화 기술 관련 목표시장 정의

사업화 기술은 고분자 분리막 소재 기술로 CCS(Carbon Capture Storage) 시장에 적용하는 것을 목표로 하고 있어, 목표시장을 CCS 분리막 국내시장으로 정의하였다.

시장규모 분석

① CCS 전체 시스템 국내 시장규모 조사 (한국에너지기술평가원 자료)

② CCS 전체 시스템 중 포집(Capture) 기술비중 조사 (한국에너지기술평가원 자료)

→ ③ 포집 시스템 국내 시장규모 산출 (①×②)

④ 포집 방식별 비중 조사 (시장조사 전문기관(BCC Research) 자료)

→ ⑤ 연소후포집 시스템 국내 시장규모 산출(③×④)

⑥ 연소후포집 시스템 기술 방식별 비중 가정 (기술별 기술성숙도 및 경쟁력 등을 분석)

→ ⑦ 막분리방식 연소후포집 시스템 국내 시장규모 산출(⑥×⑦)

⑦ 포집 시스템 중 분리막 비중 (IEA 자료)

→ ⑧ CCS 분리막 국내 시장규모 산출(⑦×⑧)

〈CCS 분리막 국내 시장규모 분석 및 예측〉

(단위 : 백만원)

구분	2012	2013	2014	2015	2016	2017	2018	2019	2020	2021
CCS 국내시장[1)]	508,581	552,455	600,115	651,886	708,124	769,213	835,572	907,656	985,958	1,071,016
포집기술 시장[2)]	406,864	441,964	480,092	521,509	566,499	615,370	668,458	726,125	788,767	856,813
연소후 포집기술 시장[3)]	236,229	256,608	278,746	302,793	328,914	357,289	388,112	421,594	457,965	497,473
막분리방식 연소후 포집기술시장비중[4)]	10%	12%	14%	16%	18%	20%	22%	24%	26%	28%
막분리방식 연소후 포집기술	23,623	30,793	39,024	48,447	59,205	71,458	85,385	101,183	119,071	139,292
전체 포집System중 분리막비중	10%	10%	10%	10%	10%	10%	10%	10%	10%	10%
분리막 시장(억원)	2,362	3,079	3,902	4,845	5,920	7,146	8,538	10,118	11,907	13,929

주 1 : CCS 전체 시스템 국내 시장

2 : 포집기술 비중 80% 적용, CCS 중 포집(Capture)비용 비중이 약 80%로 알려져 있음. 한국에너지기술평가원, 2009.

3 : 연소후 포집기술 비중 58.1% 적용, CCS시장 (연소후포집, 연소전포집, 순산소연소)중 연소후 포집기술은 약 58.1%의 비중을 갖는 것으로 추정되고 있으며, 연소후 포집기술은 약 2020년까지 가장 큰 비중을 차지할 것으로 예측되고 있음. BCC Research, 2009.

4 : 2012년 10%의 비중가정, 매년 2% 증가하여 2021년 약 28% 비중차지할 것으로 추정. 연소후 포집기술은 흡수법, 흡착법, 막분리법 등 다양한 기술이 존재하나, 현재 상용화 실적이 있는 아민 흡수법이 가장 큰 비중을 차지함. 그러나, 에너지 소모 등의 측면에서 단점을 가지고 있어, 향후 친환경적인 막분리법으로의 전환이 예상됨.

원가 구조(Cost Breakdown)를 이용한 하위 시장규모 분석

창업기업 또는 중소기업의 경우, 최종 완제품 형태를 제조하는 사업보다는 부품, 원재료 등 중간재를 제조하는 사업 형태를 더 많이 띄게 된다. 특히, 대기업에 종속성이 강한 국내 중소기업의 경우는 상당수의 중소기업이 중간재를 생산하는 사업을 영위하고 있으며, 기술사업화 제품 · 서비스 또한 이에 해당되는 경우가 많을 것이다.

일반적으로, 중간재의 경우엔 최종 완제품보다 적절한 시장자료를 찾기 어려운 경우가 많다. 따라서, 최종 완제품의 시장규모 분석만으로 시장을 분석하는 경우를 종종 볼 수 있으나, 이는 적절한 시장규모 분석이라 볼 수 없다. 최종 완제품, 즉, 사업화 제품 · 서비스의 전방시장에 따라 사업화 제품 · 서비스의 시장이 영향을 받는 것은 사실이나, 규모나 민감도 등의 측면에서 정비례한다고 보기는 어렵기 때문이다. 최종 완제품 중 사업화 제품 · 서비스가 차지하는 비중이 낮을수록 이러한 전방시장과 목표시장 간의 연동성은 떨어지게 된다.

따라서, 최대한 중간재인 사업화 제품 · 서비스의 범위에 한정된 시장을 분석해야 하는데, 이때 많이 쓰이는 방법이 최종 완제품의 원가 구조(Cost Breakdown) 분석을 활용하여 상위 시장인 최종 완제품의 시장으로부터 하위 시장인 중간재 시장을 도출해내는 방법이다. 즉, 최종 완제품 시장규모에 최종 완제품의 원가 중 중간재가 차지하는 비중을 곱하여 중간재 시장을 추정하는 것이다.

원가 구조 분석은 제품 · 서비스의 원가를 구성하는 요소들을 나열하여 요소들이 차지하는 비중을 분석하는 것을 말한다. 제품 · 서비스의 판매가격(Price)은 이익과 총원가로 구성되며, 총원가는 다시 판매비 · 관리비와 제조원가로 구성된다. 제조원가는 다시 제조 간접비와 직접원가로 구성되며 직접원가는 크게 재료비, 노무비, 제조경비 등으로 구성된다. 최종 완제품의 원가 구조에서 중간재는 재료비를 구성하는 요소가 된다고 볼 수 있다.

그림 1-19 원가 구조의 개념

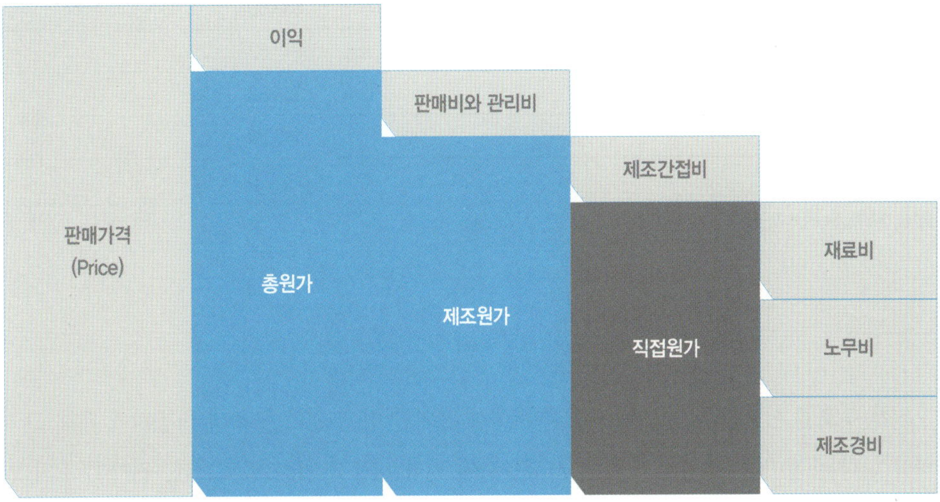

아래 표는 LED TV용 LCD 모듈의 원가 구조를 예시로 나타낸 것이다. 만약, LED TV용 LCD 모듈에 사용되는 LED 광원의 시장규모를 추정하고 싶다면, LED TV용 LCD 모듈 시장규모에 관한 시장자료를 확보한 후 아래 원가 구조에서 LED 광원의 비중인 약 4.7%를 곱하는 방식으로 도출해낼 수 있을 것이다.

표 1-19 LED TV용 LCD모듈의 원가구조

원가요소	금액		
Open Cell (LCD 패널)	$263.00		
Backlight Module	$74.68		
Light Source Total		$24.62	
LED개수			80개
LED Cost (Assembly 포함)			$24.62
Optical Film Total		$25.14	
Bezel, Frame, Other Total		$18.19	
Amortization (Labor, SG&A, Package, etc)		$4.48	
Sales Profit		$2.24	
EE (Mainboard, PSU, Remote Control, Cable and Others)	$70.00		
Mechanism	$33.60		
Accessories & Package	$15.53		
Overhead	$54.82		
IP/Royalty Reserve	$10.00		
Total Cost	$521.62		

출처: DisplaySearch 재구성

원가 구조를 이용한 시장규모 직접 추정에서 유의할 점은 원가 구조의 변동성에 대해 고려해야 한다는 점이다. 수년간의 상위 시장규모에 원가 비중을 곱하게 되는데, 원가 구조의 변동성이 크지 않을 경우엔 고정된 원가 비중을 사용해도 되지만, 기술의 발전 속도가 빨라 지속적인 원가 절감이 일어나거나 경기변동에 민감한 특성이 있는 등의 이유로 원가 구조의 변동성이 클 경우도 있어 이를 충분히 고려하여 원가 비중을 적용해야 한다.

사업보고서 활용

시장규모 분석시 유용하게 활용할 수 있는 자료로는 주요 업체의 사업보고서가 있다. 국내 주권상장법인 및 그 외에 비상장법인이라도 일부 요건을 충족하는 법인은 「자본시장과 금융투자업에 관한 법률」에 의하여 각 사업연도 경과 후 90일 이내에 사업보고서를 제출하고, 공시하도록 규정되어 있다.

읽어 보기

※ 「자본시장과 금융투자업에 관한 법률」

제159조(사업보고서 등의 제출) ① 주권상장법인, 그 밖에 대통령령으로 정하는 법인(이하 "사업보고서 제출대상법인"이라 한다)은 그 사업보고서를 각 사업연도 경과 후 90일 이내에 금융위원회와 거래소에 제출하여야 한다. 다만, 파산, 그 밖의 사유로 인하여 사업보고서의 제출이 사실상 불가능하거나 실효성이 없는 경우로서 대통령령으로 정하는 경우에는 사업보고서를 제출하지 아니할 수 있다.
② 사업보고서 제출대상법인은 제1항의 사업보고서에 다음 각 호의 사항을 기재하고, 대통령령으로 정하는 서류를 첨부하여야 한다.

1. 회사의 목적, 상호, 사업내용
2. 임원보수(「상법」, 그 밖의 법률에 따른 주식매수선택권을 포함하되, 대통령령으로 정하는 것에 한한다. 이하 이 항에서 같다)
3. 임원 개인별 보수와 그 구체적인 산정기준 및 방법(임원 개인에게 지급된 보수가 5억원 이내의 범위에서 대통령령으로 정하는 금액 이상인 경우에 한한다)
3의2. 보수총액 기준 상위 5명의 개인별 보수와 그 구체적인 산정기준 및 방법(개인에게 지급된 보수가 5억원 이내의 범위에서 대통령령으로 정하는 금액 이상인 경우에 한정한다)
4. 재무에 관한 사항
5. 그 밖에 대통령령으로 정하는 사항

사업보고서에는 투자자 보호를 위해 회사에 관한 매우 상세하고 중요한 정보가 기재되어 있는데, 특히 시장성 분석 시 주의해서 볼 부분은 사업내용 부분이다.

사업내용은 회사가 영위하고 있는 사업군(Business Unit)별로 사업의 정의 및 업황, 시장 동향, 사업군별 실적 등에 대한 내용을 포함하고 있어, 전체적인 시장 현황을 파악하는 데에 도움이 된다.

특히, 시장규모를 직접 추정하고자 할 때 주목해야 하는 부분은 업체에 따라 본인 회사의 해당 시장 내 시장 점유율을 제시해 놓은 경우가 있다는 점이다. 높은 시장 점유율은 투자자에겐 훌륭한 매력 포인트이기 때문에, 시장을 주도하거나 시장 상위권에 있는 기업의 경우엔 시장 점유율을 사업보고서에 명시하는 경우가 많다.

회사의 시장 점유율을 파악하고 나면, 회사의 사업군별 또는 전체 매출액으로부터 전체 시장의 규모를 역산해낼 수 있다.

예를 들어, 특정 기업의 사업보고서에 명시된 시장 점유율 자료를 기반으로 국내 화장품 시장규모를 추정하는 과정은 다음과 같다.

① 전자공시시스템(DART, dart.fss.or.kr)에서 기업의 사업보고서를 조회 후 시장 점유율 및 매출액 데이터를 확보

– 2015년말 화장품 시장 시장 점유율 3.5%, 2015년 매출액 3,562억 원

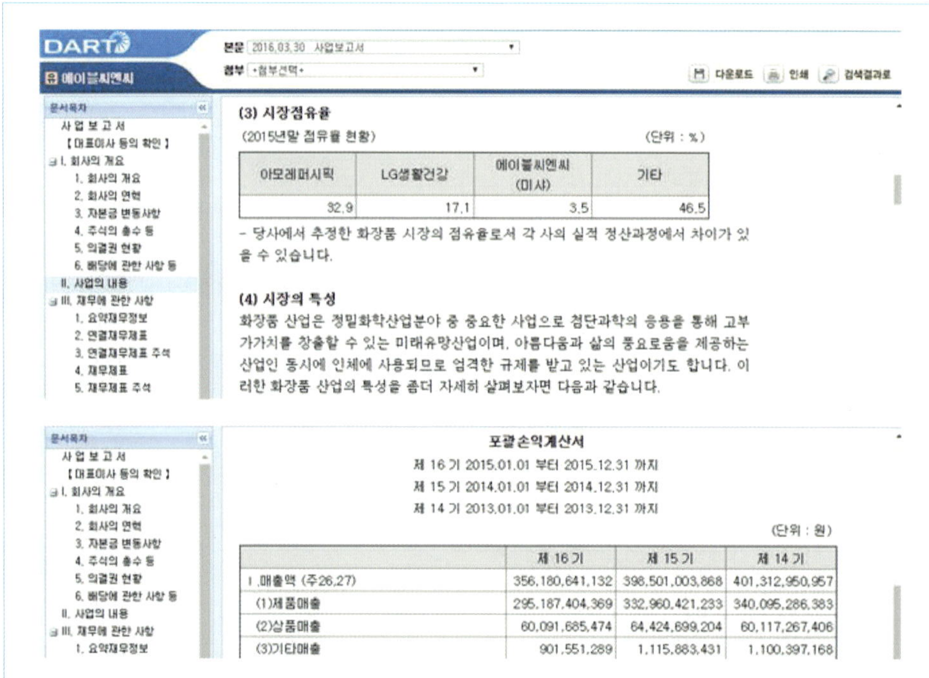
본문 2016.03.30 사업보고서

첨부 +첨부선택+

다운로드 인쇄 검색결과로

(3) 시장점유율

(2015년말 점유율 현황) (단위 : %)

아모레퍼시픽	LG생활건강	에이블씨엔씨 (미샤)	기타
32.9	17.1	3.5	46.5

- 당사에서 추정한 화장품 시장의 점유율로서 각 사의 실적 정산과정에서 차이가 있을 수 있습니다.

(4) 시장의 특성

화장품 산업은 정밀화학산업분야 중 중요한 사업으로 첨단과학의 응용을 통해 고부가가치를 창출할 수 있는 미래유망산업이며, 아름다움과 삶의 풍요로움을 제공하는 산업인 동시에 인체에 사용되므로 엄격한 규제를 받고 있는 산업이기도 합니다. 이러한 화장품 산업의 특성을 좀더 자세히 살펴보자면 다음과 같습니다.

포괄손익계산서

제 16 기 2015.01.01 부터 2015.12.31 까지

제 15 기 2014.01.01 부터 2014.12.31 까지

제 14 기 2013.01.01 부터 2013.12.31 까지

(단위 : 원)

	제 16 기	제 15 기	제 14 기
Ⅰ.매출액 (주26,27)	356,180,641,132	398,501,003,868	401,312,950,957
(1)제품매출	295,187,404,369	332,960,421,233	340,095,286,383
(2)상품매출	60,091,685,474	64,424,699,204	60,117,267,406
(3)기타매출	901,551,289	1,115,883,431	1,100,397,168

출처: 전자공시시스템(dart.fss.or.kr)

② 시장 점유율과 매출액 데이터로부터 국내 화장품 시장규모를 역산

$$\text{국내화장품시장규모} = \frac{\text{특정기업매출액}}{\text{특정기업시장점유율}} = \frac{3{,}562\text{억원}}{3.5\%} = 101{,}771\text{억원}$$

③ 검증

– 보건산업정보통계센터 자료(2015년 국내 화장품 시장규모 90,355억 원), 하나금융투자 추정치(2015년 국내 화장품 시장규모 12조 원) 등과 비교 검증한 결과, 사업보고서로 역산된 시장규모 값이 충분히 합리적인 수치임을 확인 가능

사업보고서를 활용하여 시장규모를 추정할 때 유의할 점은 시장 점유율 자료가 해당 기업에 의해 자체 추산된 결과이고 과대 계상되어 있을 가능성이 높다는 점이다. 사업보고서는 기업의 현황 및 실적을 공시함과 동시에 홍보 자료가 될 수도 있기때문에 기업으로서는 최대한 본인에게 유리하게 작성하기 마련이므로, 이러한 점을 염두에 두고 최대한 보수적 자세로 시장규모 분석을 실시하는 것이 바람직하다.

읽어 보기

전자공시시스템(DART, dart.fss.or.kr)

국내 외감기업(상장사 및 비상장사)은 자본시장과 금융투자업에 관한 법률 및 증권의 발행 및 공시 등에 관한 규정에 따라 기업의 경영현황 및 실적, 법률 및 사실관계 등을 이해관계인 및 일반인에게 알리는 공시의 의무가 있다.

전자공시시스템(DART, Data Analysis, Retrieval and Transfer System)은 기업이 공시정보를 인터넷으로 제출하고, 투자자 등 이용자가 이를 인터넷으로 조회할 수 있도록 한 종합 기업공시 시스템이다.

기업 공시는 크게 공적규제에 의한 공시와 자율규제에 의한 공시로 구분되는데, 전자공시시스템을 통해 주로 공적규제에 의한 공시인 정기공시(사업보고서, 분반기보고서), 발행공시(증권신고서 등), 외부감사 관련 공시(감사보고서 등), 주요사항보고서, 공정위 공시 등을 조회할 수 있다.

〈전자공시시스템 홈페이지〉

자료 : dart.fss.or.kr

한편, 국내 기업뿐 아니라 해외 기업 또한 해당 국가의 법률 등에 따라 연간보고서(Annual Report)나 10-K 리포트 등을 발간하는데, 해당 보고서를 통해서도 시장에 대한 많은 정보를 얻을 수 있으므로 주요 해외 기업의 보고서 등을 상세히 참고하는 것도 도움이 많이 된다. 해외 기업의 보고서는 일반적으로 해당 기업의 홈페이지 중 투자자(Investor Relations) 메뉴에서 확인할 수 있다.

그림 1-20 Apple의 연간보고서(10-K form) 표지

UNITED STATES
SECURITIES AND EXCHANGE COMMISSION
Washington, D.C. 20549

FORM 10-K

(Mark One)

☒ **ANNUAL REPORT PURSUANT TO SECTION 13 OR 15(d) OF THE SECURITIES EXCHANGE ACT OF 1934**

For the fiscal year ended September 29, 2018

or

☐ **TRANSITION REPORT PURSUANT TO SECTION 13 OR 15(d) OF THE SECURITIES EXCHANGE ACT OF 1934**

For the transition period from ______ to ______

Commission File Number: **001-36743**

Apple Inc.

(Exact name of Registrant as specified in its charter)

California	**94-2404110**
(State or other jurisdiction of incorporation or organization)	(I.R.S. Employer Identification No.)
One Apple Park Way Cupertino, California	**95014**
(Address of principal executive offices)	(Zip Code)

(408) 996-1010
(Registrant's telephone number, including area code)

Securities registered pursuant to Section 12(b) of the Act:

(Title of each class)	(Name of each exchange on which registered)
Common Stock, $0.00001 par value per share	**The Nasdaq Stock Market LLC**
1.000% Notes due 2022	**New York Stock Exchange LLC**
1.375% Notes due 2024	**New York Stock Exchange LLC**
0.875% Notes due 2025	**New York Stock Exchange LLC**
1.625% Notes due 2026	**New York Stock Exchange LLC**
2.000% Notes due 2027	**New York Stock Exchange LLC**
1.375% Notes due 2029	**New York Stock Exchange LLC**
3.050% Notes due 2029	**New York Stock Exchange LLC**
3.600% Notes due 2042	**New York Stock Exchange LLC**

Securities registered pursuant to Section 12(g) of the Act: None

Indicate by check mark if the Registrant is a well-known seasoned issuer, as defined in Rule 405 of the Securities Act.

Yes ☒ No ☐

Indicate by check mark if the Registrant is not required to file reports pursuant to Section 13 or Section 15(d) of the Act.

Yes ☐ No ☒

Indicate by check mark whether the Registrant (1) has filed all reports required to be filed by Section 13 or 15(d) of the Securities Exchange Act of 1934 during the preceding 12 months (or for such shorter period that the Registrant was required to file such reports), and (2) has been subject to such filing requirements for the past 90 days.

2.3.2. 시장 예측

과거에서 현재까지의 시장규모를 분석하고 나면, 이를 바탕으로 미래 시장의 규모 및 성장성을 예측한다. 사업화 제품 · 서비스가 경쟁하고 수익을 창출하는 것은 과거 · 현재 시장이 아닌 미래 시장이 될 것이므로, 미래 시장의 규모와 성장성을 예측하는 것은 시장성 분석에서 매우 중요한 과정이다.

미래 시장을 예측하는 방법은 크게 정성적 방법과 계량적 방법으로 구분된다. 계량적 방법은 과거의 객관적인 자료를 통해 미래를 정량적으로 예측하는 것을 말하는 반면, 정성적 방법은 주로 예측자의 주관적인 지식과 경험을 바탕으로 정성적으로 미래를 예측하는 것을 말한다.

정성적 방법으로는 전문가 델파이(Delphi) 등 서베이(Survey) 방법, 시나리오법 등이 주로 사용되고 있으나, 시간과 비용이 많이 투입되고 샘플 조사의 한계성과 일관성 문제가 발생할 수 있으며, 현재 시장성 분석에서 필요로 하는 시장에 대한 정량적 측정, 예측에는 한계가 있는 단점이 있다.

읽어 보기

정성적 시장 예측 방법

미래 시장을 예측하는 정성적 방법으로는 델파이(Delphi) 기법, 시나리오 기법 등이 있으며, 이들 방법론은 단독으로 활용될 수도 있으나 상호 보완적으로 사용될 수도 있다.

델파이(Delphi) 기법

델파이 기법은 전문가에 의존하여 미래를 예측하는 방법 중 하나로, 여러 명의 전문가들로 패널(panel)을 구성, 전문가의 의견을 수 회 이상 설문과 그에 따른 피드백을 반복하여 일정 결론으로 수렴시키는 방식으로 미래를 예측하는 방법이다.

델파이 기법은 기술예측, 미래 시장 예측 외에도 역사적 혹은 현시대 사건에 대한 자료 수집, 대안 탐색, 정부 정책에 대한 가부 및 장단점 파악, 우선순위 조사 등 다양한 분야에서 활용되고 있다.

여러 가지 변수가 작용하는 경우 계량적인 방법으로는 유효한 예측을 하기에 어려울 때 델파이 기법을 통해 좀 더 실제에 가까운 예측을 할 수 있다는 장점이 있으나, 전문가 간 의견 일치 과정이 길어질 수 있으며 결론에 도달하더라도 중간 단계의 타협 과정을 통해 의미 없는 결론이 도출될 수 있다는 단점이 있다.

시나리오 기법

시나리오 기법은 미래 예측을 위해 미래에 영향을 미칠 수 있는 여러 가지 변수와 동인을 도출하고 이들의 동향과 상호작용을 분석하여 발생 가능한 시나리오를 만들고, 예측자료의 일관성 및 체계성을 검토하여 일반인도 쉽게 이해할 수 있도록 미래의 상황을 설명 · 묘사하는 것을 말한다. 시나리오 기법은 주로 거시적인 패러다임의 변화를 설명할 때 사용된다.

계량적 시장 예측은 기본적으로 과거 자료로부터 출발한다. 과거의 이미 확인된 수치를 바탕으로, 과거에 시장에 영향을 미쳤던 요인들이 어떤 형태로든 미래에도 지속적으로 영향을 미친다는 가정하에 예측이 이루어진다. 따라서 단기 · 중기 예측에는 적합하다고 볼 수 있으나, 계량적 요소 외에도 무수히 많은 정성적 · 비계량 요소들에 의해 급변할 수 있는 장기 시장 예측에는 부적합하다.

시장성 분석에서 시장규모 분석이 일반적으로 과거 5개년을 대상으로 하는 것과 같이, 시장 예측 또한 향후 5개년을 대상으로 하는 것이 일반적이다. 5년이란 기간은 모든 것이 급변할 수 있는 장기 예측 범위라 보기는 어려우므로, 과거의 추세를 일정 부분 반영하는 계량적 방법을 활용하여도 무방하다 볼 수 있다.

계량적 시장 예측 방법은 크게 ①회귀분석 등을 통해 인과관계를 발견하여 이를 미래 시장에도 적용하는 방법과 ②과거의 추세를 미래 시장까지 이어가는 추세외삽법(Extrapolation)으로 나뉜다. 회귀분석 등을 통한 방법(①)은 시장 변화에 영향을 미치는 주요 요인을 확인할 수 있다는 점에서 중요한 의미를 가지나, 통계적으로 유의성을 가질만한 충분한 데이터의 확보가 필요하다는 면에서 실무적으로 바로바로 활용하기에는 어려움이 있다.

실무적으로 가장 많이 활용되는 추세외삽법(②)은 시장 변화 추세가 연속적으로 어떤 우발적인 변동 없이 과거에서 현재를 거쳐 미래로 진행된다는 전제하에 미래 시장을 예측하는 것이다. 추세외삽법을 통한 시장 예측은 크게 세 단계로 이루어진다.

표 1-20 추세외삽법을 통한 시장 예측

1단계	시장규모 분석 (과거-현재)	기존 자료 또는 직접 추정을 통한 현재까지 시장규모 추정
2단계	과거 추세 발견	과거~현재까지의 추세 또는 일정한 변동 유형(패턴) 등을 발견
3단계	미래 추세 예측	추세선 확장을 통해 미래 시장을 예측하고 필요할 경우 추세를 결정하는 요인들의 영향력을 규명하고 이를 설명할 수 있는 모형을 도출

실무적으로 주로 사용되는 추세외삽법에 해당되는 시장 예측 방법으로는 현재까지의 평균 성장률을 이용하는 방법과 확산모형 · 성장모형을 이용하는 방법 등이 있다.

평균 성장률을 이용한 시장 예측

평균 성장률을 이용한 시장 예측 방법은 과거의 시장 성장 추세가 미래에도 지속되리라는 가정하에 미래 시장을 예측하는 것이다.

이때 과거의 시장 성장 추세로서 평균 성장률을 주로 활용한다. 평균 성장률은 과거~현재까지 시장규모의 평균적인 성장률을 의미하며, 일반적으로 시장규모는 연간 단위로 산출하기 때문에 평균 성장률 또한 연평균 성장률을 의미한다.

과거의 성장 추세로 평균치를 활용하는 이유는 시장의 변동성 때문이다. 시장은 많은 요인으로 언제든지 증가-감소를 반복하므로 특정 연도의 성장률 수치를 활용하면 이후 시장 예측에 큰 오류를 범할 수 있기 때문에, 관측기간을 과거까지 넓히고 그간의 평균적인 성장률을 활용하는 것이다.

이때 연평균 성장률로 가장 많이 활용되는 성장률이 CAGR(Compound Annual Growth Rate)이다. 아마 독자들도 많은 언론 기사나 보고서 등에서 접한 적이 있을 것이다. CAGR은 보통 "연평균 성장률"로 불리기 때문에, 매년 연간 성장률의 평균치처럼 오해하기 쉬우나 실제로는 수학적으로 기하평균의 원리를 이용하며 연평균 "복합"성장률의 의미를 가진다. 즉, CAGR은 "관측 기간 최초 년도부터 최종 년도까지 매년 일정한 성장률을 유지한다고 했을 때의 성장률"을 의미하며, 관측 기간 중간 년도의 변동성은 고려하지 않는다.

CAGR을 산출할 때는 최초 년도 및 최종 년도의 시장규모 값, 전체 기간 값이 필요하며 아래와 같은 공식에 의해 산출된다.

$$CAGR=\sqrt[\text{전체기간}]{\frac{\text{최종년도시장규모}}{\text{최초년도시장규모}}}-1$$

CAGR 산출에 대한 예를 들어보면 다음과 같다.

구분	2012	2013	2014	2015	2016	2017
시장규모 (억원)	100	200	300	400	500	600

$$CAGR=\sqrt[5]{\frac{600}{100}}-1=43.10\%$$

CAGR은 엑셀(마이크로소프트)로도 계산가능한데, 엑셀의 재무함수인 RATE 함수를 활용한다.

RATE(기간, 0, - 최초년도 시장규모, 최종년도 시장규모) = RATE(5,0, -100,600)

읽어 보기

YoY와 AAGR

YoY(Year over Year)와 AAGR(Average Annual Growth Rate)은 "평균 성장률"이란 용어에 충실한 성장률로, 매년 연간 성장률(전년 대비 이번년도 성장률)을 YoY라 하며 관측기간동안의 YoY를 산술 평균한 값이 AAGR이다.

상기 CAGR의 예로 YoY와 AAGR를 구해보면 다음과 같다.

구분	2012	2013	2014	2015	2016	2017
시장규모 (억원)	100	200	300	400	500	600
YoY	–	100.0%	50.0%	33.3%	25.0%	20.0%

$$\text{YoY}(2013) = \left(\frac{200-100}{100}\right) = 100.0\%............$$

$$AAGR = \frac{100.0\%+50.0\%+33.3\%+25.0\%+20.0\%}{5} = 45.7\%$$

CAGR은 시장의 변동성에 대한 영향을 최소화할 수 있고, 간단하게 산출할 수 있다는 장점이 있어 실무적으로 널리 쓰이고 있으나, 반대로 시장의 역동성이나 기술의 특수성 등을 반영하지 못하며 최근 이벤트에 의한 추정 왜곡이 발생할 수 있는 문제점을 가지고 있다.

즉, CAGR은 최초 년도와 최종 년도를 어떻게 잡느냐에 따라 그 값이 크게 달라질 수 있으므로, 전체적인 시장규모를 보고 해당 기간의 성장을 대표할 수 있는 기간을 설정하여 분석을 수행하여야 한다.

어떤 산업이 특정 년도에만 우발적 요인에 의해 시장규모가 매우 크게 또는 매우 작게 측정된 경우, 해당 년도를 관측기간의 최초 년도 또는 최종 년도로 설정하면 시장의 평균 성장률이 과대 또는 과소 측정되는 오류를 범하게 된다.

아래와 같은 예시로 살펴보면, 기간 설정의 중요성을 확인할 수 있다.

구분	2012	2013	2014	2015	2016	2017
시장규모 (억원)	100	700	300	400	500	600

* 2013년은 일시적인 수요 폭증 및 가격 폭등으로 시장규모가 매우 큰 상황

- 관측기간을 2012~2017로 잡을 경우, $CAGR=\sqrt[5]{\frac{600}{100}}-1=43.10\%$

- 관측기간을 2013~2017로 잡을 경우, $CAGR=\sqrt[4]{\frac{600}{700}}-1=-3.8\%$

예시에서 볼 수 있다시피, 전체적으로 보면 해당 시장은 성장 추세에 있는 시장으로 볼 수 있으나, 우발적 요인에 의해 시장규모가 크게 측정된 2013년을 시작 년도로 CAGR을 계산할 경우 시장규모가 오히려 감소(CAGR -3.8%)하는 것으로 오인할 수 있다.

CAGR을 산출하고 나면, 이를 활용하여 미래 시장규모를 산출한다. 즉, 향후에도 CAGR만큼 매년 증가한다고 가정하고, 현재 시장규모에 CAGR를 연도별로 곱하여 미래 시장규모를 산출한다.

$$시장규모_{현재년도+t} = 현재년도시장규모 \times (1+CAGR)^t$$

연도	2012	2013	2014	2015	2016	2017	2018(E)	2019(E)	2020(E)	2021(E)	2021(E)
시장규모 (억원)	100	200	300	400	500	600	859	1,229	1,758	2,516	3,600

확산모형 · 성장모형을 이용한 시장 예측

CAGR이 실무적으로 많이 활용되고는 있으나, CAGR의 근본적인 한계는 지수적으로 증가하는 형태를 띈다는 데에 있다. 즉, 일반적으로 시장은 도입기→성장기→성숙기→쇠퇴기를 거치는 S자 곡선 형태의 수명주기를 갖는 데 반해, CAGR은 이러한 면을 반영하고 있지 못한 것이다. 이러한 편차는 예측 기간이 길어질수록 증가할 수밖에 없다.

그림 1-21 CAGR을 적용한 시장 예측

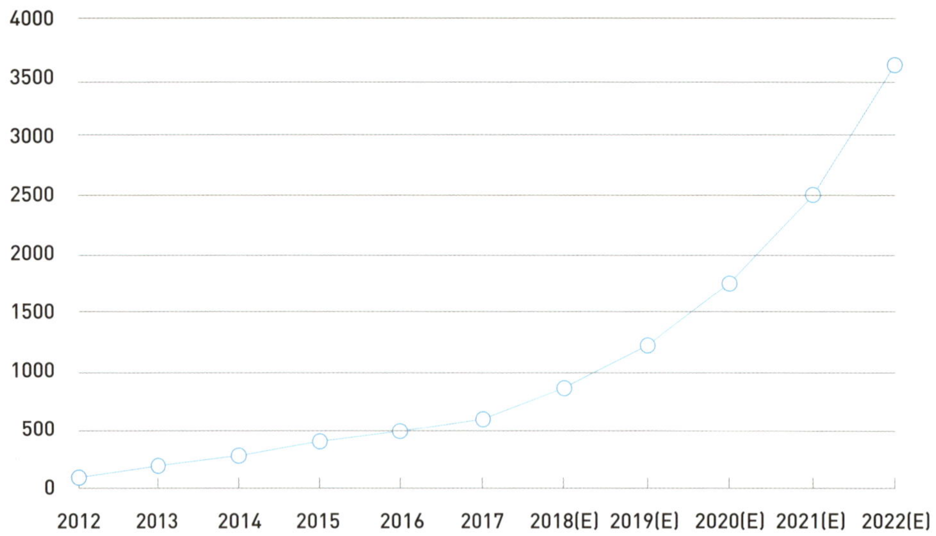

이러한 시장의 특성을 고려하여 시장을 계량적으로 예측하는 방법이 확산모형, 성장모형을 이용한 시장 예측 방법이다.

확산모형은 특정 집단 내에서 어떤 상품 또는 정보가 수요자들에게 확산되는(퍼지는) 속도를 이론적으로 모형화한 것이다. 기본적으로 상품을 선택(구매)하는 수요자 수는 연속적으로 증가하는 것을 가정하고, 이러한 확산의 추세를 방정식으로 추정하고 이에 기초하여 시장을 예측하는 방법이라 할 수 있다.

확산모형을 체계적으로 정립한 것으로 평가되는 Bass 확산모형은 특정 제품의 시장 도입 이후의 확산 과정을 크게 혁신자(innovator) 집단과 모방자(imitator) 집단, 두 집단에 의한 선택과정으로 가정한다. 혁신자 집단은 매스미디어 등의 시장 외적 요인에 영향을 받아 자신이 자발적으로 선택하여 제품을 구입하는 자발적 제품 소비 집단을 의미하며, 모방자 집단은 구전효과(word-of-mouth) 등의 시장 내적 요인에 의해 제품을 구입 · 소비하는 집단을 의미한다.

Bass 확산모형에 의하면, 새로운 구매자 수는 혁신자 · 모방자 효과에 의해 종 모양의 곡선으로 나타나게 되며, 누적 구매자 수는 비대칭 형태의 S자 곡선으로 나타나게 된다.

그림 1-21 Bass 확산모형에 의한 구매자수 추이

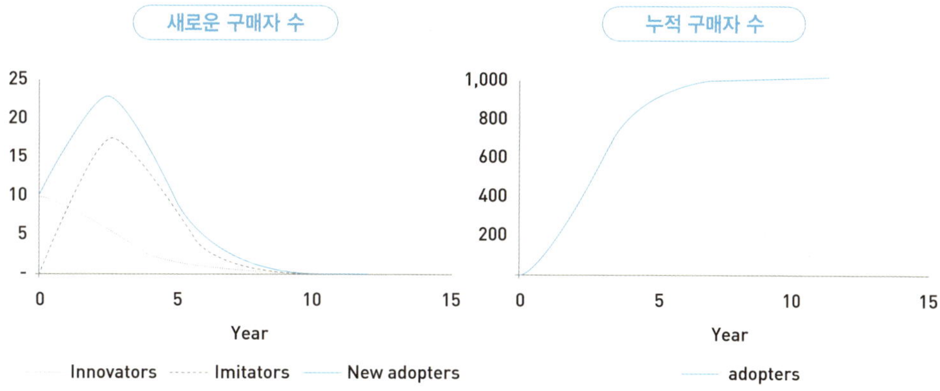

출처: Wikipedia

Bass 모형에 따른 시장규모는 아래 식과 같이 나타난다.

$$\text{시장규모}_t = pL + (q-p)\text{누적시장규모}_{t-1} - \frac{q}{L}\text{누적시장규모}^2_{t-1}$$

여기서 누적시장규모$_{t-1}$은 직전년도까지의 누적 시장규모를 말하며, L은 포화시장규모, p는 혁신계수, q는 모방계수를 말한다. 포화시장규모는 해당 시장이 도달할 수 있는 최대 시장규모를 의미한다.

Bass 모형에 따른 미래 시장 예측은 ①과거의 데이터로부터 p, q, L 값 추정 → ②추정된 p, q, L을 반영한 시장규모 식 도출 및 미래 시장규모 추정의 단계로 이루어진다.

p, q, L 값의 추정은 이론적으로는 3개 이상의 시계열 시장자료 확보로 가능하다. 3차 방정식을 풀기 위해 3개 이상의 식이 필요하다는 의미이다. 다만, 실제로 3개 수준의 자료로 안정적인 시장 예측은 어려우며, 실질적으로는 OLS(Ordinary Least Squares) 추정법, ML(Maximum Likelihood) 추정법 등 다양한 통계적 추정법이 활용된다.

p, q, L 값을 추정하고 나면, Bass 모형에 따른 시장규모 식을 완성하고 연도별 시장규모를 구할 수 있다.

포화시장규모(L)가 16,000억 원, 혁신계수(p)가 0.01, 모방계수(q)가 0.41인 제품의 시장을 Bass 모형에 따라 시장규모를 구해보면 다음과 같다.

표 1-21 Bass 모형에 의한 시장 예측 예시

	차수	연도	시장규모(억 원)	누적 시장규모(억 원)
L = 16,000억 원	0	2011	0	0
	1	2012	160	160
	4	2015	425	1,118
	8	2019	1,234	4,678
	12	2023	1,646	11,166
p = 0.01	16	2027	555	15,106
	20	2031	78	15,890
q = 0.41	24	2035	9	15,987
	28	2039	1	15,999
	32	2043	0	16,000
	36	2047	0	16,000

$$1\text{년차 시장규모}_{(2012)}=0.01\times16{,}000+(0.41-0.01)\times0-\frac{0.41}{16{,}000}\times(0)^2$$

$$2\text{년차 시장규모}_{(2013)}=0.01\times16{,}000+(0.41-0.01)\times160-\frac{0.41}{16{,}000}\times(160)^2$$

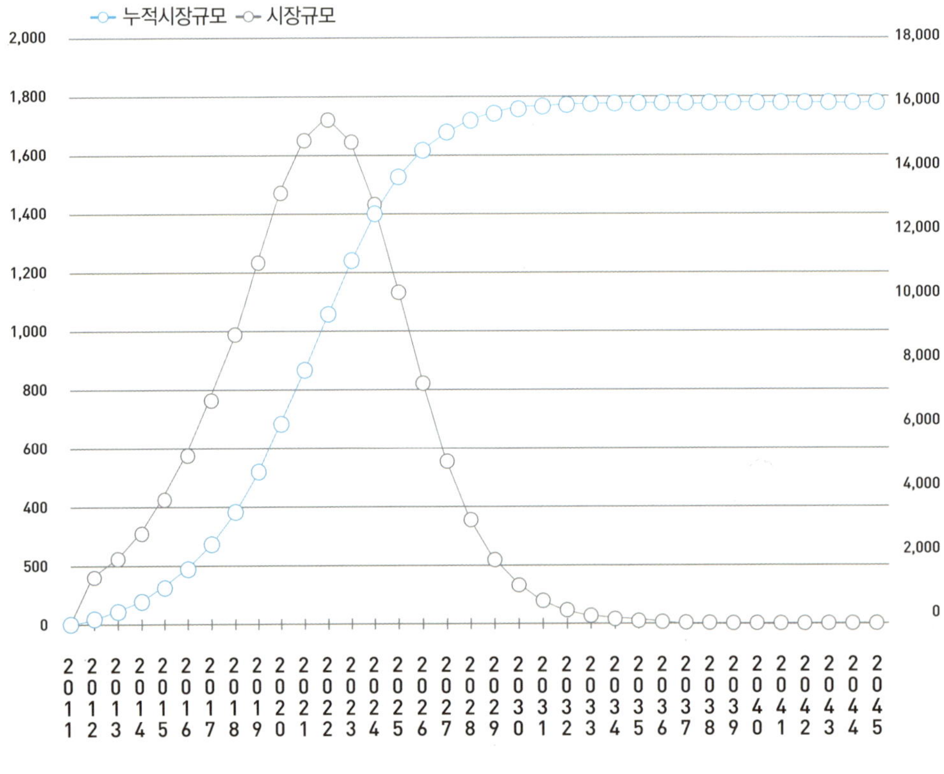

Bass 확산모형 이외에도 Logistic 모형, Gompertz 모형, Mansfield 모형, Weibull 모형 등의 성장모형도 유사한 방법으로 시장 예측에 활용되고 있다.

상기 공공 자료에서 소개한 바 있는 TDB의 경우, 시장 분석 및 예측시 확산모형 및 성장모형에 기반한 독자적인 계량적 예측 방법(TAGR™)을 활용하고 있으며 사용자가 직접 시장규모를 예측해볼 수 있는 시뮬레이션 서비스를 제공 중이다. TAGR은 업종 및 품목별 시장특성과 외부 환경변수를 종합적으로 고려하여 Logistic 모형과 Bass 모형을 활용한다는 특징이 있으며, 특허 및 서비스표로 등록되어 있다.

그림 1-23 TDB의 시장 예측(TAGR) 시뮬레이션 서비스 화면

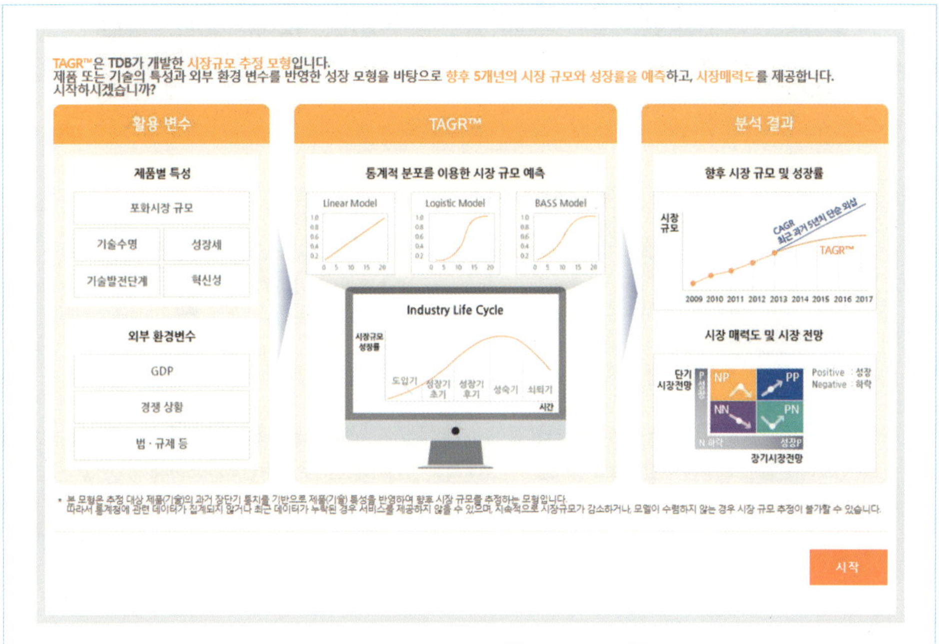

출처: TDB (www.tdb.or.kr)

읽어 보기

KMAPS 서비스 (한국과학기술정보연구원, KISTI)

지금까지 시장규모 분석과 시장 예측 방법에 대해 알아보았다. 마지막으로, 앞에 제시한 몇 가지 분석 방법론을 직접 적용하여 시장을 직접 분석할 수 있는 웹서비스를 소개한다.

KMAPS(kmaps.kisti.re.kr)는 한국과학기술정보연구원이 운영 · 제공하고 있는 지능형 산업 · 시장 분석 시스템이다.

누구나 회원가입을 통해 사용 가능하며, 시장 분석, 산업구조분석, 사업성 분석, 환경분석을 직접 수행해볼 수 있으며 산업 및 시장에 대한 정보도 확보할 수 있어 특히 창업자에게 매우 유용한 서비스이다.

시장 분석에서는 통계청 자료를 활용한 내수시장규모 분석, 확산모형 및 성장모형을 활용한 시장 예측을 직접 수행해 볼 수 있으며, 산업구조분석에서는 5 Forces 분석, 환경분석에서는 PEST분석을 직접 수행해볼 수 있다.

2.4 경쟁 분석

시장규모 분석 및 시장 예측을 완료하고 나면, 그 시장 중 실제로 기술사업화 주체인 "내"가 어느 정도까지 확보할 수 있는지(시장 점유율, Market Share)를 분석해야 한다. 시장 점유율은 동일한 시장을 두고 경쟁자들 간의 관계와 경쟁 정도, 그리고 사업화 제품 · 서비스의 경쟁력의 함수라 볼 수 있으며, 이러한 각각의 요인을 분석하는 과정이 경쟁 분석이다. 목표시장의 범위 관점에서 보면 SAM으로부터 SOM을 도출하기 위한 과정이라고도 볼 수 있다.

경쟁 분석은 크게 업체 현황 분석, 시장 점유율 및 경쟁 강도 분석으로 구분할 수 있다.

업체 현황 분석

경쟁 분석에서 가장 먼저 할 일은 경쟁자에 대해 아는 것이며, 경쟁 기업에 대해 분석하는 단계가 업체 현황 분석 단계이다. 목표로 하는 시장에 어떤 경쟁 기업들이 있는지, 경쟁 기업들의 성과는 어떤지, 경쟁 기업들 간의 관계는 어떠한지, 시장을 주도하고 있는 기업은 어떤 기업인지 등을 파악한다.

시장조사 전문기관의 자료, 공공 자료, 언론 자료 등을 통해 해당 시장 내 참여기업을 목록화하고, 해당 기업들의 주요 경쟁력 및 특징, 매출 규모 · 영업이익 등 재무적 성과 등을 일목요연하게 정리한다. 특히, 시장을 주도하는 기업이나 최근 성장세가 두드러지는 기업들에 대해서는 좀 더 심층적인 분석을 실시할 필요가 있다.

업체 현황 분석을 통해 해당 산업의 변화 방향을 도출할 수 있으며, 시장 주도 기업이나 성장 기업을 분석함으로서 경쟁 우위 요인에 대해서도 파악할 수 있는 장점이 있다.

표 1-22 업체 현황 분석 예시 (철강 분야)

국가	기업명	현황
룩셈부르크	Arcelormittal	- 2006년 6월, 당시 세계 1위 철강업체인 Mittal Steel과 2위 철강업체인 아르셀로사의 합병으로 설립되었으며, 27개국에 60여 개 공장 · 직원 32만여 명, 총 매출액 705억 유로의 거대 철강기업임. 인도 출신의 락시미 미탈(Lakshmi Mittal)이 이끄는 미탈철강은 1976년 설립된 회사로, 여러 번의 인수합병을 거쳐 세계적인 대기업으로 발전함. - 조강생산량이 2007년 118백만 톤(1,052억 달러, 세계 총 생산량 중 10%)까지 증가하였으나, 세계경기 악화에 따른 청강산업 수지악화로 인해 2016년 기준 90.8백만 톤까지 하락함. - 청강 외에 자동차, 건설, 가전제품, 포장 부분 사업을 진행하면서 광범위한 유통망을 확보 - 유럽 · 아시아 · 아프리카 · 미국 등 세계 60개국에 31만 명 이상의 종업원이 있으며, 룩셈부르크시(市)에 본사를 중심으로 유럽, 아시아, 아프리카, 북미시장을 넘어 고속성장 중인 인도와 중국시장에서 시장점유율을 높이고 있음.
인도	타타스틸	- 세계 56위의 청강생산 기업에 불과하던 타타스틸은 2009년 세계 9위의 영국 철강회사 코러스를 인수하여 조강생산 능력이 2016년 기준 25.8백만 톤으로 늘어나, 세계 10위의 철강생산 기업으로 발돋움하였음. - 인도에서만 연간 철강 생산량 23백만 톤의 설비확장을 위한 투자가 이루어졌으며, 베트남, 태국, 인도네시아에 생산공장을 확대하고 있음. - 동사는 자국 내에서 철광석을 100% 공급받고 있으며, 연료탄은 50%를 자급하고 있어 타타스틸의 원가 경쟁력은 세계 최고임. - 타타스틸은 세계 최고의 원가경쟁력을 가지고 있는데다, 해마다 10%에 이르는 인도 철강 수요증가가 뒷받침되어 급격히 성장하고 있음.
미국	US Steel	- US스틸(United States Steel Corporation)은 미국과 중부 유럽에 생산 거점을 가진 종합 제철 회사로, 2016년 조강 생산량은 15.1백만 톤으로 세계 20위임. - 동사는 1991년에 USX 코퍼레이션 (USX Corporation)로 개명했지만, 2001년에 다시 US스틸로 개칭함. 2006년 시점에서, 미국 최대의 철강회사로 2015년 매출액 115억 달러를 시현하였으며, 37,000명의 직원이 근무하고 있음.
	Nucor Corporation	- 1940년 설립된 철강그룹으로, 미국 노스캐롤라이나 위치하고 있으며, 2016년 20.6백만 톤(164억 달러 매출)을 생산하여 세계 12위를 기록했으며, 종업원 수는 23,700명에 달함 - 미국 내 가장 큰 철강기업으로 일반적으로 철강생산에 사용되고 있는 고로방식이 아닌 철스크랩을 사용한 전기로 생산만을 영위하고 있음. 2015년에는 17백만 톤의 고철을 재활용하여 미국 내 가장 규모가 큰 재활용 기업, 즉 환경친화 기업으로도 높이 평가받고 있음. - 주요제품으로는 탄소 합금, 판재류, Joist girders, Steel deck, Fabricated concrete Reinforcing steel, Cold finished steel, Metal building systems, wire등이 있음.
일본	NSSMC (Nippon Steel &Sumitomo Metal Corporation)	- 일본 최대의 철강업체로, 생산량 기준으로 세계 3위이며, 신일본제철과 19위 스미토모금속이 2012년 10월 합병하면서 설립된 기업임. 자동차와 선박에 쓰이는 강판 등 철강제품과 화학제품을 생산하면서 도시개발 사업을 영위하고 있고, 본사는 도쿄에 있으며 도쿄, 나고야, 무로란, 사카이, 히카리, 오이타 등에 생산공장이 있음. - 동사는 2016년 기준 45.3백만 톤의 조강을 생산하고 있으며, 이미 공급과잉에 직면해 있는 일본 내수시장에서 점유율을 높이기보다는 성장성 높은 해외시장으로 진출을 추진

출처: TDB보고서, TDB플러스(금속소재), 2018

한편, 업체 현황 분석 시에는 분석 도구를 활용하기도 하는데, 대표적인 분석 도구로는 5 Forces 분석과 전략군(Strategic Group) 분석 등이 있다. 5 Forces 분석은 앞서 미시 환경 분석 도구로 소개한 바 있으며, 기본적으로 산업 내 경쟁자 간 관계에 대해 다룬다는 측면에서 경쟁 분석이기도 하다.

전략군 분석은 유사한 경쟁방식과 전략적 포지션에 따라 동일 산업 내 기업들을 그룹화하고 지도 형태로 나타내는 것을 말한다. 전략군 지도는 경쟁 기업이 점유하고 있는 서로 다른 경쟁 포지션을 나타내게 된다.

전략군 분석은 ①동일 산업 내 기업들을 구분 가능하도록 하는 전략적 변수나 특징을 2가지 선택 → ②①의 기준을 x, y축으로 하는 평면 위에 각 기업별 위치를 표시 → ③②의 평면 위에서 근거리에 있는 회사들의 집단을 정하여 해당 집단을 둘러싸는 원을 표시 → ④필요시 각 전략군의 이름을 명명하는 순으로 이루어진다.

그림 1-24 전략군지도 예시 (자동차 산업)

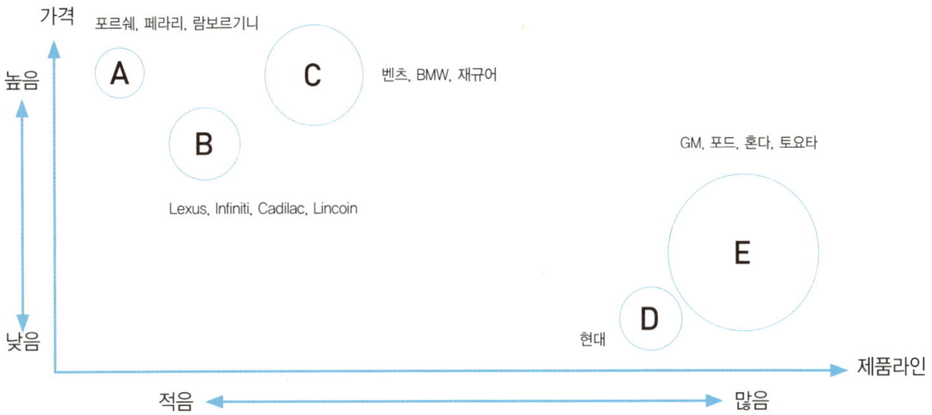

출처: 김언수, TOP을 위한 전략경영 4.0, 피앤씨미디어, 2013, 재구성

전략군을 나누는 전략적 변수나 특징으로는 제품군, 지역, 가격전략, 유통채널, 수직적 통합 등 매우 다양하며, 산업의 특징에 따라 적절한 기준을 설정한다.

전략군 지도에서 관심을 가질 것은 동일 군내에 어떤 업체가 포진하는지와 군 간 거리 또는 중첩성 여부이다. 동일 군내의 업체는 결국 가장 직접적인 경쟁자를 의미하므로 해당 업체에 대한 주의 깊은 분석이 필요하다고 볼 수 있으며, 군 간 거리가 짧거나 중첩될수록 군 간의 경쟁이 강력하다고 볼 수 있다. 또한, 기회와 위협수준을 계산하여 유리한 전략군을 결정하여 향후 전략을 결정하는 데에도 도움이 된다.

이 외에 앞서 언급한 바 있는 Gartner의 Magic Quadrant 등도 유사한 목적의 분석이라 할 수 있다.

시장 점유율 및 경쟁 강도 분석

시장 점유율 및 경쟁 강도 분석에서는 시장 참여 업체들이 해당 시장에서 어느 정도의 비중을 차지하고 있는지를 정량적으로 분석하고, 이를 바탕으로 시장 집중도 등을 산출하여 경쟁 강도를 분석한다.

시장 점유율은 일반적으로 전체 시장규모 중 해당 업체의 해당 제품 매출액으로 산출한다. 언뜻 보기에는 시장규모에 대한 자료와 해당 기업에 대한 재무자료만 확보하면 쉽게 산출할 수 있을 것으로 보이지만, 시장 점유율을 직접 추정하는 것은 쉽지 않은 일이다. 그 이유는 모든 참여기업을 감안하기 어렵다는 점과 참여기업의 매출 중에서 해당 제품만의 매출 자료를 확보하기가 어렵다는 점 때문이다. 특히, 해당 제품만의 매출 자료는 일부 외감 이상 기업의 경우엔 사업보고서를 통해 확보할 수 있는 경우도 있지만, 대부분의 경우엔 민감한 내부자료로 외부에선 확보할 수 없는 경우가 대부분이다.

따라서, 시장 점유율 분석에서 가장 오차를 줄일 수 있는 방법은 동일한 기관(시장조사전문기관, 공공기관 등)의 시장규모 분석 · 예측 자료와 시장 점유율 자료를 같이 사용하는 것일 것이다.

표 1-23 업체별 매출액 및 시장점유율 분석 예시 (TFT-LCD 산업)

순위		업체	국가	매출액(백만불)			시장 점유율(%)	
2005	2006			2004	2005	2006	2005	2006
1	1	삼성전자	한국	8,889	10,276	14,021	17.8%	20.1%
2	2	LG필립스 LCD	한국	7,559	9,788	11,225	16.9%	16.1%
3	3	AUO	대만	5,124	7,124	9,480	12.3%	13.6%
4	4	Sharp	일본	5,727	6,244	7,172	10.8%	10.3%
5	5	CMO	대만	3,244	4,662	6,354	8.1%	9.1%
6	6	CPT	대만	2,329	2,424	3,659	4.2%	5.2%
7	7	TMD	일본	2,788	2,384	2,449	4.1%	3.5%
8	8	EID	일본	1,363	2,320	1,987	4.0%	2.8%
10	9	QDI	대만	1,800	1,822	1,854	3.2%	2.7%
9	10	HannStar	대만	1,126	1,908	1,839	3.3%	2.6%
(중략)								
19	20	BOE Hydis	중국	742	501	316	0.9%	0.5%
	21	IPS Alpha	일본	0	0	233	0.0%	0.3%
20	22	NEC	일본	388	415	202	0.7%	0.3%
		기타		2,645	2,167	1,746	3.7%	2.5%
합계				47,942	57,840	69,786	100.0%	100.0%

시장 점유율을 분석하고 나면, 이 자료들을 활용하여 시장 집중도 지표 산출 등을 통해 경쟁 강도를 분석한다. 경쟁 강도 분석을 통해 목표시장이 경쟁적인지, 또는 독과점 상태인지 여부를 파악하게 되는데, 그 결과는 시장성 분석 및 사업화 전략 관점에서 매우 중요하다. 목표시장이 경쟁적이라면 경쟁 과열로 인해 전반적인 수익성 저하 우려가 있으며, 독과점일 경우엔 참여기업의 입장에선 수익성은 좋을 수 있으나 각종 독과점 규제를 받을 가능성이 높으며, 창업기업 입장에선 아예 진입 자체가 불가능할 시장일 수도 있다.

시장 집중도(Market Concentration)는 어떤 시장 또는 산업이 얼마나 경쟁적인지 또는 독점적인지를 계량적으로 나타낸 지표이다. 시장 집중도를 평가하는 방법으로 상위 k기업집중률(CRk, Concentration Ratio), 허핀달-허쉬만지수(HHI, Herfindahl-Hirschman Index), 엔트로피지수(Entropy Index), 지니계수(Gini Coefficient) 등으로 매우 다양하며, 이 중 상위 k기업집중률(CRk)과 허핀달-허쉬만지수(HHI)가 경제정책 및 학문적 연구목적 등으로 가장 보편적으로 사용되는 지표이다.

상위 k기업집중률은 특정 시장에서 상위 k개 기업들의 시장 점유율(Si)의 합을 의미하며, 다음과 같이 나타난다.

$$CRk = \sum_{i=1}^{k} S_i$$

일반적으로는 CR3, 즉 상위 3개 기업의 시장 점유율의 합계값을 주로 사용되며 CRk 값에 따라 시장의 경쟁 강도를 다음과 같이 판단한다.

표 1-24 CRk값에 따른 경쟁 강도 판단

CRk	경쟁 강도
CR1(1위 기업의 시장 점유율)이 50% 이상	독점(Monopoly)
CR2(1위와 2위의 시장 점유율 합계)가 75% 이상	복점(Duopoly)
CR3(1위부터 3위까지의 시장 점유율 합계)가 75% 이상	과점(Oligopoly)
CR4(1위부터 4위까지의 시장 점유율 합계)가 90% 이상	독점적 시장
CR4(1위부터 4위까지의 시장 점유율 합계)가 40% 이상	경쟁적 시장
CR4(1위부터 4위까지의 시장 점유율 합계)가 40% 이하	자유경쟁시장

상기 〈표 1-23〉의 TFT-LCD 시장에 대해 CRk를 활용하여 시장 집중도를 분석하고 경쟁 강도를 파악하면 다음과 같이 경쟁적 시장임을 알 수 있다.

그림 1-25 TFT-LCD 시장의 시장 집중도(CRk) 분석 예시

CR1	20.10%
CR2	36.20%
CR3	49.80%
CR4	60.10%

CRk	경쟁 강도
CR1(1위 기업의 시장 점유율)이 50% 이상	~~독점(Monopoly)~~
CR2(1위와 2위의 시장 점유율 합계)가 75% 이상	~~복점(Duopoly)~~
CR3(1위부터 3위까지의 시장 점유율 합계)가 75% 이상	~~과점(Oligopoly)~~
CR4(1위부터 4위까지의 시장 점유율 합계)가 90% 이상	~~독점적 시장~~
CR4(1위부터 4위까지의 시장 점유율 합계)가 40% 이상	경쟁적 시장
CR4(1위부터 4위까지의 시장 점유율 합계)가 40% 이하	자유경쟁시장

CRk는 측정이 매우 간단하고, 경쟁 상황을 직관적으로 파악할 수 있어 시장 집중도 측정에 널리 활용되고 있다. 특히, 우리나라의 경우 「독점규제 및 공정거래에 관한 법률」에서 경쟁을 제한할 가능성이 있는 시장지배적 사업자의 판단 및 기업결합 판단 기준으로 CRk를 활용하고 있다.

읽어 보기

독점규제 및 공정거래에 관한 법률

제4조(시장지배적사업자의 추정) 일정한 거래분야에서 시장점유율이 다음 각 호의 어느 하나에 해당하는 사업자(일정한 거래분야에서 연간 매출액 또는 구매액이 40억원 미만인 사업자는 제외한다)는 제2조제7호의 시장지배적 사업자로 추정한다.

1. 1 사업자의 시장점유율이 100분의 50 이상 ⇨ CR1≥50%
2. 3 이하의 사업자의 시장점유율의 합계가 100분의 75 이상. ⇨ CR3≥75%
   다만, 이 경우에 시장점유율이 100분의 10 미만인 자를 제외한다.

그러나 CRk는 전체 중 일부 값만의 단순 합계 방식으로 인한 한계를 가지고 있다.

먼저, CRk는 k개 상위 기업 간의 상대적 규모 차이를 반영하지 못한다. 예를 들어, A산업은 1위~3위 업체의 시장 점유율을 각각 60%, 10%, 5%로 가정하고, B산업은 3개 업체가 각각 25%의 시장 점유율을 갖는다고 가정해보면, A, B 두 산업 모두 CR3는 75%로 동일하다. 그러나, 이 결과는 실질적으로는 유사한 상위업체 간 치열한 경쟁이 존재할 것이라는 인식과는 괴리가 있다. 즉, 시장 내부의 질적 특성의 차이를 고려하지 못한다고 볼 수 있다.

또한, 전체 기업을 고려하지 않고 k개 이외의 기업들이 수치에 전혀 영향을 못 미친다는 한계가 있으며, k값의 설정을 자의적 판단에 의존함으로써 왜곡된 결과를 도출할 수 있다.

허핀달-허쉬만지수(HHI)는 이러한 CRk의 문제점을 해결할 수 있는 지수로 CRk보다 더 정교하게 시장 집중도를 측정할 수 있다. 허핀달-허쉬만지수(HHI)는 특정 시장에 참여하고 있는 모든 기업의 시장 점유율(Si)의 제곱값을 합한 것으로 다음과 같이 나타난다.

$$HHI = \sum_{i=1}^{N} S_i^2 \ (N=\text{시장내 전체 기업수})$$

산술적으로는, 각 기업의 시장 점유율 값 자체를 가중치로 하는 시장 점유율의 가중합 형태로 볼 수 있으며, 일반적으로 HHI 값에 따라 시장의 경쟁 강도를 다음과 같이 판단한다.

표 1-25 HHI 값에 따른 경쟁 강도 판단

HHI	≤1,000	1,000≤HHI≤1,800	1,800≤HHI≤4,000	≥4,000
경쟁 강도	매우 경쟁적	경쟁적	과점적	독점적

상기 〈표 1-23〉의 TFT-LCD 시장에 대해 HHI를 활용하여 시장 집중도를 분석하고 경쟁 강도를 파악하면 CRk분석 결과와 동일하게 경쟁적 시장임을 알 수 있다.

$$HHI_{TFT-LCD(2006)}=20.1^2+16.1^2+13.6^2+10.3^2....+2.5^2=1119.12$$

HHI는 공정거래위원회의 기업결합 심사기준 등에 활용되는 등 다양한 분야에서 시장 집중도 측정에 활용되고 있다.

읽어 보기

기업결합 심사기준 (공정거래위원회 고시 행정규칙)

Ⅵ. 경쟁제한성 판단기준

기업결합의 경쟁제한성은 취득회사등과 피취득회사 간의 관계를 고려하여 수평형 기업결합, 수직형 기업결합, 혼합형 기업결합 등 유형별로 구분하여 판단한다.

1. 시장의 집중상황

가. 시장집중도

기업결합후 일정한 거래분야에서의 시장집중도 및 그 변화정도가 다음의 어느 하나에 해당하는 경우에는 경쟁을 실질적으로 제한하지 않는 것으로 추정되며, 그렇지 않은 경우에는 경쟁이 실질적으로 제한될 가능성이 있다. 다만 시장집중도 분석은 기업결합이 경쟁에 미치는 영향을 분석하는 출발점으로서의 의미를 가지며, 경쟁이 실질적으로 제한되는지 여부는 시장의 집중상황과 함께 Ⅵ. 2. 내지 4. 및 Ⅶ.의 사항들을 종합적으로 고려하여야 한다.

(1) 수평형 기업결합으로서 다음 의 어느 하나에 해당하는 경우(다만 당사회사의 시장점유율 등이 법 제7조 제4항의 요건에 해당하는 경우에는 이를 적용하지 아니한다)

(가) 허핀달-허쉬만지수(일정한 거래분야에서 각 경쟁사업자의 시장점유율의 제곱의 합을 말한다. 이하 HHI라 한다)가 1,200에 미달하는 경우

(나) HHI가 1,200 이상이고 2,500미만이면서 HHI 증가분이 250미만인 경우

(다) HHI가 2,500 이상이고 HHI 증가분이 150미만인 경우

(2) 수직형 또는 혼합형 기업결합으로서 다음의 어느 하나에 해당하는 경우

(가) 당사회사가 관여하고 있는 일정한 거래분야에서 HHI가 2,500미만이고 당사회사의 시장점유율이 25/100 미만인 경우

(나) 일정한 거래분야에서 당사회사가 각각 4위 이하 사업자인 경우

※ 기업결합 심사시 HHI 외에 CR1, CR3도 병행하여 사용

HHI는 시장 내 모든 기업의 시장 점유율을 포함하여 산출되므로 시장의 경쟁 구조를 좀 더 정확하게 파악할 수 있으며, 점유율이 높은 대기업에 더 큰 가중이 이루어지므로 독과점 여부를 더 명확하게 파악할 수 있는 장점이 있다.

한편, 공정거래위원회는 「독점규제 및 공정거래에 관한 법률」에 따라 독과점 시장구조 개선 시책 추진을 위한 시장구조를 조사하여 그 결과를 "시장구조조사 보고서"로 발표하고 있다. 현재(2018년) 기준 최신 조사결과는 2018년 발간된 2015년 데이터 기준의 조사결과이며, 공정거래위원회 홈페이지(www.ftc.go.kr) 자료실에서 확보할 수 있다.

시장구조조사 보고서는 통계청의 광업 · 제조업조사 및 경제총조사 결과를 바탕으로 산업 집중도 및 품목시장 집중도를 CRk(최근 조사의 경우 CR3, CR6, CR10)와 HHI로 분석하여 경쟁 강도를 제시하고 있다.

일반적으로 특정 시장의 상위 기업을 정의하기가 모호하거나 시장 내 모든 참여기업의 매출액 정보를 얻기가 어려워 시장 집중도를 직접 산출하는 것이 쉽지 않기 때문에, 실무적으로는 시장구조조사 보고서에서 해당 산업의 수치를 참고하여 경쟁 강도를 판단하는 경우도 많다. 다만, 시의성이 떨어질 수 있으므로 변동성이 큰 산업에 활용 시에는 유의가 필요하다.

표 1-26 품목시장 시장 집중도

산업분류	산업명	기업수(개)	출하액(십억원)	CR3(%)	CR6(%)	CR10(%)	HHI	독과점구조여부
26323103	잉크젯 프린터	13	79	67.8	85.1	96.6	2,073	C
26323109	기타 비충격식 프린터	3	4	100.0	100.0	100.0	4,662	M
26323900	컴퓨터 프린터 부품	19	97	54.0	70.4	85.4	1,298	C
26329101	키보드	8	47	84.8	99.0	100.0	4,349	M
26329102	마우스	1	X	X	X	X	X	X
26329103	스캐너류	10	64	74.8	92.8	100.0	2,366	C
26329109	기타 입력장치	41	174	51.8	62.1	71.9	1,538	C
26329209	기타 출력장치(컴퓨터용)	2	X	X	X	X	X	X
26329300	컴퓨터 단말기	7	23	76.0	98.9	100.0	2,122	O
26329400	주기판	9	26	63.5	90.2	100.0	1,865	C
26329801	PC 카메라	1	X	X	X	X	X	X
26329802	컴퓨터 케이스	9	46	73.4	93.5	100.0	2,027	C
26329803	기타 컴퓨터용 보드	4	8	85.5	100.0	100.0	2,687	O
26329809	기타 컴퓨터 주변기기	12	27	48.2	77.3	98.5	1,210	C
26329900	컴퓨터주변기기 전용부품 (기억장치부품제외)	35	823	60.4	74.0	83.1	1,755	C
26410101	일반 전화기	6	17	89.2	100.0	100.0	3,651	M
26410102	코드없는 전화기세트	5	49	83.0	100.0	100.0	2,732	O
26410103	영상 전화기	4	12	95.6	100.0	100.0	3,866	M
26410109	기타 유선전화기	10	90	87.8	97.5	100.0	3,880	M
26410201	기간통신사업용 교환기	4	24	98.8	100.0	100.0	7,637	M

출처: 공정거래위원회 · 한국개발연구원, 시장구조조사(2015년기준), 2017

주: M - 독점형, O - 과점형, C - 독과점 구조 이외

단원요약

◆ 목표시장 정의는 시장성 분석에서 가장 먼저 수행해야 하는 단계로, 사업화하려는 제품 또는 서비스가 목표로 하는 시장과 관련한 산업을 정의하고, 해당 시장 및 산업의 특성을 파악하는 단계이다.

◆ 시장의 범위는 적용 범위에 따라 TAM(전체시장), SAM(유효시장), SOM(수익시장)으로 구분될 수 있으며, 일반적인 시장성 분석의 경우 SAM에 대한 분석이 주로 이루어진다.

◆ 기업의 외부 환경은 기업의 전략 및 성과에 영향을 주는 여러 가지 외부적인 요소들을 말하며, 거시 환경과 미시 환경으로 구분된다.

◆ 거시 환경 분석은 기업에 장기적으로 영향을 미치게 되는 일반적인 기업 환경으로 정치적 환경(Political Environment), 경제적 환경(Economical Environment), 사회(문화)적 환경(Social Environment), 기술적 환경(Technological Environment)과 같이 기업의 통제 범위 밖에 있는 요인들에 대해 분석하는 것으로, PEST분석, STEEP분석 등이 주로 활용된다.

◆ 미시 환경 분석은 기업 활동과 의사결정에 직접적으로 영향을 미치는 산업 내 환경을 분석하는 것으로 산업 구조 분석으로도 볼 수 있으며, 주로 활용되는 분석 방법으로는 Michael Porter의 5 Forces 분석이 있다.

◆ 시장규모 및 성장성 분석은 목표시장의 매력도를 정량적으로 측정하는 도구로, 사업의 가치를 정량적으로 측정하는 기반 자료라는 점에서 시장성 분석의 필수적인 단계이다.

◆ 시장규모 분석은 과거에서 현재에 이르는 시장규모(Size)를 분석(Estimation)하는 단계로 크게 직접 조사 방법과 간접 조사 방법으로 나뉘며, 간접 조사 방법은 다시 자료 수집을 통한 방법과 직접 추정을 통한 방법으로 구분된다.

◆ 자료 수집을 통한 시장규모 분석 시에는 시장조사 전문기관의 자료를 활용하는 것이 가장 바람직하나, 비용적인 측면을 고려하여 다양한 기관에서 지원하는 공공 자료나 기타 증권사 리서치 보고서를 활용하는 방법도 현실적으로 좋은 방법이다.

◆ 직접 추정을 통한 시장규모 분석에는 통계청 자료를 활용한 제품별 내수시장규모 분석, 페르미 추정법, 원가구조를 이용한 하위 시장규모 분석, 사업보고서를 활용하는 방법 등이 실무적으로 많이 활용된다.

◆ 시장 예측은 시장규모 분석을 바탕으로 미래 시장의 규모 및 성장성을 예측(Forecasting)하는 단계로 크게 정성적 방법과 계량적 방법으로 구분되며, 계량적 방법은 다시 회귀분석 등을 통해 인과관계를 도출하여 적용하는 방법과 과거의 추세를 이용하는 추세외삽법으로 구분된다.

◆ 실무적으로 많이 활용되는 추세외삽법으로는 평균 성장률(CAGR)을 이용한 방법, 확산모형 · 성장모형을 이용한 방법이 있다.

◆ 경쟁 분석 단계에서는 산업내 경쟁자에 대해 파악하는 업체 현황 분석과 시장점유율 및 경쟁 강도 분석을 실시한다.

◆ 업체 현황 분석은 주로 정성적으로 실시하지만, 5 Forces 분석, 전략군 분석과 같은 분석 도구를 활용하는 경우도 있다.

◆ 시장 점유율 및 경쟁 강도 분석에서는 시장 점유율을 먼저 산출하고 이로부터 시장 집중도를 산출하여 경쟁 강도를 판단하며, 시장 집중도를 산출하는 방식으로는 상위 k기업집중률(CRk)과 허핀달-허쉬만지수(HHI) 등이 주로 활용된다.

핵심용어 정리

- 목표시장(Target Market)
- 시장 세분화(Market Segmentation)
- TAM, SAM, SOM
- 거시(Macro) 환경, 미시(Micro) 환경
- PEST 분석
- 5 Forces 분석
- 시장규모 분석(Market Size Estimation)
- 시장 예측(Market Forecasting)
- 시장조사 전문기관
- 특허청 광업 · 제조업 조사
- 내수시장규모 분석
- 페르미 추정법(Fermi Estimation)
- 원가 구조(Cost Breakdown)
- 사업보고서(Annual Report)
- 전자공시시스템(DART)
- 델파이(Delphi) 기법
- 시나리오법
- 추세외삽법(Extrapolation)
- CAGR
- Bass 확산모형
- 전략군(Strategic Group) 분석
- 시장 점유율(Market Share)
- 시장 집중도(Market Concentration)
- 상위 k기업집중률(CRk)
- 허핀달-허쉬만지수(HHI)
- 시장구조조사 보고서

학습하기

1. 목표시장을 정의하는 절차 및 유의할 점은 무엇인가?

2. 특정 시장을 예시로 하여 TAM, SAM, SOM의 개념과 범위를 설명하시오.
   – 예시. 헬스케어 시장(TAM)

3. 거시 환경 분석에 대해 설명하고, 특정 산업을 예시로 하여 PEST 분석을 실시하고 그 결과에 대해 토의해 보시오.

4. 미시 환경 분석에 대해 설명하고, 특정 산업을 예시로 하여 5 Forces 분석을 실시하고 그 결과에 대해 토의해 보시오.

5. 시장규모 분석시 유의할 점을 분석 기간, 정확성 및 신뢰성 관점에서 설명하시오.

6. 시장조사 전문기관 자료 활용시 유의할 점은 어떤 것이 있으며, 사례에 따라 어떤 기관의 자료를 어떤 방식으로 선정하는 것이 좋을지 토의하시오.

7. 통계청 자료를 활용한 제품별 내수시장규모 분석시 유의할 점에 대해 설명하시오.

8. 통계청 자료 및 무역 통계 등을 이용하여 OLED패널(품목분류코드 26212100)의 최근 5개년간의 내수시장규모를 산출하시오.

9. 8번의 내수시장규모 데이터를 이용하여 CAGR을 구하고, 해당 CAGR 수치를 이용하여 향후 5개년의 시장규모를 예측하시오.

10. 실무적으로 CAGR이 가장 많이 활용되는 이유와 CAGR을 적용한 시장 예측의 한계점에 대해서 토의하시오.

11. Sultan 등(1990)의 연구에 의하면 에어컨디셔너의 혁신계수는 0.01, 모방계수는 0.42로 나타났다. 포화시장 규모를 10조 원이라 가정하고 Bass 확산모형을 이용하여 연도별 시장규모를 예측해보시오.

12. 업체의 사업보고서 등을 활용하여 국내 화장품 시장의 CR1, CR2, CR3 값을 구하시오.

참고문헌

- Craig S. Fleisher, Babette E. Bensoussan, 전략 · 경쟁 분석(강병철 등 옮김), Prentice Hall, 2008
- TDB Value Chain 보고서_화장품 산업, 한국신용정보원, 2016
- Gartner 홈페이지, www.gartenr.com
- 연구개발특구진흥재단 홈페이지, www.dit.or.kr
- KOTRA 해외시장뉴스 홈페이지, news.kotra.or.kr
- ㈜글로벌인포메이션 홈페이지, www.giikorea.co.kr
- IHS Markit 홈페이지, www.ihsmarkit.com
- 산업통상자원부 홈페이지, www.motie.go.kr
- 과학기술정보통신부 홈페이지, www.msip.go.kr
- 환경부 디지털도서관 홈페이지, library.me.go.kr
- TDB 홈페이지, www.tdb.or.kr
- 이철흠, 기술신용평가모형의 현황 및 발전방향, CIS보고서, 한국신용정보원, 2018
- 국가통계포털 홈페이지, www.kosis.kr
- 광업 · 제조업 조사보고서, 통계청, 2012~2016년 기준편
- 한국표준산업분류 제10차 개정 분류 해설서, 통계청, 2017
- 무역통계 홈페이지, stat.kita.net
- 관세법령정보포털 홈페이지, unipass.customs.go.kr
- 도쿄대학 케이스스터디 연구회, 페르미 추정 두뇌활용법, 에이지21, 2011
- 전자공시시스템, dart.fss.or.kr
- 정용찬, 이은민, 정병철, 방송서비스시장 예측모형개발 연구, 정보통신정책연구원, 2009
- KMAPS 서비스 홈페이지, kmaps.kisti.re.kr
- TDB PLUS 보고서_금속 소재, 한국신용정보원, 2018
- 공정거래위원회, 한국개발연구원, 시장구조조사(2015년기준), 공정거래위원회, 2017

제1장 | 기술이전사업화 들어가기

제2장 | 기술이전사업화 프로세스

제3장 | 기술이전사업화 전략

Technology **Commercialization**

02 PART

기술이전 사업화

학습 목표

1. 기술이전사업화 개념을 이해한다.
2. 외부기술 도입하는 방법의 종류별 차이점을 설명할 수 있다.
3. 기술이전사업화 프로세스를 이해한다
4. 기업 성장 단계별로 적합한 기술이전사업화 전략을 제시할 수 있다.

01 기술이전사업화 들어가기

1. 기술이전사업화 들어가기

냉혹한 시장에서 생존과 성장을 위해 끊임없이 새로운 제품/서비스를 개발해야 하는 중소기업에게 있어 기술은 기업 경쟁력의 핵심이다. 따라서 수많은 중소기업들이 연구개발을 통해 경쟁력 있는 기술을 확보하고자 노력하고 있다. 하지만 중소기업의 연구개발에는 여러 위험 요소가 존재한다. 중소기업의 예상과 달리 연구개발비의 규모가 증가하여 재무적으로 감당할 수준을 초과하거나 개발 기간이 늘어나면서 제품/서비스 출시가 지연됨에 따라 기업 경영에 심각한 타격을 미칠 수 있다. 경우에 따라서는 연구개발 실패로 인해 기업이 도산에 이르게 될 수도 있다.

이런 불확실한 상황에도 불구하고 중소기업 가치의 대부분이 보유 기술의 수준으로 결정되므로, 중소기업은 연구개발을 포기할 수는 딜레마에 빠지게 된다. 연구개발 성과의 불활실성에 대한 리스크는 대기업도 마찬가지인데, 대기업은 이를 '개방형 혁신(Open Innovation)'으로 극복하고 있다.

최근 사물인터넷, 인공지능, 빅데이터 등 4차산업혁명의 부상으로 기존 산업구조가 빠르게 변모하고 제조, 서비스, 바이오, 문화콘텐츠 등 기존 산업 간 경계가 허물어지면서 글로벌 대기업조차 성장이 지체되고 도태되는 경우가 발생하고 있다. 이 같은 상황에서 P&G, 듀퐁, 아마존, 구글과 같은 글로벌 대기업 조차도 자체 개발 능력의 한계를 인정하고 혁신적인 기술을 보유한 외부 기관과의 협업을 선택하였다.

다양한 성공 사례들로 인해 개방형 혁신 전략은 기업의 경쟁력을 제고하는 기본적인 전략으로 인식되고 있다. 최근에는 기존의 개방형 혁신 전략이 점점 고도화 되어 '외부기술 도입(Buy R&D)'전략이 널리 활용되고 있다. 특히 미국과 유럽 기업의 78%가 외부기술을 활용하고 있으며, R&D비중이 높거나 특허가 핵심 경쟁력이 되는 분야의 활용도가 높은 것으로 조사되었다. 반면에 국내 기업들은 여전히 폐쇄적 방식의 자체 개발을 선호하고 있다.

한국산업기술진흥원(KIAT)의 실태 조사에 따르면, 대상 기업 중 1.8% 만이 외부기술을 도입하고 있는 실정이다.

읽어 보기

개방형 혁신(Open Innovation)

개방형 혁신(Open Innovation)이란 연구, 개발, 사업화 등 기술혁신의 전단계에서 외부의 R&D 자원을 활용하여 효율성과 성과를 극대화하는 전략으로, 미국 버클리대학의 체스브로(Chesbrough) 교수가 2003년 최초로 제시한 개념이다. 기업이 연구 · 개발 · 사업화 과정에서 기업이 가진 내부 자원을 외부에 공개 · 공유하면서 혁신을 위해 필요로 하는 기술과 아이디어를 기업 외부의 대학 · 연구소 혹은 다른 기업에서 끌어오는 혁신 프로세스이다. 이 용어는 원래 기업이 기술을 발전시키기 위해 내부 아이디어뿐만 아니라 외부 아이디어를 사용할 수 있고 내부 및 외부 경로를 통해 신규 시장을 개척하는 패러다임으로 시작되었다. 이후 외부 아이디어나 기술을 도입하는 개방(외부→내부)과 내부의 기술과 지식재산을 외부로 내보내는 개방(내부→외부)을 포괄하게 되었다. 특히 기업의 기존 경계를 허무는 개방성이 특징이다.

최근 개방형 혁신은 연구개발 뿐만 아니라 제품 기획 및 마케팅까지 적용되고 있다. 샤오미는 미펀(米粉)으로 불리는 사용자들로부터 제품의 개선점과 아이디어를 수용하고 제품 기획에 반영하고 있다. 이를 통해 샤오미는 운영체제와 앱을 일주일 단위로 업데이트하고 있으며, 소비자의 니즈를 수시로 제품 개발에 반영함으로써 고객들의 충성도를 높이고 있다.

그림 2-1 폐쇄형 혁신과 개방형 혁신

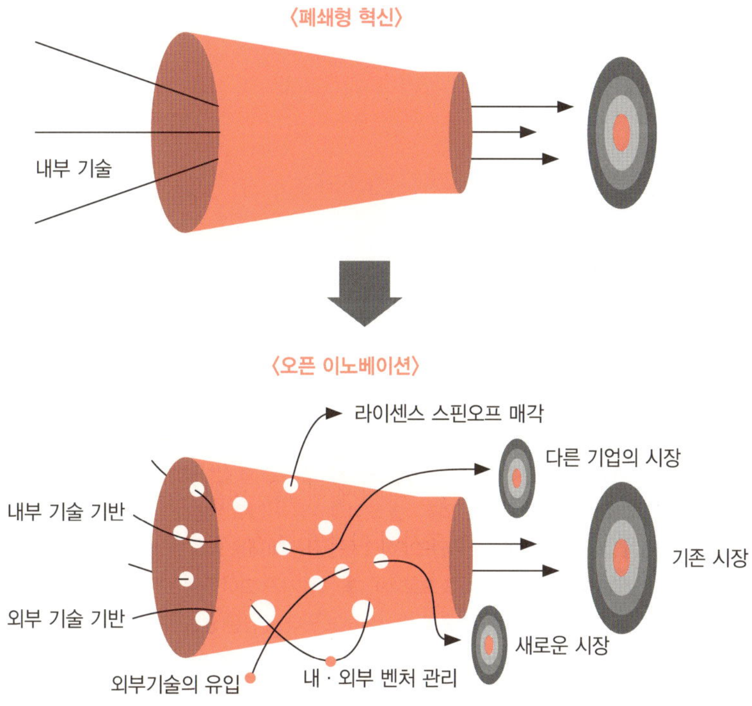

출처: 제6차 기술이전 및 사업화 촉진계획, 관계부처합동, 2017. 3.

국내의 경우 공공연구소, 대학, 국공립시험연구기관 및 비영리법인 등의 공공연구기관에서 개발된 기술의 대부분은 사업화되지 못하고 방치되고 있다. 산업부에 따르면, 2014년 공공연구기관의 기술이전율은 31.7% 이였으며, 공공기술 도입 이후 사업화 성공률은 2015년 기준 12.4%에 불과했다. 국내 기업들은 폐쇄적인 기업 문화로 자체 기술 개발 비중(84.5%)이 외부 기술 활용에 비해 월등히 높고, 신산업 발굴에 소극적이다. 또한 외부기술 도입시에도 공정한 대가를 지불하지 않고 탈취하는 사례가 빈번하며, 순수 국내 기술를 저평가하는 관행이 고착화되어 있는 문제점이 있다.

국내의 저조한 기술이전사업화 지표는 공공연구기관에 투입된 자본 대비 회수 자본이 낮다는 것을 의미하며 대부분의 지적 자산이 사업화를 통해 현금성 자산으로 전환되지 못하고 있다는 것으로 뜻한다. 이는 국가 경제적 관점에서 볼 때 비효율적인 예산 배분이라는 비난을 피하기 어려우며 이를 효율적으로 활용함으로써 중소기업의 경쟁력을 향상시킬 수 있다. 즉 중소기업은 연구개발 과정에서의 불확실성을 제거하고 사업화에만 집중함으로써 공공기술의 사업 성공률을 향상시킬 수 있고 궁극적으로 국가 경쟁력의 신성장동력이 될 수 있다. 따라서 공공연구기관이 개발한 공공기술의 기술이전 및 기술사업화는 반드시 필요하고 촉진되어야 한다.

읽어 보기

외부기술 도입(Buy R&D)

외부기술 도입은 개방형 혁신의 핵심으로 기술 매수, 실시권 확보, 기업 인수 합병을 통해 기술을 획득하는 방식이며, 조직 내 자원을 활용하여 기술을 개발하는 'Make R&D'와 상반되는 개념이다. 스마트폰의 대표적인 운영체제인 안드로이드(Android)는 외부기술 도입의 성공 사례로 유명하다. 2005년에 구글에서 안드로이드사를 인수한 후, 구글은 2007년에 안드로이드 플랫폼을 휴대용 장치 운영 체제로서 무료 공개한다고 발표하였다. 현재는 48개의 하드웨어, 소프트웨어, 통신 회사가 모여 만든 오픈 핸드셋 얼라이언스(Open Handset Aliance, OHA)에서 공개 표준을 위해 개발하고 있다. 구글은 안드로이드의 모든 소스 코드를 오픈 소스 라이선스인 아파치 v2 라이선스로 배포하고 있어 기업이나 사용자는 각자 안드로이드 프로그램을 독자적으로 개발을 해서 탑재할 수 있다. 이런 전략을 통해 구글은 애플보다 스마트폰 시장에 후속으로 참여했지만 스마트폰 시장에서 시장점유율을 확대할 수 있었다.

1.1 기술이전 사업화 개념

「기술의 이전 및 사업화 촉진에 관한 법률」 제2조 제2호에 명시된 "기술이전은 양도, 실시권 허락, 기술지도, 공동연구, 합작투자 또는 인수·합병 등의 방법으로 기술이 기술보유자(해당 기술을 처분할 권한이 있는 자를 포함한다)로부터 그 외의 자에게 이전되는 것을 말한다."로 정의하고 있다. 즉, 기술이전은 기술보유자로부터 기술을 가지지 않은 자에게 양도, 실시권 허락, 기술지도, 공동연구, 합작투자 또는 인수·합병 등의 방법으로 옮겨지는 것이다. 좀 더 쉽게 설명하자면, 기술이전이란 그 의미 그대로 내부에서 획득한 기술을 외부로 이전하는 것이다. 뿐만 아니라 기술이전은 환경의 변화에 따라 기술이전의 개념화는 다양한 관점으로 정의되고 있다(〈표 2-1〉 참조).

표 2-1 기술이전의 정의

연구자	정의
Souder	특정 조직이 보유하고 있는 기술을 또 다른 조직에 적용하기 위해서 기술에 대한 통제권을 조직 간에 체계적으로 넘겨주기 위한 사람과 사람 간의 접촉이 전제되는 관리 과정
Winebrake	특정 기관에서 특정 목적으로 개발된 특정 분야의 기술, 지식 또는 정보가 다른 조직의 다른 분야에 다른 목적으로 적용되어 응용되는 과정
Roessner	어느 한 기관으로부터 다른 기관으로의 노하우, 지식, 기술이 전해져 가는 것. 조직내에서 이루어지는 큰 기업의 경우에 있어서는 연구와 관련된 부서로의 아이디어, 개념의 이동
Friedman and Silberman	공공연구 기관의 발명이나 지적 재산이 기업과 같은 영리 단체에 라이센스 혹은 양도되어 상업화되는 과정

출처 : 이정구, 21세기 기술사업화, 책과나무, 2014

기술이전사업화는 협의와 광의로 정의될 수 있다. 기술이전사업화를 협의적으로 정의하면 외부 기술 도입을 통해 획득한 신기술을 생산 활동에 투입하여 제품의 제작, 출하 및 판매에 이르게 하는 일련의 과정으로 해석할 수 있다. 반면에 광의적으로 정의하면 연구개발 계획 수립, 아이디어 창안, 연구개발 수행, 개발된 기술을 활용하여 신공정, 신제품 또는 기존 공정과 제품을 개량함으로써 시장에서 제품의 수명주기를 연장하거나 새로운 수명주기를 창출하는 일련의 활동으로 폭넓게 이해할 수 있다.

개발 인력, 자본 조달 능력, 사업화 경험 등의 사업화 추진 능력이 부족한 중소기업에게 기술이전사업화 전략은 효과적이며, 이는 개방형 혁신 활동의 일환으로 이해될 수 있다. 중소기업은 자체 연구개발에만 의존하여 경쟁우위를 유지하려는 것에서 벗어나 외부의 기술성과나 아이디어의 활용을 통한 개방형 혁신을 통해 비용을 줄이고 사업 성공가능성을 제고하며, 부가가치 창출을 극대화할 수 있다.

기술이전사업화에 따른 이익은 연구개발비 이상의 이익을 창출하는 것이 가능하며, 기술획득의 시간과 비용을 절감하고 새로운 수익 창출의 재무구조를 가질 수 있다는 것이다. 기술이전 사업화는 경쟁이 심화되는 시장에서 기술의 수명주기가 단축될 경우 매출보다는 기술 혁신의 비용이 크게 증가하는 시점에서 효율적인 경영에 시너지 효과를 주는 방법이다. 또한 기술이전사업화는 생산성 향상을 위한 기술 개발의 한 수단이기도 하다. 특히 개발도상국에서 경제 발전과 생산성 향상을 위해 선진국의 기술을 도입하는 전략을 활용하기도 한다. 그러나 오늘날 효과를 발휘하고 있는 국제 간 기술 이전의 대부분은 선진국 간에 이루어지고 있으며, 선진국에서 개발도상국으로의 기술이전은 거의 성과를 거두지 못하고 있다.

기술이전사업화 시 〈그림 2-2〉처럼 연구개발비 이상의 이익 창출이 가능할 수 있다. 하지만 이는 기술 개발의 경쟁이 치열하지 않은 상황에 근거한 것이며, 경쟁이 심화되고 제품의 수명주기가 단축될 경우에는 매출과 기술혁신 비용의 반비례 현상이 나타난다. 즉 매출이 줄어들면, 기술혁신 비용은 크게 상승할 수 있다. 하지만 기술 도입을 통한 기술 획득은 기술 개발에 따른 시간과 비용을 절감하고, 새로운 수익 창출을 가능하게 할 수 있다.

그림 2-2 기술이전사업화의 효과

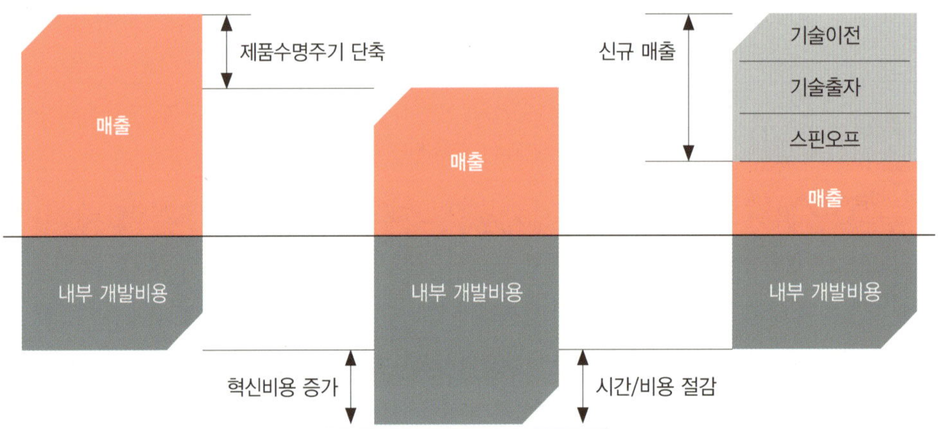

출처: 여인국, 기술사업화 이론과 실제, 학현사, 2013

앞서 언급한 바와 같이 국내의 기술이전사업화는 선진국에 비하여 아직까지 정책적 지원과 인프라 측면에서 아직 미흡한 실정이다. 그러나 기술이전사업화를 국가의 중요한 성장 시책으로 판단한 시점이 약 17년 전임을 감안하면, 그동안 국내에서 달성된 기술이전사업화는 나름대로 발전이 있었다고 할 수 있다. 하지만 현재 산업부의 통계를 보더라도 국내의 기술이전사업화 성과 및 역량 수준은 혁신단계에 있는 선진국 대비 80% 수준이다. 물론 아직 적응 단계 국가로서 기술이전사업화의 정책이나 인프라가 미흡하기는 하나 지속적으로 기술이전사업화에 관한 프로그램이 발전하고 있다.

1.2 중소기업 적합성

P&G, 듀퐁, 아마존, 구글 등의 글로벌 대기업 등에서 기술이전사업화로 대표되는 개방형 혁신을 선도하였기 때문에, 기술이전사업화 전략은 대기업에게 적합한 것으로 오해하기 쉽다. 하지만 기술이전사업화 전략은 글로벌 대기업 조차도 자체 개발 능력의 한계를 인정하고 이를 극복하기 위한 불가피한 선택에서 탄생하였다. 즉 내부 자원을 통한 연구개발만을 고집해서는 혁신적인 기술을 확보하기 어렵다는 판단하에 경쟁력을 확보하기 위해서 혁신 기술을 보유한 외부 기관과의 협업을 선택한 것이다. 개방형 혁신이 전파되던 초기에는 글로벌 대기업 조차 내부적으로 이에 대한 반발과 갈등이 발생하였다.

글로벌 대기업이 개방형 혁신을 통해 다양한 제품/서비스 출시에 성공함으로써, 기술이전사업화 전략의 우수성을 대중들에게 전파하고 선도한 것은 사실이다. 특히 우수한 인지도 및 시장 지배력을 갖춘 글로벌 대기업이 기술이전사업화 전략을 통해 혁신 기술을 기반으로 시장 지배력을 더욱 가속화 할 수 있었다. 글로벌 대기업은 기업 내부의 우수한 개발 인력과 개발 능력을 보유하고 있음에도 불구하고 외부에서 혁신 기술을 습득하였기 때문에 성공할 수 있었다.

글로벌 대기업의 성공 사례를 볼 때, 기술이전사업화 전략은 내부 기술 개발 역량이 부족한 중소기업에게 더욱 적합한 것으로 판단된다. 실제로 공공연구기관을 통해 외부 기술을 도입한 기업들을 분석해 보면 대기업, 중견기업보다 중소기업의 비중이 높다는 것을 알 수 있었다. 즉 대기업, 중견기업에 비해 개발 인력, 자본, 경험이 부족한 중소기업이 자발적으로 외부기술 도입을 통한 기술이전사업화를 추진하고 있다. 결국 그들에게는 부족한 자원을 극복할 수 있는 방법으로 기술이전사업화 외에 다른 대안이 없는 것이다.

요컨대 기술이전사업화 전략은 글로벌 대기업에서 시작하였지만, 국내에서는 오히려 중소기업이 활발하게 적용하고 있다. 과거 중소기업들은 개발 역량이 부족한 상태에서 자체 기술력만으로 시장에 진출하였으나, 기술적 난관을 단기간에 해결하지 못하거나 혁신 기술을 통한 기술 경쟁력을 갖추지 못할 경우 시장에서 퇴출될 수 밖에 없었다. 이런 학습 효과를 통해 최근에는 다수의 중소기업들이 외부기술을 통한 기술이전사업화를 추진하고 있는 것으로 해석된다. 특히 보유 기술의 사업화를 희망하지만 사업화 주체로서의 한계점을 갖고 있는 공공연구기관의 기술을 도입함으로써 중소기업은 혁신 기술을 획득할 수 있고 제품/서비스의 경쟁력을 향상시킬 수 있을 것으로 판단된다.

1.3 혁신 기술의 보물 창고

국내에서 연구개발을 통해 기술을 보유하고 있는 주체로는 크게 공공연구소, 대학, 국공립시험연구기관 및 비영리법인 등의 공공연구기관 및 삼성전자, SK하이닉스, 현대자동차 등의 기업이 있다. 기업은 자사의 사업 전략을 위해 연구개발하는 것이 목적이므로, 예외적인 경우에 한해서 보유 기술을 외부에 이전 하고 있다. 국내 대기업은 중소기업들과의 상생 발전 차원에서 보유 기술 중 일부를 무상 혹은 소액으로 공유하고 있으나, 이들의 역할은 아직까지 미미한 것으로 판단된다.

주요한 기술 공급처로서 우리가 주목해야 할 대상은 공공연구기관이다. 공공연구기관에 소속된 우수한 연구자들은 주로 정부 자금을 통해 비교적 장기간 연구개발을 수행함으로써, 공공연구기관은 현재 상용화된 기술이 아니라 미래 상용화될 첨단기술을 개발하게 된다. 또한 미국, 유럽, 일본 등과 달리 국내는 민간의 수요보다는 정부의 요구에 의해 기술이전사업화가 시작되었다. 정부 정책에 의해 탄생하였고 지원을 받고 있기 때문에 공공연구기관을 통한 기술이전사업화가 점점 대중화 되고 있다. 따라서 첨단 혁신 기술을 풍부하게 보유하고 있는 공공연구기관은 중소기업에게는 중요한 기술 공급처가 된다.

공공연구기관의 혁신기술을 도입하여 기술사업화를 시도하는 전략은 중소기업 입장에서는 연구개발 단계를 생략함으로써 비용 및 시간을 절약할 수 있고, 개발에 성공한 기술을 도입함으로써 개발 실패에 대한 위험을 피할 수 있다. 공공연구기관은 연구개발에 특화된 조직으로 기술사업화를 직접 추진하기에 여러 제약이 있기 때문에 공공연구기관 입장에서도 기술이전을 통한 로열티 수입을 기대할 수 있다. 따라서 공공기술의 사업화는 수요자와 공급자 모두에게 이득이 되는 윈윈(Win-Win) 전략이 될 수 있다.

기술의 공급처로서 공공연구기관은 연구개발을 통해 끊임없이 기술을 개발하고 있기 때문에 상당량의 기술들을 보유하고 있다. 2016년 말 기준 공공연구기관의 보유 기술은 총 311,735건으로, 이 중에 공공연구소가 158,593건, 대학이 138,826건, 국공립시험연구기관 및 비영리법인이 14,316건을 보유하고 있는 것으로 조사되었다. 이를 통해 공공연구기관 중 공공연구소와 대학이 대부분의 기술을 보유하고 있는 것을 알 수 있다. 좀 더 구체적으로 분석해 보면, 공공연구소의 기관 당 평균 기술 보유 건수는 2,558건으로, 공공연구소가 대학, 국공립시험연구기관 및 비영리법인보다 기술 보유 측면에서 월등한 것으로 판단된다. 또한 2016년 한 해 동안 공공연구기관이 신규로 확보한 기술만도 32,491건이다. 즉 신규 확보 기술은 전체 보유 기술 대비 10% 수준인 것으로 분석된다. 요컨대 공공연구기관은 엄청난 양의 기술들을 보유하고 있으며, 그 중에서도 공공연구소가 주요한 기술 보유처라는 것을 알 수 있다.

표 2-2 공공연구기관의 기술 보유 현황

구분	사례수	보유 기술 건수	신규 확보 기술 건수
공공연구소	62	158,593	10,637
대학	143	138,826	20,486
국공립시험연구기관 및 비영리법인	73	14,316	1,368
합계	278	311,735	32,491

출처 : 2017년 공공연구기관 기술이전사업화 실태조사 보고서, 한국산업기술진흥원, 2017. 12.

2016년도에 공공연구기관이 기업체 등에 이전한 기술 건수는 총 12,357건이였으며, 계약 형태별로는 유상 기술실시(라이선스)가 8,833건(71.5%)으로 가장 많았으며, 유상 기술양도(매매) 2,1157건(17.1%), 무상 기술양도 750건(6.1%), 무상 기술실시 428건(3.5%), 기타 231건(1.9%) 등으로 조사되었다. 이전 기술 건수 12,357건은 공공연구기관이 보유한 전체 기술 311,735건과 비교했을 때, 대략 4.0%에 해당하는 것으로 분석된다. 물론 기술이전 계약 건수에 대한 기준이 명확히 존재하지는 않지만, 보유기술 대비 기술이전 계약 건수의 비율이 비교적 낮은 것으로 판단된다.

표 2-3 공공연구기관의 기술이전 건수

구분	기술이전 건수	비율(%)
유상 기술실시(라이선스)	8,833	71.5
유상 기술양도(매매)	2,115	17.1
무상 기술양도	750	6.1
무상 기술실시(라이선스)	428	3.5
기타(OEM, 기술제휴 등)	231	1.9
합계	12,357	100

출처 : 2017년 공공연구기관 기술이전사업화 실태조사 보고서, 한국산업기술진흥원, 2017. 12.

기술 도입자를 유형별로 구분해 보면, 2016년 기준 기술이전 계약의 47.4%는 소기업, 34.1%는 중기업, 10.6%는 대기업, 3.6%는 중견기업, 3.6%는 기타기관, 0.7%는 해외기관과 체결한 것으로 조사되었다. 전체 계약 중 무려 81.5%는 소기업, 중기업 등의 중소기업으로 이전되어, 중소기업이 공공연구기관의 주요 기술 도입자인 것으로 분석된다. 중견기업 및 대기업과 비교하여 상대적으로 자체 연구개발 능력이 열세인 중소기업에서 이를 극복하기 위해 공공연구기관의 기술을 적극적으로 도입하는 것으로 풀이된다.

그림 2-3 공공 기술이전 계약의 도입자 비율

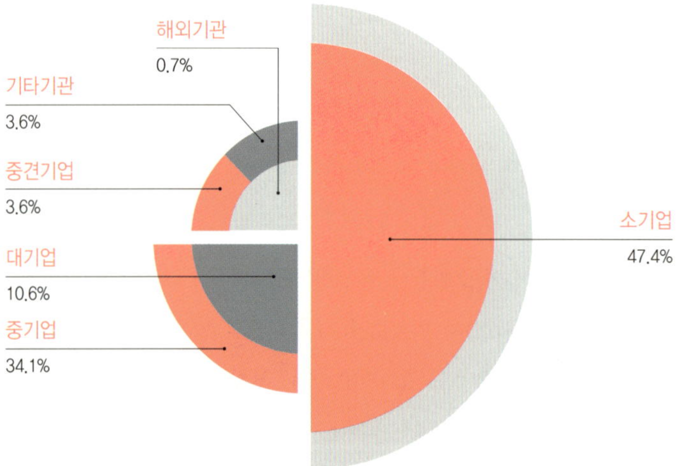

출처 : 2017년 공공연구기관 기술이전사업화 실태조사 보고서, 한국산업기술진흥원, 2017. 12.

지금까지 기술 공급기관으로서 공공연구기관이 보유한 기술 건수와 기술이전 계약 체결 건수에 대해 분석해 보았다. 이를 통해 공공연구기관이 막대한 기술을 보유하고 있으며, 외부로 기술이전 계약 건수도 상당하다는 것을 알 수 있었다. 더욱 중요한 사실은 중소기업이 공공 기술의 주요한 수요처라는 것이다.

1.4 기술이전사업화 전담조직(TLO)

전세계적으로 공공연구기관의 기술이전 및 사업화를 활발하게 진행되면서 이를 촉진하기 위한 전담조직의 필요성에 대한 공감대가 형성되었다. 특히 1980년 미국에서 「Bayh-Dole Act」법이 제정되면서 TLO가 탄생하였고, 이를 계기로 공공연구기관의 기술이전사업화가 촉진되는 계기가 마련되었다. 이를 통해 유방암 및 골다공증 진단 테스트기, 인터넷 검색 엔진인 Lycos, 신디사이저, 캐드(CAD) 등의 기술들이 사업화에 성공하였다. 미국대학기술관리자협회(Association of University Technology Managers, AUTM)의 보고에 의하면, 미국에는 거의 모든 대학에 TLO가 활동 중 인 것으로 나타났다. 우리나라는「기술의 이전 및 사업화 촉진에 관한 법률」에 따라, 공공연구기관에는 기술이전사업화에 관한 업무를 전담하는 조직이 의무적으로 설치되었다.

이 법에 따르면 TLO는 1)기술이전 및 사업화 촉진, 2)직무발명의 승계 및 이전, 3)특허 출원·등록·이전·활용, 4)기술이전 및 활용에 따른 수익금 배분, 5)산업계의 연구성과에 관한 기술정보 제공 등의 업무를 수행한다.

1.4.1. 기술이전사업화 전담조직(TLO)의 역할

TLO는 소속 기관의 목적에 부합되게 기관이 보유한 기술과 지식재산권을 관리하게 되는데, 가장 기본적인 관리 방법은 기술과 지적재산권을 매각, 라이선스 계약을 통해 외부 기관으로 이전하는 것이다. 이때 TLO의 기능은 다음과 같이 설명될 수 있다.

지식재산 관리

TLO의 기본 업무는 소속 기관이 보유한 지식재산의 평가, 보호, 전략 수립 등의 지식재산을 적절하게 관리하는 것이다. 지식재산을 적절하게 관리함으로써 기술사업화와 소속 기관의 연구개발 활동을 촉진하게 된다. 따라서 TLO에는 지식재산 관련 법률 지식과 지식재산 활용 전략 분야의 전문가가 필요하다. 공공연구기관은 공공기술의 사업화와 함께 외부로의 기술 확산을 목표로 하기 때문에 공공연구기관의 지식재산 관리 및 운영 정책은 영리 추구를 목적으로 하는 민간기업과 다를 수 밖에 없다.

일반적으로 연구자가 소속 기관에 발명 신고를 하면 TLO는 외부 전문가를 포함된 평가위원회에서 발명 평가를 실시하고 맞춤형 출원 전략을 수립하게 된다. 발명평가위원회의 결정에 따라 신청 발명의 출원이 반려되거나 국내 및 해외 출원 발명을 결정하게 된다. 출원이 결정된 경우 TLO는 특허사무소에 출원을 의뢰하고 출원료, 중간사건비용, 등록료, 연차료 등의 비용을 지원하게 된다. TLO는 발명이 등록되는 과정에서 연구자와 특허사무소 간에 중개자 역할을 해야 하므로 TLO 전담 인력은 지식재산 관련 지식과 함께 다양한 기술 분야에 대한 경험이 필요하다.

그림 2-4 TLO의 지식재산권 관리 프로세스

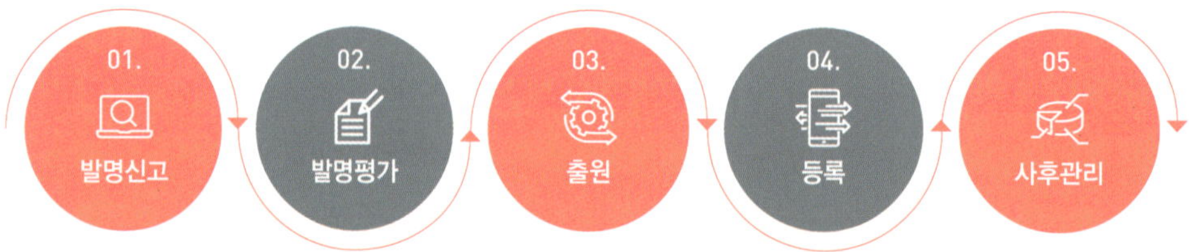

지식재산권을 관리해야 하는 TLO는 소속 기관의 예산 상황, 정책 방향 등에 따라 유지 관리해야 할 지식재산권의 규모를 결정하고 개별 지식재산권의 처분 절차를 진행하게 된다. 공공연구기관에서 매년 출원하는 지식재산권이 해마다 증가하는 추세로 특허청에 납부해야 하는 연차료 및 관리 비용이 기하급수적으로 증가하고 있어 각 공공연구기관에서는 지식재산권 유지 비용을 조절하고 있다. 특히 활용 가치가 낮아진 미활용 지식재산권에 대해서는 기관 내부 규정에 따라 매각(유 · 무상) 혹은 권리 포기 등의 방법으로 처분하게 된다. 중소기업들과의 상생 차원에서 무상으로 매각하거나, 기술보증기금을 통해 중소기업들에게 합리적인 가격으로 매각하기도 한다. 다만 공공연구기관이 지식재산권을 처분하는 경우에는 기술지도, 기술자문, 기술컨설팅이 제공되지 않으며, 권리이전 후 기술실시에 따른 책임이 권리를 최종 보유한 매수자에게 있기 때문에 일반적인 기술이전과는 유형이 전혀 다르다. 이에 대한 설명과 이해가 부족하여 매수자인 중소기업에서 불만을 제기하거나 계약이 파기되는 경우도 종종 발생하고 있다. 따라서 공공연구기관의 유휴 지식재산권을 매입하려는 중소기업들은 이런 특이점을 반드시 이해하고 사업화 전략을 수립해야 한다.

기술가치평가

TLO는 소속 기관의 지식재산권을 효율적으로 관리하기 위해 보유 기술의 가치를 다양한 방법으로 평가하게 된다. 일반적으로 기술가치평가 접근법에는 시장접근법, 수익접근법, 비용접근법으로 구분되며, 공정가치 산출을 위해서 적합한 기술가치평가 방법을 적용해야 한다. 특히 기술이전 계약의 양당사자가 모두가 동의할 수 있는 합리적인 방법론을 채택하여 공정 가치를 산출하게 된다. 이 과정에서 가치 산출 시에 기술의 완성도, 추가 지적재산 창출 가능성, 개발 난이도, 각종 인증 및 승인에 필요한 자금 등의 요소를 고려한다. 또한 사업화 관점에서 기술 수요자의 사업화 능력, 재정 상태도 기술가치평가에 반영한다. 기술수요자인 도입기업이 조기에 제품/서비스를 출시하거나 최종적으로 사업화에 성공하여 수익을 거두는 것이 기술공급자인 공공연구기간에게도 이익이 되기 때문이다.

그림 2-5 기술가치평가 절차

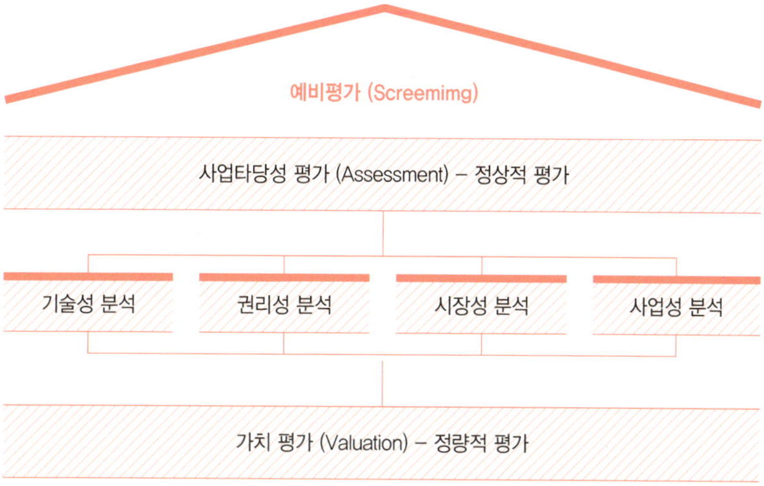

TLO가 수행하는 기술가치평가의 범위는 기술이전 업무로 국한되며, 그 외의 목적의 기술가치평가는 예외적인 경우에 한해서 이루어진다. 기술이전계약의 핵심인 기술료를 산정하기 위해서는 TLO는 기술가치평가를 수행해야 한다. 하지만 실무 경험에 비추어 볼 때, 한국전자통신연구원(ETRI)과 한국과학기술정보연구원(KISTI) 등의 일부 기관을 제외한 대다수의 공공연구기관에서는 기술가치평가를 통해 기술료를 산출하는 과정이 생략되거나 임의적으로 수행되는 경우가 많았다. 특히 대학은 기술료 결정에 기술 보유자인 교수의 의지에 강하게 작용하는 경우가 일반적이기 때문에 기술료에 대한 공정성을 확보하는 것이 사실상 불가능하다.

일반적으로 공공연구기관은 원가접근법을 활용하여 투입된 연구비에서 기술기여도를 감안하여 기술료를 산정하고 있는데, 연구자가 기술기여도를 주관적으로 결정하기 때문에 객관성을 확보할 수 없다. 객관적 기술료 산정은 기술이전의 기본적 요소로 이에 대한 공신력 있는 기술가치평가가 이루어지지 않게 되면 기술 수요자들에게 불신을 심어줄 우려가 있다. 이로 인해 기술이전사업화 전반에 걸쳐 부정적인 영향을 미칠 수 있으므로, 현재의 문제점을 조속하게 개선할 필요가 있다. 이를 위해서는 공공연구기관의 표준 기술가치평가 업무 프로세스를 정립하고 이를 각 기관내 업무 규정에 포함시켜야 하며, 산업부에서 수립한 기술가치평가 실무가이드를 TLO에 보급하고 전담 인력들에 대한 교육을 강화해야 할 것으로 생각한다.

공공연구기관의 보유 기술을 도입기업에게 이전하는 업무는 TLO의 핵심 기능이다. 일반적으로 TLO는 외부에 이전 가능한 기술들을 사전에 선별하게 되는데, 『산업기술의 유출방지 및 보호에 관한 법률』및 「대외무역법」 제19조에 따라 '국가핵심기술' 또는 '전략기술'해당 여부, 공동출원인 경우 공동출원인의 동의 가능성, 지적재산권의 권리 상태 및 연구자의 기술이전 의사 등을 고려하게 된다. 이후 수요 발굴을 위한 기술마케팅을 실시하게 된다. 통상적으로는 TLO에서 공동 혹은 단독으로 기술이전설명회를 개최하여 외부에 기술을 직접 홍보하게 된다. 기술이전설명회는 일종의 로드쇼(road show)로, 설명회의 주제에 맞게 10개 내외의 기술을 엄선하여 기술 설명과 함께 기술 상담이 진행된다. 능동적인 마케팅 활동이므로 사전에 철저하게 홍보 및 준비를 해야 하는 어려움이 있지만, 공공연구기관의 보유 기술 중 유망 기술에 대한 적극적인 홍보가 가능하다. 반면에 도입기업 스스로 공공연구기관의 보유 기술을 탐색해서 TLO에 직접 기술이전을 요청할 수도 있고, 기술보증기금과 같은 중개기관을 통해 TLO에 간접적으로 요청할 수 있다. 이 경우 도입기업 스스로 공급기술에 대해 검토 후에 도입기술을 선택하였기 때문에 기술 이해도가 높은 편이며 기술 도입에 대한 태도가 적극적일 수 밖에 없다. 따라서 기술이전이 신속하게 이루어질 가능성이 높은 반면에 TLO의 역할은 다소 제한될 수 있다.

기술마케팅을 통해 수요 발굴되면 연구자와 도입기업 간의 기술 미팅을 조율하게 된다. 이때 TLO는 공공연구기관의 연구자와 도입기업 중간에서 기술이전이 원활하게 진행할 수 있도록 매개체 및 중재자 역할을 해야 한다. 따라서 TLO는 계약 당사자 모두가 만족할 수 있고 상호간의 이해 충돌을 방지할 수 있는 계약 조건을 제시할 수 있어야 한다. 이를 위해서 TLO 전담 인력들에게는 기술 및 지적재산권에 관한 전문 지식 뿐만 아니라 계약을 성사되거나 기술이전 업무를 촉진시킬 수 있는 이해력, 설득력, 조정력 등이 요구된다. 기술 미팅을 통해 양 당사자간의 의견이 합의에 이르게 되면, 계약 종류, 기술료, 구체적인 기술실시 조건 등의 기술이전계약서의 내용을 검토하는 심의 위원회를 개최하게 된다. 마지막으로 심의 위원회를 통과한 계약서를 작성하여 계약을 체결되면 기술이전 계약은 완료된다.

그림 2-6 기술이전계약 업무 프로세스

기술이전계약 이후에는 TLO는 기술이전계약서에 따라 기술료를 징수하고 이를 연구자에게 분배하는 업무를 수행하게 된다. 기술료는 계약 조건에 따라 크게 두 가지 형태가 존재한다. 계약 시점에서 기술료는 한 번에 수납하는 정액기술료와 계약시에 계약금을 수납하고 기술 실시를 통해 발생하는 매출액 혹은 이익에서 일정 비율을 수납하는 경상기술료가 있다. TLO 입장에서 볼 때, 경상기술료는 기술 실시 여부에 따라 기술료 발생 여부가 좌우되고 매출 혹은 이익 발생 시점에서 기술료 수납이 용이하지 않으므로, 정액기술료를 선호하게 된다. 도입기업으로부터 징수된 기술료는 인센티브 배분 기준에 따라 연구자 및 기술이전에 기여한 사람에게 지급해야 한다. 「기술의 이전 및 사업화 촉진에 관한 법률 시행령」에 따르면, 연구자는 기술료의 50% 이상을, 기술이전에 기여한 사람은 10% 이상을 보상 받을 수 있다. 시행령에 따르면 기술이전에 기여한 TLO 전담 인력들 또한 인센티브를 배분 받을 수 있지만, 공공연구기관 내 다양한 사정에 의해 원활한 보상이 이루어지지 못하고 있는 실정이다. 실무적 경험으로 볼 때, 연구자에게 배분된 인센티브를 제외한 기술료 수입의 대부분은 TLO 운영비, 지재권 관리 비용 등으로 처리되고 있는 것으로 알려져 있다.

1.4.2. 주요 기술이전사업화 전담조직(TLO) 현황

한국전자통신연구원(ETRI)

1976년도에 설립된 한국전자통신연구원은 국내 최대 정보통신 국책연구기관으로, 1가구 1전화 시대를 연 TDX(전전자식교환기), 4M, 16M, 64M DRAM 등의 메모리 반도체, CDMA(디지털 이동통신시스템), 지상파 DMB(디지털 멀티미디어 방송), 휴대 인터넷 WiBro, 디지털 액터 기술, 4세대 이동통신 무선전송시스템인 NoLA 기술 등을 개발하였다. 한국전자통신연구원 통신과 컴퓨터, 유선과 무선, 방송과 통신 등 기존의 기술과 산업, 서비스, 네트워크 등이 서로 융합하고 결합하는 디지털 컨버전스 분야를 집중적으로 연구하고 있다. 한국전자통신연구원의 연구부서로는 SW · 콘텐츠 연구소, 초연결통신연구소, ICT소재부품연구소, 방송 · 미디어 연구소, 미래전략연구소 등이 있으며, TLO 조직은 사업화부문 소속의 사업화협력실이 있다. 공공연구기관 중 기술이전사업화 역량 최상위 기관으로 평가되며, 2016년 기준으로 535 건의 기술을 이전하였다. 한국전자통신연구원은 기술이전 정보를 제공하는 홈페이지(itec.etri.re.kr)를 자체적으로 운용 중으로, 기술 검색 및 기술이전 신청 서비스를 온라인으로 제공하고 있으며, 기술이전설명회, 기술예고 등의 관련 정보를 주기적으로 전달하고 있다. 한편 한국전자통신연구원은 타 공공연구기관과 달리 홈페이지에 공급기술의 기술료를 명시하고 있기 때문에 기술료 협상은 원천적으로 불가능하다.

그림 2-7 한국전자통신연구원(ETRI) 기술이전 홈페이지

출처 : https://itec.etri.re.kr

그림 2-8 한국전자통신연구원(ETRI) 기술이전조건 예시

<table>
<tr><td rowspan="3">기술이전조건</td><td>실시권 허용범위</td><td>비독점적 통상실시권</td></tr>
<tr><td>계약기간</td><td>계약체결일로부터 5년간</td></tr>
<tr><td>기술료조건표
(부가세 별도)</td><td>※ 경상기술료
<table>
<tr><th>구분</th><th>중소기업</th><th>중견기업</th><th>대기업</th></tr>
<tr><td>착수기본료(천원)</td><td>40,000</td><td>80,000</td><td>80,000</td></tr>
<tr><td>매출정률사용료(%)</td><td>1.25</td><td>3.75</td><td>5</td></tr>
</table>
※ 중소기업 또는 중견기업 기술료조건을 적용받고자 하는 경우에는 중소기업확인증 또는 중견기업 확인증 제출 필요</td></tr>
</table>

출처 : https://itec.etri.re.kr

한국과학기술원(KAIST)

1971년 국내 최초의 연구중심 이공계 특수대학원으로 탄생한 한국과학기술원은 1994년 국내 대학 최초로 TBI(Technology Business Incubator)/TIC(Technology Innovation Center) 설치하고 첨단기술이전 및 벤처 창업의 선도 역할을 수행했다. TLO 조직으로는 산학협력단 소속의 기술사업화센터가 있으며, 기술사업화센터에서는 지식재산권의 체계적 관리를 통해 기술마케팅을 활성화하기 위한 다양한 사업을 수행하고 있다. 특히 특허포트폴리오 작성부터 특허평가시스템과 특허정보시스템의 구축은 물론이고, 연구자 교육과 발명자 인터뷰 강화 등을 통해 적극적 라이센싱 시스템을 구축하고 있다. 공공연구기관 중 기술이전사업화 역량 상위 기관으로 평가되며, 2017년 기준으로 44건의 기술을 이전하였다. 기술이전 정보를 제공하는 홈페이지(http://ouic.kaist.ac.kr)를 운용 중으로, 기술이전 신청 서비스 및 기술이전설명회 등의 정보를 주기적으로 전달하고 있다. 국내 최고의 연구중심대학원인 만큼 다양한 연구 분야의 공급 기술들을 보유하고 있으며, 권리화 이전의 초기 단계의 원천 기술을 이전 받을 가능성이 높은 것으로 판단된다.

그림 2-9 한국과학기술원(KAIST) 산학협력단 홈페이지

출처 : https://ouic.kaist.ac.kr

한국과학기술연구원(KIST)

한국과학기술연구원은 1966년 설립된 국내 최초의 정부출연연구소로서, 고령화사회 및 환경, 에너지, 식량, 수자원 등 미래 변화를 준비하고 융/복합 연구와 개방형 협력을 통해 사회문제를 해결하여 국민 행복을 넘어 인류 행복을 증대시키기 위해 노력하고 있다. 이를 수행하기 위한 연구부서로는 뇌과학연구소, 의공학연구소, 녹색도시기술연구소, 차세대반도체연구소, 로봇 · 미디어연구소,미래융합기술연구본부, 연구기획조정본부 등이 있다. 한편 TLO 조직으로는 기술사업단 소속의 연구성과확산팀이 있다. 공공연구기관 중 기술이전사업화 역량 최상위 기관으로 평가되며, 2016년 기준으로 111 건의 기술을 이전하였다. 기술이전 정보를 제공하는 홈페이지(http://smesc.kist.re.kr)를 운용 중으로, 기술이전 및 기술자문 등의 서비스를 제공하고 있다. 실무 경험에 비추어 볼 때 공공연구기관 중 기술료 규모가 최상위권인 것으로 판단되므로, 자금력을 갖춘 기업들에게 적합한 것으로 생각된다.

그림 2-10 한국과학기술연구원(KIST) 중소기업지원센터 홈페이지

출처 : https://smesc.kist.re.kr

단원요약

- 글로벌 대기업들은 새로운 융합 시장의 주도권을 선점하기 위해 적극적으로 '외부기술 도입(Buy R&D)'전략을 활용하고 있는 반면에 국내 기업들은 폐쇄적인 기업 문화로 자체 기술 개발 비중이 외부 기술 활용에 비해 월등히 높고, 신산업 발굴에 소극적이다.

- 기술이전은 기술거래의 구성요소이자 기술도입과 대비되는 개념으로, 기술 공급자로부터 기술 수요자에게 양도, 실시권 허락, 기술지도, 공동연구, 합작투자 또는 인수 합병 등의 방법으로 옮겨지는 것을 말한다.

- 대기업, 중견기업에 비해 개발 인력, 자본, 경험이 부족한 중소기업에서는 이를 극복하고 혁신 기술을 확보하기 위해 기술이전사업화 전략을 채택하게 된다.

- 첨단 기술을 보유하고 있는 공공연구기관은 풍부한 기술 자원을 보유하고 있어 중소기업에게는 중요한 기술 공급처가 될 수 있다.

- 공공연구기관의 기술이전계약 중 81.5%는 중소기업과 체결한 것으로 중소기업이 공공 기술의 주요한 수요처이다.

- 공공연구기관의 기술이전전담조직은 기술이전 및 사업화 촉진, 직무발명의 승계 및 이전, 특허 출원 · 등록 · 이전 · 활용, 기술이전 및 활용에 따른 수익금 배분, 산업계의 연구성과에 관한 기술정보 제공 등의 업무를 수행한다.

핵심용어 정리

- 개방형 혁신(Open Innovation)
- 외부기술도입(Buy R&D)
- 기술이전
- 기술도입
- 공공연구기관
- 기술이전사업화 전담조직(TLO)
- 기술이전사업화
- 기술가치평가
- 기술이전계약

학습하기

1. 기술이전사업화를 통해 기술 공급자와 기술 수요자가 얻을 수 있는 이익에 대해 각 주체별 입장을 고려하여 논하시오.

2. 대기업과 중소기업에 따라 기술이전사업화 전략의 차이점이 있는 지 여부와 차이점이 있다면 그 차이점에 대해 논하시오.

3. 공공기술을 공급하고 있는 국내 공공연구기관들에 대해 조사 및 분석하기

4. 공공기술 도입을 통한 기술이전사업화를 추진하는 중소기업이 기술이전사업화 전담조직(TLO)을 활용할 수 있는 방안에 대해 논하시오.

참고문헌

- Henry W. Chesbrough & Sabine Brunswicker, A Fad or a Phenomenon?: The Adoption of Open Innovation Practices in Large Firms, J. Research-Technology Management, 57(2), 16–25, 2014
- 공공기술이전사업화 실태조사, 한국산업기술진흥원, 2015. 12
- Hernry W. Chesbrough, Open Innovation: The new imperative for creating and profiting from technology. Boston: Harvard Business School Press, 2003
- 제6차 기술이전 및 사업화 촉진계획, 관계부처합동, 2017. 3.
- Melvin J. DeGeeter, Technology Commercialization Manual, Cahmpaign, 2004
- 이정구, 21세기 기술 사업화, 책과나무, 2014
- 여인국, 기술사업화 이론과 실제, 학현사, 2013
- 2017년 공공연구기관 기술이전사업화 실태조사 보고서, 한국산업기술진흥원, 2017. 12
- Clifford M. Gross & Joseph P. Allen, Technology transfer for entrepreneurs: a guide to commercialization federal laboratory innovations, Praeger, 2003
- Albert N. Link, Donald S. Siegel & Mike Wright, The Chicaco Handbook of University Technology Transfer and Academic Entrepreneurship, The University of Chicago Press, 2015
- 최태진, 대학 기술이전 전담조직(TLO)의 현황과 발전방안, 과학기술정책, 21(3), 38–50, 2011
- AUTM Technology Transfer Practice Manual, 3rd Edition, 2006. 1
- 기술가치평가 실무가이드, 산업부, 2017

02 기술이전사업화 프로세스

2. 기술이전사업화 프로세스

기술이전사업화는 기업 내부적으로 개발한 기술이 아닌 외부 기술을 도입하여 사업화를 추진하는 것으로, 사업화를 추진하는데 있어 부수적인 절차와 함께 공급기관 및 중개기관 등의 파트너들과의 협업이 필요하다. 따라서 본격적인 프로세스에 들어가기에 앞서 도입기업은 기업의 상황과 역량에 적합한 목적과 추진 방법을 설정하는 사전 검토를 진행해야 한다. 도입기업이 사전 검토를 무시하거나 소홀히 처리할 경우 이후 프로세스에서 상당한 시간과 비용을 낭비할 가능성이 크다.

사전 검토 후에는 기술 탐색–기술 협의–기술 스크리닝–사업성 평가–경제성 분석–자금조달 계획 수립–계약 협상–계약 체결–사업화–계약 이행 등의 본격적인 프로세스를 밟게 된다. 기술 탐색, 기술 협의, 기술 스크리닝, 계약 협상, 계약 체결, 계약 이행 등은 외부 기술을 도입함에 따라 추가적으로 발생한 프로세스인 반면에 사업성 평가, 경제성 분석 및 자금조달 계획 수립은 자체 기술의 사업화 프로세스에도 포함되는 절차라 할 수 있다. 즉 기술이전사업화 프로세스에는 외부 기술을 도입함으로써 발생하는 추가 프로세스와 자체 기술의 사업화에 필요한 프로세스가 혼재되어 있다.

따라서 기술이전사업화를 최초로 추진하는 중소기업으로서는 일련의 기술이전사업화 프로세스를 독자적으로 수행하는데 어려움을 겪을 수 있다. 또한 기술 탐색을 위해 다양한 공급기관들을 접촉하고 협상을 진행해야 하기 때문에 이로 인해 도입기업의 담당자는 상당한 스크레스를 받을 수 밖에 없다. 이런 애로점을 해결하기 위해 기술보증기금과 같은 기술이전 중개기관의 도움을 받을 수 있다.

기술이전사업화는 공급기관과의 협의 및 협상이 전제가 되기 때문에 도입기업은 주도권을 온전히 행사할 수 없다는 사실을 인정해야 한다. 기술이전사업화는 반드시 파트너들과의 원만한 협업 속에서 진행되어야 하며 이런 과정에서 상호 이해 충돌과 같은 문제점들을 해결할 수 있다. 즉 기술이전사업화는 자체기술의 사업화와 달리 상대방이 있는 기술사업화라고 이해할 수 있다.

그림 2-11 기술이전사업화 프로세스

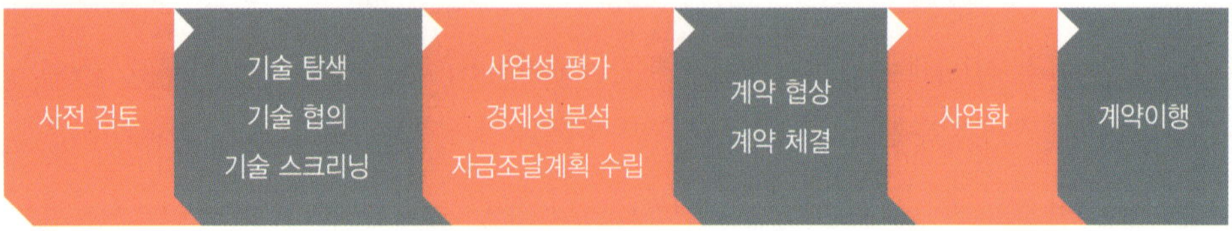

1. 사전 검토

기술이전사업화를 추진하기 위해서는 도입기업의 경영 전략 차원에서 그 목적을 명확히 정의해야 한다. 목적이 불분명한 경우 진행 과정에서 방향성을 잃고 귀중한 시간과 자원을 낭비함으로써 오히려 기업의 경쟁력을 악화시킬 수 있다. 따라서 본격적인 프로세스가 시작되기 전에 기술이전사업화를 추진하려는 이유와 이를 통해 얻고자 하는 이익을 분명히 밝혀야 한다. 또한 기술이전사업화의 목적을 설정할 때 기업 내부 구성원들의 의견을 수렴하고 동의를 구하므로써 사업화의 추진 동력을 얻는 것이 중요하다.

그 목적이 명확해 졌다면, 다음으로는 어떤 방법과 수단으로 기술사업화를 추진할 것인가를 검토해야 한다. 즉 도입기업 단독 혹은 공공연구기관과의 공동 개발을 선택할 수 있고, 기존 보유 장비 혹은 신규 장비를 이용해 생산할 수도 있고, 직접 생산 혹은 주문자 상표 부착 생산(Original Equipment Manufacturing, OEM)을 통한 간접 생산을 선택할 수도 있다. 도입기술과 도입기업에게 적합한 수단을 선택하는 것이 중요한데, 도입기업은 주어진 상황에서 최소의 비용으로 최대의 효과를 발휘할 수 있는 최적의 수단을 선택해야 한다. 다만 자본, 인력 및 경험이 부족한 스타트업은 대박을 노리기 보다는 수익률이 다소 낮더라도 단기간에 성공할 수 있는 기술을 선택함으로써 사업화 경험을 축적할 수 있는 기회를 가질 필요가 있다.

아무리 훌륭한 기술을 외부에서 도입하더라도 도입기업의 사업화 역량이 부족하다면 비싼 대가만 지불할 뿐이다. 설사 무상으로 기술을 이전 받는다 하더라도 사업화 과정에서 도입기업의 보유 자원이 투입되기 때문에 결국 낭비가 된다. 따라서 도입기업이 갖출 진정한 기술은 사업화 역량이라는 점을 인식하고 이를 확보하기 전에는 오히려 외부 기술 도입을 자제하는 지혜가 필요하다.

2. 기술 탐색

본격적인 기술이전사업화 프로세스는 도입기업이 도입희망기술을 찾는 과정인 기술 탐색에서 시작된다. 그런데 기술 탐색 과정은 마치 모래밭에서 바늘 찾기와 같은 상황이다. 방대한 공급기술들 중에서 도입기업에게 적합한 기술을 찾는 작업은 결코 간단한 일이 아니다. 공동연구를 제외하고 공공연구기관이 특정 기업의 사업화를 목적으로 연구개발을 진행하는 경우는 매우 드물기 때문에 도입기업에게 안성맞춤인 기술은 애초에 존재할 수가 없다. 따라서 도입기업은 도입희망기술과의 정합도가 100%인 기술을 찾으려는 희망을 버리고 사업화를 추진하는데 필수적인 기술로써 도입희망기술과의 정합도가 높은 기술을 찾겠다는 접근 자세를 가질 필요가 있다. 이런 인식은 기술탐색을 통해 도입희망기술을 찾을 수 있는 확률을 높여 줄 것으로 판단된다. 실제로 현장에서는 도입희망기술과 정확히 일치하는 공급기술을 찾으려다가 기술이전사업화를 포기하는 기업들이 다수 목격되고 있다.

기술 탐색에는 도입기업이 직접 기술 탐색을 수행하는 것과 외부 전문가들에게 간접 기술 탐색을 의뢰하는 방법이 있다. 직접 탐색은 탐색 시간을 단축시킬 수 있고 기술미팅, 기술이전계약 등의 기술이전사업화 프로세스에서 주도권을 잡을 수 있는 반면에, 고급 수준의 전문지식과 공공연구기관에 대한 폭넓은 정보와 네트워크가 필요하다. 간접 탐색은 도입기업이 최소의 자원을 투입하여 손쉽게 시작할 수 있는 반면에 기술이전사업화 프로세스에서 주도권을 행사하기 어렵고 탐색 시간이 다소 길어질 수 있다. 어느 방법을 선택하든 장단점이 존재하기 때문에 도입기업 상황에 적합한 방법을 선택하면 된다.

2.1 직접 탐색

가장 손쉬운 직접 탐색 방법은 공급기술들에 대한 정보를 제공하고 있는 인터넷 홈페이지를 활용하는 것이다. 대다수의 공공연구기관은 자신들이 개발한 기술들을 이전하기 위해 기관 홈페이지에 공급기술들에 대한 정보를 제공하고 있으므로 이를 적극적으로 활용할 수 있다. 하지만 각 기관 홈페이지에는 그 기관의 보유 기술에 대한 정보만을 제공하고 있어 기술 탐색에 다소 제약이 있을 수 있다. 따라서 여기서는 다양한 공급기관들이 보유하고 있는 공급기술들을 한번에 검색해 볼 수 있는 대표적인 데이터베이스(Data Base, DB)를 소개하고자 한다. 특허청, 기술보증기금 등의 정부기관에서 운용하고 있는 데이터베이스로 공신력과 함께 공급기술 관련하여 다양한 정보를 제공하고 있다. 도입기업에서 이를 활용하면 공급기관에 상관없이 도입희망기술과 연관성이 있는 공급기술들을 손쉽게 탐색할 수 있다.

특허정보넷 키프리스(KIPRS)

키프리스는 특허청이 보유한 국내외 지식재산권 관련 모든 정보를 데이터베이스로 구축한 것으로, 이용자가 인터넷을 통하여 지식재산권을 검색 및 열람할 수 있는 특허정보검색 서비스이다. 키프리스는 특허청이 운영하고 있는 만큼 지식재산권에 대해 공신력 있는 정보를 제공하고 있으며, 최신의 정보를 실시간으로 서비스하고 있는 것이 장점이다. 또한 지식재산권의 등록 사항을 검색할 수 있어 권리자를 정확하게 파악할 수 있는데, 특히 공동 출원 여부를 확인하는데 유용하다.

기술이전을 받기 위해서는 공동 출원인 모두의 동의가 반드시 필요한데, 공동 출원인 중에 기업이 있다면 사실상 다른 기업으로의 기술이전은 매우 어렵다. 실무 경험으로 볼 때, 도입희망기술이 지식재산권인 경우 가장 먼저 검색해 보는 데이터베이스로 기술 탐색의 기본 도구라 할 수 있다. 다만 소프트웨어, 기술노하우 등과 같은 비지식재산권에 대한 정보를 제공해 주지 못하고 있는 점을 유의해야 한다.

그림 2-12 특허청 특허정보넷 키프리스 홈페이지

출처: http://www.kipris.or.kr

테크브릿지(Tech-Bridge)

테크브릿지는 공공연구기관, 민간기업 등이 보유중인 공급기술과 중소기업이 필요로 하는 수요기술을 연결하고, 기술사업화에 필요한 기술금융 지원을 통하여 국가 R&D사업의 기술이전 및 사업화 성공률 제고를 위하여 기술보증기금이 구축한 기술이전사업화 전용 플랫폼이다. 테크브릿지는 공급기술에 대한 정보를 제공할 뿐만 아니라 전국 57개의 영업점을 통해 접수된 도입기업들의 기술 수요 정보를 제공하고 있는 국내 유일한 데이터베이스이다. 또한 기술이전사업화에 필요한 자금을 One-Stop으로 지원 받을 수 있는 기술금융 서비스를 제공하고 있다. 2018년 11

월 기준 테크브릿지는 공공연구기관등이 보유한 290,362건의 공급기술 정보를 제공하고 있으며, 도입기업들이 신청한 1,603건의 수요기술 정보를 보유하고 있다.

그림 2-13 기술보증기금 테크브릿지 홈페이지

출처: http://tb.kibo.or.kr

기술은행(NTB)

기술은행은 국가기술자산(공공·민간의 R&D성과물 등) 활용도를 제고하고 산업계로의 확산을 촉진하여 기술경쟁력 강화와 국가경제 발전에 이바지하기 위한 목적으로, 기술사업화 전 과정에서 참여 주체들이 활발하게 국가기술자산을 활용할 수 있도록 종합적 지원체계를 구축·운영하기 위해 조직되었다. 한국산업기술진흥원에서 기술은행을 운영하고 있으며, 오프라인을 통해서는 테크노파크(TP), 기술거래기관이 기업의 기술 탐색 및 매칭을 직접 지원하고 있다. 기술은행은 온라인 창구에 등록되거나, 테크노파크(TP), 창조경제혁신센터, 창업사관학교 등으로부터 수집한 중소기업의 도입희망기술을 분석해, 기술보유기관, 거래 가능 여부 등을 정해진 기일 내에 회신하는 수요자 중심의 기술 거래 지원 서비스를 제공하고 있다. 2018년 11월 기준 기술은행은 181,221건의 등록기술, 6,134건의 나눔기술, 2,482건의 기부채납기술 정보를 제공하고 있다.

그림 2-14 한국산업기술진흥원 기술은행 홈페이지

출처: http://www.ntb.kr

미래기술마당

미래기술마당은 출연(연), 대학 등 사업화 유망기술과 연구산업 기업정보, 기술시장정보, 정부지원 사업 정보를 통합하여 제공함으로써 산업계로의 기술 활용 촉진에 기여하기 위한 온라인 정보서비스이다. 과학기술일자리진흥원에서 운영하고 있는 미래기술마당은 기술 분야별 사업화 유망기술과 수요 기업 간 기술 매칭 및 기술사업화를 지원하며, 온라인 홍보 및 기술이전 설명회(상담회)와 연계하여 연구 성과의 기술사업화를 촉진한다. 미래기술마당은 출연연과 특성화대학, 특구진흥재단, 소프트웨어자산뱅크 등 76개 공공연구기관이 보유한 기술 중 사업화 가능성, 시장성, 경제성 등이 분석된 기술정보 5,613건(2018년 11월 기준)을 제공하고 있다. 또한 사업화에 필요한 기술을 요청하는 기업에는 과기부가 위촉한 40명의 산 · 학 · 연 전문가단이 해당 기술 정보를 직접 찾아 10일 내에 제공한다. 미래기술마당은 수요 기업과의 매칭을 향상시키기 위해 기술소개서(Sales Material Kit)를 함께 제공하고 있다.

그림 2-15 과학기술일자리진흥원 미래기술마당 홈페이지

출처: rnd.compa.re.kr

앞서 살펴본 바와 같이 특허청, 기술보증기금, 한국산업기술진흥원, 과학기술일자리진흥원 등의 다양한 공공기관에서 공급기술에 대한 정보를 제공하고 있어 기술탐색에 활용할 수 있는데, 각 기관들이 제공하고 있는 기술 정보가 중복되거나 기관별로 차별성 있는 기술 정보를 제공하는 데에는 일정 부분 한계가 있는 것으로 판단된다. 향후에 이에 대한 개선이 이루어질 것으로 예상되지만 현재는 과도기적인 성격으로 다소 혼란스러운 점이 있다. 하지만 각 기관마다 특장점이 존재하므로, 이를 잘 이해하고 활용한다면 기술 탐색에 유용한 도구가 될 것으로 생각된다.

2.2 간접 탐색

도입기업이 도입희망기술을 기술거래기관에 의뢰하여 기술거래기관에서 기술을 탐색하는 간색할 수도 있다. 기술거래기관의 전문가들이 기술 탐색을 진행하므로 도입기업 입장에서는 간편하고 탐색의 수고를 줄일 수 있다. 2017년 기준으로 국내에는 21개의 산업부가 지정한 기술거래기관들이 활동하고 있다. 이들은 도입기업의 의뢰에 따라 도입희망기술과 유사한 기술들을 탐색하고 기술이전의 중개 · 알선 등을 담당하고 있다.

기술거래기관을 통해 기술탐색을 의뢰하기 위해서 도입기업은 기술이전 신청서와 기술수요조사서를 작성해야 한다. 독자들의 이해를 돕기 위해 이 장의 마지막에 두 양식을 첨부하였다. 기술이전 신청서는 기업체 개황과 도입희망기술에 대한 기본적인 정보만 입력하면 되므로 작성이 용이하다. 반면에 기술수요조사서는 도입희망기술 관련하여 기술개요, 도입희망금액, 요구 성능, 활용 분야, 사업화 계획 등을 기입해야 하므로 작성하는데 다소 어려움이 있을 수 있다. 하지만 중개기관 담당자의 이해도를 향상시켜 도입기업에게 적합한 기술을 탐색하기 위해서는 수요조사서가 충실하게 작성되어야 한다. 특히 요구 성능과 활용 분야는 수요조사서의 핵심으로 기술사업화의 목표에 맞게 정확하게 작성할 필요가 있다.

또한 대표적인 중소기업 기술금융 지원기관인 기술보증기금에 기술 거래를 의뢰할 수 있다. 기술보증기금의 테크브릿지 홈페이지를 통해 온라인으로 신청할 수도 있고 57개의 기술보증기금 영업점을 통해 오프라인으로 신청할 수 있다. 뿐만 아니라 기술보증기금을 통해 기술거래를 진행할 경우에는 기술사업화에 필요한 금융 지원도 받을 수 있다.

2.3 기술 협의

기술 탐색을 통해 도입희망기술과 유사한 기술을 탐색한 이후에는 그 기술을 개발한 연구자들과 기술 협의를 진행하게 된다. 기술 협의를 통해 확보한 공급기술에 대한 정보를 바탕으로 도입기업은 공급기술에 대한 기술완성도, 구현가능성, 적합성, 사업성 등을 분석하게 된다. 기술 탐색 과정에서는 공급기술에 대한 정보 습득에 한계가 있었지만, 기술 협의 과정에서는 연구자와의 대면 미팅과 연구실 현장 방문 등을 통해 기술 내용을 직접 파악할 수 있다. 따라서 기술 협의는 피상적으로 이해했던 공급기술에 대해 정확히 판단할 수 있는 기회가 된다.

공급기술이 하드웨어인 경우에는 제작된 시제품의 완성도와 활용도에 대해 직접 확인할 수 있다. 특히 공급기술의 성과물을 직접 확인할 수 있기 때문에 도입기업 입장에서 공급기술의 기술성숙도(TRL)를 정확하게 판단해 볼 수 있다. 컴퓨터 프로그램과 같은 소프트웨어는 실행 파일을 받아 도입기업의 시스템에 적용해 봄으로써 실현 가능성과 함께 커스터마이징 가능성 여부를 판단해 볼 수 있다. 참고로 소프트웨어의 경우 기술이전계약을 체결해야만 공공연구기관으로부터 소스 코드를 넘겨받을 수 있다. 이외에 기술협의 시 도입기업에서 체크해야 할 사항들을 정리하면 다음과 같다.

공급기술에 대한 공공연구기관의 연구 활동 상태

일반적으로 연구개발이 성공적으로 마무리되어 최종 산출물이 발생된 공급기술은 완성도가 높기 때문에 유리할 것으로 생각하지만, 상황에 따라서는 단점이 되는 경우도 있다. 연구개발이 완료되면 공공연구기관 소속 연구원들은 새로운 주제로 연구 주제를 변경하기 때문에 기존에 완성된 공급기술에 대한 적극적인 기술 지원 서비스와 지속적인 기술 업그레이드 활동을 기대하기 어렵다. 기술협의 시점에서 공공연구기관이 공급기술 관련 연구 활동을 진행 중 일 때 적극적인 서비스와 최신 기술을 기대해 볼 수 있다. 따라서 가급적이면 연구 활동을 진행 중인 공급기술을 도입하는 것이 도입기업에게는 유리할 것이다. 다만 과제가 완료된 경우라 할 지라도 도입기업에서 R&D 자금을 제공하여 추가 연구개발을 진행할 수는 있다.

공급기술을 개발한 핵심 연구자의 근무 여부

기술이전계약에 따라 공급기술 관련 지식재산권의 이전은 비교적 수월하게 이루어질 수 있는 반면에, 기술의 실체를 전수 받는 과정에는 각별한 노력이 필요하다. 공급기술의 연구자와 수시로 미팅을 진행해야 할 뿐만 아니라 핵심 기술을 정확하게 이전 받았는 지 여부를 파악해야 한다. 이런 과정에서 핵심 연구자의 부재는 도입기업에게 큰 장애물이 아닐 수 없다. 기술협의 시점에서 핵심 연구자의 퇴직 혹은 졸업으로 인해 핵심 연구자가 공공연구기관을 떠난 경우 기술 내용을 전수 받기가 매우 어렵다. 이뿐만이 아니다. 도입기업은 기술사업화에 필요한 추가 완성화 작업을 스스로의 힘으로 해낼 수 밖에 없다. 다만 핵심 연구자가 공공연구기관을 떠났다 하더라도 핵심 연구자의 기술지원 서비스를 받을 수 있는 상황이라면 이를 기술이전계약서에 명시해서 이런 문제점을 극복할 수 있다. 만약 이럴 수도 없는 상황이라면 도입기업의 제품 및 서비스에 대한 수동적 기술 방어 측면에서 지식재산권을 단순 매입하는 것이 유리할 수 있다.

다수의 기업들에게 이전된 통상실시권

공공연구기관에서 개발된 성과물들은 정부 지원금을 통해 공공기관에서 개발된 것이므로, 특정 기업에게 이들의 소유권을 이전하거나 전용실시권을 허여하게 되면 특정 기업이 그에 따른 이득을 독점할 수 있다는 비판을 피할 수 없다. 따라서 공공기술의 기술이전의 형태는 다수의 기업들이 널리 사용할 수 있도록 통상실시권을 권장되고 있으며 예외적인 경우에 한해서 소유권 혹은 전용실시권을 허락하고 있다. 그런데 통상실시권을 획득한 다수의 기업들이 시장에서 경쟁하게 된다면 도입기업에게 기술이전의 실익이 없을 수도 있다. 공공연구기관도 이런 상황을 충분히 인식하고 있어, 가급적 동일 시장 내에서 경쟁하는 기업들에게 통상실시권을 허여하지 않고 있다. 즉 동일 시장 내에는 한 기업에게만 통상실시권을 이전해 주고 있다. 하지만 이런 불문율은 강제 조항이 아니다. 따라서 도입기업은 경쟁 기업이 동일한 통상실시권을 확보하고 있는 지 여부 혹은 향후 확보할 가능성에 대해 면밀하게 검토해 보아야 한다.

도입기업의 R&BD(Research &Business Development) 수행에 있어 기술적 장애 요인

공급기술을 도입 즉시 기업이 사업화에 착수할 수 있는 경우는 매우 드물며, 대부분 도입기업과 목표 사업에 맞게 변형하는 완성화 과정을 거쳐야 한다. 일종의 커스터마이징 이라고 생각할 수 있는데 이를 가르켜 R&BD라 한다. 그런데 도입기업에서 R&BD를 추진하기에는 감당하기 어려운 자본이 소요되거나 고도의 연구 인프라가 필요한 경우가 발생할 수 있다. 예를 들어 고가의 방사선 조사 장비가 필수이거나 반도체 제조 라인을 전용으로 갖추어야 한다면 도입기업으로서는 기술 도입을 결정하기 어렵게 된다. 또한 공급기술을 제품/서비스로 완성시키기 위해 필요한 부수적인 요소 기술이 아직까지 상용화 되지 않았을 경우 사업화 추진은 사실상 불가능하다. 예를 들어 핵융합 발전 기술을 이전 받는다 할 지라도 초고온을 견딜 수 있는 내열 재료 등의 부수적인 요소 기술이 준비 되어 않았다면 현실적으로 R&BD를 진행할 수 없게 된다. 연구개발이 주목적인 공공연구기관은 개별 기술의 성능과 효율을 향상시키는 데에 집중할 수 밖에 없기 때문에 이런 상황은 종종 발생할 수 있다. 따라서 도입기업은 공급기술의 R&BD를 수행하는데 있어, 기술적 장애 요인의 발생 유무와 해결 방안에 대해 면밀하게 검토해야 한다.

실증 테스트 결과에 대한 피드백

일반적이지는 않지만 공공연구기관에서 공급기술의 완성도를 향상시키기 위해 실증 테스트 혹은 베타 테스트를 진행하는 경우가 있다. 실증 테스트는 제한된 환경이지만 시장과 유사한 상황에서 제품/서비스를 검증하는 것으로, 이를 통해 공급기술의 사업성을 향상시킬 수 있다. 도입기업이 수행해야 할 테스트를 공공연구기관에서 사전에 진행한 것으로, 사업성에 대한 기본적인 스크리닝이 된 것이라고 할 수 있다. 따라서 도입기업은 실증 테스트 결과를 검토함으로써 사업화 가능성에 대한 판단을 내릴 수 있다. 실무 경험으로 볼 때, 도입기업은 시장 정보와 사업 노하우를 보유하고 있기 때문에 공공연구기관과 다르게 실증 테스트 결과를 해석하기도 한다.

기술협의 전반에 걸쳐 업무를 촉진시키기 위해 공공연구기관의 TLO 또는 중개기관 전담인력이 기술 협의 과정에 참여하게 된다. 이들은 도입기업과 연구자간의 의견을 중재하고 미팅과 계약을 조율하는 업무를 수행하게 된다. 도입기업은 기술사업화 계획을 전담인력에게 상세하게 설명하고 그들에게 적극적으로 도움을 요청함으로써 업무를 신속하고 편리하게 진행할 수 있다. 특히 전담인력에 대한 선입견과는 달리 그들이 반드시 공공연구기관의 입장만을 대변하지 않는다는 점을 명시하길 바란다.

2.4 기술 스크리닝

기술 협의를 마치고 나면 도입기업은 기술 미팅을 통해 습득한 정보를 기반으로 공급기술들을 선별해야 한다. 이는 오로지 기업의 몫인데, 문제는 일반적인 중소기업은 공급기술에 대한 스크리닝 능력이 부족하다는데 있다. 이와 관련하여 실무 경험을 기반으로 기업 스크리닝시 고려해야 할 요소들에 대해 설명하고자 한다. 여기서 제시된 항목은 기본적인 검토 사항으로 기업과 공급기술에 맞게 합리적으로 판단하는 것이 중요하다.

잘 알고 있는 기술인가?

도입기업의 대표자를 포함한 기술인력들이 단기간에 습득 가능한 기술을 찾아야 한다. 아무리 훌륭한 기술이라도 이를 잘 이해하고 응용할 줄 모르면 쓸모없는 것이다. 도입기업의 핵심 인력들의 전공, 경험 등과 관련해 연관성이 있는 공급기술을 선택함으로써 기술에 대한 이해도를 높이는 것이 중요하다. 또한 내부 인력의 기술 능력이 부족한 경우 공급기술을 개발한 공공연구기관의 연구자를 영입함으로써 공급기술에 대한 이해와 개발 능력을 향상시킬 수 있는 전략이 필요하다. 특히 공공연구기관 소속 연구자들이 겸직 혹은 자문 형태로 도입기업과 협력할 수 있는 다양한 제도가 마련되어 있는 만큼, 이를 전략적으로 활용해 볼 수 있다.

독보적인 기술로 아무나 모방할 수 없는가?

민간 기업에서 연구개발이 활발한 분야 보다는 특수한 영역으로 공공연구기관이 집중적으로 연구개발하고 있는 공급기술을 선정하는 선택이 필요하다. 이들 분야는 아직까지 상용화가 미진하기 때문에 제품 혹은 서비스 출시 이후 도입기업이 시장을 선점할 수 있는 가능성이 높다.

예를 들어, 국내에서는 한국원자력연구원만이 유일하게 개발할 수 있는 방사선 응용 기술은 기술적 진입장벽이 높기 때문에 기존 경쟁기업에 비해 차별성을 확보할 수 있다. 물론 이런 경우 공급기술이 원천기술에 가까워 상용화 과정에 여러 난관이 있을 수 있지만, 상용화에 성공하면 독보적인 경쟁력을 확보할 수 있다. 공공연구기관을 통해 기술적 진입장벽이 높은 공급기술을 도입하는 것은 도입기업에게 강력한 경쟁력이 될 수 있을 것이다.

사업화에필요한 자본과 인력이 조달 가능한가?

대부분의 도입기업이 중소기업으로 자본과 인력이 절대적으로 부족한 상태이므로, 상용화를 위해서 대규모의 투자가 필요한 기술은 피하는 것이 좋을 것이다. 즉 반도체, 자율주행자동차, 무인항공기 등과 같이 거대 자본과 대규모 인력이 투입되어야 사업화가 가능한 기술은 대기업에 양보하는 것이 현명하다. 비교적 소자본과 소수의 인력으로 사업화 가능한 기술을 선정할 필요가 있다. 실무 경험으로 볼 때, 공공연구기관에서도 도입기업의 규모를 고려하여 이전 대상 기업을 결정하고 있다.

단기간에 상용화가 가능한가?

기술 도입 이후 기술사업화에 2년 이상 소요되면 자본이 부족한 기업으로서는 사업화 추진이 어려워질 수 있다. 따라서 도입 이후 2년 이내 상용화가 가능한 기술인 지 여부를 꼼꼼히 살펴보아야 한다. 이를 위해서는 기술수명주기 상 도입기 보다는 성장기 혹은 성숙기의 기술을 도입할 필요가 있다. 실무 경험으로 볼 때, 응용소프트웨어를 선호하는 도입기업이 많은데 이는 사업화에 소요되는 기간이 하드웨어에 비해 짧기 때문이라고 생각된다.

읽어보기

기술수명주기(Technology Life Cycle)

기술수명주기는 수익적 관점에서 기술의 탄생부터 소멸까지의 전주기를 지칭하는 용어로, 일반적으로 도입기, 성장기, 성숙기, 쇠퇴기 등의 4단계로 구분되어 진다. 즉 기술의 수명은 연구개발을 통해 탄생한 신기술이 시장에 최초로 소개되는 도입기, 시장에서 급속하게 신기술이 보급되는 성장기, 신기술이 보편화되는 성숙기, 경쟁기술 출현으로 인해 경쟁력을 잃어버리는 쇠퇴기로 구분될 수 있다. 기술의 종류와 특성에 따라 수명주기에 차이가 발생할 수 있는데, 예를 들어 정보통신, 전기전자, 바이오 기술은 철강, 제지, 시멘트 제조 기술에 비해 상대적으로 수명주기가 길고 기술변화가 빠르다.

그림 2-16 기술수명주기

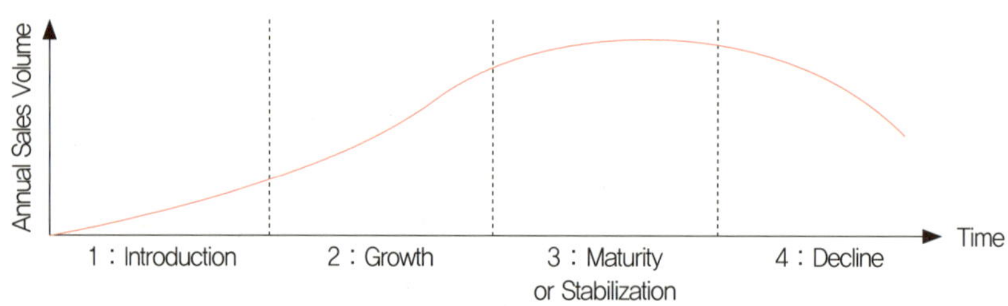

출처: B. Malakooti, Operations and Production Systems with Multiple Objectives, John Wiley & Sons, 2013.

목표 시장은 존재하는가?

중소기업은 마케팅 능력 및 시장 창출 역량이 부족하므로, 목표 시장이 불분명하거나 신규 시장을 개척해야 하는 기술은 되도록 피하는 것이 좋다. 예를 들어, '꿈의 신소재'라 불리는 그래핀(Graphene)은 적용 분야가 너무 다양하여 목표 시장이 명확하지 않다. 또한 소비자에게 생소한 개념의 시장을 창조하려는 것은 현실적으로 매우 어려운 일이다. 공공기술 성격 상 아직 시장이 미성숙일 수는 있으나, 단기간 내에 시장이 출현되지 않는다면 포기하는 것이 현명하다. 마케팅 능력, 자본, 인지도, 전략 등이 부족한 중소기업이 혁신적인 제품을 개발하더라도 새로운 시장 질서를 창조하고 고객들을 유인하는 데에는 한계가 있을 수 밖에 없다.

수입 대체 효과 혹은 수출 가능성이 있는가?

국산화를 통해 공급 단가를 인하하거나, 공급 기간을 단축시키거나, 유지관리 비용 절감할 수 있기 때문에 고객들은 수입품을 국산 제품으로 대체하기를 희망한다. 또한 도입기업이 도입기술을 통해 국산화에 성공한다면 국내 유일의 공급 기업이기 때문에 손쉽게 시장 점유율을 향상시킬 수 있다. 즉 해외 제품 및 서비스가 국내 시장을 독점하고 있는 경우 국산화 기술은 중소기업에게 성공 가능성이 높은 사업 기회를 제공할 수 있다. 그리고 국내 납품 실적으로 기반으로 해외 시장에 진출할 수 있어 도입기업은 1석2조의 효과를 누릴 수 있다.

도입기업이 전세계적으로 소수의 기업들이 제품과 서비스를 독과점하고 있는 분야에 진출하면 고객들의 선택을 받을 확률이 높아진다. 독점 혹은 독과점 시장에서 수요자들은 공급자에 비해 협상의 지위가 불리하기 때문에 늘 대안을 기다리고 있다. 따라서 독점 혹은 독과점 시장에 진출할 수 있는 공급기술을 도입할 수 있다면 손쉽게 시장에 진입할 수 있을 것이다. 뿐만 아니라 수입 대체 및 수출 가능성이 있는 기술들은 정부에서 정책적으로 지원을 받기 유리한 장점이 있다.

2.5 ___ 사업성 평가

아무리 값비싼 명품이라도 몸에 맞지 않으면 쓸모가 없듯이, 아무리 공들여 개발한 기술이라 하더라도 사업성이 낮은 공급기술은 아무짝에도 쓸모가 없다. 따라서 기업이 기술이전사업화를 추진하는 데 있어 공급기술의 사업성을 판단해야 하는데, 이는 오로지 기업의 몫이 된다. 문제는 일반적인 중소기업은 공급기술에 대한 사업성 평가 능력이 부족하다는데 있다. 또한 도입기업은 기술이전사업화를 통해 신규 사업을 추진하는 경우가 대부분으로 사업 리스크가 높을 수 밖에 없다. 이와 관련하여 공공기술의 기술사업화를 추진한 바 있는 한 중소기업 대표의 코멘트를 전하고 싶다. "경험과 인력이 부족한 중소기업은 도입기술에 대한 사업성을 평가하는 데 한계가 있다. 기업의 내부 상태와 외부 시장 상황을 동시에 고려하여 사업성을 평가할 수 있는 방법이 있으면 좋겠다." 하지만 현재까지는 중소기업에서 원하는 수준의 사업성 평가 기준이 마련되어 있지 않기 때문에 기업들이 감당해야 할 책임이 클 수 밖에 없을 것으로 생각된다. 이와 관련하여 도입기업에서 간단하게 활용할 수 있는 BMO 평가법을 소개하고자 한다.

BMO(Bruce Merrifeld &Ohe) 평가법은 미국의 Bruce Merrifield 교수가 고안한 것을 일본의 사내기업연구회와 Takeru Ohe 교수가 일본의 기업 환경에 적합하게 개발한 것으로 신규 사업에 대한 타당성을 평가하는 기법이다. BMO 평가법은 기술사업화의 대상 사업이 이상적인 사업과 비교해 어느 정도 수준인지를 평가하게 된다. 총 3단계로 구성되는데, 1단계에서는 대상 사업 매력도를 60점 만점으로 측정하여 35점 이상이면 2단계로 진행하고 35점 미만이면 사업성이 없는 것으로 결론을 짓는다. 2단계에서는 대상 사업에 대한 자사 적합성에 대해 60점 만점으로 측정하는데, 1단계의 매력도와 2단계의 적합성의 합계가 80점 이상이면 3단계를 진행하고 80점 미만이면 사업을 보류하거나 재검토하는 것으로 결론을 내린다(〈그림 2-17〉 참조). 최종 3단계에서는 사업성(매력도+적합성) 평가 점수를 다이아몬드형의 차트에 기입하여 대상 사업의 추진 여부를 결정한다. BMO 평가법은 논리적이면서도 평가 방법이 비교적 간단하기 때문에 도입기업에서 활용하기에 적합할 것으로 판단된다. 〈표 2-5〉와 〈표 2-6〉는 사업의 매력도와 적합도 평가 기준을 예시로 제시한 것으로, 도입기업은 기업 상황과 도입기술에 맞게 이를 수정하여 사용하면 된다.

표 2-4 BMO 평가법의 평가 항목

사업도 (120)					
사업매력도 (60)			자사적합도 (60)		
No.	항목	평가	No.	항목	평가
1	매출이익가능성	10	1	소요자금 조달능력	10
2	성장가능성	10	2	마케팅 능력	10
3	경쟁상황	10	3	제조 및 운영력	10
4	위험분산도	10	4	기술 · 고객서비스 능력	10
5	업계 재구축가능성	10	5	원재료/부품/정보 확보력	10
6	특별한 사회적상황	10	6	경영지원	10
	합계	60		합계	60

그림 2-17 BMO 테스트 결과 분석

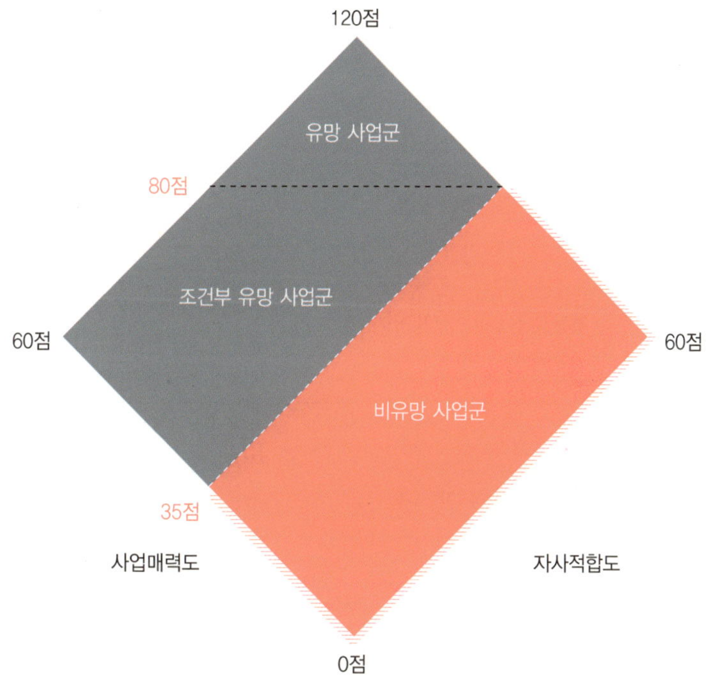

출처: D. Bruce Merrifield, "Industrial survival via management technology", Journal of Business Venturing, 3(3), 171–185, 1988

표 2-5 BMO 사업 매력도 평가 기준 예시

<table>
<tr><th>항목</th><th>세부 항목</th><th>기준</th><th>점수</th></tr>
<tr><td rowspan="2">매출이익가능성</td><td>사업 개시 5년 후 추정 시장 규모</td><td>1조원 이상:5점
5,000억원 이상:4점
1,000억원 이상:3점
100억원 이상:2점
100억원 미만:1점</td><td></td></tr>
<tr><td>매출액 영업이익률</td><td>20% 이상:5점
15% 이상:4점
10% 이상:3점
5% 이상:2점
5% 미만:1점</td><td></td></tr>
<tr><td>성장가능성</td><td>사업 개시 5년간
연평균 성장률(CAGR, %)</td><td>20% 이상:10점
14% 이상:7점
10% 이상:5점
5% 이상:3점</td><td></td></tr>
<tr><td rowspan="3">경쟁상황</td><td>선점기업과 해당 기업의 대응 강도</td><td>선점기업 및 예상진입자 없음:4점
선점기업 약한편:3점
선점기업 중간편:2점
선점기업 강한편:1점
선점기업 독점:0점</td><td></td></tr>
<tr><td>제품/서비스 수명</td><td>5년 이상:3점
대체가능성 높음:0점</td><td></td></tr>
<tr><td>특허 및 상표에 의한 방어 가능성</td><td>강력한 특허 보유:3점
비교적 강력한 특허 보유:2점
비교적 낮은 특허 보유:1점
특허, 노하우 없음:0점</td><td></td></tr>
<tr><td>위험분산도</td><td>시장 세분화에 따른 위험 분산</td><td>적용 시장 5종 이상:10점
적용 시장 4종:9점
적용 시장 3종:6점
적용 시장 2종:3점
적용 시장 1종:0점</td><td></td></tr>
<tr><td>업계 재구축가능성</td><td>업계에 미치는 영향</td><td>업계 재편 유발 가능성 높음:10점
업계 양분화 가능:5점
단순 계량:2점</td><td></td></tr>
<tr><td>특별한 사회적상황</td><td>정치적, 공정거래, 사회환경적 문제 등</td><td>우대 사항 있음:10점
문제 없음:5점
문제 있음:2점</td><td></td></tr>
<tr><td colspan="3">합계</td><td></td></tr>
</table>

표 2-6 BMO 자사 적합도 평가 기준 예시

항목	세부 항목	기준	점수
소요자금 조달능력	소요자금 규모와 조달 여부	대규모 자금 필요하나 자체 조달 가능:10점 외부에서 조달 가능한 규모:5점 자금 조달 불가능:0점	
마케팅 능력	기존 마케팅 활용 가능성	판로 확보 및 조기 시장 진입 가능:10점 판로 또는 판매 노하우 보유:5점 판로 및 판매 노하우 없음:0점	
제조 및 운영력	보유 설비, 인력, 기술 활용 가능성	보유 시설/운영 노하우 우수:10점 보유 시설/운영 노하우 보통:5점 보유 시설/운영 노하우 불량:0점	
기술 · 고객서비스 능력	기술 및 서비스 기획력 적합성	고객 가치 창출 기획력 우수:10점 고객 가치 창출 기획력 보통:5점 고객 가치 창출 기획력 불량:0점	
원재료/부품/정보 확보력	원재료, 부품, 정보 수집력	원재료, 부품, 정보 수집력 우수:10점 원재료, 부품, 정보 수집력 보통:5점 원재료, 부품, 정보 수집력 불량:0점	
경영지원	기업 비전 일치 정도	기업 비전 일치도 높음:5점 기업 비전 일치도 보통:3점 기업 비전 일치도 불량:0점	
	강력한 사업 추진자의 유무	강력한 사업 추진자 존재:5점 존재하여도 겸직:0점 강력한 사업 추진자 미존재:0점	
합계			

2.6 경제성 분석

사업의 경제성을 여러 가지 지표 중에 주로 순현재가치(Net Present Value, NPV), 내부투자수익률(Internal Rate of Return, IRR), 투자수익률(Return on Investment, ROI)이 이용되고 있다. 순현재가치는 완성화기간 및 완성화 종료 후 5년간의 여유현금흐름을 현재 시점으로 환산한 금액으로 NPV가 0 이상일 경우 수익성이 있다고 판단한다. 내부수익률은 여유현금흐름의 현재가치를 0으로 만드는 이자율로 IRR이 NPV 산정시의 할인율인 보다 크면 수익성이 있는 것으로 판단한다. 투자수익률은 투자한 자본에 대한 수익의 비율을 나타내는 지표로, 사업화 기간 동안의 여유현금흐름 현재 가치 합계액을 완성화기간 동안의 개발비 지출액의 현재 가치 합계액으로 나누어 산정한다. ROI가 100%보다 크면 수익성이 있는 것으로 판단한다. 각각의 경제성 분석 지표들에 대해 자세하게 설명하면 다음과 같다

2.6.1. 순현재가치(Net Present Value, NPV)

순현재가치는 도입기술의 완성화 및 사업화를 통해 완성화 기간과 매출 발생 기간 동안 발생되는 미래 여유현금흐름(FCF ; Free Cash Flow)의 현재가치 합계액을 의미한다. 간단히 말해 여유현금흐름이란 추정기간 동안 유입되는 총 현금흐름에서 유출되는 총 현금흐름을 차감한 금액이라고 할 수 있다. 여유현금흐름은 사업주체인 기업 및 개별 기술의 특성이 반영되도록 경제성 분석 대상 기술 · 제품(또는 서비스)에 대한 직접추정, 직접추정과 유사기업 재무자료 또는 표준재무정보 자료 등에 의한 혼합추정, 유사기업 재무자료에 의한 추정, 표준재무정보(또는 업종평균) 자료에 의한 추정 등을 순차적으로 적용하는 것을 원칙으로 한다. 순현재가치를 산출하는 산식을 정리하면 다음과 같다.

읽어 보기

순현재가치 산출식

$$NPV = \sum_{t=1}^{n} \frac{FCE_t}{(1+r)^t}$$

n : 여유현금흐름 추정기간(=완성화 기간 + 매출 발생 기간)
r : 할인율
FCF : 여유현금흐름

여유현금흐름 = (매출액 – 매출 원가 – 판관비) × (1–t) + Dep – CE – NWC

단, t : 법인(소득)세율
Dep : 감가상각비등
CE : 자본적 지출액
NWC : 운전자본 증감액

즉, 여유현금흐름 = [매출액–매출원가–판관비] × (1–법인세율) + [감가상각비+무형자산상각비] – [유형자산증가액+무형자산증가액–유형자산감소액–무형자산감소액] – [매출채권증감액+재고자산증감액+선급비용증감액 등–매입채무증감액–미지급법인세증감액–기타유동부채증감액 등]

완성화 기간 동안 필요한 완성화 자금은 도입기업의 내부 상황을 고려하여 R&D 자금 및 양산준비에 필요한 인건비, 시설자금(토지, 건물 및 구축물, 기계장치, 무형자산 등) 등을 추정하게 된다. 완성화 자금은 현금의 순유출을 의미하므로 그 규모가 클수록 순현재가치는 감소할 수 없기 때문에 경제성 측면에서는 완성화 자금을 최소화 하는 것이 유리하다. 따라서 도입기업은 완성화 자금을 절약할 수 있는 전략을 초기부터 수립하는 노력이 필요하다.

완성화 자금 산정시 실수하기 쉬운 것이 정부 R&D 자금이다. 정부 R&D 자금을 활용하여 완성화를 추진하는 경우에도 완성화 자금에 정부 R&D 보조금을 반드시 포함시켜야 한다. 완성화 자금에서 정부 R&D 보조금을 제외하게 되면 현금의 순유출 규모가 축소되므로 순현재가치를 과대계상하는 오류를 범할 수 있다. 정부 보조금, 회사 보유 자금에 상관없이 완성화에 소요된 자금은 모두 완성화 자금으로 판단해야 정확한 경제성 분석이 가능하다.

매출발생기간의 여유현금흐름 산정에 필요한 매출액, 매출원가 및 판관비 등의 추정은 아래 〈표 2-7〉 의 단계별 추정방법을 따른다. 매출발생기간의 매출을 추정하고 이와 관련된 매출원가, 판매비와 관리비(이하 판관비), 자본적 지출, 운전자본 투자액은 도입기업의 내부 상황을 고려하여 순현재가치 산출식을 통해 추정한다.

표 2-7 단계별 추정방법

1. 매출액	사전분석을 바탕으로 기술 및 가격 경쟁력, 생산능력, 시장진입의 가능성, 사업자의 영업능력, 판매처 확보여부, 제품의 수명주기, 관련업계의 경기동향 등을 종합적으로 고려하여 추정함
2. 매출원가 및 판관비	원재료 단가추이, 사업장현황(입지, 규모, 설비보유현황, 가동율 등), 설비수준, 인력수급여건 및 동업계 급여수준 등 제조원가와 기술개발능력, 기술의 진보속도, 종업원의 생산성 정도, 비정형화된 원가가감요인 등을 종합적으로 검토하여 추정하며, 비영업자산의 운용수익과 비경상적이고 우발적으로 발생하는 손익은 현금흐름에 반영하지 아니함
3. 법인(소득)세	추정영업이익을 과세표준으로 하여 평가기준일 현재 관련세법에서 정해진 세율을 적용하여 추정함을 원칙으로 하되, 향후의 세율변동이나 소득공제, 세액감면, 기타 세액계산에 영향을 미치는 사항으로서 중요하다고 인정되는 항목은 그 내용을 반영할 수 있음
4. 감가상각비등	현재 유형자산 및 무형자산의 규모, 투자계획, 생산능력 등을 감안하여 연도별 감가상각비등을 추정함
5. 자본적 지출액	자본적 지출은 유형자산 및 무형자산의 가치를 유지 또는 상승시키기 위하여 사용된 지출로, 향후 매출시현 규모, 현재 유형자산 및 무형자산의 규모, 투자계획, 생산능력 등을 감안하여 추정하며, 유형자산 및 무형자산 증감액에 감가상각비등을 더하여 연도별 지출액을 추정하며, 다만, 자본적 지출 중 미상각대상 자산(토지 등)은 고려하지 않음
6. 운전자본 증감액	운전자본은 경상적인 매출채권, 재고자산 및 매입채무 등을 보유함에 따라 소요되는 자본으로, 향후 매출시현 규모, 매출시현 기간, 현재의 운전자본 규모 등을 감안하여 연도별 증감액을 추정함

2.6.2. 내부수익률(Internal Rate of Return, IRR)

내부수익률은 비용편익분석(cost-benefit analysis)에서 편익의 현재가치와 비용의 현재가치가 동일하게 되도록 하는 할인율, 즉 순현재가치가 0(zero)이 되도록 하는 할인율로, 추정기간 동안의 총현금유입액과 총현금유출액을 추정하여 산출한다. 내부수익률은 사업평가에 적용할 적절한 할인율이 알려져 있지 않은 경우, 투자안에 대한 평가시 매우 유용한 개념이다.

읽어 보기

내부수익률 산출식

$$\sum_{t=1}^{n} \frac{FCE_t}{(1+IRR)^t} = 0$$

n : 여유현금흐름 추정기간(=완성화 기간 + 매출 발생 기간)

r : 할인율

FCF : 여유현금흐름

2.6.3. 투자수익률(Return on Investment, ROI)

투자수익률은 투하자본 대비 수익에 대한 비율로, 아래의 산식에 의해 산출한다.

읽어 보기

투자수익률 산출식

$$\text{투자수익률(\%)} = \left(\frac{\text{매출발생기간의 순현금흐름 현재가치의 합}}{\text{완성화기간 투자금액 현재가치의 합}} \right) \times 100$$

지금까지 설명한 경제성 분석은 표로 정리할 수 있으며, 다음 〈표 2-8〉은 2년간의 완성화 기간 및 5년간의 사업화 기간을 가정했을 때 산출되는 경제성 분석의 예이다. 예시된 사업의 순현재가치가 90백만 원으로 0보다 크고, 내부수익률이 17.31%로 할인율 14.6%보다 크며, 투자수익률은 122.08%로 100%보다 크므로 수익성이 있는 것으로 판단된다.

표 2-8 경제성 분석 예시

(단위: 백만 원)

구분	개 발 기 간		사 업 화 기 간					분 석 결 과
	1차년도	2차년도	1차년도	2차년도	3차년도	4차년도	5차년도	
매출액	–	–	169	385	1,707	3,439	5,586	
매출원가	–	–	118	270	1,195	2,407	3,910	
판관비	–	–	17	39	171	344	559	
영업이익	–	–	34	77	341	688	1,117	
법인세	–	–	5	11	81	176	294	
감가상각비등	–	–	60	160	220	320	380	
운전자본증감액	–	–	26	60	265	533	866	
자본적지출액	–		300	500	300	500	300	
개발비지출액	250	250	–	–	–	–	–	
투자액회수	–	–	–	–	–	–	2,509	
여유현금흐름	–250	–250	–237	–334	–84	–201	2,547	
현가계수	0.8726	0.7614	0.6644	0.5798	0.5059	0.4415	0.3852	
현재가치	–218	–190	–158	–193	–42	–89	981	
NPV								90
IRR								17.31%
ROI								122.08%

2.7 자금 조달 방안 수립

도입기업이 기술이전사업화를 추진하는 데 있어 여러 장애물들이 존재하지만 그 중에 자금은 가장 골치 아픈 문제라 생각된다. 적기에 자금이 확보되지 않는다면 제 아무리 뛰어난 기술이라 하더라도 사업화를 진행할 수 없다. 따라서 도입기업 경영진은 기술 도입에 앞서 기술이전사업화 전주기에서 필요한 자금을 추정하고 이를 조달할 수 있는 방안을 수립해 두어야 한다.

일반적으로 도입기업이 공공기술의 기술이전사업화를 추진기 위해서는 세 가지 자금이 필요하다. 즉 공공기술을 도입하면서 공공연구기관에 대가로 지급해야 하는 기술료, 도입 이후 도입 기술을 도입기업에게 맞게 커스터마이징 하거나 완성도를 향상시키기 위해 필요한 완성 자금, 본격적인 사업화 추진을 위해 필요한 양산 자금 등이다.

공공연구기관의 유휴 특허를 비교적 저렴하게 매입하는 경우를 제외한다면, 도입기업은 계약과 동시에 비교적 거액의 기술료를 공공연구기관에 지급해야 한다. 물론 경상기술료 방식의 계약을 선택함으로써 선급금 일부 낮출 수 있는 방법을 선택할 수 있지만, 기술료 외에 완성자금 및 양산자금을 조달해야 하는 도입기업 입장에게 부담스럽기는 마찬가지이다. 도입기술은 기본적으로 외부에서 개발된 기술이므로, 이를 기업에 적용하여 제품/서비스를 생산하기 위해서는 도입기술을 이해하고 기업에 맞게 커스터마이징 하는 과정을 거쳐야 한다. 이 과정에서 기업은 추가 R&D가 필수적인데, 이때 필요한 것이 완성자금이다. 일부 완성도가 높은 소프트웨어가 아닌 이상 기업이 도입기술을 이해하고 자사의 제품/서비스에 적용하는 통과의례를 피하기는 불가능한다. 완성화 단계를 거쳐 기업이 사업화를 최종적으로 추진하는 데에는 양산자금이 필요하다. 양산 단계에서의 투자금은 기술료와 완성자금에 비해 회수 가능성이 높은 것이 사실이지만, 기술료와 완성자금에 비해 더 큰 규모의 투자금이 필요하다. 따라서 도입기업은 기술이전사업화가 진행될수록 필요자금이 점진적으로 증가한다는 사실을 유념하고 자금 조달 계획을 수립해야 한다.

그림 2-18 기술이전사업화 소요 자금

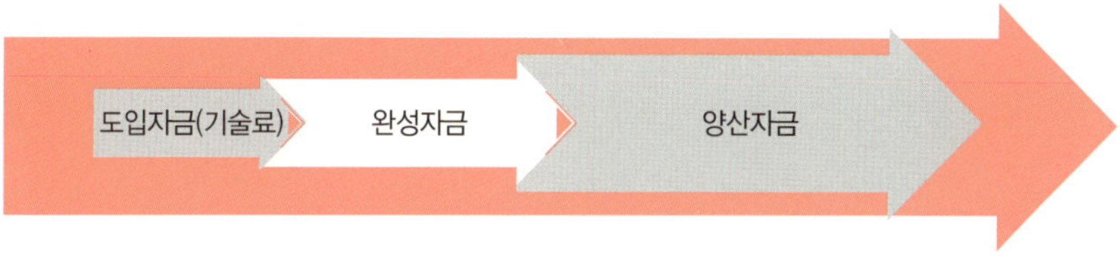

기업은 기술이전사업화 소요 자금을 최소화할 수 있도록 노력해야 하겠지만, 반드시 적기에 필요 자금을 조달할 수 있어야 한다. 그런데 외부 투자를 통해 상당한 자금을 유치하지 있지 않은 이상, 대부분의 중소기업은 은행을 통해 소요 자금을 차입(대출)할 수 밖에 없다. 어쩔수 없이 빚을 통해 자금을 조달하는 방법인데, 신용도와 담보력이 부족한 중소기업에게는 이 마저도 쉽지 않은 것이 현실이다. 다행히 은행 대출을 손쉽게 이끌어 낼 수 있는 솔루션이 있어 소개하고 한다.

기술보증기금은 중소기업에게 자금을 지원하는 금융지원기관으로, 기술이전사업화를 추진하는 도입기업에게 필요한 자금을 지원하고 있다. 이 지원 상품은'지식재산(IP) 인수 보증'으로, 도입기업이 필요로 하는 도입자금(기술료), 완성자금, 양산자금 등을 모두 지원해 줄 수 있다. 따라서 도입기업은 기술이전사업화에 필요한 소요 자금을 전부를 조달 받을 수도 있다. 통상적으로 기술보증기금은 도입기업의 신청에 따라 기술평가, 보증심사를 통해 대출에 필요한 보증서를 발급해 주고 있으며, 도입기업은 보증서를 통해 은행으로부터 대출을 받게 된다. 만약 도입자금이 3억원을 초과한다면, 일반적인 기술평가가 아닌 기술가치평가를 통해 도입자금의 적정성을 판단하게 된다.

기술보증기금은 자금 지원 뿐만 아니라 도입기업의 요청에 따라 기술탐색, 기술협의, 계약협의 등의 기술거래 중개 활동을 지원하는 원스톱 서비스를 제공하고 있다. 따라서 도입기업에서는 기술이전사업화를 계획하는 단계에서부터 기술보증기금을 적극적으로 활용할 필요가 있다. 다만 기술보증기금의 지원 자금은 은행 대출금이기 때문에 반드시 상환해야 된다는 점을 명심해야 한다.

그림 2-19 기술보증기금 지식재산(IP) 인수보증 지원절차

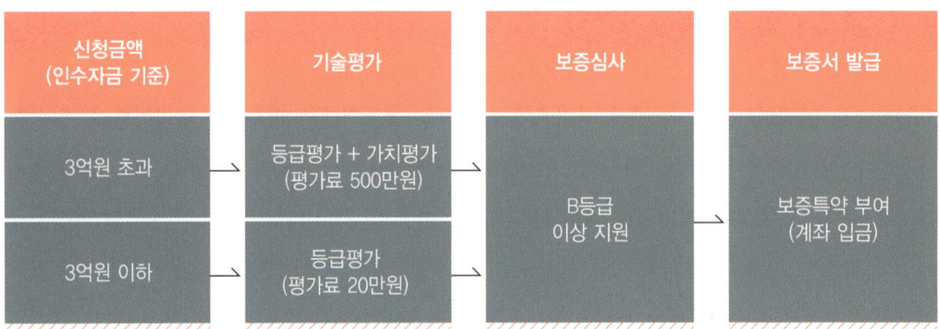

출처 : tb.kibo.or.kr 홈페이지

2.8 계약 협상

사업성 평가를 통해 공급기술의 사업성이 검증되면 도입기업은 기술 도입에 관한 의사 결정을 내려야 한다. 선택된 공급기술을 도입하기로 결정했다면 도입기업은 공공연구기관과 기술이전 계약을 위한 협상을 시작해야 된다. 이때 기본적으로 확인해야 할 협상 항목들을 살펴보면 다음과 같다.

2.8.1. 도입기술의 정의 및 범위

도입기술에 대한 기술적 정의를 법률적 용어로 정확하게 정의하고 특허, 실용신안 등의 지식재산권의 등록(출원)번호, 노하우, 자료(문서), 도면 등 도입기술의 범위를 분명히 밝혀야 한다. 이를 통해 계약 주체들 뿐만 아니라 제3자에 대해 분쟁을 사전에 방지할 수 있다. 실무적 경험으로 볼 때, 시방서, 도면 등의 노하우는 비지식재산권으로 권리 범위가 존재할 수 없기 때문에 기술 범위를 정확하게 정의하는 것이 중요한 것으로 생각한다. 따라서 노하우와 관련된 분쟁을 방지하기 위해 계약서에 노하우에 대한 정의 조항을 별도로 추가하여야 하며, 노하우 관련된 기술 목록을 계약서에 첨부하는 것이 바람직하다. 이를 위해서 공공연구기관에 대해 노하우의 근거 자료를 요구해야 한다.

읽어 보기

노하우(Know-how)

노하우는 기술 범위를 특정하기 어렵거나 신규성 혹은 진보성이 부족하여 지식재산권으로 등록시키기 어려운 지식재산 또는 지식재산권으로 등록은 가능하나 외부에 공개되지 않도록 자발적으로 등록하지 않는 지식재산이다. 노하우는 제품 혹은 서비스의 개발, 생산, 판매, A/S 등의 전주기 영업활동에서 축적한 지식과 경험의 결정체이다. 구체적으로 설명하자면, 특정 실험을 수행하는 방법, 특정 결과물을 산출하는 방법, 특정 재료를 채취하는 방법, 실험이나 생산의 효율성을 높이는 방법 등 제3자가 얻기 어려운 지식이나 정보가 대표적인 노하우이다.

노하우는 비밀유지가 핵심으로 법적 보호 요건이나 존속 기간의 제한은 없는 반면에 지적재산권과 같은 독점권을 누릴 수는 없다. 다만, 일정한 요건을 갖출 경우 경쟁기업 등에 의한 침해시 「영업비밀보호등에관한부정경쟁방지법」에 의하여 보호받을 수 있다.

2.8.2. 기술이전 방식

기술이전 방식으로는 매매, 실시권, 공동 개발, 위탁 개발, 분사(spin-off), 합작벤처(joint venture) 등이 있으나, 일반적으로는 도입기업이 도입기술에 대한 소유권을 매수하거나 실시권을 획득하여 사업화를 추진한다. 이전 방식에 따라 기술료 금액, 기술료 지불 방법, 당사자간 의무 및 책임, 사후 관리 등이 결정된다. 실무적 경험으로 볼 때, 도입기업은 매매 혹은 전용 실시권 획득을 통해 독점적 권리를 확보하고 싶어 하는 반면에 공급기관은 비독점적인 통상 실시권 계약을 통해 다수의 기업들에게 이전할 수 있기를 희망한다.

읽어 보기

기술이전 방식

기술이전 방식 마다 특장점이 있기 때문에 이를 잘 이해하여 도입기업에게 적합한 방식을 선택할 필요가 있다.

1) 매매

매매는 도입기업이 기술의 권리를 매수하여 소유권을 확보하는 것으로, 도입기업이 사업화로 인핸 모든 리스크를 감당하기 때문에 사업화로 인한 수익을 독식할 수 있다. 일반적으로 지식재산권의 권리 전부를 매수하지만 사업화를 안정적으로 수행하기 위해서 혹은 특허 분쟁 발생 시 공급기관과 공동으로 대처하기 위해 권리의 일부만을 매수할 수도 있다.

2) 실시권(licensing)

실시권은 매매와 함께 가장 많이 사용되는 기술이전 방식으로, 기술제공자가 기술도입자에게 기술료를 받고 특정 기술에 대하여 일정 기간 실시권을 허여하는 것이다. 다른 방식에 비해 투자금 및 성공가능성에 대한 위험을 낮출 수 있는 반면에 사업화에 따른 수익은 줄어들 수 있다. 따라서 적절한 위험 분산 및 수익 배분을 위해서는 위험의 크기에 따라 도입기업 및 공급기관 모두에게 적합한 실시권 전략이 요구된다.

3) 공동개발

공동개발은 기업이 다른 기업이나 연구기관과 보유 기술을 상호 보완 발전시켜 신제품이나 신기술을 개발하는 것이다. 공동개발은 비용의 공동 부담을 원칙으로 하며, 이로부터 산출된 지식재산권에 대해 공동으로 소유권을 획득하게 된다. 기업과 공공연구기관의 공동개발의 경우, 두 주체의 시너지 효과가 분명하고 원천기술을 상용화 할 수 있는 사업적 기회를 마련할 수 있으나, 두 주체의 이해관계가 상이하여 성공 가능성이 낮고 문화적 조직적 성향의 차이로 갈등이 발생할 가능성이 있다.

4) 위탁개발

위탁개발은 주로 기업이 위탁자가 되어 공급기관에 개발을 의뢰하는 경우로, 공급기관과의 상거래 형식의 계약을 통해 필요한 기술 개발을 의뢰하고 구매하는 형식이다. 위탁개발은 기술 개발에 필요한 기간이 짧은 것이 장점이나, 공급기관이 개발의 주체이기 때문에 커스터마이징(customizing)에 어려움을 겪을 가능성이 있다.

5) 분사(spin-off)

분사는 조직이 방대해진 기업이 핵심 주력 사업이 아닌 사업을 따로 분리시켜 별도의 법인으로 만들고, 새로운 경영진을 구성하여 이를 경영하도록 하는 것이다. 분사의 이점으로는 기존의 자원과 역량을 핵심 주력 사업에 집중할 수 있어 모기업의 경쟁력 향상에 도움이 되며, 매각자금 유입으로 모기업의 재무구조가 개선되는 데 있다. 뿐만 아니라 분사 부문을 종업원들이 인수하여 경영함으로써 자연스럽게 기술이전이 이루어진다는 장점도 있다.

6) 합작벤처(joint venture)

합작벤처는 공동개발 수준의 방식에서 한 걸음 더 나아가 단순히 R&D 부문만이 아닌 전 사업 영역에서의 협력을 포함한다. 예를 들면, 한 주체는 기술 개량과 기술 상품화와 같은 R&D 영역을 제공하고, 다른 주체는 제조, 마케팅, 판매, 유통 등을 담당하는 방식이다. 이러한 합작벤처는 모기업 또는 공공연구기관으로부터 완전히 분리 독립된 형태의 법인 형태로 이루어지는 경우가 많다.

2.8.3. 기술료 이해하기

도입기업이 공급기관에 지불해야 하는 기술료는 계약 협상의 핵심 대상으로, 사업성 평가를 통해 도입기업이 재무적으로 감당할 수 있는 수준의 기술료 범위를 산정해서 공급기관과 가격 협상에 임하게 된다. 기술료는 당사자간의 의견 차이가 극명하게 드러나며, 이로 인해 결국 기술이전이 불발되는 경우가 현장에서는 흔히 목격된다.

공공연구기관은 기술료가 수입이므로 기술료를 높게 책정하고 싶어 하는 반면에 도입기업에서는 기술료 외에 사업화에 필요한 완성 자금, 양산 자금 등의 추가 비용을 고려해야 하기 때문에 기술료 인하를 원하게 된다. 이런 계약 당사자간의 입장 차이로 인해 기술료 금액에 대한 눈높이가 달라진다. 기술료에 대한 이견이 발생하는 경우 기술 적용 분야 혹은 실시 지역을 한정함으로써 기술료를 인하 시킬 수 있었다. 이런 전략은 통상실시권 뿐만 아니라 전용실시권에도 폭넓게 활용될 수 있으므로 도입기업에서는 적극적으로 활용할 필요가 있다.

국내 기술 거래 시장의 전반적인 상황을 고려했을 때 기술료는 협상이 아닌 협의의 대상이다. 실무 경험으로 볼 때, 국내 기술 거래 시장은 공급자가 일방적으로 기술료를 제시하고 수요자는 이를 수용하는 구조로 이루어져 있다. 즉 공급자 우위의 시장으로 공급자가 도입기업이 요구하는 수준으로 기술료를 조정해 주지 않는 편이다. 사실 공공기술의 기술료 조정이 어려운 것에는 나름의 이유가 있다. 공급자인 공공연구기관은 정부로부터 지원받은 R&D 자금을 기반으로 공급기술을 개발하기 때문에 산출된 결과물에 대한 대가 산정에 대해 정부의 통제를 받는다. 따라서 정부의 가이드 혹은 지침에 따라 공급기술의 기술료를 산정하고 있어 기술료에 대한 조정이 용이하지 않다. 특히 한국전자통신연구원은 기술료가 홈페이지에 공시되어 있기 때문에 원천적으로 조정이 불가능하다. 다만 공공연구기관에 비해 대학의 경우 교수의 의지에 따라 기술료의 변동이 가능한 것으로 알려져 있다.

2.8.4. 기술료 종류

기술료는 크게 정액기술료(혹은 고정기술료, fixed payment)와 경상기술료(running royalty)로 구분되며, 정액기술료는 기술거래 도입기술로 인한 매출액에 관계없이 대가를 정액으로 지급하며 경상기술료는 매출액이 발생하는 경우에 계약시 결정한 기준에 따라 기술료를 정기적으로 지불하는 방식이다. 도입기업 입장에서 볼 때, 향후 사업화로 인한 대규모 매출이 예상되는 경우 정액기술료가 유리하지만 일시 혹은 단기간에(분납 계약) 경상기술료에 비해 상대적으로 고액 기술료를 지급해야 한다. 반면에 사업 성공 가능성이 불확실하거나 매출이 단기간에 발생할 가능성이 높은 경우에는 경상기술료가 도입기업에게 유리하지만 매출이 장기간에 대규모로 발생하게 되면 계약된 기술료를 공급기관에게 지급해야 하므로 이익률이 감소하게 된다.

경상기술료는 도입기술의 사업화로 인해 발생하는 매출이나 판매 수익으로부터 기술료로 산정하는 것인데, 계약 당사자간의 합의로 단위 제품 혹은 서비스 마다 고정된 금액 혹은 제품 혹은 서비스 판매액의 일정 비율로 정하는 것이 일반적이다. 제품 혹은 서비스의 판매액을 기준으로 경상기술료를 지급하는 경우 보통 순매출(net sales)을 채택하는데, 순매출은 판매액에서 도입기술이 기여한 부분만을 산출하는 것으로 이를 명확하게 판단하고 입증하는 것이 중요하다. 경상기술료는 기술료 산정시 도입기술로 인해 발생한 순매출을 결정하는데 있어 당사자간의 이해가 첨예하게 대립하기 때문에 이로 인한 분쟁 가능성이 잠재되어 있다고 판단된다. 또한 일정 기간 내 사업화가 이루어지지 못해 경상기술료 납입이 불가능하게 되는 경우, 공공연구기관에서 공공기술의 사장을 방지하기 위해 기술 회수를 요구할 수도 있다.

기술료 지급 시기와 형태에 따라 선급기술료, 최저기술료, 최대기술료, 일괄기술료로 구분하기도 한다. 선급기술료(initial payment)는 기술료의 일부 또는 전부를 계약 체결과 동시에 또는 계약에서 정하는 기간 내 분할하여 지불하는 것이고, 일괄기술료는 계약 기간 전체의 기술료 총액을 미리 결정하는 방식이다. 실무 경험으로 볼 때, 공급기관은 기술거래 이후 미수납을 피하기 위해 일괄기술료 형태로 선급으로 기술료 전부를 징수하는 정액기술료를 선호하고 있다. 최저기술료(minimum royalty)와 최대기술료(maximum royalty)는 각각 도입기업과 공급기관의 요구 조건과 경상기술료의 범위와 관련이 있다. 전자는 계약 기간의 전 기간 또는 일정 기간 동안 지불되어야 할 기술료의 최저액을 미리 정하는 것이고, 후자는 기술료의 최고 상한액을 설정하여 매출액과 관계없이 사전에 결정한 최고액 범위 내에서 지불하는 방식이다. 따라서 공급기관은 최저 기술료를 선호하며, 도입기업은 최대 기술료를 희망한다. 지금까지 설명한 기술료 종류를 정리하면 다음 〈표 2-9〉와 같다.

표 2-9 기술료 종류

기술료	정의
정액기술료	계약 제품의 판매액 등에 관계없이 기술에 대한 대가를 고정 금액으로 지급하는 것
경상기술료	도입기술이 판매와 직결된 경우 정해진 산정 기준에 의하여 매출액 또는 순이익에 일정률을 곱하여 산출된 금액을 정기적으로 지불하는 것
선급기술료	계약 기간 중에 발생이 예상되는 기술료에 관하여 그 일부 또는 전부를 계약 발효와 동시에 또는 계약에서 정하는 지불 기간의 초기에 지불하는 것
최저기술료	계약기간의 전 기간 또는 소정의 기간에 대하여 지불되어야 할 기술료의 최저금액을 정하는 것
최대기술료	기술료의 최고상한액을 설정하여 아무리 많은 양의 계약 제품을 제조, 판매하여도 실제로 발생되는 매출과 관련 없이 한도금액 범위 내에서 지불하는 방식

출처 : 기술이전 매뉴얼, 기술보증기금, 2014

한편 제약·헬스케어 분야의 기술거래시에는 마일스톤(milestone) 방식의 기술료 지급이 일반적이다. 마일스톤은 '이정표'란 뜻으로, 마일스톤 방식에서는 기술거래의 최종 결과물을 산출하기 위한 이정표로 중간 목표를 설정하며 중간 목표 달성 시점마다 정해진 기술료를 지불한다. 다른 기술 분야와 달리 제약·헬스케어 분야는 전임상, 임상, 허가 신청, 제품 생산 등 기술 개발 단계를 용이하게 구별되기 때문에 마일스톤 방식이 일반적인 기술 거래 방식이다. 이를 통해 각 단계별 성공을 확인한 후 기술료를 지급할 수 있으며, 엄청난 규모의 기술료를 분할해서 지불할 수 있으므로 사업 및 재무 리스크를 축소할 수 있다.

도입기업은 정확한 정보를 바탕으로 계약 협의를 진행하는 것이 중요하다. 부정확하거나 불분명한 정보로 인해 공급기술의 범위와 한계에 대해 깊이 판단하지 않는다면 사업화 이후 경쟁사로부터의 특허침해 혹은 손해배상 등의 소송을 당할 수 있다는 점을 명심해야 한다. 따라서 변호사, 변리사 혹은 기술거래기관의 전문 인력 등으로부터 조언을 구하는 것이 현명하다.

2.9 기술이전 계약

계약 조건에 대한 협의가 완료되면, 이를 총체적으로 정리한 기술이전계약서를 작성하여 공급기관과 도입기업이 서명날인 함으로써 기술이전계약이 성사된다. 기술이전계약은 일반적인 계약 원칙을 따르게 되나 기술이전에 필요한 세부적인 사항들을 결정해야 하므로 당사자간의 긴밀한 협의가 필요하다. 이와 관련해서 기술이전계약 시 검토해야 할 사항들을 정리하면 〈표 2-10〉와 같다.

표 2-10 기술이전계약 검토 사항

조항	내용 요약	검토 사항
당사자	· 명칭 · 설립준거법 · 주소 · 설립형태(개인, 법인)	· 명칭과 주소는 당사자를 특정하는 요소이므로 정식 명칭을 모두 기재하여야 하고, 주소도 등기부에 따른 주소를 기재해야 함
전문	· 당사자 설명 · 계약 목적	· 당사자 특정 및 계약의 해석 시 참조를 위해 당사자 설명과 계약 목적을 간단히 기재하도록 함
정의	· 용어 정의	· 계약서 본문에서 특별한 의미로 사용되는 용어는 가능하면 모두 정의할 필요가 있음 · 용어 정의를 소홀히 하면 계약의 해석에 관하여 분쟁이 발생할 가능성이 높으므로 가능한 한 구체적인 정의가 필요함
도입기술	· 도입기술의 특징	· 계약의 목적이 되는 도입기술을 특허등록원부 등 공적 장부에 의하여 명확히 특정할 필요가 있음 · 공적 장부에 의하여 특정되지 않는 노하의 경우에는 기술의 명칭, 특징, 실시효과 등을 명시하여 다른 기술과 구별될 수 있도록 할 필요가 있음 · 공동연구계약이나 위탁개발계약의 경우에는 지식재산 개발의 원천이 되는 연구 범위를 명확히 정하는 것도 필요함
대가	· 기술료 · 지급시기와 방법 · 세금	· 기술개발의 대가로 연구비 또는 실시권 허락의 대가로 착수기술료를 받을지, 경상기술료는 매출액에 비례하여 몇 퍼센트를 받는지, 최저, 최고액을 정할지 등을 정해야 함 · 실시료 지급시기도 정해야 함 · 실시료 지급방법과 담보 설정도 정할 수 있음 · 실시료 검증을 위한 조사 권리를 명시하고 그 비용 부담, 차액 지급 등에 대한 내용도 합의되는 것이 바람직함 · 세금, 송금수수료, 환정수수료 등을 누가 부담하는지도 정하는 것이 바람직함
기술지원	· 기술문서, 기술지원 제공 등	· 지식재산 양도 또는 실시권 허락 외에 기술자료를 제공한다거나 기술지원을 하는 경우 구체적으로 그 내용을 정해야 함 · 기술문서는 리스트로 작성하여 첨부하는 것이 바람직함 · 기술지원은 무상인지, 유상인지, 그 범위는 어디까지인지 등을 구체적으로 정할 필요가 있음
기술 도입자의 의무	· 기술도입자가 지켜야 할 사항	· 기술제공 범위 외 사용 금지, 재실시권 부여 금지, 법규 준수, 기타 기술도입자가 준수해야 할 사항들을 규정할 수 있음

조항	내용 요약	검토 사항
비밀유지	· 비밀정보 정의 · 비밀유지의무 · 예외 · 기간 · 계약해지	· 계약기간 동안 주고 받는 주요 정보나 자료는 비밀정보로 정의하고 비밀로 유지할 필요가 있음 · 비밀유지기간은 기술의 발전 속도 등에 따라 3~10년 정도로 정하는 것이 일반적임 · 계약이 어느 일방 당사자의 잘못으로 해지되는 경우에는 상대방으로부터 제공받은 모든 자료를 반환하게 하고 모든 사본을 폐기하도록 명시할 필요가 있음
기간 및 해지	· 계약기간 · 해지사유 · 해지절차 · 해지 후 처리사항	· 계약기간을 정하고 자동연장 등 연장 여부나 연장방식을 정할 수 있음 · 계약불이행 등 계약을 해지할 수 있는 사유를 구체적으로 정해놓아야 추후해지 관련하여 다툼을 줄일 수 있음 · 최고 후 해지, 즉시 해지, 자동 해지 등 해지 절차를 명확히 정해야 함
진술 및 보장	· 기술제공자의 진술 및 보장 · 기술도입자의 진술 및 보장	· 계약체결의 기본이 되는 사항(소유권, 분쟁 여부, 계약체결 권한 등)을 진술과 보장에서 규정함
면책	· 기술에 대한 면책	· 제3자 권리 비침해, 유효성, 사업화 가능성 등에 대해 보장을 하지 않음 · 기술 사용으로 인하여 매출감소 등 간접적 손해가 발생하더라도 책임지지 않음 · 기술 사용한 제품 구매자 등 제3자에게 손해가 발생하더라도 책임지지 않음
존속 규정	· 계약 종료 후 존속 규정	· 계약이 만료되거나 해지되더라도 손해배상, 지식재산권 귀속 및 사용, 분쟁해결 등은 계속 효력을 유지해야 함
통지	· 통지 주소 · 연락처 정보 · 업데이트	· 거리, 시간상 제약이 있으므로 통지의 방법, 절차, 횟수 등을 가능한 한 유연하게 정할 필요가 있음
불가항력	· 의무 정지 · 장기간 정지에 의한 해지 · 예방 의무	· 천재지변, 전쟁, 전염병 등 어느 일방 당사자에게 책임을 물을 수 없는 사유가 발생하면 계약이행의무를 잠정적으로 중단시키는 것이 일반적임 · 너무 오래 중단되면 안 되므로 일정 기간이 경과하여도 재개될 가능성이 적다면 계약을 해지하거나 탈퇴를 허용하도록 할 필요가 있음
준거법	· 계약 적용 기준법	· 계약 적용, 해석의 기준이 되는 법이므로 일방 당사자 국가의 법보다는 제3국의 법으로 정하는 것이 일반적임 · 영미법이 많이 선택되나, 대륙법계 국가의 법(독일, 프랑스 등)으로 정하는 경우도 적지 않음
분쟁해결	· 협상 · 중재	· 분쟁이 발생하면 우선 고위경영진끼리 호의로 협상을 진행하는 것이 바람직함 · 협상으로 해결이 안 되면 소송과 중재를 둘 다 할 수는 없고 반드시 하나만 선택해야 함 · 소송을 특정 국가의 절차법에 따라 그 나라 법원에서 그 나라 언어로 진행하는 것이 일반적이므로 상대방에게 매우 불리하여 국제공동연구계약에서는 선택되는 경우가 거의 없음 · 중재는 세계 공통의 규정을 사용하는 것이 일반적이며 각국의 중재원에서 진행하더라도 각 당사자가 자신의 국가 대리인을 선임하여 영어로 진행할 수 있으므로 비교적 공정하며, 1심제이므로 비용도 경제적인 편임 · 중재지는 제3국으로 하는 것이 바람직하며, 유럽은 영국, 프랑스, 독일, 스위스, 아시아는 싱가폴과 홍콩이 주로 선택됨
일반	· 제목 · 양도금지 · 개정금지 · 권리불포기 · 완전합의 · 일부 무효 · 부본	· 제목은 계약에서 효력이 없으므로 주요 용어는 미리 정의를 해야 함 · 계약의 권리의무는 양도 불가능하다고 합의하는 경우가 일반적임 · 계약서 내용의 변경은 모든 당사자가 서면으로 합의하는 경우만 허용됨 · 어떤 권리를 행사하지 않았다고 하여 그 권리를 포기하는 것은 아님을 의례적으로 명시하는 것이 일반적임 · 이전에 구두나 서면으로 합의된 내용이 있으면 본 계약으로 모두 대체되도록 하여야 계약 내용이 2중으로 합의되는 것을 막을 수 있음 · 계약 중 일부 내용이 무효가 되더라도 나머지는 유효하게 유지하기로 합의하는 것이 통상적임 · 부본이 여러 개라 하더라도 모두 동일한 효력을 가지는 동일한 계약서라고 의례적으로 기재함

조항	내용 요약	검토 사항
서명	· 서명일 · 성명 · 직책 · 서명	· 서명일이 계약 효력발생일인 경우가 많으나, 서명을 각자 다른 날 하는 경우가 많으므로 효력발생일을 언제로 할지 명확하게 정해야 함 · 서명하는 자는 각 당사자를 대표하여 계약을 체결할 수 있는 권한이 있어야 하므로 그러한 권한이 있는 자인지 확인할 필요가 있음
별첨	· 기술자료 내역 · 기술자원 범위	· 기술자료를 제공하는 경우 구체적으로 리스트를 작성하여 계약서에 첨부하는 것이 바람직함 · 기술지원을 하는 경우 무상 범위, 유상 범위, 지원 범위 등을 구체적으로 정할 필요가 있고, 특정 사항에 대한 기술지원이 필요하다거나 특정인의 기술지원이 필요할 경우에도 구체적으로 명시하는 것이 바람직함

출처: 우리기업의 지재권 실무를 위한 IP Business 계약서 가이드북, 특허청, 2018

산업부에서는 기술이전계약이 공정하고 편리하게 진행될 수 있도록 표준계약서를 제정하였다. 표준계약서에는 〈그림 2-10〉에서 제시한 계약 검토 사항이 기본적으로 포함되어 있다. 표준계약서는 기술이전계약 시 정부가 제시하고 있는 가이드 역할을 하며, 널리 활용되고 있다. 독자들의 이해를 돕기 위해 이 장의 마지막에 별첨으로 표준계약서를 수록하였다. 다음에는 실무적으로 중요한 표준계약서의 몇 가지 조항에 대해 검토해 보고자 한다.

비밀 유지

제 ○조 비밀 유지

① '갑' 및 '을'은 본 계약의 존속기간 중 및 본 계약기간 종료 후 3년간은 본 계약에 따라서 일방이 비밀인 것을 명확히 하여 상대방에게 제공한 기술정보, 업무상 정보 및 자료를 비밀로 유지하여야 한다. 다만 다음의 경우에는 그러하지 않는다.

1. 상대방으로부터 제공 또는 개시를 받기 전에 이미 보유하고 있었거나 또는 공지된 것
2. 상대방으로부터 제공 또는 개시를 받은 후에 자신의 책임에 의하지 않고 공지된 것
3. '갑' 과 '을' 간의 협의에 의해 비밀유지의 대상에서 제외하기로 한 것
4. 제3자로부터 정당한 수단에 의하여 입수하거나 입수할 수 있는 것

② '갑' 및 '을'은 전항의 의무를 각자의 종업원, 하청업자 및 재실시권자에게도 준수하게 하며, 이들의 의무위반은 당해 당사자의 의무위반에 상당한 것으로 본다.

③ '갑' 또는 '을'이 법원 기타 공공기관의 판결, 명령 또는 관련법령에 의한 제출 또는 공개의무에 따라 "비밀정보"를 공개한 때에는 비밀유지의무 및 손해배상책임이 없다.

기술거래 과정에서 자연스럽게 당사자들의 중요한 기술 자료나 중요 비밀 정보가 상대방에게 전달될 수 밖에 없다. 특히 지적재산권 외에 노하우가 이전되는 경우 공급기술의 가치는 비밀 유지 혹은 관리의 정도에 따라 노하우의 가치가 결정될 수 있다. 따라서 공급기관은 자신이 보유한 기술 자산의 가치를 유지하기 위하여 도입기업에게 비밀 유지 조항을 요구한다.

비밀 정보는 전형적으로 생산방법, 판매계획, 기타 사업 활동에 유용한 기술상 또는 영업상의 정보로써 제3자에게 알려지면 공급기관이 불이익을 받을 우려가 있는 것이다. 비밀 정보에 대해서는 사외는 물론 사내에서도 계약의 이행을 위하여 알 필요가 있는 자 외에는 접근을 금지해야 한다. 이를 위해 종업원, 하청업자 및 재실시권자에게도 비밀 유지 의무를 부과하고 있다.

비밀 유지 조항은 다른 조항의 효력 기간을 초과하여 존속시키는 경우가 일반적이다. 존속기간은 보통 3~10년 사이에서 당사자간의 협의로 정하게 되는데, 비밀로 할 필요가 없게 될 때까지 혹은 주된 계약 조항의 종료 후 일정기간 혹은 계약 종료 시점으로 정할 수도 있다. 또한 계약이 해지되거나 만료되어 더 이상 효력이 없게 된 경우, 계약 이행을 위해 전달하였던 비밀 정보를 공급기관에 전부 반환하거나 공급기관의 의사에 따라 폐기하는 것이 바람직하다. 이 때 반환되어야 할 비밀 정보는 원본 및 사본 뿐만 아니라 그로부터 파생되어 만들어진 자료 및 그와 관계되는 자료를 모두 포함하게 된다. 만약 공급기관에서 비밀 정보의 폐기를 원할 경우, 도입기업은 모든 비밀 정보를 폐기하였다는 것을 서면으로 증명하여야 한다.

해제와 해지

제 ○조 해제

① '갑'과 '을'은 상대방이 본 계약을 위반한 경우에는 30일 이상의 상당한 기간을 정하여 그 시정을 서면으로 최고하고, 그 기간 내에 상대방이 당해 위반을 시정하지 아니한 때에는 본 계약을 해제할 수 있다.
② 전항의 해제는 손해배상의 청구에 영향을 미치지 아니한다.

제 ○조 해지

① 다음 각 호의 하나에 해당하는 때에는 '갑' 또는 '을'은 본 계약을 해지할 수 있다. 이 경우에 당해 해지 서면이 발송된 날로부터 3월을 경과한 때에는 본 계약은 소멸한다.
1. 제 ○조의 보고에 허위 기타 부정한 행위가 있은 때
2. '을'이 본 계약체결 후 2년 이내에 정당한 이유 없이 본건 특허발명의 실시를 개시하지 않은 때
3. '을'이 본건 특허발명의 실시사업을 중지한 때

② 전항의 해지는 손해배상의 청구에 영향을 미치지 아니한다.

해제와 해지는 당사자 일방의 상대방에 대한 의사 표시에 의하여 계약을 종료시키는 것으로, 해제는 소급효가 있으므로 계약은 처음부터 없었던 것과 동일한 상태로 되는 반면에 해지는 소급효가 없으므로 장래에 대해여 효력 발생을 중지시킨다. 계약이 해제되면 상대방으로부터 수령한 원물을 반환해야 하며 원물을 반환할 수 없는 경우에는 당시의 가격으로 보상해야 한다. 만약 원물이 금전이면 원금과 함께 이자도 반환해야 한다. 또한 상대방 귀책 사유로 인한 계약 해제가 되는 경우 손해가 발생하였다면 상대방에게 손해 배상을 청구할 수 있다. 해지는 해제와 달리 원상회복 의무가 없고 당사자의 일방 또는 상방이 수인인 경우 전원에 대하여 해야 한다. 다만 해지는 해제와 마찬가지로 손해배상 청구에 영향을 미치지 않는다. 위의 예시된 조항의 30일, 3월 등의 기간은 당사자간의 협의에 의해 조정될 수 있으며, 경우에 따라서는 해지 사유를 추가할 수도 있다.

불가
항력

제 ○조 불가항력

① '갑' 및 '을'은 지진, 태풍, 홍수, 강설 등의 자연현상에 의한 재해, 전쟁, 폭동, 내란, 방화, 외부기업의 직장폐쇄 또는 파업, 법령 · 규칙의 변경, 법원의 판결 · 명령, 행정청의 명령 · 권고, 기타 '갑' 또는 '을'이 정당하게 지배할 수 없는 위의 사유와 유사한 원인 및 당사자의 기업시설의 하자 및 화재 기타 이에 유사한 원인으로 인하여 본 계약에서 정한 의무의 이행이 불가능하게 된 경우에는 상대방에 대하여 본 계약의 이행 책임을 지지 않는다. 다만 위에 해당하는 원인이 존재하는 경우에도 그 성질에 비추어 연기하는 것이 가능한 의무의 이행은 연기하는 것으로 한다.

② 전항의 규정은 제○조 및 제○조에서 규정한 '을'의 의무이행에 대하여도 적용되는 것으로 한다.

③ '갑' 또는 '을'은 전 2항의 통지의 적용을 받고자 하는 경우에는 지체 없이 그 상세를 상대방에게 서면으로 통지하고, 당해 의무의 이행불능이 제1항에서 규정한 원인에 의한 것임을 입증하여야 한다.

불가항력 조항은 계약 체결시에 지배 범위에서 벗어나는 일정한 사태의 발생을 대비하여 당사자들의 권리와 의무를 규율한 것으로, 불가항력에 의한 채무의 불이행은 통상 면책되는 것으로 해석된다. 자연재해, 전쟁, 폭동, 내란, 방화 등과 같은 일반통념상의 사유 외에도 당사자간의 합의에 의해 특수한 사유를 포함시킬 수 있다. 불가항력 사태가 발생하면 피해를 입은 당사자는 상대방에게 즉시 이러한 사실을 통지하여야 하고, 이러한 통지가 서면으로 전달된 이후에는 그 불가항력 사태가 지속되는 동안 본 계약상의 모든 의무가 잠시 중단된다. 그러나 상대방에게 서면으로 통지 하지 않는 경우에는 계약 중단 효과가 발생하지 않으므로 계약불이행 혹은 이행 지체의 책임을 져야 할 수도 있다.

불가항력적 사태가 장기간 지속된다면 당사자 모두에게는 피해가 발생할 수 있다. 특히 천재지변, 재난, 재해 등은 단기간에 복구가 불가능하므로 정상적인 계약 이행을 기대하기 어려울 수 있다. 따라서 불가항력적 사태가 일정 기간 지속되는 경우 계약 해지를 할 수 있도록 규정을 추가할 수 있다. 이는 도입기업에게 유리한 조건으로 계약서 작성 시 검토할 필요가 있다.

표준계약서가 계약 시 가이드 역할을 하지만 반드시 지켜야 할 원칙은 아니다. 계약 당사자 간의 협의에 따라 표준계약서의 일부 조항들은 수정 혹은 변경될 수 있다. 이와 관련하여 선박해양플랜트연구소에서 기술이전 업무를 책임지고 있는 원민정 변호사는 이렇게 조언하고 있다. "계약서를 작성할 때 '옳게 작성한 것인지' 염려할 필요가 전혀 없다. 계약의 기본 원리는 '사적자치'로 계약 당사자간의 공정성이 심각하게 저해되지 않는 이상 당사자간의 합의한 사항은 법적으로 보호받을 수 있다."

특히 도입기업에서 표준계약서가 불리하다고 생각되는 경우, 계약서 말미에 특약 사항을 추가하여 이를 피할 수 있다. 예를 들어 특정 조항을 적용하지 않는다거나 반대로 도입기업의 필요에 따라 요구 사항을 추가할 수도 있다. 즉 일반적인 조항 중에서 필요 없는 부분은 계약에 적용되지 못하게 하거나 필요한 부분은 추가하여 적용되게 함으로써 도입기업의 사정과 요구를 계약서에 반영할 수 있다. 또한 표준계약서를 수정하기 보다는 특약 사항을 활용하는 것이 상대방을 설득하기에 용이하다.

2.10 계약 이행 및 사후 관리

계약서 작성과 날인으로 계약이 성립되면 서로 합의한 계약서의 조건을 순차적으로 이행하게 된다. 기술공급자는 기술이전하기 위한 서류의 제공, 권리이전 절차상의 협조, 기술지도의 의무를 이행하고, 그 반대 급부로 금전적 수입을 얻게 된다. 이와 반대로 기술도입자는 금전을 제공하고 반대 급부로 기술을 이전받게 된다.

기술이전계약이 성사된 이후 계약서에 명시된 대로 계약조건이 성실하게 이행되는지에 대한 사후관리가 필요하다. 이는 정상적으로 계약이 이행되는 경우와 그렇지 않은 경우로 분리하여 고려할 수 있다. 정상적으로 계약이 이행되는 경우에는 원만하게 계약이 종결될 수 있도록 하는 차원에서 사후관리가 대부분을 차지하겠지만, 계약이 정상적으로 이행되지 않는 경우에는 계약 이행의 촉구, 채무의 변제, 계약의 해지 등 일련의 법적 수단이 동원되는 사후관리 절차에 착수하게 된다.

2.10.1. 기술이전확인서 작성

기술이전계약 체결 이후 계약에 따라 공급기관은 기술 전수 및 사업화가 원활히 이루어질 수 있도록 적극 지원해야 하며, 도입기업은 기술이전이 정상적으로 이루어졌는지 여부를 판단하여 기술이전확인서를 작성하게 된다. 기술이전확인서에는 공급기관, 도입기술, 기술이전 방식 등의 다양한 내용이 포함될 수 있다. 기술이전확인서는 계약서가 아니므로 정형화된 양식이 존재하지 않으며, 도입기술을 중심으로 이해당사자와 기술의 명칭 등이 정확하게 특정되며 기술이전 여부가 명확하게 확인될 수 있으면 충분하다. 독자들의 이해를 돕기 위해 기술이전확인서 샘플을 이 장의 마지막에 별첨으로 수록하였다.

기술이전확인서 작성 전에 도입기업은 기술이전계약에 따라 도입기술이 완전하게 기업으로 이전되었는 지를 우선 확인해야 한다. 이는 오로지 도입기업의 몫으로 다른 주체가 대신할 수가 없다. 기술이전확인서는 도입기업에서 계약서대로 기술이전이 완료되었다는 의사를 밝히는 것으로, 기술이전확인서 작성 이후에는 공급기관에 이의를 제기하기가 어렵다. 따라서 기술이전확인서 작성 전에 면밀하게 도입기술의 이전 상태를 확인해야 하며 계약서 상의 요구 사항들이 이행되었는 지 여부를 살펴 보아야 한다. 실무 경험으로 볼 때, 기술이전확인서를 신중하게 검토하지 않고 작성했던 일부 기업들이 사후에 불만을 제기하는 경우를 목격한 바 있다. 이해 당사자간의 불필요한 마찰을 줄이기 위해서도 기술이전확인서 작성에 신중을 기해야 할 것이다.

2.10.2. 경상기술료 지급

기술료 지급 방식으로 경상기술료를 채택한 경우 매출(순이익)이 발생하면 기술이전계약에 따라 도입기업은 공급기관에게 경상기술료를 지급해야 한다. 도입기술의 사업화로 인한 매출 발생 여부를 공급기관이 파악하기 어렵기 때문에, 공급기관에서는 '매출액(순이익) 확인 협조의뢰서'와 '경상기술료 납부기일 도래 안내서'를 도입기업에게 발송하고 있다. 독자들의 이해를 돕기 위해 '매출액(순이익) 확인 협조의뢰서'와 '경상기술료 납부기일 도래 안내서'를 이 장의 마지막에 별첨으로 수록하였다.

'매출액(순이익) 확인 협조의뢰서'는 도입기술로 인해 발생한 매출액(순이익)을 파악하기 위해 도입기업의 재무제표, 부속원장 등의 각종 회계 자료를 요청하는 것이다. 기업의 회계 자료를 요구하는 것은 도입기업에게는 다소 민감한 부분으로, 당사자의 합의로 열람할 수 있는 회계장부의 종류와 열람자를 제한하거나, 감사 시기 및 회수를 제한하거나, 감사 결과 도입기업에서 제시한 액수와 감사 결과가 크게 차이가 나지 않는 경우 감사에 소요된 비용을 공급기관에서 부담하도록 조정할 수 있다. 도입기업으로서는 충분히 불편한 조항이자만, 계약서 대로 협조해 주는 것이 원칙이다. 다만 공급기관에서 매출액(순이익)을 판단하는 데 한계가 있기 때문에 도입기업에서는 매출액(순이익) 입증 자료를 적극적으로 제시할 필요가 있다. 실무 경험으로 볼 때, 공급기관에서 회계 자료와 함께 제시한 매출액(순이익)을 공급기관에서 부정하기는 사실상 어렵다.

매출액(순이익) 산정에 완료되면 도입기업은 '경상기술료 납부기일 도래 안내서' 상에 제시된 공급기관의 입금계좌로 경상기술료를 납부하게 된다. 경상기술료 지급은 기술이전계약서 상에 명시된 조항으로 반드시 이행하여만 하며 입금 시한에 맞춰 입금하지 않으면 연체이자가 발생할 수 있다. 도입기업 입장에서 경상기술료 지급에 인색할 수 있으나, 경상기술료가 발생하지 않으면 도입기술로 인한 사업화가 지연되고 있다는 것을 반증하는 셈이 된다. 따라서 공급기관으로서는 계약기간 만료 시 재계약을 체결할 실익이 없게 된다. 결국 사업화로 인해 매출(순이익)이 발생하고 있는 경우라면 경상기술료를 지급함으로써 사업의 안정성을 확보하는 것이 더욱 유리하다고 판단된다.

단원요약

- 기술이전사업화 프로세스에 들어가기에 앞서 도입기업은 기업의 상황과 역량에 적합한 목적과 추진 방법을 설정하는 사전 검토를 진행해야 한다.

- 사전 검토 후에는 기술 탐색-기술 협의-기술 스크리닝-사업성 평가-경제성 분석-자금조달 계획 수립-계약 협상-계약 체결-사업화-계약 이행 등의 본격적인 프로세스를 밟게 되는데, 기술 탐색, 기술 협의, 기술 스크리닝, 계약 협상, 계약 체결, 계약 이행 등은 외부 기술을 도입함에 따라 추가적으로 발생한 프로세스인 반면에 사업성 평가, 경제성 분석 및 자금조달 계획 수립은 자체 기술의 사업화 프로세스에도 포함되는 절차라 할 수 있다.

- 특허청, 기술보증기금, 한국산업기술진흥원, 과학기술일자리진흥원 등의 다양한 공공기관에서 공급기술에 대한 정보를 제공하고 있어 기술탐색에 활용할 수 있다.

- 사업성평가, 경제성 분석 및 자금조달 계획 수립은 사업화의 핵심 프로세스로 반드시 수행해야 한다.

- 기술이전 방식으로는 매매, 실시권, 공동 개발, 위탁 개발, 분사(spin-off), 합작벤처(joint venture) 등이 있으나, 일반적으로는 도입기업이 도입기술에 대한 소유권을 매수하거나 실시권을 획득하여 사업화를 추진한다.

- 기술사업화를 위해서는 공공기술을 도입하면서 공공연구기관에 대가로 지급해야 하는 기술료, 도입 이후 도입 기술을 도입기업에게 맞게 커스터마이징 하거나 완성도를 향상시키기 위해 필요한 완성 자금, 본격적인 사업화 추진을 위해 필요한 양산 자금 등이 필요하다.

- 기술료는 크게 정액기술료(혹은 고정기술료, fixed payment)와 경상기술료(running royalty)로 구분되며, 정액기술료는 기술거래 도입기술로 인한 매출액에 관계없이 대가를 정액으로 지급하며 경상기술료는 매출액이 발생하는 경우에 계약시 결정한 기준에 따라 기술료를 정기적으로 지불하는 방식이다.

- 산업부에서는 기술이전계약이 공정하고 편리하게 진행될 수 있도록 표준계약서를 제정하였는데, 필요에 따라서는 수정 혹은 특약 사항을 추가하여 사용할 수 있다.

핵심용어 정리

학습하기

1.직접 탐색과 간접 탐색의 장단점을 비교 분석하시오.

2. 다양한 업종별로 가장 효율적인 기술이전 방식에 대해 논하시오.

3. 경제성 분석이 기업의 경영 의사 결정에 미치는 영향에 대해 논하시오.

4. 표준기술이전계약서의 일부 조항을 변경하거나 특약 사항을 추가하여 기술료를 인하시킬 수 있는 방안을 설명하시오.

5. R&BD 과정을 단축시키는 방안 및 R&BD 소요 자금을 최소화 할 수 있는 방안에 대해 논하시오..

참고문헌 및 보충 교재

- 박명일 외, 꼭 알아야할 기술사업화 바이블, 도서출판청람, 2016
- B. Malakooti, Operations and Production Systems with Multiple Objectives. John Wiley & Sons, 2013
- Hwa-Young Chung & Young-Seok Yang, "Literature Studies for Testing Validity of Business Model of High-tech Start-up: Utilizing BMO Model", Korean Society of Business Venturing, 2(2), 1-22, 2007
- D. Bruce Merrifield, "Industrial survival via management technology", Journal of Business Venturing, 3(3), 171-185, 1988
- R. C. Dreyfuss & J. Pila, Intellectual Property Law, Oxford University Press, 2018
- 기술이전 매뉴얼, 기술보증기금, 2014
- 우리기업의 지재권 실무를 위한 IP Business 계약서 가이드북, 특허청, 2018
- 기술이전 업무매뉴얼 및 표준계약서, 한국산업기술진흥원, 2010

별첨 01.

기술이전 신청서

기술이전 신청서

1. 기업체 개요

업체명				법인번호	
대표자				사업자번호	
본 사	주소				
	전화			팩스	
담당자		휴대폰		이메일	
주제품					

2. 도입희망 기술

기술명	

3. 도입희망 유형

①양수 ②전용실시 ③통상실시 ④기 타(　　　　)

4. 기술수요정보 제공 동의

기술수요정보 제공 동의에 대한 안내	동의여부
기보가 보유한 귀사의 기술수요정보를 공공연구기관 등 기술보유기관에 제공함으로써 수요기술 탐색 및 기술이전 중개를 위한 자료로 활용하는 것에 대한 동의입니다.	여□, 부□

__________은(는) 도입희망 기술의 양수, 실시권 확보 등을 위하여 기술보증기금을 통해 기술수요조사, 공공연구기관의 우수기술 탐색, 기술이전 협의를 진행할 것을 신청합니다.

2018.　.　.

업체명

대표자　　　　(서명 또는 인)

별 첨 02.

수요조사서

기술수요조사서

작성일자 (2018.　　.　　)

1. 기업체 개요

업 체 명		법인(주민) 등록번호	
업종분류		기술분류	
대 표 자	성명	휴대폰	이메일
본　사	주 소		
	전 화		팩 스
기업규모	당기(　　년) 매출액	억원	종업원수
	당해연도 예상매출액	억원	
기술개발 전담조직	□ 해당없음　□ 기업부설연구소　□ 연구실개발전담부서		
주력제품			
주력기술			
담 당 자	성명	휴대폰	이메일

2. 도입희망기술 개요

기 술 명					
업종분류		기술분류		IPC코드	※유사특허 검색후 입력
핵심키워드 (국문)					
핵심키워드 (영문)					
기술개요					
도입 희망금액		자체부담 가능금액			

3. 도입희망기술 상세내용

도입기술의 요구성능			
활용분야			
사업화 계획			
도입희망 유형	ㅁ 양수 ㅁ 전용실시 ㅁ 통상실시 ㅁ 노하우 실시 ㅁ 기타 (　　　　)		
도입희망기술 관련제품		도입희망기술 영위기업	※ 도입희망기술과 유사 또는 동업종 영위 기업

4. 기술도입실적

기술명			기술분류	
거래상대처			도입일	
도입유형	ㅁ 용역의뢰 ㅁ 양수 ㅁ 전용실시 ㅁ 통상실시 ㅁ 노하우 실시 ㅁ 기타 (　　　　)			
도입조건	정액기술료			
	경상기술료			
권리구분	ㅁ 특허권 ㅁ 실용신안권 ㅁ 디자인 ㅁ 프로그램저작권 ㅁ 기타 (　　　　)			
권리상태	ㅁ 출원중 ㅁ 등록			
사업화실적	사업화단계	ㅁ 시제품(연구 · 개발 · 기획)단계 ㅁ 양산(시장판매 · 사업화포함)준비단계	ㅁ 제품화(상품화 · 제작포함)완료단계 ㅁ 양산(시장판매 · 사업화포함)단계	
	사업화비용			
	매출규모	전전기	전기	당기
	기타			

별 첨
03.

특허기술 통상실시권 설정등록 계약서

특허권자△△△(이하 '갑'이라 함)와 실시권자○○○(이하 '을'이라 함)는 갑이 권리를 보유하고 있는 특허의 실시와 관련하여 다음과 같이 계약을 체결한다.

다 음

제1조 (목적)

본 계약은 갑이 을에 대해서, 갑 소유인 제2조에 기재된 특허권(이하 '본건 특허'라 함)에 대해 통상실시권을 설정함에 있어 필요한 제반사항을 정함을 그 목적으로 한다.

제2조(특허권의 표시)

계약의 목적이 되는 본건 특허의 내용은 다음과 같다.

특허번호:

발명의 명칭 :

제3조 (실시권의 허락, 기술지원)

① 갑은 을에 대하여 을이 '본건 특허'를 실시한 제품을 생산 또는 판매하거나 기타의 처분을 하기 위한 '본건 특허'에 대한 통상실시권을 허락한다. 을의 실시권은 타에 비독점적이며, 따라서 을은 본건 특허에 대한 실시권을 제3자에게 양도할 수 없고 담보로 제공할 수도 없으며 갑의 사전 서면승인 없이 제3자에게 재실시하지도 못한다.

② 을이 본 건 특허를 실시하여 제품을 생산함에 있어서 갑에게 본건 특허의 실시와 관련된 기술지원을 요청할 경우 갑은 이에 협력한다. 단, 이에 소요되는 비용은 을의 부담으로 한다.

제4조 (실시권의 범위, 특허표시)

① 본 계약에 따른 본건 특허의 실시권 허여 범위는 다음과 같다.

1. 실시기간 : '본건 특허'에 대한 을의 실시권은 계약체결일로부터 ( )년간 존속한다. 을이 계약연장을 원하는 경우에는 계약만료일 ( )개월 이전에 계약기간 연장의사를 갑에게 서면으로 통보하여야 하고 계약만료일 전에 재계약을 체결하여야 한다. 을이 정해진 기간에 계약기간 연장의사를 통보하지 않은 경우에는 계약기간 만료로써 본 계약은 확정적으로 종료된다.
2. 실시권의 종류 : 통상실시권
3. 실시지역 : 대한민국 전역

② 을은 본건 특허를 실시하여 생산한 제품, 포장, 카탈로그 등에 본 건 특허의 특허번호를 표시하여야 한다.

제5조 (실시권의 설정등록)

갑은 을이 자기(을)의 비용으로 본 계약에 의해 허락된 통상실시권을 설정 등록하는 것에 동의하고, 을의 청구권에 따라 이에 필요한 서류를 무상으로 제공하여야 한다.

제6조(실시료)

① 을은 본 계약에 따른 실시권에 대한 대가로 갑에게 다음과 같은 실시료를 지급하여야 한다.

1. 선급금 : 금 원을 본 계약 체결 후 ( )일 이내 현금으로 지급함
2. 경상실시료 : 본 건 특허를 사용한 제품의 제조 · 판매로 발생된 총매출액(여기에서 매출액이란 정기주총시 보고하는 영업보고 및 감사보고 자료로 공인회계사가 공인하는 금액을 의미한다)의 %를 지급함

② 경상실시료의 정산은 매년 1회 하는 것을 원칙으로 한다. 을은 매년 4월말까지 전년 1월1일부터 12월 31일까지의 기간 동안에 발생한 실시료를 갑에게 지급하여야 하고, 본 계약기간 만료연도에는 만료일부터 60일 이내에 지불하여야 한다.

③ 을이 경상실시료를 기간 내에 지급하지 않을 경우에는 지체일수에 그 당시의 갑의 주거래 금융기관(은행)의 정기예금 금리(또는 대출금리)를 적용한 지체상금을 지불하여야 한다.

④ 제1항 제2호 소정의 경상실시료 지급에 관하여는 별도로 정하는 양식에 따라 생산수량(위탁생산수량을 포함한다), 판매수량, 재고수량, 매출금액 등을 갑에게 보고하여야 한다.

⑤ 을은 본 계약 체결일 이후에 제조된 제품의 생산, 수주량 및 판매액을 기록한 장부를 비치하여야하며, 갑은 필요한 경우 언제든지 관련 장부를 검사할 수 있다.

제7조 (기록의 보관 등)

① 을은 계약기간 및 계약만료 후 ( )년 동안 본 계약에 따른 실시료 산정에 관한 회계자료를 보관하며 갑의 제출요구가 있을 경우 이를 갑에게 제출한다.

2항 : 갑은 필요에 따라 갑의 직원 또는 갑이 지정한 공인회계사를 파견하여 실시료 산정에 관련한 을의 제반 서류를 조사할 수 있다.

제8조 (개량발명)

을이 본건 특허에 기초한 새로운 발명을 하거나 기술을 개발한 경우 이러한 개량발명에 대해서는 갑과 을이 협의 하에 그 귀속을 결정하기로 하되, 합의가 이루어지지 않을 경우에는 갑과 을의 공유로 한다. 만약 이러한 개량발명에 대해 특허권 등을 출원하고자 하는 경우 그 비용부담은 갑과 을의 공동부담으로 한다.

제9조 (대가의 불반환)

① 본 계약 상 특허권의 내용 및 권리성 등에 대한 판단 및 결정은 각 당사자의 책임과 판단 하에 이루어지고, 이에 더하여 을이 본 계약에 따라 갑에게 지급한 기술료 등은 어떠한 경우에도 반환하지 않는 것으로 한다.

② 갑은 을의 특허권의 실시가 제3자의 권리를 침해하지 않는다는 것을 보증하는 것은 아니며, 그 실시에 의하여 을에게 발생한 제3자에 대한 실시료 지불을 포함하는 을의 어떠한 손실에도 책임을 지지 아니한다. 다만, 갑은 을이 이를 성공적으로 극복할 수 있도록 최선을 다하여 지원한다.

제10조 (특허의 관리)

① 갑은 계약기간 동안 본건 특허에 관한 관리의무를 부담한다. 만약, 을이 자신의 비용으로 본건 특허의

관리를 위한 조치를 취할 경우 을은 그로 인한 비용을 갑에게 지불하는 실시료에서 공제할 수 있다.

② 제3자가 본 건 특허를 침해할 경우, 을은 자신의 비용으로 침해 배제에 필요한 조치를 취할 수 있다. 이 경우, 갑은 을에게 침해 배제에 필요한 모든 협조를 제공한다.

③ 제3자의 침해로 인하여 배상받게 되는 손해배상금은 침해배제를 위하여 자신의 비용으로 법률적 조치를 취한 당사자의 이익으로 한다.

④ 갑은 계약기간 동안 본 건 특허를 포기하거나 타에 양도할 수 없으며, 법률상 기타 행정상 필요에 의하여 양도할 경우 을의 권리보호를 위한 제반 조치를 취하여야 한다.

제11조 (비밀유지 의무)

① 을은 본건 특허와 관련한 비밀정보를 타인에게 누설하여서는 안 된다.

② 갑은 을이 전항의 규정에 위반했다고 인정할 때에는 이를 객관적으로 증명한 후 즉시 본 계약을 해제하고 손해 배상을 청구할 수 있다.

제12조 (계약의 해지 등)

① 다음 각 호에 해당하는 사유가 발생 시 타방당사자는 ( )일의 기간을 정하여 위반 당사자에게 그 시정을 요구할 수 있고, 그 기간 내에 시정이 이루어지지 않는 경우에는 서면으로 본 계약을 해지 할 수 있는 권한을 가지며, 그에 따른 손해의 배상을 청구할 수 있다. 이 경우, 손해배상금은 금 원으로 예정한다.

1. 갑이 본건 특허의 실시권 설정행위를 완료하였음에도 을이 ( )일 이내에 실시를 포기한 경우와 명백히 포기한 것으로 볼 수 있는 경우
2. 을이 조업을 중단하여 상당기간 동안 조업이 재기될 가능성이 없다고 인정되는 경우
3. 갑이 본건 특허의 실시권을 성실히 부여하지 않은 경우
4. 계약당사자 중 일방이 본 계약상의 의무를 위반하여 본 계약의 목적을 달성하기 어렵다고 객관적으로 판단되는 경우

② 을이 본건 특허를 실시하는 과정에서 경제성, 상업성이 없다고 판단하여 본 계약의 목적을 달성하는 것이 어렵다고 확정적으로 판단한 경우 을은 본 계약을 해지할 수 있다. 다만, 이 경우에도 을은 이미 지급한 선급금 기타 기술료의 반환을 요구할 수 없다.

③ 을이 해산 · 청산 · 파산 · 지급불능 등의 사유로 인하여 그 사업을 계속할 수 없거나 을의 대표이사가 그 소유 주식 및 회사에 대한 경영권을 제3자에게 양도하여 본 계약서 관련 사업에서 벗어나게 된 경우 본 계약에 의한 을의 실시권은 자동으로 소멸한다. 다만, 이 경우 을은 선급금을 포함하여 갑에게 이미 지급한 실시료의 반환을 청구할 수 없다.

④ 본 계약이 해지 또는 해제 등의 사유로 종료되고 본건 특허에 관하여 통상실시권이 설정되어 있을 때에는 을은 그 종료일로부터 1개월 내에 통상실시권 설정 등록을 말소하여야 하며, 이를 지체하는 매 1월마다 갑에게 금[1천만]원을 위약금으로 지급하여야 한다.

제13조 (불가항력)

본 계약의 어느 일방도 본 계약을 이행함에 있어 천재지변 또는 불가항력으로 발생하거나 기타 일방의 고의, 과실 또는 태만에 의하지 아니한 하자로 인하여 발생한 여하한 성격의 손실 또는 손해에 대하여도 그 일방은 상대방에게 책임을 지지 아니한다.

제14조 (분쟁해결)

본 계약과 관련하여 혹은 쌍방의 의무이행과 관련하여 분쟁이나 이견이 발생하는 경우 갑과 을은 이를 상호 협의하여 원만히 해결토록 노력하여야 하며, 이러한 분쟁이 나 이견이 해결되지 않은 경우에는 ________법원을 제1심 관할법원으로 한다.

제15조(계약의 효력)

① 본 계약의 효력은 쌍방이 서명 또는 기명 날인한 날(계약체결일)부터 유효하다.

② 본 계약은 갑과 을간 기술실시에 관한 기본적인 사항을 규정한 것으로 이전에 갑과 을간의 모든 문서에 우선한다. 또한 본 계약과 관련 있는 다른 협의나 계약은 이 계약서에 언급되고 서면으로 작성되어 권한 있는 당사자의 서명이 없는 한 그 효력이 없다.

③ 갑과 을은 본 계약 체결 후 주소, 대표자 등 중요사항을 변경하였을 경우에는 상대방에게 서면으로 통지하여야 하며, 그 불이행으로 인한 상대방의 착오는 중요사항이 변경된 자의 항변으로부터 면책된다.

제16조 (해석)

본 계약에 명기되지 아니하거나 본 계약상의 해석상 이의가 있는 사항에 대하여는 쌍방의 합의에 의하여 결정한다.

제17조(입회중개인)

본 계약은 (   )가 입회 · 중개하였다. 따라서 (   )는 본 계약이 정상적으로 체결되었음을 보증하며, 그 체결과정에 그 어떤 기망 · 착오 · 의사표시의 불일치가 없었음을 확인한다.

본 계약의 체결을 증명하기 위하여 본 계약서 2통을 작성하여 양 당사자가 각 서명 또는 기명날인을 한 후 각각 1통씩 보유하기로 한다.

첨부 : 1. 갑과 을의 법인인감증명서 1부
2. 갑과 을의 사업자등록증 사본 1부

년 월 일

갑 : ____________________

을 : ____________________

입회중개인 : ____________________

별 첨 04.

기술이전 완료 확인서

○ **이전기술명 :**

○ **기술이전기관 :**

○ **실시기관(기업)명 :**

기술이전계약에 의한 실시 대상기술(기술이전의 내용 및 범위)에 관하여 기술이전책임자가 동 계약서에 명기된 기술자료를 제공하고 기술이전을 완료하였습니까?	ㅁ예, ㅁ아니오
제공받은 기술자료의 충실도는 어떠했습니까?	ㅁ우수, ㅁ보통, ㅁ미흡
실시기관은 '시험절차서/결과서'의 기능을 확인하고 이에 대한 이의가 없음을 확인하였습니까?	ㅁ예, ㅁ아니오
시험절차서/결과서의 기능 확인 결과 품질은 어떠했습니까?	ㅁ우수, ㅁ보통, ㅁ미흡

불만족 사항을 작성하여 주시면 검토 후 최선을 다해 개선하도록 하겠습니다.
[불만족 사항]

201x 년 월 일

실시기관(기업)명 :
주소 :
실무책임자 : (인)
대표자 : (인)

별 첨 05.

매출액(순이익) 확인 협조 의뢰서

매출액(순이익) 확인 협조 의뢰서

통지 근거	2018년 1월 1일자 기술이전계약 제○조		
기술명	국문 : ㅁㅁ 기술		
	영문 : △△ 기술		
계약일	2018년 1월 1일	계약만료일	2023년 12월 30일
방문 예정일	2019년 2월 15일		
방문자	총2인(기술이전 담당자, 공인회계사)		
준비 자료	- 재무제표, 세무조정계산서 - 총계정원장, 손익계정원장 - 현금출납증을 비롯한 보조원장 - 거래처현황, 매출매입장, 세금계산서, 간이영수증 등 증빙서류 일체		
주의 사항	① 확인절차에 협조하지 않거나, 확인결과 귀사(귀하)에서 제시한 매출액(순이익)이 적정하지 않은 것으로 판정될 경우에는 계약이 해지될 수 있으며, 이에 따른 손해배상의 책임이 발생할 수 있습니다. ② 귀사(귀하)의 보고내용고 검사결과가 5% 이상의 오차가 발생되는 경우에는 귀사(위하)에게 검사비용을 부담하시게 됩니다.		

귀사(하)와의 기술이전계약에서 정한 바에 따라 경상기술료의 적정성을 파악하기 위하여 귀사(하)를 방문하여 확인하고자 하오니 위에서 요청드린 자료를 준비하고 해당 절차에 적극 협조해 주시기 바랍니다.

2019년 2월 1일

기술이전 전담조직의 장 (인)

별첨 06.

경상기술료 납부기일 도래 안내서(통지 및 회신 공통)

경상기술료 납부기일 도래 안내서 (통지 및 회신 공용)

통지 근거	2018년 1월 1일자 기술이전계약 제○조	
기술명	국문 : ㅁㅁ 기술	
	영문 : △△ 기술	
계약일	2018년 1월 1일	
대상 기간	2018년 1월 1일 ~ 2019년 12월 30일	
매출액※	통지시한	2020년 2월 28일
경상기술료율	대상기간에 발생한 매출액의 3%ㅍ	
입금 시한	2020년 3월 30일	
주의 사항	① 입금 전 기술료 기준이 되는 매출액의 적정성에 대하여 확인을 거치게 됩니다. ② 입금시한 경과 시 지체일수에 대하여 연15%의 연체이자율이 적용됩니다.	

귀사(하)와의 기술이전계약에서 정한 바에 따라 경상기술료의 납부기일에 대하여 사전예고하오니 ※ 표시된 항목을 기재하여 회신해 주시기 바라며, 해당내용의 확인이 끝난 후 위의 입금계좌로 입금하시기 바랍니다.

2019년 2월 1일

기술이전 전담조직의 장 (인)

03 기술이전사업화 전략

3. 기술이전사업화 전략

기술이전사업화는 외부 기술을 도입하는 만큼 일반적인 경영 전략을 적용하기에 적합하지 않는 것으로 판단된다. 또한 도입기술과 도입기업의 상황에 사업화의 양상이 달라지기 때문에 일반적인 경영 전략을 적용하는 것도 바람직하지 않을 것이다. 따라서 기술이전사업화 관련 실무 사례를 통해 어느 정도 검증이 된 기술이전사업화 전략을 소개하는 것이 의미가 있을 것이다.

이 장에서는 공공기술의 사업화와 관련된 다양한 이슈들에 대해 분석하고, 중소기업에게 적합한 외부기술 도입 전략을 기업 성장 단계별로 제시하려고 한다. 특히 다양한 사례를 통해 독자들은 실제적인 기술사업화 전략을 이해하고 통찰력을 얻을 수 있을 것으로 기대한다.

3.1 공공연구기관 유휴 특허 매입

대체로 창업 초기 중소기업은 경영에 필요한 자원들이 부족하기 쉽다. 그 중에는 지식재산권도 포함되는데, 사실 지식재산권까지 신경 쓸 수 있는 창업기업은 드물 것이다. 기업 존망과 직결되는 자금, 인력, 영업 등의 자원과 달리 지식재산권은 심각한 고려 대상도 아닐 수 있다. 창업 이후 제품/서비스 개발 과정에서 자연스럽게 지식재산권을 획득하면 되는데, 여러 가지 사정으로 이를 소홀히 할 수가 있다. 그런데 그로 인해 사업 기회를 놓치는 경우가 발생하기도 한다. 대표적으로 공공 조달, 정부 R&D 과제 평가, 보증 심사, 벤처기업 확인, 이노비즈기업 인증 등에서 기업의 지식재산권 보유 현황은 중요 평가 항목이 된다.

공공 조달은 국가기관, 지자체, 교유기관 및 공공기관 등에서 발주한 물품, 서비스(용역), 공사의 계약이 체결되는 시장으로, 2017년 기준으로 52,395개의 수요기관들이 등록되어 있으며 493,441개의 기업이 활동하고 있다. 또한 공공 조달 규모는 2015년 110조원, 2016년 118조원, 2017년 137조원에 이르고 있어 그 규모와 성장성이 모두 유망한 시장이다. 특히 공공 조달 시장에서는 중소기업 제품/서비스가 우선 구매되므로 대기업과의 경쟁을 피해 안정적으로 매출을 확보할 수 있다. 실제로 공공 조달 시장에 진출하여 매출액과 이익률이 고속으로 성장한 중소기업들이 다수 목격되고 있다.

조달청의 국가종합조달시스템인 '나라장터'에서 중소기업 제품/서비스가 우선 구매되기 위해서는 조달청 우수제품, 중기부 성능인증, 산업부 녹색제품 인증 등을 보유해야 하는데, 이를 획득하기 위해서는 특허권이 필수적이다. 뿐만 아니라 '나라장터'에 등록이 어려운 창업 · 벤처기업을 위해 조달청에서 '벤처나라'를 운영하고 있는데, 이 또한 등록을 위해 특허권을 보유하고 있는 것이 유리하다. 요컨대 특허권은 공공조달 시장의 진입 장벽이라고 할 수 있다.

읽어보기

벤처나라

조달청은 국가종합전자조달시스템(종합쇼핑몰)인 나라장터를 운영하고 있는데, 사전에 단가계약한 우수조달물품이 주로 거래되고 있어 창업 · 벤처기업의 접근이 어려웠다. 이에 따라 조달청은 창업 · 벤처기업의 공공조달 판로 확대를 지원하고자 기존 나라장터에서는 거래가 어려운 신기술 및 융합 · 혁신 제품과 서비스를 전문적으로 취급하는 벤처나라를 2016년 10월에 개설하였다. 벤처나라에서는 우수제품 인증, 거래 실적 등이 부족하여 나라장터 진입이 어려운 창업 · 벤처기업의 우수 상품을 홍보하고 공공 조달 수요기관과 거래가 가능하다. 2천만원 이하의 물품 또는 용역은 입찰 없이 바로 구매 가능하고, 성능인증, GS인증 등을 보유한 경우에는 수의계약이 가능하다. 벤처나라에 상품을 등록하고자 하는 창업 · 벤처기업은 중소기업부, 산업부, 특허청, 기술보증기금 등 유관기관의 추천을 받은 뒤 조달청 심사를 통과해야 한다. 벤처나라에 등록되면 기존에 공공조달 납품 실적이 없어도 5년간 벤처나라를 통해 5만여 개 공공기관에 생산 제품을 홍보하고, 전자 견적 · 주문 등을 거쳐 납품할 수 있게 된다. 뿐만 아니라 벤처나라에 등록되면 분기별 조달 등록 교육은 물론 온라인 홍보 및 각종 전시회 참가 등 다양한 마케팅 지원을 받을 수 있다.

그림 2-20 벤처나라 사업 안내

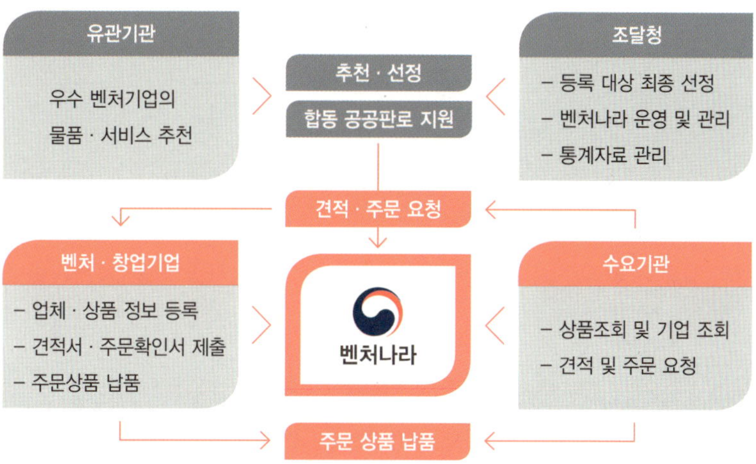

출처 : 벤처나라 홈페이지(http://venture.g2b.go.kr)

그런데 중소기업이 특허권의 필요성을 인식하고 바로 특허청에 출원을 신청하더라도 최초 출원에서 등록까지 최소 1년 6개월(우선 심사 제외)이 필요하다. 결국 그 기간 동안에는 별다른 대응 전략이 없게 되는 상황이다. 즉 하늘에서 갑자기 특허가 뚝 하고 떨어지기 전까지 해결책이 없다.

이와 같은 상황에 처한 중소기업이 공공연구기관의 유휴 특허를 매입하는 것은 매우 유용한 전략이다. 공공연구기관은 매년 수 많은 특허들을 출원하고 보유 특허들을 유지하기 때문에 상당한 비용을 지불하고 있다. 특히 보유 특허 규모에 비례하여 유지 비용이 함께 증가하면서 공공연구기관에는 재정적 문제가 되고 있다. 이에 따라 특허 유지 비용을 절감하기 위해 공공연구기관들은 대략 등록 후 5년 이상된 특허들 중에 활용성이 낮다고 판단된 특허들을 정기적으로 매각하고 있다.

공공연구기관 보유 특허들은 고도한 연구개발의 결과물로써 중소기업에서 매입할 만한 충분한 가치가 있다. 또한 등록 특허이기 때문에 매입과 동시에 특허권을 확보할 수 있다. 즉 직접 출원해서 등록까지 소요되는 시간을 단축할 수 있고 등록 여부에 대한 불확실성을 단번에 해결할 수 있다. 단시일 내에 특허가 급박하게 필요한 중소기업에게는 유효한 전략이다.

유휴 특허 매각 정보는 각 공공연구기관 홈페이지에서 찾을 수도 있으나, 기술보증기금 홈페이지(〈그림 2-21〉 참조)를 이용하면 다양한 공공기관의 유휴 매각 특허들에 대한 정보를 한 눈에 알 수 있다. 통상적으로 매각 대금은 대략 3백만원~10백만원 수준이며, 도입기업에서는 매입 대금 외에 권리이전비용, 연체료(등록연차료 미납 상태인 경우)를 부담하게 된다.

그림 2-21 유휴 특허 마케팅을 추진하고 있는 공공연구기관 정보

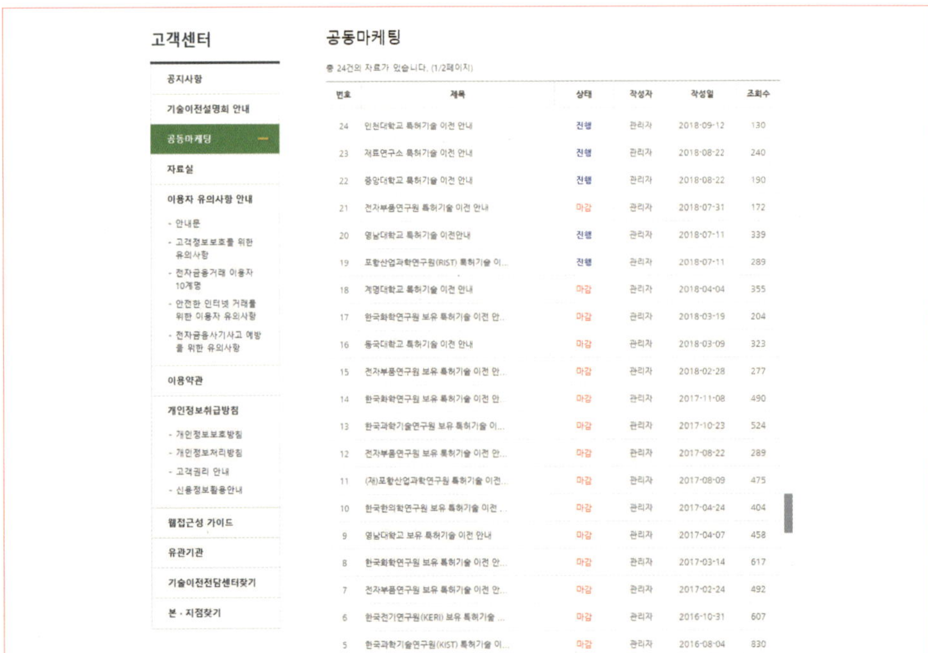

출처: 기술보증기금 테크브릿지 홈페이지(https://tb.kibo.or.kr)

공공연구기관의 유휴 특허를 매입함으로써, 도입기업은 저렴한 비용으로 등록 특허를 즉시 취득할 수 있는 이점을 얻을 수 있다. 즉 특허 보유 실적을 기반으로 공공조달 시장 진출과 같이 시장을 확장할 수 있는 계기를 마련할 수 있다. 아직까지는 공공조달 혹은 각종 기술인증 평가시 보유 특허 개수만 평가할 뿐 특허 발명자가 누구인지까지는 살펴보고 있지 않고 있다. 다만 유휴 특허가 도입기업이 추진하는 사업 분야와 일치해야 활용 가치가 있기 때문에 신중하게 유휴 특허를 선택해야 한다. 기업의 제품/서비스와 연관성이 낮거나 부족한 특허는 조달청, 기술보증기금 등의 외부 기관으로부터 절대로 인정 받을 수 없다는 점을 명심해야 한다. 그리고 유휴 특허를 매각은 그 특성상 일반적인 공공기술이전과 달리 공공연구기관으로부터 기술컨설팅 혹은 기술지원이 불가능하다. 따라서 도입기업 스스로 매입 전에 특허를 분석하고 매입 후에는 독자적으로 활용할 수 밖에 없다.

3.2 NRPO (Network R&D Patent Oriented)

기술공급자와 기술수요자의 관점이 다르기 때문에 동일 기술에 대한 기술완성도는 각 주체들의 입장에 따라 다르게 평가된다. 즉 기술공급자인 공공연구기관은 자신들의 관점에서 볼 때 개발된 기술의 완성도가 충분하여 기술사업화에 장애가 되지 않는다고 생각하는 반면에 기술수요자인 중소기업 입장에서는 자신들이 사업화를 추진하기에는 완성도가 불충분 하다고 생각하는 것이 일반적이다. 물론 이런 견해차를 단순히 당사자간의 입장 차이라고 생각할 수도 있다. 하지만 이처럼 당사자간의 상이한 판단 기준은 기술이전사업화의 장애 요인이 될 수 있다.

실제로 공공연구기관의 기술이 사업화를 추진하는 사업주체인 중소기업에게 적합하지 않을 수도 있다. 애초에 공공연구기관에서 수행하는 기술의 개발 목적은 특정 기업의 사업화에 맞춰져 있기보다는 불특정 주체가 사업화를 추진하더라도 적용 가능하게 설계되어 있는 경우가 일반적이다. 즉 자사의 사업화를 목적으로 개발하는 민간기업의 R&D 결과물과 달리 불특정 다수의 사업화를 가정하고 있는 공공연구기관의 R&D 결과물은 공공재 성격이 강하다. 따라서 공공연구기관의 연구자는 자신들의 기술이 모든 기업에게 적합하다고 주장할 수 있지만, 사업 주체인 중소기업은 공공기술이 자사에 적합한 지 여부를 심각하게 고민해 볼 수 밖에 없다.

객관적으로 볼 때 중소기업이 사업화를 추진하기에는 공공기술의 완성도가 아직 미진한 경우가 종종 발견된다. 기술이전에 앞서 공공연구기관의 연구자들이 스스로 기술성숙도를 평가하는데, 사업화에 대한 경험 부족 혹은 자기 연구물에 대한 주관적 평가 경향으로 인해 기술성숙도가 고평가되는 경향이 있다. 대기업과 달리 개발 능력이 부족한 중소기업으로서는 기술성숙도가 낮은 기술을 피할 할 수 밖에 없다. 이들에게는 대기업과 같은 다수의 숙련된 개발 인력, 개발 경험, 자금이 없기 때문에 도입 즉시 사업화를 추진할 수 있는 완성화된 기술이 필요하다.

이렇게 양 당사자들이 판단하는 기술완성도의 격차로 인해 기술이전사업화가 활성화 되지 못하고 있는 것도 사실이다. 기술완성도를 판단하는 격차가 줄어들어야만 양 당사자 모두가 만족할 수 있을 것이다. 그렇다고 당사자 중 한 쪽에게만 이 문제를 해결하게 맡겨 두는 것도 올바른 대책은 아니라 생각한다. 그래서 양측 모두의 노력이 필요한데, 현실적으로 쉬운 일은 아니다.

읽어 보기

기술성숙도(Technology Readiness Level, TRL)

기술성숙도는 기술 획득 과정에서 핵심 요소 기술의 성숙도를 평가하는 방법으로, 프로그램 개념, 기술 요구 사항 및 기술 역량을 판단하는 TRA(Technology Readiness Assessment)를 통해 결정된다. 기술성숙도는 그 수준에 따라 1단계에서 9단계로 평가되며, 최고 수준인 9단계는 사업화를 의미한다. TRL을 사용하면 기술 분야에 관계없이 그 성숙 수준을 일관되게 평가할 수 있으므로, 이종간의 기술성숙도를 비교할 수 있다.

1989년 미국 NASA에서 우주 산업의 기술 투자 위험도 관리의 목적으로 Sadin 등이 처음으로 개념을 정립하였다. 최초 개념에는 7 단계로 구별하였으나, 1990년대 NASA가 9 단계로 확대 발전시켰다. 현재는 미국의 NASA, DoD(Department of Defense), 영국의 MoD(Ministry of Defense) 뿐만 아니라 국내 방사청 및 산업부 등에서도 활용하고 있다.

기술성숙도는 연구개발환경(실험실, 유사환경, 실제환경), 연구개발결과물(시제품, 완제품), 기술수준(개념, 시현, 성능검증)에 따라 구분되며, 기초연구, 실험, 시작품, 실용화, 양산의 R&D 5단계와 9개의 세부 단계로 이루어져 있다.

그림 2-22 TRL 단계별 정의

출처 : 산업원천 전략기술별 TRL 평가지표, 한국산업기술평가관리원, 2009. 12

이런 상황에서 새로운 사업 모델을 통해 이런 문제점을 극복한 중소기업이 있어 소개하고자 한다.

A사의 대표이사 K대표는 대기업에서 NRDO(Non Research Development Only) 기획 및 특허 전략을 수립하는 업무를 수행한 경험을 보유하고 있다. 그는 다수의 NRDO 업무를 수행하면서 공공연구기관의 연구자들이 전임상 · 임상 테스트에 대한 경험이 부족하다는 사실을 인지하게 되었다. 전임상 테스트에만 최소 20억원의 자금이 필요하기 때문에 공공연구기관에서 이를 수행하는 것은 드물기 때문에 발생한 것이다. 따라서 공공연구기관 연구자들은 전임상 · 임상 테스트 과정에서 요구하는 데이터 패키지에 대한 이해가 부족할 수 밖에 없었다. 하지만 약물 탐색 과정에서 취득한 실험실 규모의 약효 데이터만으로는 전임상 · 임상 테스트를 통과하기 사실상 불가능하다. 또한 K대표는 공공연구기관의 연구자들이 연구자로서 논문에만 관심이 있고 특허에 대한 이해도가 낮아 특허 포트폴리오를 구축하지 않는다는 점을 간파하였다. 특허 포트폴리오가 완성되지 않게 되면, 아무리 획기적인 신약 물질이라 하더라도 제약사에서는 사업화를 추진할 수 없게 된다. 즉 신약 개발에 있어 특허 포트폴리오는 사업성의 열쇠가 된다.

다년간의 경험을 통해 그는 신약 물질의 전임상 · 임상 테스트 성공률을 향상시키기 위해서는 데이터 패키지와 특허 포트폴리오가 기술 가치를 향상시키는 데 핵심적 요소라는 것을 깨달았다. 이를 사업 기회라고 판단한 K대표는 대기업을 떠나 2017년 A사를 창업하였다. A사는 공공연구기관의 연구 단계부터 참여하여 데이터 패키지를 완성하는 역할을 수행하며 공공연구기관과 공동으로 특허권을 확보한 후, 이를 제약사에 기술이전을 함으로써 얻는 라이선스 수익을 공유하게 된다.

연구자가 개발한 신약 물질이 특허로 출원되는 과정에서 세밀하게 준비하지 않게 되면 핵심기술이 누락될 수 있다. 일반적으로 공공연구기관의 연구 결과물은 발명 신고 후 기술이전사업화 전담부서를 통해서 변리사에게 전달되는데, 이 과정에서 중요 정보가 온전하게 전달되지 못하는 경우가 발생할 수 있다. 이런 경우 개발된 신약 물질의 잠재력에 비해 특허의 가치가 형편없이 낮아지게 된다. 따라서 A사는 잠재력이 뛰어난 후보 물질을 스크리닝 하고 특허 출원 과정을 주도적으로 관리함으로써 특허의 가치 즉 상품성을 향상시키게 된다.

A사는 공공연구기관과의 기술이전계약을 통해 신약 물질 관련 특허를 기획하고 공동으로 특허를 출원함으로써 특허 포트폴리오 구축하고 있다. 특히 공공연구기관은 특허 출원 · 등록하는 과정에서 발생하는 비용 때문에 다수의 특허 출원을 지양하고 있고, 출원 비용을 저가로 책정하여 양질의 특허 서비스를 받기 어려운 상황에서 A사가 관련 비용을 부담함으로써 안정된 특허 포트폴리오를 구축할 수 있게 된다. 제약사들은 특허 포트폴리오를 평가할 수 있는 체크리스트를 보유하고 있는데, A사는 글로벌 제약사의 요구 수준을 만족시킬 수 있는 특허 포트폴리오를 사전에 준비함으로써 기술이전 가능성을 높이고 고액의 기술료를 목표로 한다.

결국 A사는 공공연구기관에서 개발한 신약 후보 물질이 임상 개발 능력을 갖춘 제약사들에게 원활하게 이전될 수 있도록 기술공급자와 기술수요자 사이에서 기술완성도의 격차를 완화시키는 역할을 한다. A사는 자사의 사업 모델을 NRPO(Network R&D Patent Oriented)로 명명하고 글로벌 제약사로의 기술이전을 목표로 국내 대학 두 곳과 공동으로 사업을 추진하고 있다. NRPO 모델은 일반적인 사업 모델이 아니기 때문에 현재로서는 파트너인 공공연구기관을 설득하는데 다소 어려움을 겪고 있다. 하지만 NRPO는 기술이전 과정에서 도입기술의 가치를 향상시킬 수 있기 때문에 중소기업에서 활용할 수 있는 세련된 전략이라고 판단된다.

신약 개발 분야에서 NRDO 모델이 보편화 되어 있지만, 그 외 사업 분야에서 NRDO 모델을 응용하면 다양한 사업 기회를 잡을 수 있다고 판단된다. 예를 들어 일반 제조업 분야에도 NRDO 모델을 응용해 볼 수 있다. 일반적으로 일반 제조 분야의 경우 연구 개발 결과가 상용화 되기 까지는 대략 10년 정도의 기간이 소요된다. 이런 상황에서 현재 산업에 활용될 수 있는 기술은 민간기업에서 개발하는 것이고, 공공연구기관은 미래 기술을 개발하는 것이 당연한 이치라 하겠다. 하지만 이를 역발상으로 접근해서 개발 된지 5년 이상 경과한 공공기술에 주목하고 이에 대해 사업성을 검토하여 라이센스를 취득 후 사업화를 추진해 볼 수 있다. 특허의 경우 권리기간이 출원 후 20년 이기 때문에 출원 후 5년이 경과된 특허를 취득해도 15년을 활용할 수 있다. 이 전략은 소재 · 부품 분야에 활용 가능성이 높은 것으로 판단되는데, 이들 분야는 소프트웨어 개발 분야에 비해 상용화 기간이 상당히 필요하기 때문이다.

어떤 사업 분야를 불문하고 NRDO 혹은 NRPO 전략을 구사하려는 중소기업에게는 사업 가치가 높은 잠재력 높은 기술을 선별하고 사업화 성공 가능성을 향상시킬 수 있는 역량이 전제조건이 된다. 특히 관련 업계에서 연구개발 및 특허 기획 등의 업무를 다년간 수행한 전문 인력을 보유해야 이런 전략을 성공시킬 수 있다. 따라서 NRDO 혹은 NRPO 전략은 대기업에서 다년간 개발 및 사업화를 경험한 베테랑 연구자들이 선택하기에 적합한 전략이라고 생각한다. A사 또한 대표자의 경력과 함께 과거 근무했던 제약사로부터 지원을 확보했기 때문에 NRPO 전략을 추진할 수 있었다. 최근에는 대기업에서 스핀오프 기업에 대한 지원이 활발한 만큼 이를 계기로 NRDO 혹은 NRPO 전략으로 성공하는 스타트업과 시니어 창업가가 다수 탄생하기를 기대해 본다.

읽어 보기

NRDO(No Research Development Only)

신약 개발을 위해서는 거액의 개발비가 필요하지만 실제로 신약 개발에 성공한 제약사들은 그리 많지 않다. 또한 신약 개발에 앞서 신약 후보 물질 발굴하는 소규모의 바이오테크놀로지 기업들은 거의 예외 없이 이익 창출에 실패하고 투자금을 연구개발비로 소진하게 된다. 따라서 이들 기업들은 신약 개발 실패에 따른 리스크를 피할 수 없으며, 2000년대 게놈 버블로부터 살아남은 투자자들은 조기에 투자금 회수할 수 있도록 기업들에게 압박을 가하고 있다.

이런 상황에서 제약사와 투자자를 모두 만족시키기 위해 NRDO 모델이 탄생하였다. NRDO는 신약 후보 물질을 직접 연구하지 않는 대신 개발 과정만 전문적으로 다루는 방식이다. 우선 연구소, 대학, 벤처기업에서 연구 중인 신약 후보 물질을 선별한 후 특허에 대한 소유권 혹은 전용실시권을 확보한다. 권리 이전을 받은 이후 NRDO 기업은 개발 단계인 임상시험(전임상 포함)을 진행하는 동시에 글로벌 제약사와 바이오테크놀러지 기업에 기술이전(License Out)을 추진한다.

NRDO는 가치 사슬의 후반 부분에 참여함으로써 신약 개발에 따른 위험을 낮출 수 있다. NRDO는 실험실 규모에서의 후보 물질 발견 과정에서의 위험과 비용을 우회할 수 있으며, 주로 비임상 단계 후보 물질의 라이선스를 매입하게 된다. 그런 다음 기업은 임상 단계 또는 시장 출시 단계에 집중하여 최종 신약을 사업화하게 된다.

NRDO를 수행하기 위해서는 숙련된 리더와 전문가들로 이루어진 개발팀이 필요하다. 개발 전략에 따라 개발팀에는 사내 전문가(프로젝트 관리, 통계, 규정) 및 외부 전문가가 팀원으로 구성된다. 개발팀은 가능한 한 최단 시간 내에 업무를 효율적으로 완수하기 위해 린lean) 개발 전략을 활용한다. 효율성은 NRDO의 상업적 성공에 중요한 요소로, NRDO는 기업이 보유한 내부 기술에 상관없이 아웃소싱이 핵심 요소이다.

길리아드 사이언스는 NRDO 전략을 활용하여 성공한 대표적인 사례이다. 길리아드 사이언스(Gilead Science)는 첫 아이템으로 개발한 타미플루를 로슈(Roche)에 성공적으로 기술이전 한 경험을 기반으로 내부 연구개발 활동을 생략하고 후보 물질 소싱 및 평가를 거쳐 자신들의 기준에 맞는 후보 물질을 외부로부터 들여와서 전임상 · 임상 단계를 거쳐서 신약을 개발하였다. 〈표 2-11〉와 같이 길리아드 사이언스는 매년 잠재력 있는 후보 물질을 보유한 기업들을 인수하여 사업을 확장하고 있다. 특히 2012년 파마셋(Pharmasset) 인수 자금으로 110억달러(약12조원)를 투자하여 한동안 주가 하락을 경험하기도 하였으나, 이를 통해 C형 간염 치료 소발디와 하보니를 출시할 수 있었다. 하보니와 소발디는 글로벌 블록버스터 의약품으로 2016년 기준 각각 90억8000만 달러, 40억 달러의 매출액을 기록하였다.

표 2-11 길리아드 사이언스의 연도별 기업 인수

연도	인수 기업
2011	Calistoga Pharmaceuticals, Arresto Biosciences
2012	Pharmasset
2013	YM BioSciences
2015	EpiTherapeutics ApS
2017	Kite Pharma

출처: 길리아드 사이언스 홈페이지

국내에서는 지트리비엔티, 카이노스메드, 브릿지바이오, 란드바이오 등이 NRDO 전략을 구사고 있다. 이들은 국내외 연구소, 대학, 작은 벤처기업들로부터 신약 후보 물질의 특허권을 매입하거나 라이선스를 취득하여 전임상 · 임상 테스트를 진행하고 있다. 또한 최근에는 제약사, 바이오테크놀로지 기업, 의료기기 제조업체 등의 요청에 따라 의약품 개발을 대행하는 CRO(Contract Research Organization)에서도 NRDO 전략을 도입하여 자사의 신약 개발을 시도하고 있다. 하지만 CRO의 경우 고객사들과의 이해 상충 문제로 인해로 자체적인 신약 개발에 한계가 있는 것으로 알려져 있다.

표 2-12 국내 주요 NRDO 기업

기업명	개요	특징
지트리비엔티	임상 2A 를 마친 안과질환 치료제를 보유한 미국의 RegeneRx 에 투자 20% 지분 확보, 미국 내 안과질환 치료제 개발을 위해 JV 설립, 아시아판권 확보	미국에서 임상 1,2 상이 완료된 소규모 아이템의 현지 사업화 진행, 기술도입으로 아시아 판권보유 및 상업화 추진
카이노스메드	글로벌 신약개발 경험있는 인력으로 한국화학연구언, 고려대 등과 공동 개발 계약, 기술이전도입, AIDS 치료제, 비 만당뇨치료제 기술이전('14 년)	선도물질과 개발 후보 단계의 아이템을 글로벌 검증단에서 검증하고, 임상자문을 받아서 전임상과 임상 1 상 마치고 바로 기술이전하는 전략 구축. 조기에 다시 기술이전할 수 있는 아이템만 기술이전
브릿지바이오	선도물질 단계의 아이템들에 대해 국내 연구소, 대학들과 제휴를 맺고 기술검증 단계 및 이전 협상 단계임	다국적 제약사에서 기술소싱과 사업화 전략가와 신약개발 임상 전문가가 국내 우량 기술들의 사업화 전략으로 시작
란드바이오	한국화학연구원과 성균관대로부터 기술이전 받은 BBT-401 의 만성염증성면역 질환 치료제개발을 위한 GLP 독성 시험 진행 예정, 중국 CMO 선정	국내 대기업과 벤처기업에서 신약개발과 기술이전 경험을 가진 경영자와 연구자 들이 가능성이 높은 우량기술을 사업화

출처: 조영국, 바이오기술 사업화 동향과 전략, BioINpro 24호, 생명공학정책연구센터, 2016

3.3 개량 기술 개발

통상적으로 기술이전사업화는 공공연구기관이 개발 완료한 후 기술을 이전 받는 방식으로 진행된다. 따라서 개발 단계에서 기술사업화 주체인 기업의 입장이 반영되기는 거의 불가능하다. 또한 공공연구기관은 연구개발이 주 업무이므로, 이들이 개발 과정에서 사업화 전략을 고려할 것을 기대해서는 안 된다. 결국 사업 주체인 중소기업은 사후적으로 공공연구기관에서 완성한 기술이 자사의 개발 전략에 부합되는 지를 검토할 수 밖에 없다. 즉 수많은 공공연구기관들이 보유한 기술들 중에 기업 입맛에 맞는 기술을 찾아야 하고 자사에 적합한지 여부를 확인하는 수고를 기울일 수 밖에 없다.

반면에 이런 번잡한 과정을 생략할 수 있는 기술사업화 전략이 있다. 바로 기업이 공공연구기관과 함께 공동연구를 추진하는 것이다. 공동연구는 중소기업과 공공연구기관이 공동으로 기술개발을 추진하는 기술사업화 전략의 일종으로, 공동연구를 진행하는 주체들이 보유한 자원을 공유함으로써 개발 기간을 단축하고 개발 목표의 수준을 향상시킬 수 있는 효과적인 기술사업화 전략이다.

공동연구를 통해 중소기업은 과제 기획 단계부터 시제품 테스트 단계 까지 공공연구기관과 함께 공동으로 기술개발에 참여하게 된다. 뿐만 아니라 중기부를 비롯하여 정부 부처에서 다양한 산학연 협력 사업을 지원하고 있어, 이를 활용하면 R&D 자금을 지원 받을 수 있다.

읽어 보기

산학연협력기술개발사업

산학연협력기술개발사업은 대학 · 연구기관이 보유한 연구개발 인프라를 활용하여 중소기업과 대학 · 연구기관이 공동으로 R&D를 지원하는 중기부의 중소기업 지원사업이다. 주관기관은 중소기업이 되며 대학 · 연구기관은 공동개발기관으로 참여하게 된다. 지원 대상에 따라 다양한 지원 사업이 있으며, 최대 2년간 4.5억원 까지 정부에서 지원해 준다. 특히 산연전용과제는 공동기술개발, 기술이전, 시험인증 등의 산연협력을 희망하는 중소기업을 대상으로 연구기관과의 공동기술개발을 지원하고 있다.

표 2-13 산학연협력기술개발사업 세부 내용

구 분		지원대상	지원한도
내역사업	세부과제		
첫걸음 협력		정부 R&D사업에 처음 참여하거나, 기업부설연구소 신규설치 중소기업	최대 1년, 1억원 정부 75% 이내 (지자체 지원금 포함)
도약 협력		기술적 우위 선점 또는 기술보완을 희망하는 종사자 수 5인 이상이거나, 또는 매출액 5억원 이상인 중소기업	최대 1년, 1억원 정부 75% 이내
전략 협력	산연전용	중소기업 지원 전담조직 등을 보유한 연구기관과 R&D를 수행하고자 하는 중소기업	최대 1년, 1.5억원 정부 75% 이내
	연구마을	대학 또는 연구기관 내 기업부설연구소를 설치/이전하는 중소기업	최대 2년, 2억원 정부 75% 이내
	지역 유망 중소기업 지원	지역 특화산업분야의 경쟁력 있는 유망 중소기업	최대 2년, 4.5억원 정부 75% 이내 (지자체 지원금 포함)

출처: 2018년 산학연협력기술개발사업 공고문, 중소기업기술정보진흥원, 2018

B사는 소프트웨어 개발 업체로 대형 마트, 백화점 등의 매장 내부에서 고객들에게 상품을 홍보 및 광고하는 플랫폼 개발을 준비 중이었다. 그런데 TV, 태블릿, 스마트폰 등 다양한 사양의 제품에 동일한 광고 콘텐츠를 동시에 제공하는 기술을 완성시키지 못해 고전을 하고 있었다. 점점 데이터량이 증가하고 있는 광고 콘텐츠를 TV보다 훨씬 작은 스마트폰 화면에 구현하는 것과 고객들이 볼 수 있는 다양한 매체에 동시에 대량의 데이터를 전송하는 데 있어 기술적 난관에 부딪힌 상황이였다. 이런 난제들을 해결하기 위한 원천 기술을 개발하기에는 막대한 시간과 비용이 필요했는데, B사는 KAIST와 공동 연구를 통해 돌파구를 마련하게 되었다.

당초에 B사는 KAIST로부터 기술 도입을 통해 사업화를 추진하려는 계획을 갖고 있었으나, 기술 미팅 과정에서 당초 도입기술이 예상과 달리 적합성 및 완성도 측면에서 부족하다는 것을 인식하고 전략을 수정하게 된다. 즉 기존에 KAIST가 개발한 기술을 기반으로 기업이 원하는 성능을 추가하여 개량 기술을 개발하기로 한다. B사의 니즈를 정확히 파악한 KAIST 개발진은 고객사에 커스터마이징 된 기술을 개발하기 시작했고, B사의 개발자들은 KAIST와 공동 연구를 통해 기술에 대한 이해도를 단기간에 급성장시킬 수 있었다. 공동연구를 통해 B사는 예상보다 고도화된 기술을 습득할 수 있었고 KAIST는 시장의 수요를 반영한 기술을 개발할 수 있었다. 특히 거래처로부터 기술의 우수성을 인정받은 B사는 공동연구를 통해 개발한 플랫폼을 대형 마트에 납품할 예정으로 사업화를 위한 첫 걸음을 시작하였다.

공동연구를 통해 중소기업은 자사의 사업화에 필요한 기술을 연구 목표로 설정할 수 있으므로 기술 매칭 과정이 필요 없다. 일반적인 기술사업화 유형과 달리 사업 주체의 니즈(Needs)가 반영되어 있기 때문에 기업에게 최적화된 기술을 이전 받을 수 있다. 즉 중소기업이 필요한 기술을 맞춤형으로 개발할 수 있는 장점이 있다. 최근 공공연구기관의 공공성이 강조되고 있는 상황으로, 매각 혹은 독점실시권을 통해 한 기업에게만 독점적인 권리 이전이 지양되고 있는 반면에, 통상실시권 형태로 다양한 기업들이 공공연구기관의 과실을 공유할 수 있게 유도하고 있다. 이런 상황을 감안해 볼 때, 다른 기업에 기술이 이전된다 할 지라도, 공공연구를 수행한 중소기업은 그렇지 않은 기업에 비해 기술에 대한 이해도가 높고 기술을 자사에 맞게 활용할 가능성이 높다.

공공연구기관이 최종 개발 완료 상태의 기술을 이전받는 일반적인 기술이전과 달리, 공동연구는 기업이 개발 과정에 참여하기 때문에 프로세스 품질을 향상시킬 수 있다. 개발 과정에서 각 단계별 품질 상태를 확인하고 이를 개선할 수 있기 때문에 기술의 완성도를 향상시킬 수 있다. 양산을 목표로 하는 기업에게는 프로세스 품질은 곧 제품/서비스의 품질로 직결되므로 매우 중요한 요소이다. 하지만 공공연구기관에 종사하는 연구자는 이에 대한 이해와 경험이 부족하기 때문에 설계 및 공정 단계에서 프로세스 품질을 고려하지 않을 수 있다. 프로세스 품질이 불량하게 되면 양산 단계에서 수율이 저조할 수 밖에 없는데, 공동연구 과정에서 중소기업은 이에 대한 집중 관리를 할 수 있다. 이런 과정을 통해 개발된 기술은 양산 시 수율이 높고 수명이 긴 제품/서비스로 전환될 수 있다.

공동연구는 개발 과정에 목표 기술 외에 부수적으로 산출되는 다양한 기술과 노하우를 습득할 수 있다. 목표 기술 개발을 위해 필요한 요소 기술 혹은 목표 기술의 파생 기술 등이 산출될 수 있는데 공동연구에 참여한 중소기업만이 이를 습득할 수 있다. 이를 통해 기업의 기술 경쟁력을 확보하거나, 신규 사업 아이템으로 발전시키거나, 개발 인력들의 기술개발역량을 향상시킬 수 있는 기회를 얻을 수 있다.

또한 공동연구 참여기업은 경쟁 기업에 비해 첨단 기술에 대한 정보를 가장 빨리 얻을 수 있으며, 기술이전에 대한 우선권을 보유하기 때문에 경쟁사보다 사업화를 신속하게 추진할 수 있다. 특히 경쟁이 치열하고 기술트렌드의 변화가 빠른 ICT 분야에서는 초기 시장 진입이 중요한 사업 전략인데, 공동연구를 통해 조기 시장 진입이 가능하다. 기업의 사업화 준비 상태에 따라 공동연구가 완료되는 시점에서 즉시 사업화가 시작될 수 있다.

마지막으로 공동연구를 통해 공공연구기관의 연구자들과의 협력 과정에서 상호 신뢰를 쌓을 수 있다. 이를 통해 확보된 인적 네트워크는 공동연구 과제 종료 후에도 유용하게 활용될 수 있다. 즉 추가 공동연구를 추진할 수도 있고, 공동연구기관에서 개발 중인 첨단 기술에 대한 미공개 정보를 취득할 수 있다. 이를 잘 활용하면 대기업에 비해 부족한 기술개발인프라를 보충할 수 있는 기회가 될 수 있다. 특히 인적 네트워크는 단기간에 형성하기도 어렵지만 한번 형성된 것은 쉽게 허물어지지 않는 특성이 있기 때문에 이를 활용해서 새로운 사업 아이템을 기획해 볼 수도 있다. 이와 관련하여 ETRI 기술사업화실 손민호 실장은 이렇게 말하고 있다.

"기술과 제품 혹은 서비스가 만나고 헤어지는 출발점과 종점을 사람이 만들게 되고, 사람의 관계 속에서 움직이게 된다. 따라서 사람 간의 신뢰와 배려와 존중이 기반이 될 때 최종 소비자가 극찬하는 경쟁우위의 가치가 제품과 서비스에 내재될 것이다."

공동연구를 성공적으로 추진하기 위해서는 중소기업에게는 두 가지 요소가 필요하다. 우선 기업 자체의 개발 역량이 있어야 가능하다. 개발 경험과 개발 인력이 부족한 상태에서 공동연구를 추진하는 것은 불가능하다. 공동연구는 양 기관이 서로의 연구자원을 공유하고 협업하여 시너지를 발휘하는 것이 목적인데, 일방적으로 공공연구기관의 개발력을 받기만 하려고 해서는 공동연구가 원활하게 진행될 수 없다. 그리고 공공연구기관에서도 개발능력이 부족한 기업을 파트너로 선택하지도 않는다. 따라서 기업이 과거 개발실적을 보유하거나, 기업부설연구소를 운영하거나, 지적재산권을 확보하고 있거나, 일정 규모의 개발인력을 보유하고 있는 등 일정한 수준의 개발능력을 갖추고 있을 때만 실질적인 공동연구가 가능하다. 두 번째로는 파트너인 공공연구기관과 소속 연구자들에 대한 신뢰가 필요하다. 다년간의 개발 기관동안 지속적인 협업을 진행해야 하기 때문에 상호 신뢰가 필수적이다. 신뢰하기 어렵다면 처음부터 공동연구를 시작하지 않는 편이 좋다. 이를 위해서는 사전에 공공연구기관에 대한 조사와 함께 사전 미팅을 통해 신뢰할 수 있는 파트너를 확보하는 노력이 필요하다.

3.4 역제안 기술 개발

소프트웨어 기술은 하드웨어 기술에 비해 단시간내 커스터마이징, 완성화가 가능하기 때문에 도입 기술의 사업화 성공 여부를 신속하게 판단할 수 있다. 즉 도입기술이 성공 여부가 대략 6개월이면 시장에서 결정되므로 기업으로서는 시간을 절약할 수 있다. 또한 대규모의 시설 투자가 불필요하기 때문에 하드웨어의 사업화에 비해 사업화에 필요한 소요 자금 규모가 작다. 따라서 사업화 기간 및 소요 자금 측면에서 중소기업은 하드웨어 기술보다는 소프트웨어 기술 도입에 적극적인 태도를 보이고 있다. 하지만 그렇다고 해서 소프트웨어 기술의 사업화 성공률이 하드웨어 기술보다 높다고는 결코 말할 수 없다. 즉 소프트웨어 기술의 본질적인 특성으로 인해 기술사업화 프로세스 상의 장점이 있는 것이지 사업화 성공을 보장할 수는 없다.

소프트웨어는 그 특성상 개발 과정에서 수많은 시행착오를 통해 최적의 솔루션이 개발되며 이 과정을 통해 경쟁력을 갖춘 소프트웨어가 탄생한다. 따라서 시행착오를 최소화 하는 것이 기술력의 핵심이라 말할 수 있다. 이와 관련하여 ETRI에서 기술이전을 받은 C사의 J대표는 이렇게 조언하고 있다. "중소기업은 단 한 번의 실수로도 무너질 수 있다. 공공연구기관은 개발 과정에서 수 많은 시행착오를 겪어 왔다. 우리는 기술이전을 통해 공공연구기관의 시행착오 경험을 사오는 것이다."

대부분의 중소기업의 경우 직접 개발 경험 부족해 시행착오를 반복하게 되고 결국 소프트웨어 개발에 실패하게 된다. 따라서 소프트웨어 기술의 특성을 최대한 활용하여 기술사업화를 추진해야 한다. 이와 관련하여 직접 개발로 인한 시행착오를 줄이기 위해 기술이전을 선택한 C사의 사례를 소개하고자 한다.

C사는 소프트웨어 개발 업체이나 주로 대기업 서버의 유지 관리 서비스(SI)를 수행하면서 성장하고 있었다. 대부분의 SI 기업들이 그렇듯이 C사 또한 자사가 개발한 제품 혹은 서비스를 확보하고 싶었다. 이에 C사의 J대표는 ETRI의 우수한 소프트웨어 기술을 도입하기로 결정하고 이동형 클라우드 서비스를 위한 모바일 가상데스크탑 기술을 2015년 도입하였다. 이 기술은 다양한 사용자 단말 장치를 통해 실시간으로 클라우드 서비스를 제고하는 기술로 당시에는 사업성이 유망하다고 판단되었다. 하지만 C사의 고객인 대기업에서 요구하는 기술 완성도와 경쟁력을 확보하지 못해 결국 국내 대기업에 1회 납품 후 사업을 접게 되었다.

C사는 여기에 멈추지 않고 대기업 납품 실패에서 얻은 경험을 바탕으로 상용화에 필요한 사양과 고객의 니즈를 ETRI에 전달하고 공동 연구를 제안했다. C사에서 제안한 인메모리 가상 데스크탑

기술은 고객들의 요구가 집중되고 있는 고속 클라우드 서비스를 구현하는 핵심 기술로 시장에서 고객 수요가 검증된 상태였다. 2017년 하반기 공동 개발 완료 후에 해당 기술을 도입한 C사는 국내 대기업에 클라우드 플랫폼을 납품하는데 성공하였다. 특히 C사가 개발한 플랫폼은 기존의 외산 제품을 대체할 수 있는 것으로 향후 매출액이 급증할 것으로 예상된다. 또한 C사는 이를 활용하여 중소기업의 기술 유출 방지 및 스마트 공장에 필요한 플랫폼 서비스를 납품할 예정에 있다.

어찌 보면 한 번 실패했던 경험으로 기반으로 고객의 니즈가 반영된 기술을 ETRI와 공동으로 개발하였기 때문에 C사는 기술사업화에 성공한 것일 수도 있다. 실패 경험을 통해 정확한 기술 사양을 연구자과 공유하고 고객의 니즈를 충족시킬 수 있게 개발 목표를 설정한 것이 주요했다고 판단된다. 즉 공동 연구 과정에서 적극적으로 개발 목표와 방향을 제시함으로써 자사의 사업화에 꼭 필요한 기술을 획득할 수 있었다. 이것이 바로 기술사업화 성공의 열쇠라 생각한다.

C사가 구사한 전략은 기업 내에 자체 개발 인력들을 보유하고 있는 스케일업 단계의 기업에게 적합한 것으로 판단된다. 스케일업 단계의 기업은 비록 자사의 개발 인력들이 직접 개발을 수행할 수 없더라도 커스터마이징을 해낼 수 있는 능력이 있다. 도입기업의 개발자들은 도입 과정에서 공공연구기관의 소프트웨어의 실행 파일을 자사 시스템에 적용하여 테스트하며, 이 과정을 통해 적용 가능성이 파악되면 소스 코드를 이전 받아 자사 시스템에 맞게 커스터마이징을 하게 된다.

읽어 보기

커스터마이징(Customizing)

커스터마이징은 사용자 설정(user advanced)라고도 하는데, 과거에는 제조 업체나 수공업자들이 고객의 요구에 적합하게 제품을 개조하는 일종의 맞춤 제작 서비스 개념으로 사용되었으나, 최근에는 IT 분야에서 널리 활용되고 있다. 초보적인 수준의 커스터마이징은 사용자가 사용 방법과 기호에 맞춰 하드웨어나 소프트웨어의 설정 혹은 기능을 변경하는 것이다. 즉 사용자가 자주 사용하는 기능을 키보드 단축 키로 설정하거나 메뉴 툴 바에 배치함으로써 사용자가 자신에게 친숙한 사용자 환경을 변경하는 것이다. 그러나 일반적으로는 애플리케이션, 소프트웨어 패키지 등 표준(일반) 사양으로 제공되는 소프트웨어 환경을 기업의 실제 업무 상황에 맞게 최적화하는 개발 활동으로 이해되고 있다. 또한 소프트웨어 뿐만 아니라 자동차와 같은 하드웨어를 사용자가 스스로 사용하기 쉽고 유지 관리가 편하게 최적화된 환경을 구축하는 행위를 가리키기도 한다.

3.5 정부 R&BD 과제 연계

공급기관은 기술이전 대가로 기술료를 수취하면 그들의 일차적인 목적이 만족된다. 하지만 공급기관과 달리 도입기업은 기술이전이 완료된 시점에서 진정한 의미의 사업화가 시작된다. 따라서 이후에 사업화에 필요한 자금 조달 및 사업화 실패에 대한 리스크는 도입기업이 질 수 밖에 없다. 여기서는 이런 리스크를 조금이나마 줄일 수 있는 방법을 제시코자 한다.

우선 중기부, 산업부, 과기부 등의 중앙부처와 지방자치단체에서 지원하고 있는 R&BD(Research & Business Development) 과제를 활용할 필요가 있다. R&BD 과제에서는 공공연구기관으로부터 기술이전을 받은 중소기업들이 기술사업화를 추진할 때 필요한 R&D와 비즈니스 전략 수립에 필요한 자금을 지원하고 있다. 이때 R&BD는 중소기업이 사업화를 추진하기 위해 기술완성도와 시장적합도를 향상시킬 수 있는 것이 목표라는 점에서 공공연구기관에서 진행했던 R&D와 차이가 있다.

그리고 R&BD를 추진할 때 공급기관을 공동연구기관으로 참여시켜 R&BD 효과를 극대화할 수 있다. 통상적으로 공급기관에서 공급하는 기술들의 TRL 수준은 연구실 단계 혹은 시제품 단계인 경우가 많다. TRL 단계를 양산 단계로 업그레이드 시키기 위해 공급기관의 연구자를 참여시켜 기술 업그레이드 과정을 원활하게 진행할 필요가 있다. 기술이전계약에 따르면 공급기관 연구자들이 도입기업의 사업화를 적극 지원해야 하지만, 여러 가지 상황들로 인해 지원이 원활지 못한 경우가 다수 목격되고 있다. 따라서 R&BD 과제에 공급기관을 공동연구기관으로 편입시켜서 공급기관 소속 연구자들이 중소기업의 사업화에 자연스럽게 참여할 수 있는 방안을 마련해 주어야 한다.

R&BD 과제는 자금 지원 뿐만 아니라 시장 조사, 지적재산권 관리, 유통망 확보 등 사업화 필요한 다양한 사업화 전략을 수립할 수 있게 전문 멘토들로부터의 컨설팅을 지원해 주고 있다. 따라서 사업화 경험이 절대적으로 부족한 중소기업으로서는 이를 효과적으로 활용할 필요가 있다. 이런 과정으로 통해 당초의 개발 목표 혹은 목표 시장을 변경하는 피벗(Pivot)을 진행해야 한다. 시장 트렌트와 고객의 수요가 시시각각으로 변화하기 때문에 이에 대해 능동적으로 대처하기 위해서는 피벗을 통해 시장과 고객의 원하는 제품과 서비스를 공급할 필요가 있기 때문이다. 요컨대 사업화 컨설팅을 통해 사업화 성공 가능성을 향상 시킬 수 있을 것이다.

읽어 보기

정부 R&BD 사업

정부 자금을 지원받아 R&D에 성공하였다 하더라도 사업화에 성공하는 것이 중요하다는 것을 정부도 잘 인식하고 있다. 이런 인식 하에 정부는 R&D 성과물의 사업화를 지원하는 지원사업을 운영하고 있다. 도입기업에서는 이런 정부 사업을 전략적으로 활용하여 사업화를 추진할 필요가 있다. 여기서는 연구개발특구진흥재단, 과학기술일자리진흥원, 한국산업기술진흥원의 대표적인 기술이전사업화 지원사업을 소개하고자 한다.

연구개발특구진흥재단은 대덕 · 광주 · 대구 · 부산 · 전북 등 총 5개의 특구 지역의 기술사업화전문기관으로, 공공기술 이전을 통해 사업화를 추진하는 기업 및 연구소기업의 사업화 전주기 지원을 통한 사업화 성과 창출하고 있다. 연구개발특구진흥재단은 공공기술 이전을 통해 사업화를 추진하는 기업 및 연구소기업을 대상으로 신제품 · 신사업 진출을 위한 R&BD(제품화 · 양산화) 과제 지원하고 있다. 다른 지원기관과 달리 연구개발특구내 기업과 연구기관에 특화된 지원 서비스를 제공하고 있는 것이 특징으로, 연구개발특구 외 타 지역 소재 기업은 연구개발특구의 추천 기술을 이전받은 경우만 지원이 가능하다.

과학기술일자리진흥원은 과기부의 기초 · 원촌 R&D 사업에서 창출된 우수 연구성과가 산업계에 이전되어 사업화 될 수 있도록 지원하는 기술사업화 전문기관으로, 대학 · 출연(연)이 창출한 기초 · 원천 연구개발 성과의 활용 · 확산을 위해 유망기술 발굴, 기술컨설팅, 마케팅 수행 등을 통해 산학연 간 가교 역할을 수행하고 있다. 과학기술일자리진흥원의 연구성과사업화지원사업은 기술마케팅, R&BD 기획컨설팅, 기술업그레이 R&D를 지원하고 있다. 다른 지원사업과 달리 전략컨설팅, 기술마케팅 등의 지원을 받을 수 있기 때문에 연구원 창업기업 혹은 초기창업기업들이 활용하기에 적합한 것으로 판단된다. 실제로도 연구원 창업기업 및 공공연구기관과 공동 연구를 수행했던 중소기업에서 주로 연구성과사업화지원사업을 통해 기술이전사업화를 추진하고 있다.

한국산업기술진흥원(KIAT)은 산업기술 정책기획, 산학협력, 소재부품, 국제기술협력, 기술사업화, 지역산업, 중견기업 지원 등 다양한 사업을 수행하는 산업부 산하의 종합기술지원기관이다. 사업화연계기술개발(R&BD)사업은 한국산업기술진흥원의 대표적인 기술사업화 지원사업으로, 사업화 초기의 어려움을 극복하고 성공적인 기술사업화로 나아갈 수 있도록 제품화개발, 시제품제작, 제품성능인증 등 사업화개발을 지원하고 이를 통해 기술 혁신형 중소기업과 중견기업을 육성하기 위한 사업이다. 사업화연계기술개발사업 중 범부처연계형사업은 각 부처 R&D사업을 통해 개발 완료된 우수R&D성과 보유기업에 대해 사업화 성공을 위한 후속 사업화 개발을 지원하고 있다. 범부처연계형사업 외에 민간투자연계형 사업에는 신시장창출을 위해 모기업에서 Spin-off를 통해 신규설립 또는 설립예정인 법인의 사업화를 지원하는 프로젝트법인형 사업과 벤처캐피탈 등 민간투자유치와 연계, 기술개발(R&D) · 제품화 · 시험인증 등 사업화 전과정 통합 지원하는 도움닫기 플랫폼형 사업이 있다. 정부지원금 규모가 크며 컨소시엄을 통해 사업화를 안정적으로 추진할 수 있는 반면에 벤처캐피탈 등의 투자기관으로부터 투자적격대상 기준을 충족하는 투자를 유치해야 지원이 가능하다.

표 2-14 정부 기술이전사업화 지원사업

구 분		지원대상	지원한도	전담기관
사업명	세부과제			
기술이전 사업화	기술이전 R&BD	◆공공연구기관의 기술을 이전받아 사업화를 추진하는 연구개발특구 내 소재 기업 ◆연구개발특구 추천기술을 이전받아 사업화를 추진하는 연구개발특구 내 미소재 기업	최대 2년, 5억원	연구개발특구진흥재단
	연구소기업 R&BD	연구소기업 또는 연구소기업 등록 신청을 완료한 기업		
연구성과 사업화 지원		과기정통부의 R&D 성과물을 사업화 하려는 예비창업자 및 기업	최대 2년, 2억원	과학기술일자리진흥원
사업화연계기술개발사업	범부처 연계형	◆ 정부 각 부처 R&D사업을 통해 기술개발 성공을 통보받은 기업 ◆ 국방과학연구소로부터 기술이전 확인을 받은 기업	최대 2년, 10억원	한국산업기술진흥원
	민간투자 연계형	◆ 신규 설립된 법인 혹은 설립예정법인의 대표(예정)자 ◆ 국내 중소 · 중견기업	최대 2년, 15억원	

출처 : 2018년 연구개발특구육성사업 시행계획, 연구개발특구진흥재단, 2018/과학기술일자리진흥원 홈페이지/2018년 사업화연계기술개발사업(R&BD) 시행계획, 산업부

3.6 연구소 기업

엄밀한 기준은 아니지만 대략적으로 기업 매출액이 200억원 수준을 초과하게 되면 생존이 위태로운 시기는 벗어나게 된다. 이 시기의 기업은 안정적인 매출과 수익을 가져올 수 있는 제품/서비스 포트폴리오를 갖추고 있다. 또한 경영진을 비롯한 내부 구성원들이 다양한 제품/서비스의 개발을 통해 터득한 사업화 성공 노하우와 수 많은 위기 상황을 극복한 경험을 보유하고 있다. 따라서 이 시기 기업은 2008년 글로벌 금융 위기와 같은 돌발 변수가 발생하지만 않는다면 안정적인 상태라 말할 수 있다.

하지만 이런 기업에게도 제품/서비스의 매출액과 시장점유율이 정체되는 시기가 온다. 시장 내 경쟁기업들이 다수 출현한 상태이거나, 대기업과 같은 강력한 경쟁자가 시장에 진입할 수 있기 때문에 성장의 한계가 나타날 수 있다. 지금까지 기업을 성장시켜 준 제품/서비스의 경쟁력이 사라지게 되면 생존을 위해 기업의 신성장동력을 준비해야 한다.

이를 위해 기업 자체의 연구개발능력도 필요하지만, 이 시기의 기업은 기술력 이상의 경쟁력을 확보할 수 있는 브랜드 파워가 필요하다. 그리고 이를 효과적으로 확보할 수 있는 전략으로 공공연구기관과의 협업을 추진할 수 있다. 특히 공공연구기관의 공신력을 이용할 수 있는 연구소기업을 설립함으로써 기업의 인지도를 향상시킬 수 있다. 연구소기업은 정부출연구소 및 대학의 기술을 출자 받아 설립된 기업으로, 공공연구기관은 기술 및 연구시설을 제공하고 기업은 자본과 사업화 노하우를 투입함으로써 시너지를 발휘할 수 있다.

한국콜마와 한국원자력연구원이 설립한 콜마비앤에이치는 연구소기업의 대표적인 사례이다. 한국원자력연구원의 방사선 가공 기술을 도입하여 콜마비앤에치는 영양 성분을 효과적으로 보존된 기능성 화장품, 식품 등을 제조하였다. 화장품, 식품 등의 시장은 경쟁이 치열한 분야이지만, 콜마비앤에이치는 브랜드 파워를 확보하였기 때문에 단기간에 고속 성장을 기록하였다. 그리고 드디어 2015년 콜마비앤에치는 코스닥에 상장함으로써 한국콜마와 한국원자력연구원 모두 윈윈할 수 있었다.

한국콜마는 기존에 의약품, 기능성 보조식품 등을 제조 판매하고 있었기 때문에 안정적인 유통망을 갖추고 있었다. 다만 블록버스터급 제품이 없어 성장에 한계가 있었다. 따라서 콜마비앤에치의 우수한 제품이 한국콜마의 기존 유통망을 통해 보급되면서 매출이 급성장 할 수 있었다. 요컨대 한국원자력연구원의 기술력과 한국콜마의 영업능력이 조화롭게 매칭되면서 성공 사례를 만들 수 있었다.

안정기 기업은 기존 제품/서비스 유통망과 사업 노하우을 보유하고 있다. 따라서 이를 극대화 하기 위해 공공연구기관과의 협업을 통해 기업의 브랜드 파워를 제고하는 것은 안정기 기업의 가치를 향상시킬 수 있는 훌륭한 전략이다. 특히 공공연구기관의 브랜드 파워를 활용할 수 있는 연구소기업는 안정기 기업이 채택하기에 적절한 모델로 판단된다.

읽어 보기

연구소기업

연구소기업은 공공연구기관 등에서 개발된 기술의 사업화를 목적으로 연구개발특구(대덕 · 광주 · 대구 · 부산 · 전북)안에 설립된 기업으로, 공공연구기관 등의 기술력과 기업의 자본 및 경영 노하우를 결합시킨 새로운 형태의 기업이다. 『연구개발특구의 육성에 관한 특별법』에 따르면, 연구소기업을 설립할 수 있는 주체는 공공연구기관, 산학협력기술지주회사, 신기술창업전문회사, 첨단기술 지주회사 등으로 기업 자본금 가운데 20퍼센트 이상을 현금 혹은 현물(기술)로 출자하여야 한다. 일반적으로 연구소기업의 자본금은 공공연구기관이 보유한 기술에 대한 기술가치평가를 통해 산출된 가치금액 20%와 기업 혹은 창업자가 출자하는 현금 80%로 이루어진다.

연구소기업은 설립 형태에 따라 합작투자형, 기존기업 기술출자형, 신규창업형의 3가지로 구분된다. 합작투자형은 연구기관 등과 기존기업이 기술과 현금 등을 공동출자하여 새로운 기업을 설립하는 것이고, 기존기업 출자형은 연구기관이 기존기업에 기술 등을 현물출자하여 기존 기업을 연구소기업으로 전환하는 것이며, 신규창업형은 연구기관과 신규창업자가 기술과 현금 등을 공동 출자하여 새로운 기업을 설립하는 형태를 의미한다.

그림 2-23 연구소기업 유형

01. 합작투자형

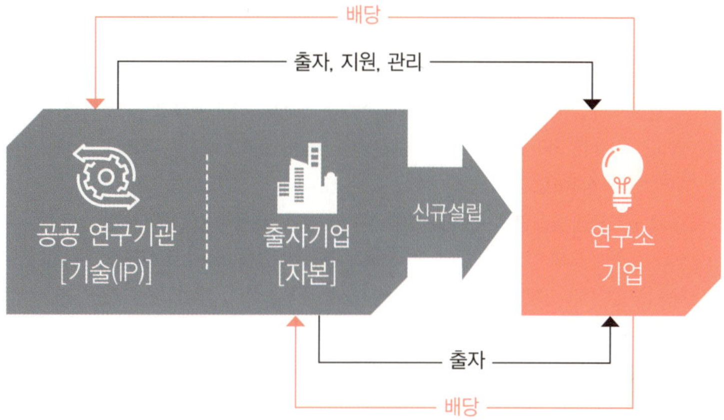

02. 기존기업 기술출자형

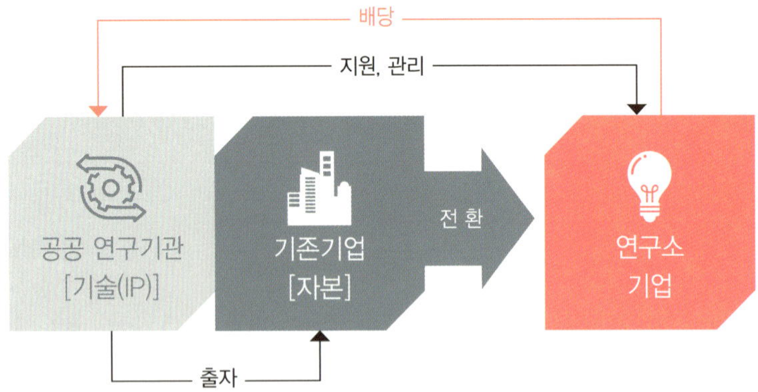

03. 신규 창업형

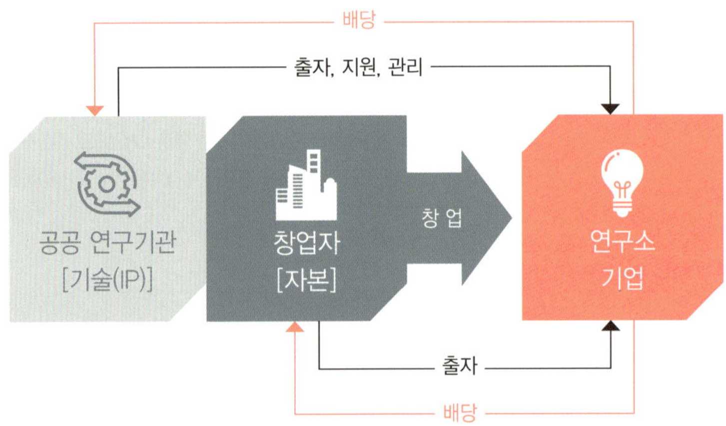

출처 : 연구개발특구진흥재단 홈페이지(www.innopolis.or.kr)

2006년 제1호 연구소기업이 설립된 이후, 연구소기업 설립은 지속적인 증가추세에 있고, 2018년 1월 기준으로 대덕, 광주, 대구, 부산, 전북연구개발특구에 설립된 연구소기업은 누적 기준으로 548개, 운영 기준으로 507개이다. 콜마비앤에이치는 한국원자력기술원의 기술이 출자로 설립된 대표적인 연구소기업으로, 2015년 2월 코스닥에 상장되었다.

연구소기업으로 등록되면, 공고연구기관에 소속된 연구원의 휴직 및 겸직 허용되며 각종 세제 지원 및 법인세 등의 감면, R&D자금 등의 지원을 받을 수 있다. 특히 연구소기업을 대상으로 신제품 · 신사업 진출을 위한 R&BD(제품화 · 양산화) 과제는 연구소기업 지원사업 중에 핵심으로, 기술타당성 검증, 시험 · 분석 · 평가, 보완 기술 확보, 기술패키징, 시작품 개발, 국내외 표준 · 인증, 양산 기술 개발, 목업 제작, 마케팅 기획 등 사업화 전주기를 지원한다. 연구소기업 R&BD 과제는 연구소기업만 지원 가능하므로 일반적인 중소기업 R&D과제 비해 경쟁률이 비교적 낮은 편이며, 지원금이 다소 높은 것으로 알려져 있다.

단원요약

- 보유 특허가 없는 초기 중소기업은 공공연구기관의 유휴 특허를 매입함으로써, 시간과 비용을 절감할 수 있고 이를 기반으로 공공 조달, 자금 조달, 각종 인증에 도움을 받을 수 있다.

- 기술공급자인 공공연구기관은 자신들의 관점에서 볼 때 개발된 기술의 완성도가 충분하여 기술사업화에 장애가 되지 않는다고 생각하는 반면에 기술수요자인 중소기업 입장에서는 자신들이 사업화를 추진하기에는 완성도가 불충분 하다고 생각하는 것이 일반적이다.

- NRDO 혹은 NRPO 전략은 대기업에서 다년간 개발 및 사업화를 경험한 베테랑 연구자들이 선택하기에 적합한 전략이다.

- 공동연구는 중소기업과 공공연구기관이 공동으로 기술개발을 추진하는 기술사업화 전략의 일종으로, 공동연구를 진행하는 주체들이 보유한 자원을 공유함으로써 개발 기간을 단축하고 개발 목표의 수준을 향상시킬 수 있는 효과적인 기술사업화 전략이다.

- 공동연구를 통해 중소기업은 자사의 사업화에 필요한 기술을 연구 목표로 설정할 수 있으므로 기술 매칭 과정이 필요 없고 기업에게 최적화된 기술을 이전 받을 수 있다.

- 스케일업 단계의 기업은 커스터마이징 역량을 기반으로 공동연구의 성과를 극대화할 수 있다.

- 안정화 단계의 기업은 기술력 이상의 경쟁력을 확보할 수 있는 브랜드 파워가 필요한데, 공공연구기관의 공신력을 이용할 수 있는 연구소기업을 설립함으로써 기업의 인지도를 향상시킬 수 있다.

핵심용어 정리

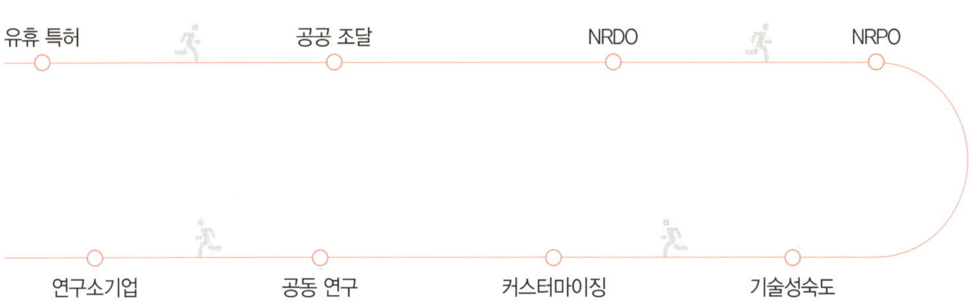

학습하기

1. 기업성장 단계별로 기술이전사업화 전략이 달라져야 하는 이유에 대해 논하시오.

2. 유휴 특허를 매입한 후 직접 사업화를 추진하지 않고 다른 주체(기업)에게 기술이전을 했을 때 발생할 수 있는 문제점에 대해 논하시오.

3. 제조업 분야에서 NRDO 혹은 NRPO 전략을 어떻게 적용할 수 있을지 논하시오.

4. 콜마비앤에이치 외에 연구소기업의 다른 사례를 찾아 분석하시오.

5. 하드웨어와 소프트웨어에 따라 적합한 공동 연구 방식에 대해 논하시오.

참고문헌

- http://www.index.go.kr/potal/main/EachDtlPageDetail.do?idx_cd=2715, e-나라장터, 통계청, 2018
- http://ppstat.g2b.go.kr:8411/index.jsp, 공공조달통계시스템(온통조달), 조달청, 2018
- S. R. Sadin, F. P. Povinelli & R. Rosen, The NASA technology push towards future space mission systems, Acta Astronautica, 20, 73-77, 1989
- 산업원천 전략기술별 TRL 평가지표, 한국산업기술평가관리원, 2009. 12
- http://www.gilead.com/about/corporate-history-timeline
- 조영국, 바이오기술 사업화 동향과 전략, BioINpro 24호, 생명공학정책연구센터, 2016
- 2018년 산학연협력기술개발사업 공고문, 중소기업기술정보진흥원, 2018
- 2018년 연구개발특구육성사업 시행계획, 연구개발특구진흥재단, 2018
- 과학기술일자리진흥원 홈페이지(www.compa.re.kr)
- 2018년 사업화연계기술개발사업(R&BD) 시행계획, 산업부

제1장 | 발명서 작성

제2장 | 출원 명세서 작성

제3장 | 특허의 활용 (비즈니스)

제4장 | 특허의 활용 (로열티)

제5장 | 디자인/상표/저작권

Technology **Commercialization**

PART 03

지식재산 창출 및 활용

학습 목표

1. 아이디어, 발명, 특허의 차이를 이해하고 발명서를 작성할 수 있다
2. 기술 보고서, 논문, 특허의 장르적 특성과 특허 출원 명세서의 구조를 이해할 수 있다.
3. 창업 비즈니스의 단계별 특허의 활용법을 이해하고 활용할 수 있다.
4. 특허로 로열티 수익을 창출하는 방법을 이해할 수 있다.
5. 디자인, 상표, 저작물의 차이를 이해하고 작성 및 활용을 할 수 있다.

01 **발명서** 작성

1. 지식재산 창출 및 활용

창업 준비 중에 있거나, 창업을 꿈꾸는 학생 또는 창업 한지 얼마 되지 않은 졸업생이라면 지식재산 확보가 필수적인 시대를 살고 있다. 지식재산은 기술 창업의 기술력을 증명하는 방법이자, 마케팅 수단이 되고 있다. 경쟁제품의 시장 진입을 저지하거나, 시장 점유율을 재편하는데 활용되기도 한다. 한편, 기술력이 우월한 창업자의 경우, 기술 이전 또는 라이선스를 통해 직접적인 로열티 수익 모델을 창출할 수 있다. 보호 대상에 따라 서로 다른 지식재산권이 필요한데, 표 3-1에는 지식재산권의 유형을 나타내었다.

표 3-1 지식재산권의 유형과 내용

유형	분류	보호 대상
산업재산권	특허권	자연법칙을 이용한 기술적 사상의 창작으로 고도한 것
	실용신안권	자연법칙을 이용한 기술적 사상의 창작
	디자인권	형상, 모양, 색채 및 이들의 결합에 의한 물품의 외관
	상표권	자타 상품 식별을 위한 기호, 문자, 도형, 입체적 형상, 색채, 동작 또는 이들을 결합한 것
저작권	저작권	어문, 음악, 연극, 미술, 건축, 사진, 영상, 도형, 컴퓨터프로그램, 편집, 2차편집
	저작인접권	실연자, 음반제작자, 방송사업자

특허는 "자연법칙을 이용한 기술적 사상의 창작으로 고도한 것"을, 실용신안은 "물품의 형상, 구조 또는 조합에 관한 자연법칙을 이용한 기술적 사상의 창작"을 보호한다. 실용신안은 특허 등록을 받을 정도로 발명의 수준이 고도화 되지는 못한 물품을 보호하고자 하는데 실익이 있으며, 제품의 라이프 사이클이 짧고, 모방이 용이한 중소기업형 아이템에 대체로 적합하다. 지식재산권 가운데 기술 창업 및 사업화에 가장 비중 있는 역할을 하고 있는 건 역시 특허이다.

디자인 보호법은 고객에게 물품의 기능적 우수성이 아닌, 심미적인 외관을 구매의 유인으로 사용하고자 할 때 활용된다. 물품성을 기반으로 디자인을 구별하고 있어, 호랑이 문양이 새겨진 티셔츠와 축구공은 다른 디자인으로 인식된다.

상표는 자타 상품을 식별하기 위해 사용하는 기호, 문자, 도형, 입체적 형상 또는 이들을 결합한 것을 보호하며, 최근에는 색채만으로 된 상표, 홀로그램상표, 동작 상표 및 그 밖에 시각적으로 인식할 수 있는 모든 유형의 상표까지 보호 범위가 확대되고 있다. 광의적 상표의 개념으로 서비스업을 식별하도록 하는 서비스표, 상품을 공동 생산 판매하는 단체를 표시하기 위한 단체표장, YMCA, 보이스카웃 등의 영리를 목적으로 하지 않은 자의 업무를 표시하는 업무표장을 포함한다.

저작권은 저작물과 관련하여 저작자의 명예와 인격적 이익을 보호하기 위한 권리이고, 저작재산권은 저적자의 경제적 이익을 보전해 주기 위한 권리를 포함한다. 저작 인격권은 공표권, 성명표시권, 동일성 유지권이 있으며, 저작재산권으로는 복제권, 공연권, 공중송신권, 전시권, 배포권, 대여권, 2차적 저작물 작성권이 있다. 저작인격권은 저작자만 가질 수 잇는 권리로, 다른 사람에게 양도되거나 상속될 수 없고, 저작재산권은 권리의 양도나 이전이 가능하다. 저작물을 이용하는 사람은 반드시 권리자에게 사전 허락을 받아야 한다. 저작권은 저작물의 창작과 동시에 자연적으로 발생하며, 어떠한 절차나 방식을 요구하지 않는 측면에서, 특허청에 출원을 해서 등록을 받아야만 권리가 생성되는 특허, 실용신안, 디자인, 상표권과 차별된다.

이밖에 과학기술의 발전과 지식재산권 인식 확산에 따라, 국제적으로 법제화를 위한 논의가 활발히 이루어지고 있는 인터넷도메인네임, 디지털 콘텐츠, 트레이드 드레스, 데이터베이스 등을 신지식재산권으로 분류한다(표 3-2). 경제적 가치를 지닌 지적 창작물이긴 하나, 기존의 지식재산권으로 쉽게 판별하여 보호하기 어려운 특징을 가진 새로운 지식재산을 총칭하는 개념으로 사용되고 있다.

표 3-2 신지식 재산의 분류

구분	내용
산업저작권	컴퓨터프로그램, 데이터베이스, 디지털콘텐츠
첨단산업재산권	반도체배치설계, 생명공학, 인공지능, 비지니스모델
정보재산권	영업비밀, 멀티미디어
신상표권/의장권 등	캐릭터, 트레이드 드레스, 프랜차이징 퍼블리시티권 지리적 표시, 인터넷 도메인 네임 새로운 상표 (색채상표, 입체상표, 소리, 냄새상표 등)

출처: 한국지식재산연구원, 신지식재산권의 동향조사 및 효율적 정책 대응 방안 2010, 신지연외

1.1 ___ 아이디어와 발명의 차이

예비 창업자 또는 창업자가 창업 아이템에 관한 특허를 확보하는 것은 기술 인증, 투자, 고객 유치, 시장 확장 등 사업 활동의 全 주기에서 매우 중요하다. 특허 확보 위해서는 일반적으로 5단계를 거친다. 발명서를 작성하는 1단계, 발명을 소속 기관에 신고하여 직무 발명 승계 여부에 대한 검토하는 2단계, 특허 사무소 등과 협력하여 출원 명세서를 작성하는 3단계, 특허 출원 명세서와 소정의 서류 및 관납료를 특허청에 제출함으로서 특허 출원을 완료하는 4단계, 특허청의 심사과정에 대응해 특허 허여를 받는 5단계로 구성된다. 특허 허여된 출원 명세서는 등록 후 특허권의 권리 증서로 인정받는다.

발명자들이 초기에 맞닥뜨리는 혼란이 아이디어, 발명, 특허에 대한 구별이다. 필자가 기업과 학교에서 15년 동안 많은 발명자와 함께 일해 오면서 깨달은 것은 아이디어, 발명, 특허의 개념 혼동이 발명자 그룹과 특허 전문가 그룹 사이에 발생하는 불신의 원인이 된다는 것이다. 어쩌면 쉽게 알 것 같은 용어들이라, 깊게 이해하려고 하지 않기 때문인 것도 같다. 고품질의 특허 창출의 핵심이 발명자와 특허 전문가 사이의 커뮤니케이션에 달려있기 때문에 이 부분을 강조해서 소개하고자 한다.

아이디어란 어떤 일에 대한 구상으로 고안, 생각, 착상을 의미하는 (국립 국어원 표준국어대사전) 일반적이고 포괄적인 개념인 반면, 발명은 특허법상 "자연과학 법칙을 이용한 기술적 사상으로 고도한 것"로 정의하고 있다. 이런 관점에서 발명자는 발명을 했다고 생각하지만, 단순한 아이디어 수준을 벗어나지 못하거나, 발명의 동기를 찾아내는 데 머무르는 등, 특허를 받기에는 어려운 미완성 발명인 경우가 많다. 따라서, 자신의 아이디어가 특허 받을 수 있는 정도로 구체화 단계에 도달했는지 스스로 점검할 필요가 있고, 전문가의 컨설팅을 받아볼 필요가 있다.

직무발명 접수가 된 건을 검토하여 "미완성 발명"을 이유로 출원 불가 등급이 결정되는 경우, 아이디어와 발명의 차이를 설명해야 할 때 자주 들었던 피드백이 있다. "시제품이 없어도, 아이디어만으로도 특허가 된다고 들었다." "로열티를 지급하고 있는 특허를 분석했는데, 너무나 당연하고 간단한 아이디어였다"등이 이에 해당한다. 물론, 제품으로 구현되지 않아도 특허 받을 수 있고, 아이디어성 특허라고 할 수 있는 것이 없는 것은 아니다. 특히, 로열티를 받는 특허는 어찌 보면 간단한 발명인 경우가 많은 것 때문에 그렇게 생각할 수도 있다. 그러나, 특허를 받으려면 특허 명세서 기재된 방법에 따라 발명품이 동작할 때 발명의 목적과 효과를 달성할 수 있을 정도로 구체성 있게 기재되어야 하고, 선행 기술 대비 신규성, 진보성이 인정되어야 하는 점을 이해해야 한다.

발명자들이 아이디어와 발명을 혼동하는 원인 중 하나는 원천 발명과 개량 발명의 차이 때문인 것 같다. 약 20년 전에 출원된 원천 발명은 현재 시점에서 당업자가 보면 단순한 아이디어 로 보일 수 있다. 예컨대, 1997년에 출원된 아마존의 원클릭 특허는 2018년 현재 시점에서 보면 너무나 당연해 보인다. 발명이라는 것은 거인의 어깨 위에 올라서는 것이다. 특허를 받을 수 있는 발명으로 인정받으려면, 원천 발명 이후에 출원된 많은 관련 특허의 자명성을 뛰어 넘어야 한다. 항상 현재 기준에서는 사람들이 전혀 생각해보지 못한 원천성 아이디어가 아니라면, 대체로 복잡해 보이는 개량 발명을 해야만 특허를 받을 수 있다.

두번째 오해의 원인은 특허 청구항과 발명을 혼돈하는 것이다. 청구항이란 발명의 기술적 사상을 압축적인 언어를 사용하여 권리 범위를 표시한 것이다. 그런데, 청구항으로 선행 기술과 대비하거나, 특허 침해 여부를 판단하는 등 특허 업무에 대해 경험을 하다 보면, 청구항 자체가 발명이라고 생각할 수 있고, 발명은 곧 청구항에 적힌 정도의 구체성이면 특허 받기에 충분한 아이디어라는 오해가 생기는 것 같다. 청구항은 출원 명세서에 기재된 발명의 상세한 설명으로 충분히 지지될 경우에만 인정받는 것이다. 짧은 몇 문장의 청구항만으로 발명이 성립되는 것도 아니고, 공백 기술을 선점할 수 있는 것도 아니다.

세번째 원인으로 꼽자면, 신규성 및 진보성에 대한 이해 부족이다. 그 아이디어가 한번이라도 세상에 알려진 적이 있거나(신규성 요건), 해당 업계 종사자가 손쉽게 생각해낼 수 있다면(진보성 요건) 특허 받을 수 없다. 구체성이 부족하면, 비례적으로 신규성 및 진보성이 떨어진다. 만약 너무나 혁신적인 아이디어라면 아이디어의 구체성이 부족해도 특허 받을 수 있지만, 특허가 IP5 국가에서 연간 약 2백만건 이상이 공개되는 시대에 아무도 생각해본 적이 없는 아이디어로 특허 받기란 매우 어렵다.

1.2 특허 받을 수 있는 발명

발명이 무엇일까? 앞서 소개하였듯이"발명"은 흔히 얘기하는 "아이디어" 보다는 좀 더 정교하고 복잡한 개념이다. 아이디어가 발명이 되려면 구체적적으로 4가지 요건, 1)자연법칙의 이용, 2)기술적 사상, 3)창작성, 4)고도성이 필요하다. 그림 3-2에 특허 적격성에 관한 미국 법원의 주요 판례를 나타내었다. 특허 제도가 독보적으로 발전한 미국 법원의 판례는 다른 국가의 지식재산 제도 발전에 절대적인 영향을 미치고 있기 때문에 중요한 가이드라인이 된다. 특히, 한국, 일본, 중국과 같이 제조 및 수출이 주력인 국가에서는 미국의 판례를 예의주시하며 입법에 반영하고 있다.

특허 적격성에 대한 논의는 과학기술의 발전에 따라 새로운 기술에 대한 포용과 배제를 반복하며 발전해왔다. 1790년 첫번째 Patent Act가 창설될 시기에 특허 받을 수 있는 발명이 "useful art, machine, manufacture, or composition of matter"로 규정된 이래로 현재까지 유지되고 있지만, 당시로는 생각지도 못한 기술의 발전이 이루어지면서, 특허제도는 법원의 해석을 통해 진화하고 있다. 특히, 4차 산업혁명 시대를 맞이하여, 컴퓨팅 및 바이오 분야에서 특허 적격성 이슈가 급증하였다.

읽어 보기

필자는 평소 지인인 비행기 기장님을 발명 상담한 적이 있다. 좁은 비행기 조종석 안에서 오랜 시간 운항하다 보면, 여러가지 생각이 많은데, 종종 발명을 생각해본다고 한다. 중국행 항공편을 운항하다 보면 중국 관광객 분들 중에는 비행기 화장실에서 변기 덮개, 즉 변좌부를 발로 밟고 올라가 볼일을 보는 승객 분들이 많으시다고 한다. 구두 자국이 덮개를 더럽히고, 쉽게 지워지지 않아, 다른 승객 분들의 불평을 많다고 한다. 파손도 많이 된다. 그래서, 전동방식으로 좌변기 본체를 조정하여 재래 변식과 좌변식을 선택할 수 있는 아이디어로 특허를 받고자 조언을 청해 왔다. 파워포인트로 정성스럽게 자료를 만들어 보여주었지만, 전동으로 좌변기를 올렸다 내렸다 하겠다는 것 이외에 더 이상 발명의 내용이 없었다. 이 경우, 아이디어는 분명히 있다고 하겠으나, 특허를 받을 수 있는 발명에 이를 만큼 구체성이 확보되지 못했다고 할 수 있다. 통상 미완성 발명이라 부른다. 문제 정의를 잘 하였으니, 이제부터 진짜 발명을 하시면 된다고 조언 드렸다.

그림 3-1 좌변기 위에 올라가는 것을 금지한 공항 안내문

출처: 인천 국제공항

그림 3-2 특허 적격성에 관한 미국 법원 주요 판례

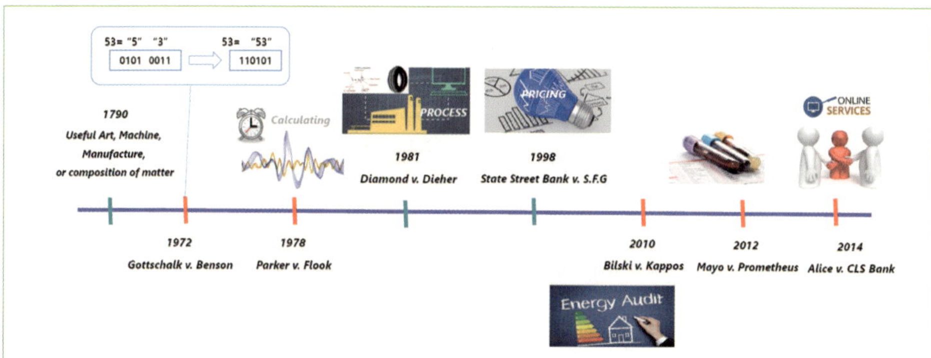

특허 적격성에 대한 미국 법원의 사례를 특허 받을 수 있는 발명의 요건과 함께 설명하고자 한다. 첫째, 특허를 받을 수 있는 발명이란, "자연법칙을 이용"해야 한다. 예를 들어, 수요와 공급 관계와 같은 경제 법칙, 과세 방법과 같은 사회적 규칙은 "자연"법칙에 해당되지 않아, 발명의 대상이 되지 못하며, 만유인력의법칙, 광전효과와 같은 자연법칙 그 자체는 자연법칙의 "이용"이 되지 못하여 발명이 될 수 없다. 사회과학적 자연과학적 법칙에 독점 배타적인 특허권을 부여한다면, 아마 인류의 생존권이 위협 받게 될지도 모르겠다. Gettschalk v. Benson (1972) 판례에서 Binary Code로 십진수 숫자를 표현하는 방법에 관한 것은 수학적인 법칙 그 자체이지 자연법칙을 이용한 것은 아니라는 판단을 하였다. Parker v. Flook (1978) 판례에서도 용도 한정 또는 수학공식에 대한 선후 처리행위의 부가만으로는 특허적격성 거절을 피할 수 없다고 지적하였다.

둘째, 특허를 받을 수 있는 발명이란 “기술적 사상”에 관한 것이어야 한다. 예를 들어, 야구에서 슬라이드를 던지는 방법과 같이 인간의 숙련에 의해 달성되는 기능이나, 녹음된 음악에만 특징이 있는 CD와 같이 단순한 정보를 제시하는 것, 회화 또는 조각과 같은 미적 창조물은 발명이 될 수 없다. 그러나, 야구연습장용으로 기계를 이용하여 슬라이더를 던지는 방법이라면 특허받을 수 있으며, 녹음된 음악에 특징이 있는 CD나 미적 창조물은 저작권의 보호 대상이다.

한편, 비즈니스 모델(BM)이 기술적 사상인지에 대한 논의가 대표적인 특허적격성 이슈로 부각되었다. 90년대 후반부터 인터넷 비즈니스가 활성화됨에 따라, 소프트웨어에 의한 정보처리를 하드웨어를 이용하여 구체적으로 실현하는 조건으로 비즈니스 모델 특허를 인정하기 시작했다. 인터넷 옥션, 원클릭 결재 등이 대표적인 BM 특허 사례이다.

그림 3-3 아마존사의 원클릭 결재 서비스 및 특허 도면

출처: US 5,960,411, Amazon homepage

원클릭 결재서비스는 회원 ID를 표지로 하여 이전 거래에서 저장된 결재 및 배송 히스토리를 불러와 자동으로 구매 완료하는 방법에 특징이 있다. 아마존사를 세계 최대의 전자상거래 회사로 성장시키는데 일조한 일등 공신인데, 현존하는 최고가 특허로 평가되는 – 약 24억달러(한화 약 3조원) 추산 – 된다. 원클릭 특허(US 5,960,411)는 많은 기업들의 무효화 노력에도 불구하고 성공적으로 방어되었고, 애플사도 로열티를 주고 원클릭 서비스를 아이튠스에 적용했다. 그림 3-3에 아마존사 홈페이지에서 사용중인 원클릭 결재 서비스 아이콘과 해당 특허의 관련 도면을 나타내었다.

2018년 현재 이러한 원클릭 결재서비스 기술은 단순한 아이디어로 보이고, 당업자가 생각하

기 용이한 진보성이 낮은 기술로 보이지만, 특허의 진보성을 판단하려면 타임머신을 타고, 출원일인 1997년으로 돌아가서 생각해볼 일이다. 참고로 아마존사는 1994년, 구글은 1998년에 설립되었다는 점을 명심하자. 어찌되었든 BM특허를 인정한 State Street Bank (1998) 판례 이후, BM 발명의 수가 폭발적으로 증가하였다. 그림 3-4에 1998년부터 2011년까지 BM 특허를 포함한 소프트웨어 특허의 증가 통계를 나타내었다.

그림 3-4 1998년 이후 2011년까지 소프트웨어 특허(BM 특허 포함)의 증가 추이

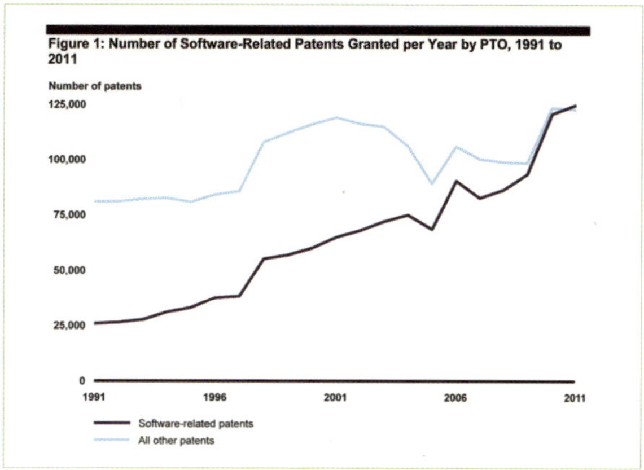

출처: GAO analysis of United States Patent and Trademark Office Data

그러나, 많은 BM 특허가 등록된 이후, 지나치게 포괄적이고, 모호한 권리 범위로 등록 받은 특허들을 활용한 적대적이고 남용적인 특허 소송이 IT업계에서 만연하게 되었고, BM 특허에 대한 부정적인 여론이 커져갔다. 2011년 오바마 정부가 AIA(America Invent Act)로 일컫는 특허제도 개혁을 단행한 이후, BM 등록 특허를 전문적으로 재심사하는 제도를 운영되고 있다. BM 특허의 대상이 되지 않는 것으로는 순수한 영업 방법 자체, 추상적인 아이디어, 인위적인 결정, 인간의 정신 활동, 오프라인상의 인간의 행위를 포함, 컴퓨터 프로그램 자체, 컴퓨터 프로그램 리스트 또는 데이터 구조의 단순 제시, 경제 또는 금융 법칙 그 차체 등으로 정립되었다.

2010년 Bilski v. Kappos 판례에서 대법원은 제품의 판매자와 구매자가 가격 변동의 위험을 회피할 수 있는 방법에 대한 특허 적격성이 부인된 이후, 2014년 Alice 판례에서는 두 당사자간에 이루어진 거래에서 정산 위험을 제거하기 위해 제 3 중개인이 제 1및 제 2 당사자간의 의무를 중개하는 전산 플랫폼의 특허 적격성도 부인되었다. Alice 판례 이후로는 일반적인 컴퓨터 또는 정보통신 기능을 이용하는 비즈니스 모델은 특허 받기 어려운 실정이다. 소프트웨어 알고리즘 특허의 적격성 판단에서 부정적인 Parker v. Flook (1978) 판례의 인용 수가 2011년 즈음하여 폭발적으로 늘어난 것을 그림 3-5에서 확인할 수 있다. 특허에 관한한 한국 특허청 또는 법원의 태도는 미국의 판례 경향을 대체로 따라가고 있다.

그림 3-5 Parker v. Flook 판례의 인용 횟수 추이

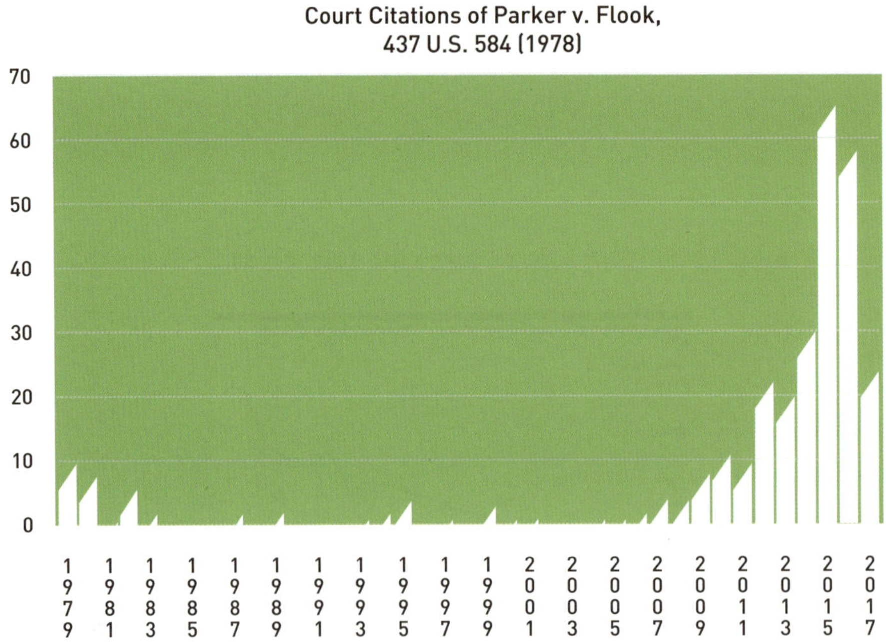

출처: Patently O 2018. Jan. 4

셋째, 특허를 받을 수 있는 발명을 위해서는 기술적 사상의 "창작"이 요구된다. 예를 들어, 특이한 성질을 지닌 광물과 같이 자연에 존재하는 천연 물질을 단순히 발견하는 것은 창작성 부족으로 발명이 될 수 없다. 다만, 천연물로부터 인위적으로 분리하고 가공하는 방법 또는 그 방법으로 추출된 물질은 자연 상태에 그대로 존재하는 대상물이 아니므로 발명이 될 수도 있다. 그럼에도 불구하고, 바이오 공학 및 의학 기술이 발달할수록 "창작"인지 "발견"인지 구분하기 어려운 기술이 많아지고 있고, 관련 분쟁 사례가 늘고 있다.

넷째, 특허를 받을 수 있는 발명은 기술적 사상의 "고도성"이 요구된다. 고도성 여부는 일반인 기준이 아니라, 당업자의 눈으로 판단한다. 특허청 심사관 또는 심판관 분들이 해당 기술 분야에 기본적인 전문성을 갖춘 분들로 구성되는 이유도 고도성을 판단하기 위해서이다. 상기 세 가지 조건을 만족하지만, 고도성이 부족할 경우에는 고도성만을 요구하지 않는 "실용신안"으로 출원하는 방법이 있다. 그러나, 가급적 특허로 출원을 하는 것이 낫다. 특허 출원 시에는 특허청 심사 과정에서 거절되더라도, 실용신안으로 변경 출원할 수 있는 기회가 있고, 특허는 출원일로부터 20년까지 존속되는 반면, 실용신안의 권리 유지 기간인 출원일로부터 10년 만 존속된다. 통상 산업계에 통용되는 고도한 기술은 특허 출원 후 10년이 지난 시점에서 상용화된다는 점도 유념해야 한다.

상기 4가지 조건을 만족하기 위해서는 발명서에 문제의 해결 수단이 구체적으로 특정되고 적시해야 한다. 발명자들은 발명의 효과를 가급적 많이 특허에 담고자 하는 경향이 있는데, 발명의 효과는 기술의 효과를 구성만으로 예측하기 어려운 화학, 바이오 등에서만 제한적으로 요구되며, 대개의 경우에는 특허 여부를 결정하는 과정에서 "secondary consideration" 이상의 의미를 가지지 않는다. 따라서, 발명의 효과에 치중하기 보다는 발명서에 기재된 내용이 발명의 착상 단계에 그치지 않고, 문제를 해결하는 수단과 구성을 구체성 있게 기재하는데 중점을 두어야 한다.

읽어 보기

미국 Prometheus사는 위장의 자가면역질환 치료를 위해 체내에 특정 대사물을 형성하는 약물을 투약하고, 체내 잔류 혈중 농도를 측정하여 질환을 치료하는 방법에 대해 특허 받았으나, 대법원에서 이를 자연현상 그 자체에 대한 발견(Law of Nature)으로 간주하여 102조 위반에 의거 특허 무효를 인정하였습니다 (2012년). 다른 사례로, 미국의 Myriad사는 여성 유방암, 난소암 발생률을 급증시키는 DNA 변이의 원인이 되는 BRCA 유전자의 위치와 서열을 발견하고, 인체에서 분리하여 암을 진단하는 방법 특허를 확보하였으나, 미국 대법원에서는 창작성을 부인하고 자연의 산물을 발견한 것으로 판단(Product of Nature)하여, 특허 주제 적합성 101조항 위반에 의거 해당 특허를 무효화하였다(2013년).

그림 3-6 BRCA 유전자 위치

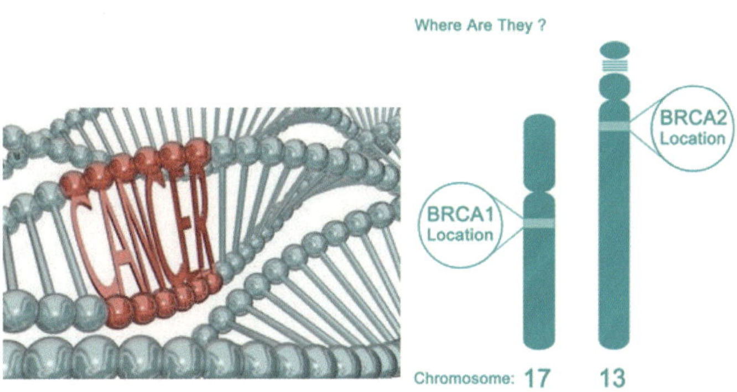

출처: Ovarian Cancer Canada

1.3 발명의 장르적 특성

발명자들은 소속 기관에 신고하거나, 특허 사무소에 출원을 의뢰할 때, 연구 개발의 성과물을 기재한 컨퍼런스 발표 자료나 보고서를 그대로 또는 간단히 편집하여 발명서로 대체하는 경우가 많다. 그러나, 컨퍼런스 발표 자료나 보고서는 연구 개발 성과를 알리는데 중점을 두고 작성되었기 때문에, 발명서 기재 요건으로 본다면 발명의 효과 위주로 작성된 것이다. 발명서는 What 또는 So What 보다는 How에 중점을 두고 작성되어야 한다. 즉, 문제 해결 수단이 문제 정의나 효과보다 훨씬 상세하고 구체적으로 비중 있게 작성되어야 한다.

장르적 이해 없이 좋은 글을 쓸 수는 없다. 동일한 스토리 라인이라도 어떻게 글을 쓰는가에 따라 서사시가 되기도 하고, 영화 시나리오가 되기도 한다. 시나리오 없이 시를 대본으로 영화를 제작할 수는 없을 것이다.

비단 문학 및 예술 분야에만 장르적 특성에 따른 글쓰기가 필요한 것이 아니다. 대부분 사람들은 과학기술 논문이나, 프로젝트 보고서, 발명서, 특허 명세서를 작성할 때, 글쓰기의 장르적 특성을 잘 고려하지 않는다. 시, 소설, 시나리오와 같은 문학 장르는 학창시절에 많이 접해보았기 때문에, 어떤 장르적 차이가 있는지 대체적으로 이해하고 있지만, 과학기술 논문, 프로젝트 보고서, 발명서, 특허 명세서가 어떻게 장르적으로 다른지 이해해 본 적이 없기 때문이다. 그림 3-7에는 글쓰기에서 가장 중요한 질문인 장르의 이해에 대한 개념도를 나타내었다.

그림 3-5 Parker v. Flook 판례의 인용 횟수 추이

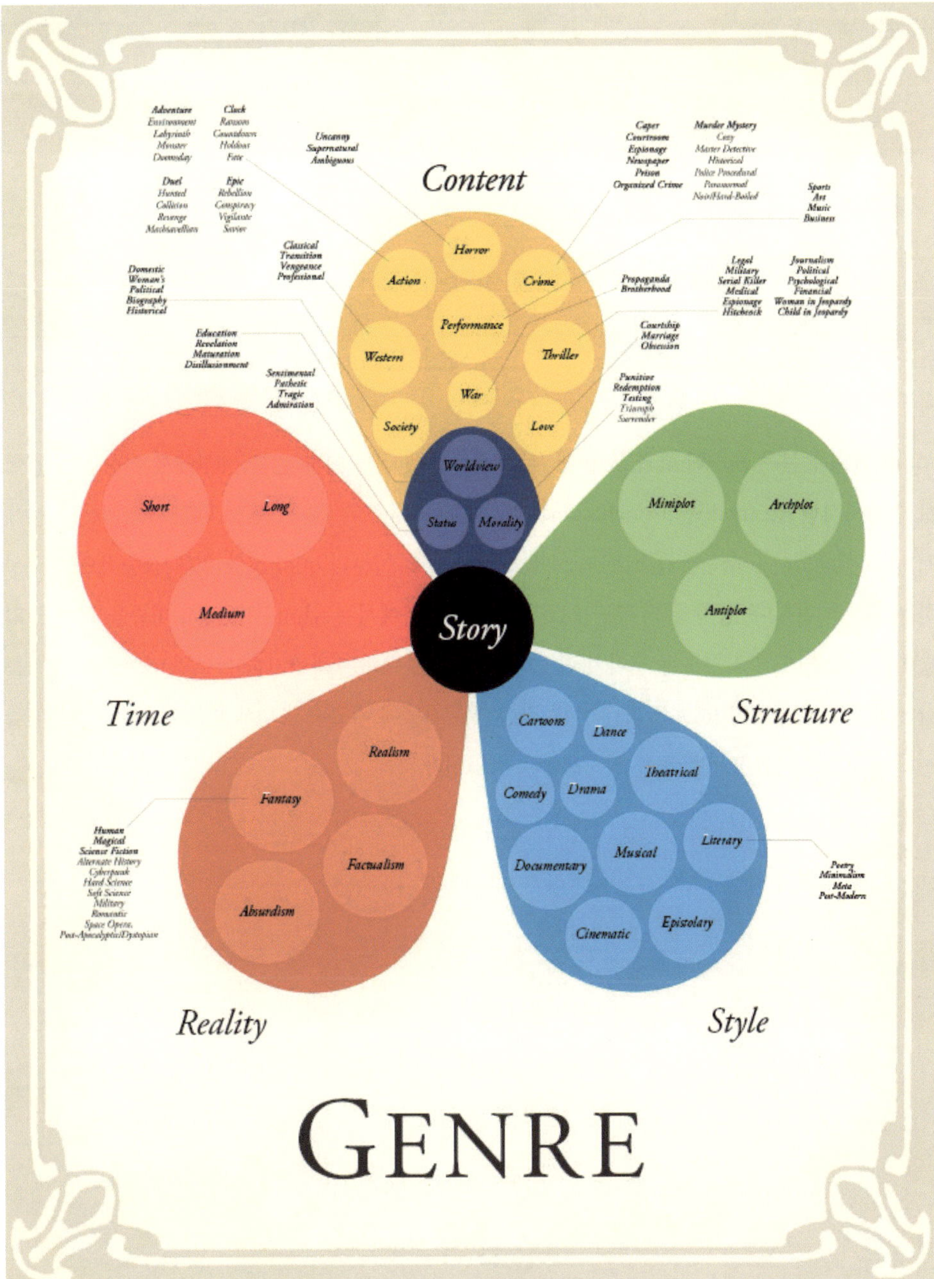

출처: "Genre in Writing: The Most Important Question" by Valerie Francis

하기 표 3-3에 논문, 기술보고서, 특허 명세서가 장르적 구성에서나, 구성별 정량적 비중에서 어떻게 차별 되는지 나타내었다. 이해하기 쉽게 각 장르별 대표 양식에 기재된 구성요소를 What, How, So What, Why 단계의 스토리 텔링 방식으로 구분하였다.

표 3-3 지식재산권의 유형과 내용

	What	How	So-What	Why
논문	Introduction	Experimental	Result/Conclusion	Discussion
	〈15%	〈15%	〉70%	
기술보고서	연구 목적 및 필요성	연구 방법	연구 결과 및 활용 계획	-
	〈15%	〈15%	〉70%	
특허 명세서	기술분야, 배경기술, 해결하려는 과제	과제 해결 수단, 발명을 실시하기 위한 구체적인 내용, 도면	발명의 효과	-
	〈15%	〉70%	〈15%	

과학기술 논문은 So What과 Why에 주로 집중한다. 과학기술 논문 양식에서 사용하는 용어로 설명하자면 Result 또는 Conclusion과 discussion에 각각 해당 한다. 한편, What은 논문에서 introduction, how는 experimental에 해당하는데, 논문의 quality를 위해 집중적으로 작성하는 부분은 아니다. 통상 글의 분량으로 보더라도 논문에서는 what과 how의 비중을 전체 글의 30%를 넘지 않도록 작성하는 것이 바람직하다. 그림 3-8에는 과학기술 논문의 가이드의 예시를 나타내었다. Physical Review라는 유명 과학전문 저널에 투고하기 위해 따라야 하는 논문의 글쓰기 형식, 스타일, 표기법 등을 정리해놓은 파일이다.

그림 3-8 과학기술 논문의 글쓰기 가이드 예시

Physical Review Style and Notation Guide

Anne Waldron, Peggy Judd, and Valerie Miller

(Received:)

Contents

출처: Physical Review Style and Notation Guide

한편, 과학기술 연구개발 과제의 프로젝트 보고서 또는 프로젝트 성과 발표 자료는 대체로 So what에 많은 분량과 노력을 집중한다. 연구 목표를 정량 지표화 하고, 이를 달성하는 것이 프로젝트를 평가하는 척도이기 때문이다. 프로젝트 보고서는 연구의 배경이나 동기를 과도하게 설명할 필요는 없고, 결과물의 우수성을 증명하기 위해 So what에 중점을 두고 작성하는 것이 바람직하다. 과학기술 논문과 달리 why에 두는 비중이 작은 차이점이 있지만, what과 how에 두는 비중이 30%가 넘지 않도록 작성한다는 점에서는 유사한 부분이 있다. 논문과 보고서 모두 연구 배경 및 방법을 소개한 뒤, 어떤 연구 성과를 얻었는지를 집중적으로 독자에게 호소하기 때문이다. 그림 3-9에 연구재단 연구개발 최종보고서의 본문 목차에서 발췌한 과학기술 보고서 글쓰기 구성의 예시를 나타내었다.

그림 3-9 과학기술 보고서 글쓰기 가이드 예시

7. 본문 복차

〈목 차〉

출처: 연구재단 별지 제 6호서식 연구개발 최종보고서 中 본문 목차

그러나, 특허 명세서는 앞서 소개한 기술 논문이나 프로젝트 보고서와는 또 다른 장르적 특성이 있기 때문에, 그 특성을 잘 이해하고 작성해야 한다. 발명서와 특허 명세서를 작성하기 위한 기초 문서로서, 기재 사항은 기본적으로 특허 명세서와 동일하다고 보면 된다. 다만, 발명서는 원칙적으로 형식에 있어 구속사항이 없으나, 특허 명세서는 관련 법률에 의해 가이드 되는 형식적인 요건을 엄밀히 준수해야 한다.

특허 명세서는 So What 보다는 How에 집중해서 작성해야 한다. 과학기술 논문이 자연 현상을 탐구하여, 새로운 시스템이나 원리를 발견하는 내용을 담아내는 것이라면, 발명은 연구 문제를 해결하기 위한 수단과 방법을 담는 그릇이기 때문이다. 경우에 따라서는 What, So what, Why에 해당하는 내용이 담겨 있지 않아도 좋은 특허 명세서가 될 수 있다.

특허 명세서가 장르적으로 이렇게 독특한 특징을 가지는 근본적인 이유는 특허가 보호하는 특허 받을 수 있는 발명의 대상 (Subject Matter)이 연구 결과 보다는 기능적 목적을 달성하기 위한 수단 및 방법에 초점을 맞추어져 있기 때문이다. 발명의 정의로부터 비롯되는데, 국가별로 조금씩 달리 규정되고 있다. 표 3-4에 국가별 발명의 정의를 나타내었다.

표 3-4 각국별 발명의 정의

국가	발명의 정의	관련조항
한국	자연법칙을 이용한 기술적 사상의 창작으로 고도한 것	특허법 제 2조
일본	자연법칙을 이용한 기술적 사상의 창작 중 고도한 것	특허법 제 2조
중국	물건, 방법 또는 그 개량에 대하여 제출된 새로운 기술 방안	특허법 세칙 2조
미국	방법, 기계, 제조물 또는 조성물	35 USC 101
유럽연합	발명으로 인정되지 않는 대상을 아래와 같이 규정함 발견, 과학적 이론 및 수학적 방법 미학적 창조물 정신적 활동, 게임, 사업 및 컴퓨터 프로그램을 행하기 위한 체계, 규칙, 방법 정보의 표시나 전달	Art 52

각국 특허청 실무에서 발명의 정의에 따라 특허 심사를 조금씩 달리 운영하고 있다. 일반적으로 개발도상국일 경우, 지식재산 보호 범위와 수준을 상대적으로 낮게 설정하여 자국의 산업을 선진국의 지식재산 권리 행사로부터 보호하려는 경향이 있다. 예를 들어, 미국의 경우 특허권 보호 대상을 "방법, 기계, 제조물 또는 조성물"로 넓게 정의 하는 반면, 중국의 경우 "물건, 방법 또는 그 개량에 대하여 제출된 새로운 기술 방안"으로 좁게 정의하여 한국 또는 미국의 특허 청구항을 그대로 중국에 출원하는 경우, 중국 특허법상 발명의 정의 규정에 의해 거절되는 경우가 많다. 미국에서는 발명의 추상성을 포괄적으로 인정하는 반면, 중국에서는 발명을 기술적인 도구나 수단으로 해석하여, 특허 청구항과 발명의 상세한 설명에서 기술적 사상 보다 는 구체적이고 도구나 수단의 기재를 요구하기 때문이다.

유럽연합은 영미식 보다는 독일, 프랑스식 사회적 시장 경제 개념이 보편화 되어 있는 영향으로, 특허권을 보호하는 태양이 미국보다는 중국에 더 가깝다. 한국은 일본의 특허법을 그대로 받아들인 이유로 발명의 정의를 포함한 특허법 체계가 매우 유사하고, 특허청 심사 실무가 유럽, 중국 보다는 일본, 미국 쪽에 가깝다.

상기와 같이 발명서에 대한 장르적 특성을 바탕으로 글쓰기가 진행되어야 하는데도 불구하고, 많은 경우에 발명자들은 발명서를 특별히 작성해야 한다는 의식 없이, 논문이나 프로젝트 보고서를 발명서로 갈음하여 특허 사무소에 전달한다. 이 경우, 논문이나 프로젝트 보고서는 how의 내용이 부족하여 양질의 특허 명세서를 준비하기 어렵다. 특허 사무소는 발명을 대신 해주는 미션이 기본적으로 없기 때문에, 발명의 내용이 커뮤니케이션 과정에서 보완되는 경우도 있지만 대체로 발명의 상세한 설명 부족을 극복하기 어렵다.

유념해야 할 부분은 화학, 바이오 분야에서는 실험 데이터와 결과 값을 반드시 명세서에 포함해야 하는 경우가 있다. 즉, 화합물이 신규한 경우 또는 물질의 알려진 용도와는 다른 용도로 사용하는 경우, 반드시 그 물질의 유용성을 최소한 하나 이상의 기재를 실험 또는 데이터 등과 함께 제시하여 입증해야 한다. 구체적 수치로 표시하는 경우에는 그 수치를 측정한 방법을 명확하게 기재해야 한다 (하기 박스에 소개된 판례 참조). 화합물은 원칙적으로 화합물명 또는 화학구조식으로 표시하고, 특정할 수 없을 경우에는 물리적 또는 화학적 성질 및 제조방법을 추가해서 특정할 수 있다. 다만, 제조방법만으로 특정 하는 것은 등록받기 어렵다.

읽어 보기

특허 법원 판례[2011허 7041, 대법원 2012후 856]에 따르면, 알츠하이머 질병 치료와 상관성을 가지는 것으로 이미 밝혀진 특정 유전자 서열을 일부 포함하는 DNA Aβ 단편의 경우, 해당 질병을 진단하거나 치료하는 효과의 현저성이 우수하다고 인정할 만한 경우에 한해 진보성이 인정된다고 판단하였다. 다른 사례(2011허7645)에서도, 펩타이드(유전자 관련 화학물질) 발명이 발명의 상세한 설명 기재 요건(특허법 제 42조 제 3항)을 충족하기 위해서는, 그 펩타이드의 존재를 단순히 확인하는데 그쳐서는 않되고, 구체적인 실험 데이터 등으로 그 발명이 특징적이고 실질적인 유용성이 있음을 신뢰할 수 있을 정도로 발명의 상세한 설명이 기재되어야 한다고 판단한 바 있다.

1.4 선행기술 조사

출원 명세서는 선행기술 대비하여 1)신규성, 2)진보성을 확인할 수 있도록 작성해야 한다. 애초에 발명이 신규하고 진보적이어야, 출원 명세서가 신규성과 진보성을 확인할 수 있도록 작성될 수 있겠다. 따라서, 발명 단계에서부터 선행기술 조사를 탄탄히 하여, 선행 기술과의 차별성을 분명히 하는 것이 양질의 특허를 확보하는 지름길이다. 그럼에도 불구하고, 많은 발명자들이 선행기술 조사를 형식적으로 하거나, 선행기술과의 유사성을 무시하고 출원하는 경향이 있다. 학교, 창업, 중소벤처 기업과 같이 내부 특허 전담 인력 및 재원이 부족한 경우, 이러한 경향이 강하므로 유의해야 한다. 이와 대비하여 글로벌 기업에서는 선행기술 조사는 매번 출원을 결정할 경우 상시적으로 진행할 뿐 아니라, 기술 전략을 구축할 경우에도 대대적으로 진행하고 있고, 공백 분야를 타겟으로 특허 포트폴리오를 구축하는 수준에 있다.

신규성이란 출원일 이전에 온라인 또는 오프라인에 발행된 모든 종류의 매체와 중복되지 않는 것을 의미하며, 진보성이란 해당 기술 분야의 종사자(이하, 당업자)가 선행 문헌에 공개된 내용을 통해 용이하게 조합하여 생각해낼 수 없는 것을 의미한다. 즉, 특허권이라는 것은 발명자가 공개되지 않았고, 당업자가 용이하게 생각해내기 어려운 기술을 공중에 공개하는 대가로 독점배타적인 권리를 부여 받는 것이다. 다시 말해, 신규하고 진보적이지 않은 발명은 공중에 공개를 하더라도, 산업발전에 기여한 바가 없기 때문에, 특허를 허여하지 않는다는 것이다.

선행기술 조사를 해야 하는 또 다른 이유는, 선행 기술이 있는 발명은 심사를 통해 등록이 되더라도 권리 행사 과정에서 무효화 될 수 있기 때문에 결국 자원의 낭비이고, 해당 기술로 기술 사업화에 성공한다 하더라도, 경쟁업체들의 모방을 막지 못해 경쟁 우위를 점유하기 어렵게 된다.

선행 기술 조사 방법 중 가장 간단한 방법으로는 일반적인 검색 엔진을 통해 해당 기술의 제품이 판매되고 있는 상황을 확인하는 것이다. 괜찮다고 생각되는 기술은 이미 남들이 제품화한 경우가 많다. 두번째 방법은 일반적인 검색 엔진을 통해, 발명의 기술적 내용이 문헌에 포함되어 있는지 살펴보는 방법이다. 최소한 검색 엔진에 뜨는 관련 문서들은 읽어 보고, 자신의 아이디어가 어느 정도의 신규성을 가지는지 가늠해야 한다.

그림 3-10 특허청에서 제공하는 무료 선행기술 검색 사이트 (KIPRIS)

세번째 방법은 특허 검색 사이트를 이용하는 방법이다. 누구나 무료로 사용할 수 있도록 특허청에서 제공하는 KIPRIS 사이트(http://www.kipris.or.kr)에서는 국문 키워드를 통해 한국 특허를 주로 검색할 수 있다(그림 3-10). KIPRIS 사이트에서는 특허 및 실용신안 이외에도 디자인, 상표 검색이 가능하고, 해외 특허란에서 미국, 유럽, PCT, 일본, 중국 특허도 검색가능하다. 해외 디자인, 해외 상표 검색도 가능하기 때문에, 결과적으로 왠만한 지식재산 검색에 있어서 One-Stop 서비스가 가능해졌다. 한편, 구글 특허 사이트(http://patents.google.com)에서는 영문 키워드 및 조건 설정을 통해 미국 특허를 검색할 수 있다 (그림 3-11). 필드 검색, 분류, 통계 제공 등의 다채로운 서비스를 제공하고 있다. 유럽 특허청(http://www.epo.org)에서도 영문으로 유럽 특허를 검색할 수 있다(그림 3-12).

한편, 검색의 및 통계 기능이 완비되어 있는 유료 사이트들이 시장에 활성화 되어 있다. 무료 사이트에서 제공하지 않는 세부 정보의 검색 및 특허의 정량, 정성 분석이 가능하다. 최근에는 고유 알고리즘에 따라 특허별 중요도 평가 값을 자동적으로 제공하기도 한다. 국내 회사 중에서는 WIPS(http://www.wipson.com)와 WISDOMAIN(http://www.wisdomain.com)사가 많은 유저를 확보하고 있다.

무료 사이트에서도 주제 키워드, 특허 번호, 출원인명 등 각종 서지 사항으로 검색하고, 특허 공보의 원문 다운로드가 가능하기 때문에 선행기술 조사 목적으로 사용하는데 손색이 없다. 하지만, 유료 사이트에서는 각국 특허 DB가 완비되어 있고, 검색 결과를 바탕으로 각종 데이터 분석을 위한 Tool을 제공한다. 예컨대, 검색 결과를 자동 분류하고 지표별로 통계 분석이 가능하다. 각종 차트 그리기도 지원한다. 패밀리 특허 현황, 인용 특허 또는 인용 문헌 정보 등 일목요연하게 많은 정보를 제공한다. 특허 전문가들에게는 분석 업무를 위해 유료 사이트 이용이 필수적이다.

그림 3-11 구글 제공하는 무료 선행기술 검색 사이트

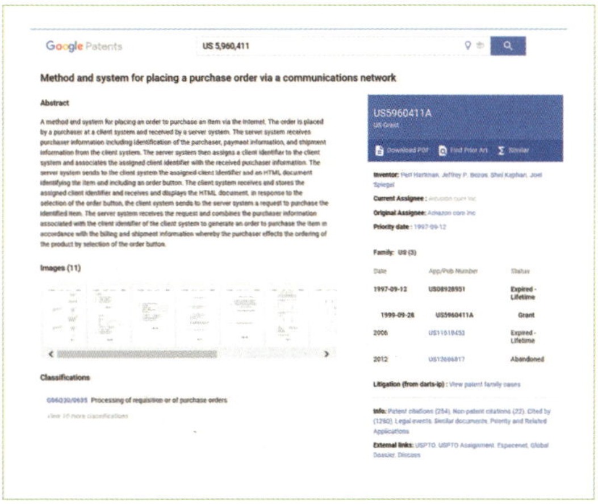

그림 3-12 유럽 특허청에서 제공하는 무료 선행기술 검색 사이트

네번째 방법은 학술 논문을 검색하는 방법이다. 구글 scholar (http://scholar.google.co.kr)에서 무료로 국문 및 영문 논문 검색 가능하다. 본인이 찾고 있는 발명의 내용이 학문적인 출처가 있거나, 최첨단 기술을 배경으로 한다면, 학술 논문 검색에서 좋은 선행기술 검색 결과를 얻을 수도 있다. 한편, 특허 명세서는 해당 분야의 전문 기술 용어를 그대로 사용하지 않고, 보다 추상적이고 일반화된 용어를 변경하여 사용하는 반면, 논문은 해당 기술 전문가가 사용하는 기술 용어를 그대로 사용하기 때문에 컨텐츠 검출이 잘 되는 경우도 있다.

발명을 하기 위해서는 본인 아이디어가 무엇인지 특정하고, 구체화 하는 것이 필수적인데, 막연하게 책상에 앉아서 생각하는 것 보다는 선행 특허 문헌을 찾아보면서 발명을 개선하고, 구체화하는 것이 좋다. 특허를 통해 타인이 해당 분야에서 어떤 아이디어를 내고, 문제 해결을 하려고 하였는지 알 수 있다. 생각지도 못한 발명의 보완 아이디어를 얻거나, 회피를 해야 할 기술을 발견하는 경우가 많다. 발명을 모두 완성 해놓고 선행 기술을 검색하지 말고, 발명의 아이디어를 얻는 단계에서부터 선행 기술 조사를 충분히 해보길 권한다.

1.5 발명의 신고 및 소속기관검토

학교, 회사, 연구소에서는 발명자가 자신의 업무와 관련하여 발명을 할 때(발명진흥법상 직무발명), "발명신고 및 소속기관 검토"의 절차를 거치도록 전담 인력을 배치하거나 또는 전담 부서를 운영되고 있다. 반면, 개인 또는 창업 발명가는 자기 소속 및 자기 재원으로 출원하는 경우가 있으므로, 이때에는 상기 "발명 신고 및 소속기관 검토" 단계를 생략하고 출원하면 된다.

직무발명 신고는 스타트업의 경우에는 CEO를 비롯한 창업자와 협의해야 하고, 기관인 경우 발명 신고를 위해 미리 만들어 놓은 인트라넷 웹페이지를 이용한다. 별도의 발명 신고 웹페이지가 없는 경우, 전자 메일 등을 이용하여 서면으로 관련자에게 보고하면 된다. 발명 신고는 발명 신고일이 특정되는데 법률적 의미가 있다. 발명 신고일은 해당 일을 기준으로 기산하는 몇 가지 중요한 법률행위가 있기 때문에 중요하다. 그림 3-13에 발명진흥법상 직무발명 신고 및 후속 처리 절차를 나타내었다.

직무 발명 신고가 있을 경우, 사용자(학교 또는 직장) 등은 발명에 대한 권리 승계 여부를 발명 신고자에게 일정 기간 내(통지를 받은 날부터 4개월 이내)에 통보해야 한다(발명진흥법 제 10조, 제 13조 참조). 사용자 등이 권리 승계를 하는 경우에는, 사용자 등은 발명자에 대한 정당한 보상을 하고, 통상 실시권을 얻게 된다. 사용자 등이 권리 승계 여부를 판단하기 위해 발명의 내용을 평가하는 소정의 과정을 거친다. 즉, 발명 평가 위원회 운영 및 발명 등급 평가 등의 내부 검토 과정이 바로 "발명신고 및 소속기관 검토 단계"에서 이루어진다.

통상 발명의 등급에 따른 처리 규정에 따라 직무발명 불승계, 출원 유보, 국내 출원, 해외 출원 (등급에 따라 출원 국가 조정) 등으로 결정된다. 출원 유보란 직무발명에 대한 권리를 사용자가 승계하였음에도 불구하고, 출원하지 아니하거나 출원을 포기 또는 취하하는 경우를 의미하며, 이 경우에도 사용자 등은 발명 신고자에게 출원 유보에 따른 정당한 보상을 해야 한다 (발명진흥법 제 16조 참조).

그림 3-13 직무발명 신고 및 후속 절차

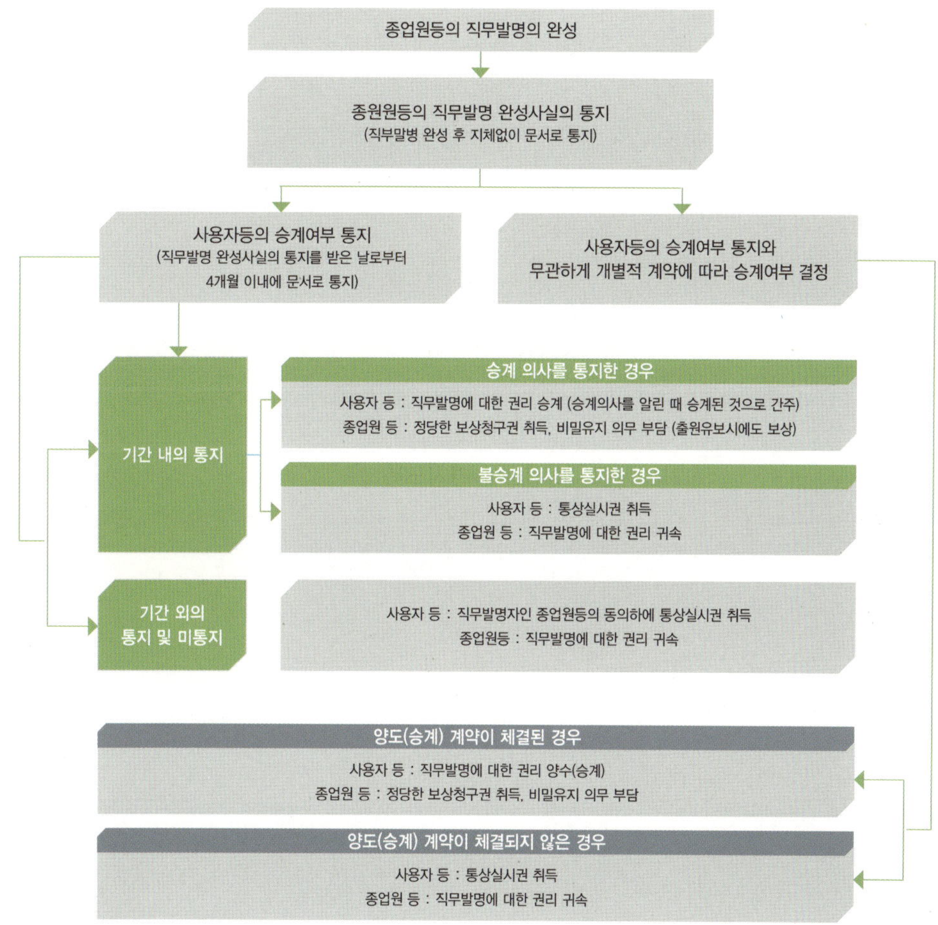

출처: 한국발명진흥회

사용자가 해당 발명에 대한 승계를 포기한 경우에는 종업원 등의 동의를 받지 아니하고는 통상 실시권을 가질 수 없다. 한편, 사용자가 해당 직무 발명의 승계를 포기하였다고, 무조건 종업원 등이 임의로 특허 출원을 할 수 있는 건 아니다. 특허 출원은 대중에 공개(출원 후 1년 6개월 후)하는 것을 전제로 한 것으로, 종업원 등이 영업 비밀에 해당하는 기술을 사용자 동의 없이 공개할 수 없기 때문이다. 부정경쟁 방지 및 영업비밀에 관한 법이 규율한다. 그럼에도 불구하고, 직무발명 외의 발명에 대하여 사용자가 미리 특허권 또는 특허권을 받을 수 있는 권리를 승계시키거나, 사용자를 위해 전용실시권을 설정하도록 하는 계약이나 취업 조항은 무효로 규정하여 발명자의 권리를 보호하고 있다(발명 진흥법 제 10조 3항).

단원요약

- 아이디어란 어떤 일에 대한 구상으로 고안, 생각, 착상을 의미하는 것으로, 특허를 받을 수 있을 정도로 구체화 되어야 비로서 발명이 완성된다.
- 특허 받을 수 있는 발명은, 자연 법칙을 이용한 기술적 사상으로 창작성과 고도성이 인정되어야 한다.
- 선행기술조사를 아이디어 착상 단계에서부터 시작하여 타인의 발명과 차별되는 발명을 완성하도록 한다.
- 과학기술 논문은 So What과 Why에, 과제 보고서는 So what에 중점을 두지만, 발명서는 So What 보다는 How을 중점으로 작성해야 한다.
- 직무 발명이 있는 경우 고용주에게 신고를 하고, 고용주로부터 해당 발명의 승계 또는 출원 유보의 의사를 확인해야 한다.

핵심용어 정리

학습하기

1. 창업 준비 또는 창업 후 사업 중인 기술 분야(또는 장래에 관심 있는 기술 분야)에서 특허 받고자 하는 아이디어를 선정하고, 발명서에 들어갈 내용의 요지를 적어보자. 아래에 제시된 기준을 적용하여, 특허 받을 만한 발명인지에 대해 단원을 복습을 하면서 토론해보자

1) 아이디어 착상 단계를 벗어난 구체성 있는 발명에 이르렀는지
2) 자연법칙을 이용한 아이디어 인지
3) 기술적 사상에 해당하는지
4) 기술적 사상에 창작성이 있는지
5) 기술적 사상이 고도한지

2. 관심 특허와 내용이 동일/유사한 논문, 기술 보고서를 찾아 what-how-so what-why 차트에 핵심 내용을 작성해보고, 3가지 논문, 기술 보고서, 특허 각각의 장르적 차이점에 대해 토론을 해보자

	What	How	So-What	Why
논문				
기술보고서				
특허명세서				

3. 특허/논문 검색사이트를 통해 본 발명과 가장 근접한 선행 기술 3건을 찾아 리스트업하고, 본 발명과 대비되는 구성요소를 찾아 아래 표를 작성해보자

	What	How	So-What	Why
논문				
기술보고서				
특허명세서				

4. 본인의 관심 발명이 직무발명에 해당하는지 토론해보자. 직무발명에 해당한다면, 직장 내에서 어떤 절차를 통해 출원 결정이 되는지 확인 후 토론해보자

참고문헌

- 한국지식재산연구원, 신지식재산권의 동향조사 및 효율적 정책 대응 방안, 신지연外 2010
- GAO analysis of United States Patent and Trademark Office Data
- Patently O 2018. Jan. 4
- "Genre in Writing: The Most Important Question" by Valerie Francis
- Ovarian Cancer Canada
- Physical Review Style and Notation Guide
- 연구재단 별지 제 6호서식 연구개발 최종보고서 中 본문 목차

Part 03. 지식재산 창출 및 활용

02 출원 명세서 작성

2. 출원 명세서 작성

발명서를 바탕으로 특허 사무소는 출원 명세서를 작성한다. 특허 출원 명세서는 기술보고서의 특징, 법률 문서의 특징, 신청서(Proposal)의 특징을 모두 포함한다. 기술적 문제해결 수단 및 방법이 기재된다는 점에서 기술보고서의 특징을, 특허권을 허여 받기 위해 특허청에서 권리 범위를 심사 받고, 등록 시 해당 특허 권리를 입증한다는 점에서 법률 문서로서의 특징을, 해당 관청에 특허권을 허여 받기 위해 신청서 역할을 한다는 점에서 신청서의 특징을 지닌다. 최소 3가지 이상의 장르적 특성을 포함하는 고도의 전문성이 요구되는 글쓰기라 할 수 있다. 발명자는 본인의 발명 임에도 불구하고, 완성된 특허 출원 명세서를 읽기 어렵다고 한다. 당업자가 사용하는 기술 용어는 추상적이고 일반화된 특허 용어로 변경되고, 권리 범위를 분명히 하기 위해 판례에서 인정된 법률 용어가 사용되기 때문이다.

특허 출원 명세서는 크게 초록, 제목, 발명의 상세한 설명, 그리고 청구항으로 구성된다. 필자가 공동 발명자로 되어 있는 공개 특허 2016-0029186를 예를 들어서 특허 출원 명세서의 작성법에 대해 소개하고자 한다. 해당 특허는 색약자를 위해 디스플레이 기기의 색상을 보정하는 방법 및 장치에 관한 것이다.

2.1 서지사항 및 발명의 명칭

특허 출원 시 입력한 서지 사항은 특허 명세서 커버 페이지에 기재되어 공보를 통해 공중에 공개된다 (그림 3-14). 특허 공개 공보의 서지사항으로는 11번에는 공개 번호, 43번에는 공개 특허공보가 공개된 일자, 21번에는 출원 번호, 22번에는 출원한 일자가 표시된다. 심사 청구는 출원 시 진행하지 않아 심사청구일자는 없음으로 표시하고 있다. 대한민국특허청은 심사청구 제도를 운영하고 있어, 출원일로부터 3년 동안 특허청 심사의 신청을 유보할 수 있다.

만약, 출원 시 심사청구하게 되면, 심사 적체 상황에 따라 달라지지만, 평균 10개월 이내에 심사가 진행된다. 71번은 출원인, 72번에는 발명자 이름과 발명자를 특정하는 주소가 표시되고, 74번에는 출원 절차를 대리하는 특허 사무소 명칭 또는 개인이라면 개인 이름이 기재된다.

54번 발명의 명칭은 57번 요약과 마찬가지로 특허의 주요 서지 사항이며, 특허 출원 또는 등록 명세서를 특정 하는 용도로 특허 검색 시 주로 활용된다. 발명의 제목을 협소하게 설정할 경우, 특허의 권리 범위 해석에 부정적인 영향을 줄 수도 있기 때문에 지나치게 구체적으로 설정하지 않도록 작성한다. 하기 사례에서는 "표시장치"로 간단히 발명의 명칭이 정하졌다.

그림 3-14 출원 명세서 커버 페이지

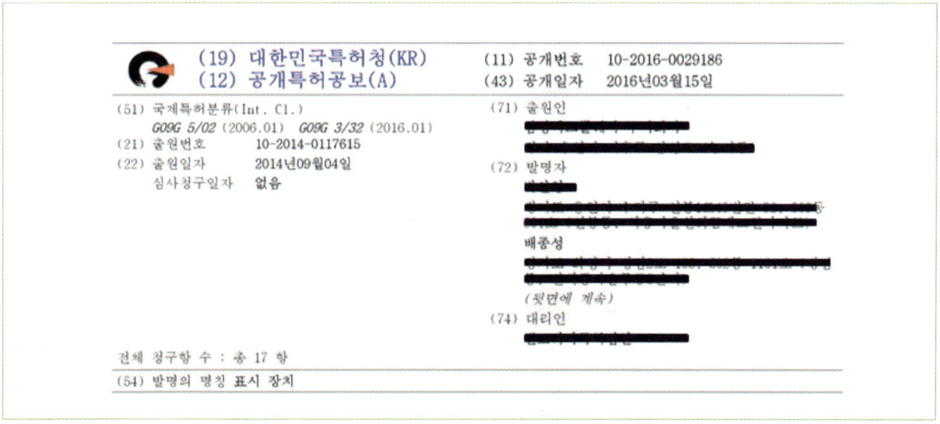
(19) 대한민국특허청(KR)
(12) 공개특허공보(A)
(11) 공개번호 10-2016-0029186
(43) 공개일자 2016년03월15일
(51) 국제특허분류(Int. Cl.)
G09G 5/02 (2006.01) G09G 3/32 (2016.01)
(21) 출원번호 10-2014-0117615
(22) 출원일자 2014년09월04일
심사청구일자 없음
(71) 출원인
(72) 발명자
배종성
(뒷면에 계속)
(74) 대리인
전체 청구항 수 : 총 17 항
(54) 발명의 명칭 표시 장치

2.2 요약 및 대표도

특허 명세서에 기재하는 요약은 특허의 권리 범위에 영향을 미치지 않는다. 요약을 필수적으로 작성하는 이유는 특허 출원 명세서가 출원일로부터 1년 6개월 후 공중에 공개되었을 때, 선행기술 검색사이트에서 검색을 하기 위함이다. 특허 출원인 입장에서 요약은 권리범위에 영향을 미치지 않으므로 과도하게 작성할 필요는 없다. 하기 그림 3-15에 특허 공개 공보 사례에서 나타내었듯이, 57번 요약부에 독립 청구항 1항을 구성하는 발명의 가장 기본적인 요지를 기재하곤 한다. 본 사례에서는 3색(통상 R, G, B)으로 표시되는 디스플레이 패널에서 색약자 모드일 경우, 적어도 한 색의 영상 신호를 다른 영상 신호에 비해 높은 계조로 표시한다는 내용으로 가볍게 기술하고 있다. 첫 페이지 요약부 하단에는 발명을 상징적으로 표현하는 대표적인 도면을 하나 기재한다.

그림 3-15 특허 공개 공보 10-2016-0029186의 요약 및 대표도

(57)요 약

본 발명의 일 실시예에 따른 표시 장치는, 제1 색, 제2 색 및 제3 색을 각각 표시하는 복수의 화소를 포함하는 표시 패널; 및 입력 영상 신호를 처리하여 상기 표시 패널을 제어하는 신호 제어부;를 포함한다. 색약모드에서, 상기 제 1 내지 제3 색 중 적어도 한 색은 상기 입력 영상 신포의 입력 계조보다 높은 계조로 표시되고, 나머지 색은 상기 입력 영상 신호의 입력 계조와 동일한 계조로 표시된다.

대 표 도 – 도3

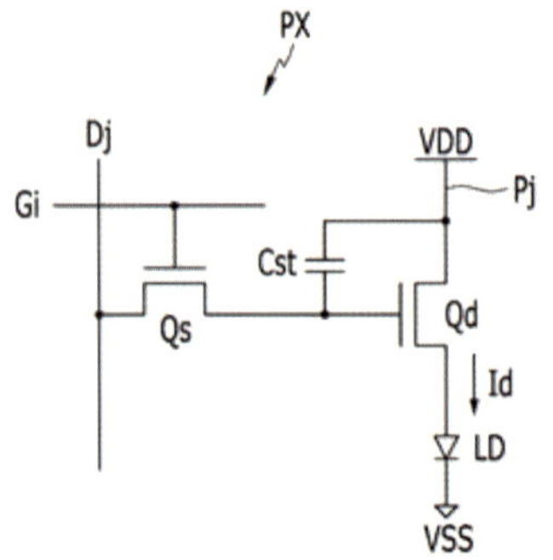

2.2 ____ 청구항

특허 청구항은 출원인이 특허청 심사를 통해 특허권을 얻고자 하는 바를 법률적으로 작성한 것으로, 일련의 번호를 붙여 복수개의 청구항을 창설할 수 있다. 각각의 청구항은 등록 허여 시 개별 권리로 인정받는다. 따라서, 청구항마다 개별적으로 심사가 이루어지며, 어느 청구항 하나가 거절되었다고 하여, 다른 청구항이 영향을 받지는 않는다. 다만, 복수의 청구항 간에 인용관계가 있을 경우, 인용 청구항이 거절되었는데, 피인용 청구항이 허여될 수는 없다. 인용 청구항이 피인용 청구항의 구성요소를 모두 승계하는 동시에, 새로운 구성요소를 부가하거나 한정하기 때문이다.

그림 3-15 특허 공개 공보 10-2016-0029186 청구범위

명세서

청구범위

청구항 1

제1 색, 제2 색 및 제 3색을 각각 표시하는 복수의 화소를 포함하는 표시 패널; 및

입력 영상 신호를 처리하여 상기 표시 패널을 제어하는 신호 제어부;를 포함하며,

색약 모드에서, 상기 제1 내지 제3 색 중 적어도 한 색은 상기 입력 영상 신호의 입력 계조보다 높은 계조로 표시되고,

나머지 색은 상기 입력 영상 신호의 입력 계조와 동일한 계조로 표시되는 표시 장치.

청구항 2

제1항에서,

일반 모드에서, 상기 제1 내지 제3 색은 상기 입력 영상 신호의 입력 계조와 동일한 계조로 표시되는 표시장치.

청구항 3

제2항에서,

상기 신호 제어부는 입력 영상 신호를 변환하여 보정 영상 신호를 생성하는 영상 변환부를 포함하는 표시 장치.

청구항 4

제3항에서,

상기 신호 제어부는,

상기 입력 영상 신호를 수신하는 영상 입력부; 및

상기 입력 영상 신호 또는 상기 보정 영상 신호에 기초하여 영상 데이터를 생성하는 영상 처리부;

청구항 5

제4항에서,

상기 영상 처리부는, 일반 모드에서 상기 영상 입력부로부터 입력 신호를 전달받아 영상 데이터를 생성하고,

색약 모드에서는 상기 영상 처리부로부터 보정 영상 신호를 전달받아 영상 데이터를 생성하는 표시 장치.

청구항 6

제2항에서,

상기 제1 내지 제3 색은 시분할되어 순차적으로 표시되는 표시 장치.

청구항7

제6항에서,

색약 모드에서, 한 프레임 동안, 상기 입력 계조보다 높은 계조로 표시되는 적어도 한 색은 상기 나머지 색보다

길게 표시되는 표시 장치.

청구항 8

제7항에서,

색약 모드에서, 한 프레임 동안, 상기 나머지 색을 표시하는 화소는 상기 입력 계조에 대응하는 데이터 전압보다 높은 데이터 전압을 인가 받는 표시 장치.

청구항 9

제6항에서,

색약 모드에서, 한 프레임 동안, 상기 제1 내지 제3 색은 균등하게 시분할되어 순차적으로 표시되고,

상기 입력 계조보다 높은 계조로 표시되는 적어도 한 색을 표시하는 화소는 상기 입력 계조에 대응하는 데이터 전압보다 높은 데이터 전압을 인가 받는 표시 장치.

청구항 10

제2항에서,

일반 모드와 색약 모드를 선택하기 위한 모드 선택부를 더 포함하는 표시 장치.

청구항 11

제1항에서,

상기 표시 장치는 유기 발광 다이오드인 발광 소자를 포함하는 표시 장치.

청구항 12

복수의 단위 화소를 포함하고, 각각의 단위 화소는 제1 색 화소, 제2 색 화소 및 제3 색 화소를 포함하는 표시 패널을 포함하며,

상기 단위 화소는 상기 제1 색, 제2 색 및 제3 색 화소 중 어느 한 화소가 표시하는 색과 동일한 계열의 색을 표시하는 추가 화소를 더 포함하는 표시 장치.

청구항 13

제12항에서,

상기 추가 화소가 표시하는 색은 상기 어느 한 화소가 표시하는 색과 동일한 파장의 스펙트럼을 가지는 표시장치.

청구항 14

제 12항에서,

상기 추가 화소가 표시하는 색은 상기 어느 한 화소가 표시하는 색과 다른 파장의 스펙트럼을 가지는 표시장치.

청구항 15

애노드와 캐소드 사이에, 제1 색 발광층, 제2 색 발광층 및 제3색 발광층이 적층되어 잇는 발광층을 포함하며,

상기 발광층은 상기 제1 색, 제2 색 및 제3 색 발광층 중 어느 한 발광층이 내는 색과 동일한 계열의 색을 내는 추가 발광층을 더 포함하는 표시 장치.

청구항 16

제15항에서,

상기 추가 발광층이 내는 색은 상기 어느 한 발광층이 내는 색과 다른 파장의 스펙트럼을 가지는 표시 장치.

청구항 17

제 15항에서,

상기 캐소드 위에, 제1 색 필터, 제2 색 색필터 및 제3 색 색픽터를 포함하는 표시 장치.

특허 공개 공보 10-2016-0029186의 청구범위를 그림 3-16에 나타내었다. 청구항 1항부터 17항까지를 표시하고 있는데, 청구항 간의 포함 관계를 분석하여 Tree 구조로 다이어그램으로 나타내면 그림 3-17과 같다. 청구항 1, 청구항 12, 청구항 15는 Tree 포함 관계의 최상위에 배치되는 청구항으로 독립 청구항이라 정의하고, 상기 3항을 제외한 나머지 청구항을 종속 청구항이라고 한다.

그림 3-15 특허 공개 공보 10-2016-0029186 청구항 구조 Tree 다이어그램

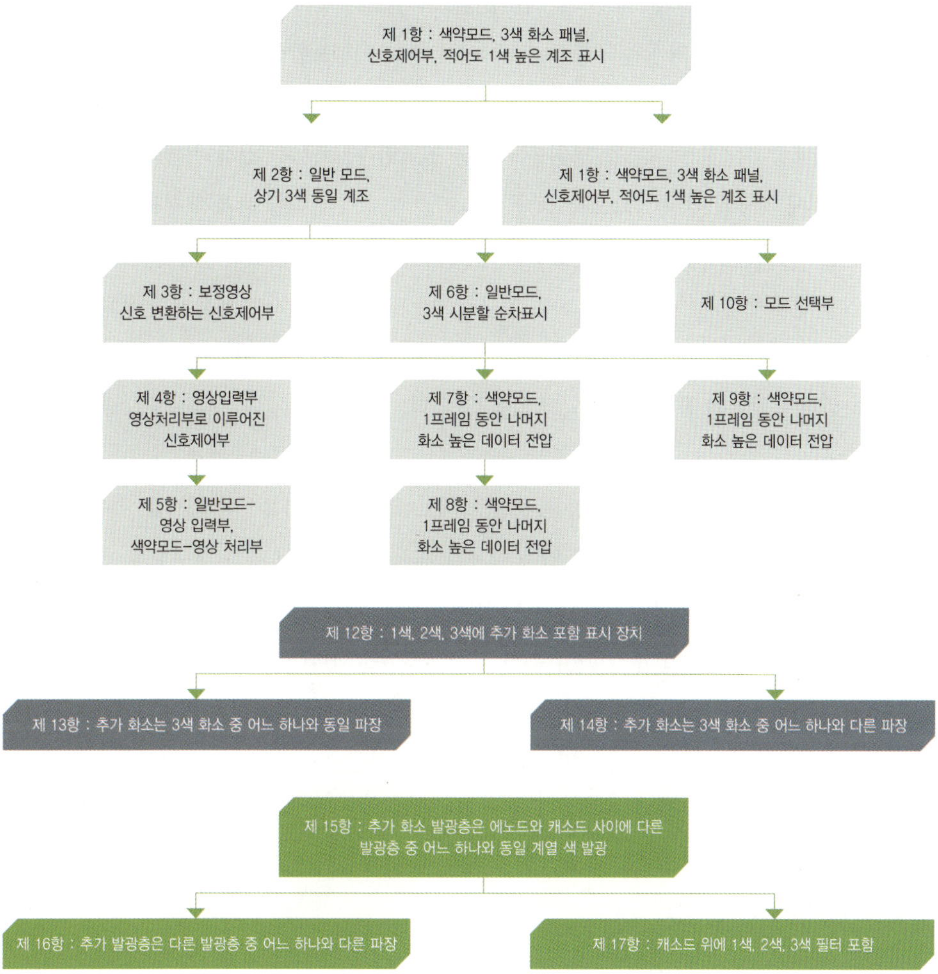

각 청구항은 독립된 권리 범위로 인정 받기 때문에, 특허청 심사에서 청구항 별로 허여 또는 거절 된다. 청구항이 Tree 구조의 인용 관계로 작성되는 이유는 청구항마다 문단을 반복하여 작성해야 하는 불필요한 중복 기재를 피하고자 하는 이유와, 포함관계를 명확히 하여 출원인, 심사관, 공중이 권리범위를 해석하는데 유용하게 활용하기 위함이다.

특허권의 권리 범위를 넓이로 표현하자면, Tree의 상위 쪽, 즉 독립항 쪽으로 갈수록 권리범위가 넓고, 인용 관계의 하위쪽으로 내려갈수록 권리범위가 좁다. 한편, 넓은 권리 범위는 특허청 심사과정에서 등록을 허여받기 어렵고, 좁은 권리 범위 일수록 허여 받기는 쉽다. 그러나, 반대로 등록을 허여 받기 어려운 넓은 권리 범위의 청구항이 좁은 권리 범위의 청구항 보다 활용 가능성은 높다. 특허 등록 가능성과 특허 활용 가능성은 반비례하는 Trade-Off 관계에 있다.

여기서, 특허 권리 분석에서 가장 중요한 Golden Rule은 구성요소 완비의 법칙(All Element Rule)이다. 침해품이 특허 청구항에 기재된 구성요소 전부를 실시해야 침해가 인정된다는 원칙이다. 침해품이 청구항에 기재된 구성 요소 중 어느 하나라도 포함하지 않는다면 침해가 성립되지 않는다. 판례에 따르면, "특허권 침해 소송의 상대방이 제조 등을 하는 제품 또는 사용하는 방법(이하 침해대상제품 등)이 특허발명의 특허권을 침해한다고 할 수 있기 위해서는 특허발명의 특허청구범위에 기재된 각 구성요소와 그 구성요소 간의 유기적 결합 관계가 침해대상제품 등에 그대로 포함되어 있어야 한다(대법원 2010다 65818)"라고 한다. 따라서, 청구항에 기재된 구성요소는 인용 관계에 있는 청구항에서 하위 청구항으로 갈수록 늘어가기 때문에 구성요소 완비의 법칙에 따라, 넓은 권리 범위를 가지는 상위 청구항에는 침해가 성립되지만, 좁은 권리 범위를 가지는 하위 청구항에는 침해가 성립되지 않을 수 있다.

한편, 등록된 특허를 통해 특정 상용 제품을 상대로 특허 침해 가능성이 있거나, 특허 침해 소송이 제기된 경우에는, 피고의 위치에 있는 상용품 제작자는 등록된 특허 청구항에 제시된 모든 구성요소가 특허 출원일 이전에 세상이 이미 공개된 내용이므로, 해당 선행 문헌이 검토되지 못하고 부당하게 등록되었음을 주장하여, 특허 청구항을 무효화하는 심결 또는 판결을 특허청 또는 법원으로부터 받을 수 있다. 따라서, 특허 활용 가능성과 특허 유효성은 반비례 관계에 있다. 구성요소를 청구항에 많이 붙이게 되면, 특허 등록 가능성은 높아지고, 유효성은 증가하는 효과가 있지만, 권리 범위가 좁아져 활용 가능성은 낮아진다. 반대로, 구성요소를 청구항에 적게 붙일수록, 등록 가능성은 낮아지고, 유효성은 낮아져 심사 대응이 어려워지나, 일단 등록 받게 되면 활용가능성은 커지게 된다.

2.4 ____ 발명의 설명

기술 분야

기술 분야를 이해하기 쉽도록 간단하게 기재한다. 특허청에서는 기술 분야에 기재된 내용을 읽고 특허를 분류 하고, 특허 공보의 독자들이 발명의 기술을 잘 이해하도록 보조하는 의미로 작성된다.

배경 기술

배경기술에는 해당 발명이 속하는 구체적인 기술분야의 선행 기술을 소개하고 그 내용을 간략히 적는다. 지나치게 상세하게 작성하거나, 선행기술 대비한 본 발명의 요지를 어느 한 측면에서만 비추게 되면, 권리 범위가 축소되어 해석될 여지가 발생한다. 한편, 지나치게 단순히 작성할 경우, 특허 명세서를 읽는 심사관 또는 공보의 독자들이 발명의 차별성을 이해하는데 장애가 되므로, 최소한의 선행 기술이 기재될 수 있도록 최소한의 기재를 의무화하고 있다. 특허법 제 42조 제 3항 2에 따르면 "그 발명의 배경이 되는 기술을 기재할 것"이라고 규정하고 있고, 심사 지침에 따르면 "배경이 되는 기술의 문헌 정보는 그 문헌의 명칭, 발간일, 발명의 배경이 되는 기술이 적혀있는 페이지 등의 정보를 가급적 구체적으로 적어야 된다"고 한다. 해당 기술 분야의 종래 기술 축적의 정도, 출원인 또는 발명자의 연구개발 활동 정도 등을 고려하여 배경 기술의 기재 요건을 판단하고, 요건이 충족되지 못할 경우에는 거절 이유를 통지하도록 하고 있다.

2.5 발명의 내용

해결하려는 과제

발명의 목적을 간단하게 기술한다. 발명을 간단히 표현하자면, 문제를 정의한 뒤, 그 문제를 자연법칙을 이용하여 해결하는 수단과 방법을 기술적 사상으로 고안하는 것이다. 발명이 해결하려는 과제는 곧 그 발명의 목적이라고 할 수 있다.

과제의 해결 수단

발명이 해결하려는 과제는 발명의 목적이므로, 과제의 해결 수단은 곧 발명 그 자체를 의미한다고 볼 수 있다. 발명의 핵심이 청구항에 집중되므로, 청구항을 모두 작성한 다음에 카피해서 붙인 다음 읽기 쉬운 문장으로 다듬어 사용하는 경우가 많다.

발명의 효과

발명을 수단으로 발명의 목적을 달성할 경우, 산업적으로 어떤 이로운 효과를 얻을 수 있을지에 대해 기재한다. 보고서나 논문에서는 발명의 효과가 중점으로 기재되겠지만, 1장의 발명의 장르적 특성에서 상세히 소개한 바와 같이, 특허 명세서에서는 발명의 효과 부분은 발명의 진보성 등을 판단하기 위한 2차적인 또는 보조적인 근거로 활용된다.

도면의 간단한 설명

도면은 일련번호로 순서를 내어, 발명의 내용 뒷부분에 첨부한다. 도면의 간단한 설명에는 일련번호가 매겨진 각 도면이 나타내고자 하는 바를 설명하는 캡션을 한 줄씩 기재한다.

발명을 실시하기 위한 구체적인 내용

특허의 권리 범위는 청구항 해석을 통해 가능하다. 단어 하나, 문장 하나를 어떻게 작성 하느냐에 따라 특허의 품질이 좌우될 정도로 특허 클레임 작성은 중요한데, 청구항 해석에 있어 발명의 상세한 설명은 최우선적인 근거로 활용되는 핵심 파트이다. 클레임 해석에서 차선적으로 이용되는 것은 법정에서의 전문가 증언이나, 해당 기술분야의 일반적인 의미 등이 있다.

도면을 하나씩 참조하면서, 도면에 담겨있는 발명이 어떤 구성요소로 이루어져 있는지, 각 구성요소는 어떤 상호 작용을 하면서 시스템적으로 동작 하는지 등을 상세히 기술한다. 발명의 구성요소는 도면에 일련의 도면 부호로 표시하고, 발명의 구성요소를 참조할 때에 도면 부호를 표시하여 내용적으로 매칭이 되도록 한다. 특허법에서는 청구항에 기재된 모든 발명의 구성요소가 도면에 기재되도록 요구하고 있다.

부호의 설명

발명의 구성요소를 지시하는 일련의 번호와 구성요소의 명칭을 쉽게 참조할 수 있도록 일목요연하게 나타낸다. 하기 그림 3-18에 부호의 설명 예시를 나타내었다.

그림 3-18 특허 공개 공보 10-2016-0029186 부호의 설명

부호의 설명

191: 애노드 | 230: 색 필터
270: 캐소드 | 300: 표시 패널
361: 청색 발광층 | 362: 녹색 발광층
363: 적색 발광층 | 370: 전하 생성층
400: 게이트 구동부 | 500: 데이터 구동부
600: 신호 제어부 | 610: 영상 입력부
620: 영상 변환부 | 630: 영상 처리부
700: 모드 선택부 | 800: 저장부

도면은 발명의 상세한 설명의 한 부분이라 할 수 있다. 다만, 글이 아니라 도면 및 도면 부호로 발명의 구성요소를 설명하는 데에서 차이가 있다. 도면은 물리적 형상이나, 화학적 구조를 통해 발명을 설명하는데 있어 필수적인 경우 반드시 제출해야 하며, 방법 발명의 경우에는 흐름도나 블록선도 등을 이용한다. 데모품이나 시제품이 있는 경우에는 그 시제품을 만들기 위해 작성한 도면을 그대로 또는 간략한 도면으로 수정하여 사용할 수 있고, 아직 제품 구현을 하지 못한 단계에서는 출시를 위해 계획중인 제품을 가정하여 도면을 작성한다. 반드시 현실에서 시제품으로 구현한 설계도가 아니라도 가능하다.

발명의 모든 구성 요소는 고유한 일련의 참조 번호와 함께 명세서 및 도면에 표시하여야 하고, 필요시 참조 부호와 그 참조 부호가 지시하는 발명의 구성요소를 지시선으로 표현한다. 도면은 컴퓨터 프로그램을 통해서 그리는 것이 일반적이나, 손으로 작성하거나, 사진이나 시뮬레이션 결과라도 설명하는데 지장이 없다면 문제 되지 않는다. 단, 특허 출원 명세서의 도면은 설계도와 같이 축척율이 중요하지 않으므로, CAD등의 난이도 있는 프로그램을 사용할 필요는 없다. 윈도우나 맥북의 기본 사양으로 보급되어 있는 오피스나 그림판 프로그램으로도 충분히 작성 가능하다. 도면 3-19에 예시를 나타내었다.

그림 3-19 특허 공개 공보 10-2016-0029186 도면 1

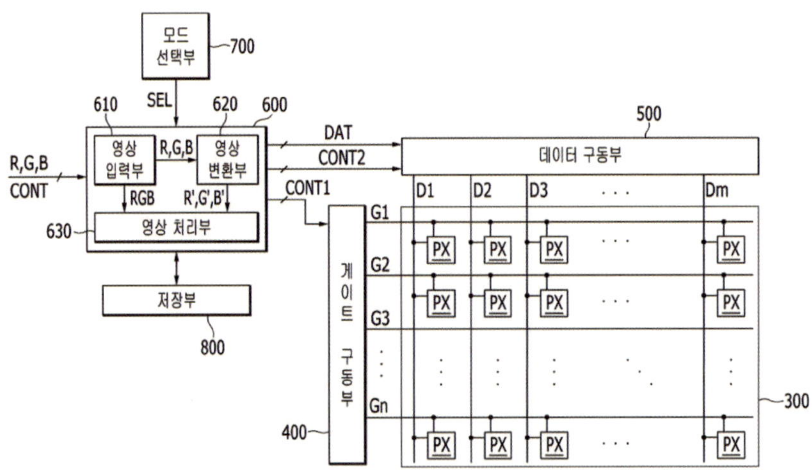

2.4 특허청 절차 (출원/심사/등록)

특허청은 출원인의 자격에 따라 특허 출원 절차에 따른 수수료 전체 또는 일부 면제 정책을 취하고 있다. 표 3-5에 특허청 수수료 감면 제도를 정리하여 나타내었다.

표 3-5 특허청 수수료 감면 제도

감면대상자	감면율	감면대상수수료
– 의료급여수급자, 국가유공자, 5.18민주유공자, 독립유공자, 참전유공자, 고엽제후유증환자, 학생, 장애인, 만6세 이상 만 19세미만, 군사병,공익근무요원, 전환복무수행자 * 연 10건 초과시 개인 감면	면제 (100%)	출원료, 심사청구료, 최초 3년분 등록료, 적극적 권리범위 확인 심판청구료는 70% 감면 *1출원에 특허 · 실용신안 심사청구 료를 면제 받을 수 있는 청구항 30개 이하로 지정
– 만 19세 이상 만 30세 미만인 자 – 만 65세 이상인 자 * 연 20건 초과시 출원료 30% 감면	85%	출원료, 심사청구료, 최초 3년분 등록료,적극적권리범위확인 심판청구료는 70%감면
– 개인, 소기업, 중기업 * 개인의 특허 · 실용신안 · 디자인 출원이 각각 연간 20건을 초과하는 경우, 출원료의 감면율을 30%로 적용	70%	출원료, 심사청구료, 최초 3년분 등록료, 적극적 권리범위 확인 심판청구료는 70%감면
– 공공연구기관, 전담조직, 지방자치단체 – 대기업*과 중기업 또는 소기업이 계약에 따라 공동 연구개발 통해 공동으로 특허(실용신안) 출원하는 경우 * 중소기업기본법 제2조의 규정에 의한 중소기업이 아닌 기업	50%	출원료, 심사청구료, 최초 3년분 등록료, 전담조직 적극적 권리범위 확인심판청구료 50% 감면
– 중견기업	30%	출원료, 심사청구료, 최초 3년분 등록료
– 개인,중소기업,공공연구기관,전담조직	30%	4년~존속기간까지 연차등록료
– 중견기업	30%	4~9년분 등록료
– 직무발명보상 우수기업 및 지식재산경영 인증기업으로 선정된 소기업, 중기업, 중견기업	20%	4~6년분 등록료

출처: 한양특허법인

학생 또는 청년 창업자의 경우 연령에 따라 수수료 감면을 활용할 수 있다. 만 65세 이상의 실버 창업자의 경우에도 85% 감면 혜택을 받을 수 있다. 감면 혜택을 받을 수 있는 최대 출원 건수의 제한은 있다. 유공 또는 장애 여부, 연령 혜택을 받지 못하는 창업예비자 또는 창업자라도 개인, 소기업, 중기업에 해당하는 경우가 대부분이므로 70% 감면 혜택을 받을 수 있다. 또한 등록료 또는 연차등록료에 대한 혜택도 받을 수 있다. 공공연구기관, 전담조직, 지방자치단체, 또는 대기업이라도 공동 연구 개발을 통해 특허를 출원하는 경우에는 50% 감면 제도가 있으니 활용 가능하다.

한국 특허청은 변리사가 아니라도, 누구나 출원 신청을 할 수 있다. 그림 3-20에 소개한 특허청 홈페이지(http://www.kipo.go.kr)의 "특허로" 사이트에 접속하여, 전자 문서로 서지 사항 및 특허 명세서를 업로드하고, 출원 수수료(관납료)를 납부하면 된다. 그러나, 발명자가 특허 관련 전문성이나 명세서 작성 경험이 보유한 특별한 경우가 아니라면, 출원 명세서를 직접 작성하는 것은 곤란하다. 출원 명세서 작성은 곧 특허의 품질이고, 고도의 전문성과 경력이 필요하기 때문이다. 또한, 비전문가인 경우 투자한 시간과 비용에 상당하는 결과를 결코 얻기 힘들다.

반면, 발명자는 특허 사무소 담당자와의 면담 및/또는 완성된 특허 출원 명세서 검토를 반드시 하기 바란다. 아무리 숙련된 특허 사무소 전문가라 하더라도, 타인의 생각을 바탕으로 문서를 작성하다 보면, 발명의 본질을 잘못 이해하거나, 세부내용에서 오류가 종종 발생하기 때문이다. 또한, 양질의 특허 명세서가 되기 위해 기술 용어에 대한 설명이나, 발명의 변형된 실시예를 추가하는 등 내용적으로 보완하는 것도 필요하다. 특허 명세서에서는 기술적 의미가 함축되고, 포괄적인 추상적 언어를 사용하므로, 명세서 언어 선택에 있어서도 특허 사무소 담당자와 발명자는 협의하는 것이 좋다.

그림 3-20 특허로 사이트 홈페이지

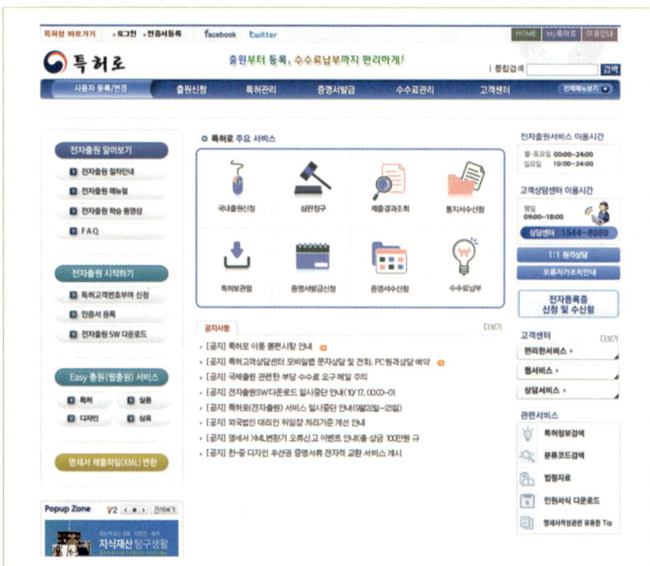

특허 명세서를 작성하는 단계에 출원 비용의 대부분이 책정된다. 행정적인 서비스를 대행하는 비용은 통상 10% 미만으로 미미하다. 그러나, 개인이 출원 시 행정 절차를 단독으로 진행하는 것은 쉽지는 않은 일이다. 시행착오로 시간도 많이 걸린다. 그러나, 특허청에서 개설해 놓은 "특허로" 매뉴얼을 잘 읽고 따라 해보면 개인 발명자가 홀로 출원 진행이 가능한 건 분명하다. 막히는 부분이 발생하면 고객 상담 센터에 전화를 하면 친절하게 설명해준다. 필자의 경험으로는 특허로 서비스는 특허 선진국인 IP5 국가(미국, 일본, 중국, 유럽, 한국) 중 다른 국가에는 찾아보기 힘든 좋은 서비스인 것 같다.

심사

특허 출원이 완료된 이후, 한국 특허청의 경우 평균 10개월 정도 후에 첫번째 심사 결과가 통지된다. 청구항별로 특허 등록 여부를 검토하며, 하나의 청구항이라도 거절 사유가 있을 경우, 거절통지서가 발행된다. 출원인은 거절 사유를 확인한 뒤, 청구항을 보정하여 다시 심사를 의뢰하거나, 거절된 해당 청구항의 등록을 포기하면 된다. 한국 특허청의 경우, 동일한 청구항에 대해 동일한 이유로 2번 거절될 경우, 권리범위를 축소 보정할 수 있는 마지막 기회를 갖게 된다. 심사과정에 불복할 경우, 특허청 심판원에 거절 불복 심판을 제기할 수 있다. 특허청 심판원에서는 등록된 특허의 무효 심판, 특허권의 권리범위확인 심판도 진행할 수 있다. 특허청 행정에 대한 사법적 1심의 성격을 가진다. 심판원에서의 심결에 대해 취소를 원하는 경우 특허법원에서 심결취소소송을 진행할 수 있다. 이 경우 2심에 해당합니다. 3심은 대법원에서 이루어지게 된다.

한국, 중국, 일본 등의 특허청에서는 심사청구제도를 법률로 정해 운영 중이다. 출원과 동시에 심사 청구 할 수 있고, 3년간 심사 청구를 유예할 수도 있다. 심사 청구를 하게 되면, 심사 착수 시점까지 약 10개월 정도 소요되고 있다. 따라서, 특허 권리를 빠른 시간에 확보하고 싶은 경우에는 출원과 동시에 심사청구를 하는 것이 좋고, 시장이 성숙되기를 최대한 기다려서 청구항의 권리범위를 확정하고 싶은 경우에는 심사청구 기한이 임박한 시점까지 기다렸다가 심사청구 하는 것이 좋다.

출원과 동시에 우선심사를 신청할 수도 있다. 심사 청구와 함께 우선심사를 제출해야 한다. 일정 요건이 만족되는 출원에 대해 심사청구 순위와 관계없이 다른 출원보다 먼저 심사할 수 있도록 한 규정이다. 우선 심사의 대상은 첫째, 출원 공개 후 제 3자가 업으로서 출원된 발명을 실시하고 있는 것으로 인정되는 출원(고시 제4조1호), 둘째, 우선심사 신청자가 출원된 발명에 대해 직접 선행 기술을 조사하고, 그 결과를 특허청장에게 제출한 경우(고시 제4조제2호), 셋째, 특허청장이 외국 특허청장과 우선심사하기로 합의한 특허출원(고시 제4조제3호), 넷째, 우선심사 신청자가 특허청장이 지정하는 선행기술조사전문기관 중 어느 하나의 기관에 선행기술조사를 의뢰하고, 그 결과를 특허청장에게 통지하도록 요청한 출원에 해당한다. 즉, 출원인 또는 타인이 실시할 것으로 인정되는 출원이나 선행기술조사를 출원인 또는 전문기관에 의뢰하여 결과를 첨부한 경우이다.

출원인 또는 타인 실시를 증명하기 위해서는 시제품 사진, 견본, 카달로그 제출이 필요하고, 출원인이 업으로의 실시가 이루어지고 있음은 거래명세표, 납품확인서, 공급계약서, 공장등록증 제출을 통해, 업으로서 실시 준비 중임은 투자실적, 대출실적, 실시에 관한 계약서 등을 제출함을 통해 입증하면 된다. 해외 출원을 하는 경우, 제 4조 2호 아목(조약에 의한 우선권주장의 기초가 되는 출원)을 외국특허청에 제출한 출원서 사본 제출을 하면 간단하게 해결될 수 있다. 상기 예에 해당하지 않고, 제 4조 2호에 열거된 방위산업, 녹색기술, 수출촉진, 벤처기업, 기술혁신형 중소기업, 국가의 신기술개발 지원사업, 품질인증사업에 해당되지 않는 경우에는 선행기술조사 보고서를 준비하여 제출하면 된다.

그림 3-21 특허 출원 후 심사 흐름도

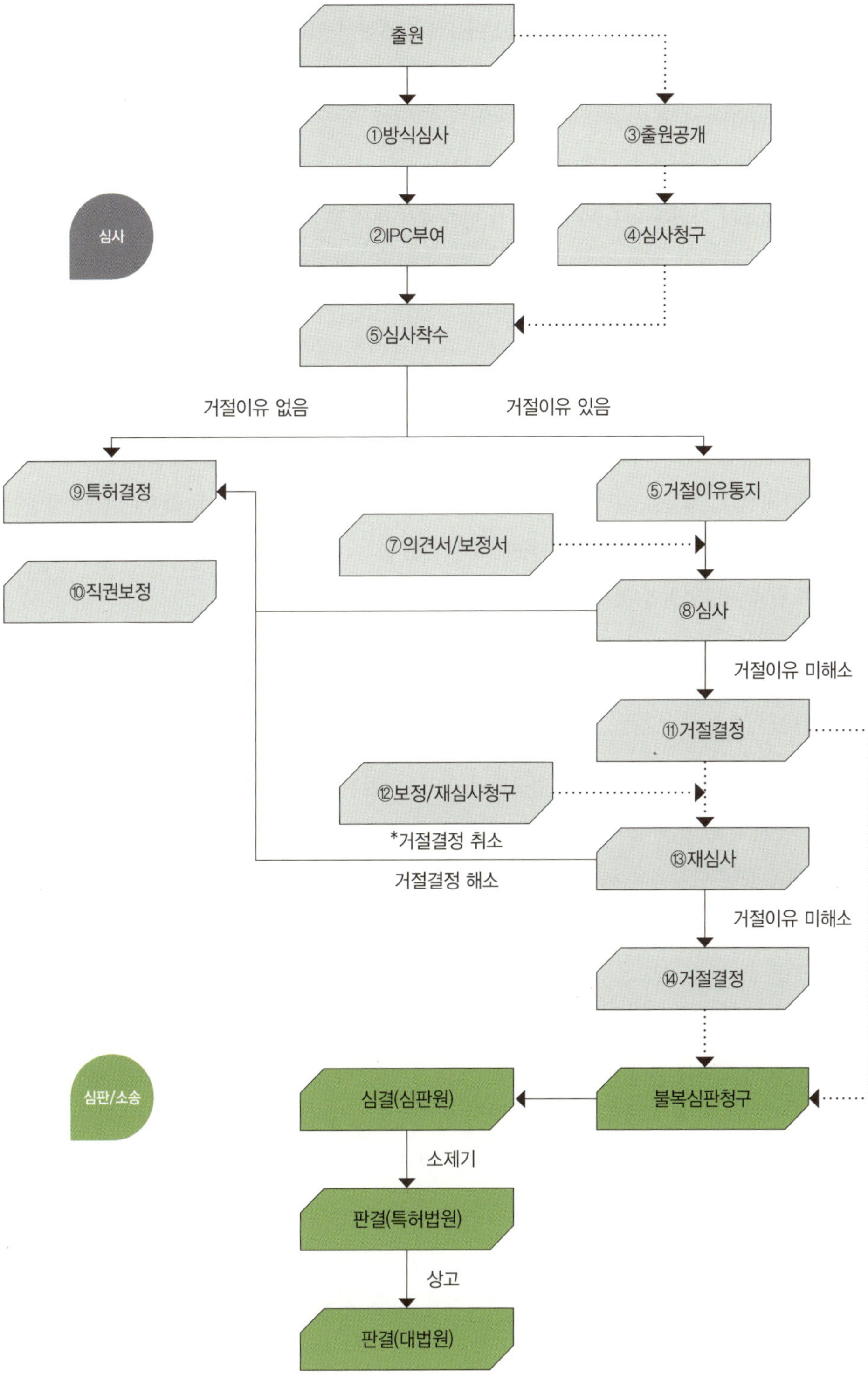

출처: 특허청 심사 실무 지침서 제 5부 심사절차

그림 3-21에 특허 출원 후 심사 프로세스를 나타내었다. 출원 관련 서류를 온라인으로 특허청에 제출하게 되면, 특허청에서는 방식 심사와 실체 심사를 진행한다. 심사 청구는 출원일로부터 3년 이내에 하면 된다. 심사관이 최초 거절이유를 발견하여 이를 통지하면, 출원인은 이에 대한 반박 의견서 또는 청구항 보정을 통해 신청하는 특허권의 권리범위를 조정할 수 있다. 최초 거절 이유가 해소되지 못할 경우 거절 결정과 함께 최후 거절 이유를 통지한다. 거절 결정을 받아들일 수 없는 경우, 거절결정불복 심판을 바로 신청하던지, 보정과 함께 재심사 청구를 통해 마지막 거절 이유 해소의 기회를 받을 수 있다. 각 단계에서 통지된 거절 이유는 해소하였으나, 기존에 통지 하지 않았던 다른 거절 이유를 발견한 경우에는 거절이유를 다시 통지 받는다. 재심사 이후에 거절결정불복 심판 신청도 가능하다.

거절결정 불복 심판은 심판원에서 진행하는 절차이며, 1심의 성격을 지닌다. 거절결정 불복 심판 심결에 항변하고자 하는 경우 특허법원에 거절결정심결 취소 소송을 제기할 수 있다. 2심의 성격을 지진다. 상고는 대법원에 제기할 수 있다. 거절결정에 대한 불복 소송은 전문 법원인 특허 법원에 제기하는 반면, 특허 침해에 대한 처분 또는 손해배상을 소구할 경우 민사 소송에 해당되며 관할 지방법원에 제기해야 한다.

등록 및 유지

특허 심사를 통해 등록이 허여된 청구항이 있고, 거절된 청구항에 대한 심사에 불복 하지 않을 경우, 특허 등록 결정서와 함께 송부된 납입고지서 및 영수증으로 납부기간내에 특허 등록료를 등록세와 함께 납부해야 한다. 특허는 등록일로부터 20년 동안 특허권이 존속된다. 그러나, 특허권이 존속되는 기간 동안의 특허권 유지료를 납부하여야 하며, 유지료를 납부하지 않을 경우 특허권을 포기하는 것으로 간주한다.

등록료 납부 방식은 국가별로 상이한데, 한국 특허청의 경우 등록료는 등록일로부터 특허권 존속기간 3년차까지에 해당하는 기간 동안의 연차료를 일괄 납부하도록 하고, 4년차부터는 매년 유지료를 별도 납부해야 한다. 유지 비용은 연차가 오래될수록 증가하도록 설계되어 있어, 특허를 적절히 활용하지 않고 보유만 하고 있는 특허권자에게는 많은 부담이 될 수 있다. 따라서, 다수의 특허를 보유한 기업은 등록 특허에 대한 평가를 통해 유지료를 내면서 계속 유지할 것인지, 포기할 것인지를 결정하는 것이 경제적인 측면에서 중요하다. 청구항별로 등록 또는 포기 가능하다.

단원요약

- 발명의 명칭을 협소하게 설정할 경우, 특허의 권리 범위 해석에 부정적인 영향을 줄 수 있기 때문에 지나치게 구체적으로 설정하지 않도록 하고, 포괄적인 의미로 기재한다.

- 요약 및 대표도는 출원 후 공개 공보 또는 등록 후 등록 공보를 통해 선행기술 검색 시 사용되는 것으로, 특허의 권리 범위에는 영향을 미치지 않는다. 지나치게 자세하게 작성할 필요는 없다.

- 청구항은 특허 권리를 허여 받고자 특허청의 심사를 받는 대상으로, 등록 시 청구항은 확정된다. 타인에 대한 권리 행사 시에는 권리 범위의 해석과 권리 증명의 도구가 된다.

- 발명의 설명은 발명의 기술 분야를 특허 기술 분류가 가능하도록 쉽고 간단하게 작성하며, 배경기술로서 선행 기술을 하나 이상 제시하고, 당해 발명과 대비되는 특징을 기술한다.

- 발명의 내용은 청구항을 뒷받침하는 출원명세서의 핵심 기재부로서, 발명의 해결하려는 과제, 과제의 해결 수단, 발명의 효과, 도면의 간단한 설명, 발명을 실시하기 위한 구체적인 내용, 부호의 설명, 도면을 가능한 최대한 상세히 작성한다.

- 한국 특허청에서는 특허 출원을 발명자가 직접 특허로 사이트를 통해 진행할 수 있다.

- 특허청 심사 과정은 특허 사무소에게 대리권을 위임하여 진행하는 것이 바람직하다. 단, 특허 사무소에게 전적으로 맡겨두지 말고, 담당자와 발명자 간에 심사 내용을 공유하고 대응 방안에 대해 반드시 협업하도록 한다.

- 특허권은 등록유지료를 특허청에 납부하는 한 유지된다. 등록 후 유지료 부담은 커지기 때문에 소정의 시간이 지나면 등록 특허의 활용성에 대해 정리하는 것이 좋다.

핵심용어 정리

서지사항 · 발명의 명칭 · 요약 · 대표도 · 청구항

과제의 해결 수단 · 발명의 해결하려는 과제 · 배경기술 · 기술분야

발명의 효과 · 도면의 간단한 설명 · 발명을 실시하기 위한 구체적인 내용 · 부호의 설명

등록유지료 · 등록 · 심사청구 · 심사 · 출원료 · 출원 · 도면

학습하기

1. 창업 준비 또는 창업 후 사업 중인 기술 분야(또는 장래에 관심 있는 기술 분야)에서 선행 기술에 해당하는 한국 등록특허 공보 1건(이하 선행특허)을 선정한다. 해당 건의 서지사항을 보고 아래 사항을 토론해보자

1) 출원일은 언제인가
2) 등록일은 언제인가
3) 출원인, 발명자는 누구인가
4) 발명의 명칭은 무엇인가

2. 선행기술 검색 사이트에서 해당 선행 특허의 한국 공개특허공보를 찾아보자. 1번의 등록특허 공보와 서지사항에서의 차이점이 있는지 확인한 후 토론해보자.

3. 동일 출원 건에 대한 한국 등록특허공보와 한국 공개특허공보의 특허 청구항을 비교해보고, 어떻게 변경되었는지 토론해보자.

4. 특허청에 출원된 한국 공개특허공보 1건에 대해 한국 등록특허공보가 몇 건이 가능한지 선행기술 검색 사이트에서 확인한 후 토론해보자. 하나의 출원 건에 대해 등록특허공보가 여러 건이 확인되는 경우를 찾아 그 이유에 대해 토론해보자.

참고문헌

- 한양특허법인
- Robert C. Faber (2010) 6th edit "Faber on Mechanics of Patent Claim Drafting"
- 특허청 심사 실무 지침서 제 5부 심사절차

Part 03. 지식재산 창출 및 활용

03_ 특허의 활용 (비즈니스)

3. 특허의 활용 (비즈니스)

특허권을 보유한 출원인이 등록된 특허를 실시하는 방법에는 출원인이 직접 특허 기술을 실시하는 경우와 타인에게 실시권을 부여하는 경우로 나눌 수 있다. 후자의 경우를 특허 라이선스 또는 실시권 허여라고 한다. 실시권 허여에는 하나의 기관에만 독점적으로 실시할 수 있는 권한을 부여하는 방식(전용실시권)과, 복수의 기관에게 실시권을 부여하는 방식(통상실시권)이 있다. 한편, 소유권 이전 관점에서 보면, 특허 전체 또는 일부의 소유권을 이전하는 특허권 매각/매입 방식이 있고, 특허 기술과 기업의 물적 동산 부동산과 인적 자원을 함께 또는 부분적으로 패키지화 하는 M&A방식이 있다.

직무발명인 경우 발명자가 속한 기관은 특허 기술을 직접 생산 또는 사용하는 통상실시권을 자동으로 취득한다. 단, 자유 발명에 대해서는, 소속 기관도 타인의 특허인 것과 같이 발명자로부터 통상실시권을 별도로 득해야 한다. 업을 위한 실시가 아닌 경우, 예컨대, 실험 목적인 경우에는 특허권자에게 별도의 허락 없이 누구나 사용할 수 있다.

특허법에는 선출원주의, 확대된 선출원주의가 있다. 먼저 발명했다는 것을 증명하는 것은 입증이 매우 어려운 사안으로, 선발명주의를 고수한 미국에서도 2011년 AIA(America Invent Act) 이후 선출원주의를 원칙적으로 도입했다. 선발명을 타투는 Interference는 비용이 많이 드는 절차이고, 통계상으로도 중소벤처기업 또는 개인 발명자의 승소율이 현저히 낮은 이유 때문이었다. 먼저 출원한 사람은 청구항에 기재된 권리범위에 대해 독점배타적인 권리를 얻는다. 따라서, 특허권을 쟁취한 기업은 경쟁사에 대한 기술적 우위를 선점하게 되고, 결과적으로 시장 경쟁력이 증가한다. 다만, 하나의 상품에 대해 한 가지 특허 기술이 아니라, 복수의 특허 기술이 적용되므로, 기업간 특허 전쟁에서는 실제 군사 전쟁에서 얼만큼 무기를 보유하고 있는가의 대결과 유사다. 따라서, 특허 포트폴리오 전략과 구축과 집단적인 활용이 중요하다. 그러나, 기술의 유용성이 없거나, 시장 전략이 없는 기술을 대량으로 출원하였다고 하여 포트폴리오가 구축되는 것은 아니다. 특히, 예비 창업자나 창업자는 재원이 부족하므로 기존 업계와 양적인 측면에서 승부할 수 없다. 아무리 큰 특허 소송에서라도 양측이 보유한 특허 수는 크게 의미가 없고, 결정적인 킬링 특허 한 두건으로 모든 것이 좌우된다. 따라서, 핵심 특허를 창출해야 하고, 핵심 특허를 중심으로 한 포트폴리오 구축에 사활을 걸어야 한다. 본 장에서는 창업자가 겪게되는 사업 단계별로 발생하는 주요 특허 이슈와 대처 방안에 대해 설명하고자 한다.

3.1 창업 단계

창업 단계에서 특허의 보유 여부는 해당 기업이 고유 기술을 가진 기업인지 여부를 보여주는 증거가 된다. 한 기업의 제품이 경쟁업체의 제품에 비해 기술 선점을 할 수 있다는 것은 기업의 주요 경쟁력이 된다. 특허는 투자를 받는데도 유리하다. 기업간 치열한 시장 경쟁에서 특허의 독점 배타적인 권리가 큰 역할을 할 수 있는 것을 알기에, 투자자들은 기업의 특허 보유 수준을 중요한 요소로 인식한다. 한편, 벤처기업 육성에 관한 특별조치법에 의거하여 벤처 기업으로 인증을 받게 되면, 창업, 금융,입지, 조세 감면 등 각종 지원을 받을 수 있다 (표 3-6).

표 3-6 벤처기업에 대한 우대지원제도 [출처: 한국중소기업인증지원센터]

구분		주요지원내용
창업	법인설립	설립자본금 5백만원 이상 * 일반기업은 5천만원 이상
	교수 · 연구원 창업	교수 · 연구원이 창업하거나 벤처기업 임원으로 근무하기 위한 겸임, 겸직, 휴직 가능
	신기술창업회사	대학 또는 연구기관이 보유한 기술의 사업화 지원
	산업재산권출자	현물출자 대상에 특허권, 실용신안권, 의장권 등의 권리 포함
금융	투자지원	벤처투자를 목적 조합 또는 회사에 출자하는 모태조합 결성 · 운영
		창투사 투자대상에 업력제한 없음 *일반기업은 창업후 7년이내
	연기금	과학기술진흥기금 투자가능
		보험회사는 창투조합 및 한국벤처투자조합에 출자가능
		국민연금기금 투자와 창투조합 및 한국벤처투자조합 출자가능
		우체국보험적립금의 1%이내에서 창투조합 출자가능
		사립학교교직원연금기금은 벤처기업에 대한 투자가능
	은행	산업은행 및 중소기업은행 벤처기업, 창투조합 등의 주식취득 무제한
	신용보증	–벤처기업에 대한 기술보증기금의 우선적 신용보증 –신용보증 심사 우대(보증 한도 50억원(일반 30억원),보증료율 0.2% 감면 기술력 및 신용도 우수 기업에 대한 연대보증 기준 완화
인력	스톡옵션	부여대상 확대 (외부전문인력, 발행주식 50%까지)
	유한회사	벤처기업인 유한회사의 사원총수 300인 이하 (일반기업은 50인이하)
	기업부설연구소 설립요건 완화	벤처기업 기업부설연구소를 설립시 연구전담요원 2인 (일반기업:5인)
	병역특례	–병역특례 연구기관 신청기회를 년 2회 부여 (일반기업은 1회) –산업기능요원 추천심사시 가점부여
	사외이사수의 예외	자산총액 1천억원 미만의 벤처기업은 사외이사수의 제한이 없음 (일반 코스닥 상장기업 사외이사 : 이사의 1/4이상)
연구		KOSBIR 프로그램을 통해 벤처기업에 대한 우선 지원
특허		벤처기업이 특허 및 실용신안 등록출원시 우선 심사대상

표 3-6 벤처기업에 대한 우대지원제도 [출처: 한국중소기업인증지원센터]

구분		주요지원내용
산업분야	항공우주산업에 관한 사업에 참여 자격 우대	
	벤처농업 육성 지원(벤처형 농업기술개발 지원)	
	환경친화적자동차의 개발에 관한 사업에 참여 가능	
	자연재해저감기술의 실용화를 촉진하기 위한 벤처기업 지원	
	벤처기업에 대한 산업디자인 개발사업 지원	
입지	창업입지	–실험실 창업 허용 (교수 · 연구원의 3000m2이하 실험실 공장등록) –BI입주한 창업 · 벤처기업의 공장 등록 허용
		대학 또는 연구기관 부지내 신기술창업집적지역 설치 가능
		대학내 설치된 실험실공장에 대한 지원
	집적시설	국공유재산매각 및 시설비용지원, 건축금지배제, 개발부담금면제
		벤처 전용단지 또는 벤처집적시설의 개발 · 설치에 필요한 토지를 개발사업시행자 · 설치자에게 매각하는 경우 5년간 분할납부 가능
		산업기술단지내 입지시설을 제한 예외 벤처집적시설 설치제한 완화
		토지와 그 정착물의 대부기간 연장(1~5년 → 20년) 및 분할 납부
		인구집적 유발시설 대상에 벤처집적시설을 제외하여 설립을 용이
		벤처집적시설의 대체초지조성비 전액 감면
M&A	주식교환및 합병	–임의적 주식교환 가능 (전략적 제휴시, 신주발행 부분적 주식교환) –반대 주주의 주식매수청구권 행사기간 단축 (20일 → 10일내) –합병절차 간소화 *합병결의일, 주총개최 통지기간 등
세제	소득세 감면	– 투자신탁의 이익 및 배당금에는 벤처기업 주식(출자지분) 거래나 평가로 인한 손익은 불포함(비과세)
		– 벤처기업의 기업부설연구소에서 연구활동에 직접 종사하는 자가 받는 연구보조비 또는 연구활동비 중 월 20만원 이내 금액에 대한 소득세 비과세
	창업세제지원대상	– 창업 후 3년이내에 '12.12.31까지 벤처확인 받은 기업에 한함 – 수도권과밀억제권역 이외 창업중소기업 중복세액감면적용 불가 – 감면기간중 벤처확인이 취소일이 속하는 과세연도부터 정상
	법인세/소득세감면	벤처확인 이후 최초 소득 발생 과세연/차과세연도 3년간 50% 감면
	등록세 면제	벤처확인일4년 이내에 취득하는 사업용 재산의 등기에 대한 등록세 면제
	취득세 면제	벤처확인일 4년이내에 취득하는 사업용재산에 대해 취득세 면제
	재산세 50% 감면	사업용재산 벤처확인일부터 5년간 재산세의 50% 감면
	지방세	벤처집적시설 사업시행자 취득 부동산(취득세/등록세 면제, 재산세 50%감면)
		과밀억제권역내 벤처집적시설 입주 취득세/등록세/재산세 중과 배제
	부가가치세	창투조합/한국벤처투자조합 제공 자산관리/운용용역 부가가치세면제
	M&A 세제	주식회사 법인이 벤처기업과 주식교환양도차익 처분까지 과세이연
		벤처기업의 합병시 이월결손금 승계를 통한 법인세 감면
	법인세 감면	자회사인 벤처기업으로부터 받은 수익금에 대해 익금 불산입
기타	코스닥 상장	상장심사시 우대 * 자본금 및 자기자본 이익률 기준 하향 적용, 설립 후 경과 년 수 및 부채비율 적용면제 등
	방송광고	벤처기업에 대해 TV, 라디오 광고비 70% 감면

국내 벤처 기업 수는 3만여 개(2018년)로 꾸준히 증가하고 있다. 기술보증기금이나 중소기업진흥공단중소부터 보증이나 대출을 받아 벤처기업으로 확인을 받는'보증 · 대출 유형'이 전체의 약 90%를 차지해 혁신성, 성장성이 높은 벤처기업이 선별되지 못한다는 문제점이 지적되어 왔다 (연구개발 6%, 벤처투자 4%). 즉, 공공 기관 업무의 특성상 기술 혁신보다는 대출 회수 가능성 등 재무적 시각에 우선해 벤처 선별이 이루어진다는 것이다. 2018년 입법 예고한'벤처기업육성에 관한 특별 조치법'개정안에 따르면, 이러한 벤처기업 확인 유형 중 '보증 · 대출 유형'이 폐지되고 '신기술 성장 유형'을 신설되며, 벤처 최종 확인 주체가 민간 전문가가 주축이 된 벤처확인위원회로 변경된다.

변경 전에는 기술성평가표 65점 이상 확보 또는 기술보증기금 또는 중소기업진흥공단의 B등급 이상의 평가 결과를 제출해야 했는데, 향후 개정안이 실행되면, 신기술 성장을 평가하기 위해 단순 지식재산의 보유 여부가 아니라, 기업이 어떻게, 누가, 어느 수준의 특허를 어떻게 활용하고 있는지 등 좀 더 입체적이고 실무적인 검토의 필요성이 민간 전문가들로부터 제기될 것으로 예상된다.

일반적으로 1)경영주의 기술 수준, 2)기술의 혁신성, 3)기술의 완성도 및 확장성, 4)시장 경쟁력을 평가하는데 주요 근거로 활용될 수 있다. 예컨대, 기술 창업의 창업주가 본인이 창업 아이템 관련 특허의 발명자인 경우와 아닌 경우는 차이가 크다. 단순히 기술의 혁신성을 입증하는데 그치는 것이 아니라, 경영주가 동업종에 대한 경험이나 지식이 얼만큼 많은지를 용이하게 증명할 수 있다. 기술의 완성도 또는 확장성, 시장 경쟁력을 평가하는 데 있어서도 창업자의 발명 여부, 특허 보유 여부가 전반적인 평가에 미치는 영향이 크다.

특허의 수준은 등록 받은 청구항의 권리 범위가 얼만큼의 시장 제품을 커버할 수 있는지, 얼만큼 선행기술 대비 특허성을 가지는 지에 기반을 두고 평가되어야 한다. 권리범위 분석 없이는 특허의 가치를 평가할 수 없고, 특허의 가치 평가 없이 기술력을 평가할 수 없다.

개정안에 따르면, 벤처기업 진입 업종을 폐지하여 (단, 유흥 및 사행업종 5개 유지), 벤처기업 진입기회를 확대한다. 4차산업혁명 기술을 이용하면, 예컨대, 부동산 임대업, 이용업, 숙박업 등이 융 · 복합형 기술 혁신 기업이 될 수 있기 때문이다. 또한, 벤처기업 규모 제한을 초기 중견기업까지 확대한다 (매출 3천억 미만). 벤처기업은 혁신성, 성장성을 보유한 기업으로서, 업력이나 규모로 구분하는 것보다 기업의 속성으로 결정되는 것이 타당한 점을 감안하였다고 한다. 단, 세제특례와 재정지원은 기존과 같이 중소벤처기업만 지원하도록 하여 기업규모에 따른 지원의 형

평성은 유지된다. 벤처 확인을 위한 혁신성 성장성 평가가 강화되는 만큼 벤처 확인 유효기간은 2년에서 3년으로 확대된다. 표 3-7에 벤처 확인제도 개편 전후 비교표를 나타내었다.

표 3-7 벤처 확인제도 개편 전후 비교

구분	현행	개선
벤처확인 주체	기보 · 중진공 · 벤처캐피탈협회 → 공공기관 중심	민간 벤처학인위원회 신설 → 민간 전문가 중심
벤처확인 유형별 요건	(보증 · 대출 유형) 8천만원 이상 보증 · 대출 금액 등의 요건	보증 · 대출 유형 폐지 → 신기술 성장 유형 신설
	(벤처투자 유형) 13개 기관투자자 ① 창업투자회사 ⑧ 개인투자조합 ② 창업투자조합 ⑨ 산업은행 ③ 신기술금융업자 ⑩ 기업은행 ④ 신기술투자조합 ⑪ 은행 ⑤ 벤처투자조합 ⑫ 경영참여형 사모집합투자기구 ⑥ 전담회사(한국벤처투자(주)) ⑬ 외국투자회사 ⑦ 전문엔젤	6개 투자자 유형 추가 ⑭ 엑셀리레이터 ⑮ 크라우드펀드(전문투자자 3천만원 이상 투자) ⑯ 기술지주회사 ⑰ 신기술창업전문회사 ⑱ 농림수산식품투자조합 ⑲ 개인투자자(엔젤매칭 투자를 받은 경우)
	(연구개발유형)1개 R&D 인프라만 인정 ① 기업부설연구소	3개 R&D 인프라 추가 ② 연구개발전담부서 ③ 기업부설창작연구소 ④ 창작전담부서
벤처진입 규제	(금지업종) 23개 업종 ① 여관업 ⑬ 골프장 운영업 ② 그외 기타 숙박업 ⑭ 노래연습장 운영업 ③ 일반유흥 주점업 ⑮ 무도장 운영업 ④ 무도유흥 주점업 ⑯ 기타 갬블링 및 베팅업 ⑤ 기타 주점업 ⑰ 이용업 ⑥ 비알콜 음료점업 ⑱ 두발미용업 ⑦ 주거용건물임대업 ⑲ 피부미용업 ⑧ 비주거용건물임대업 ⑳ 기타미용업 ⑨ 기타 부동산임대업 ㉑ 욕탕업 ⑩ 주거용건물 개발 및 공급업 ㉒ 마사지업 ⑪ 비주거용건물 개발 및 공급업 ㉓ 기타 미용 관련 서비스업 ⑫ 기타 부동산 개발 및 공급업	폐지 (단, 사행유흥업종 5개 제외) 1. 일반유흥 주점업 2. 무도유흥 주점업 3. 기타 주점업 4. 무도장 운영업 5. 기타 사행시설 관리 및 운영업
	(기업규모) 중소기업 한정	초기 중견기업 포함 (매출 3천억원 미만)
신청기업 편의	유효기간 2년	유효기간 3년 벤처 첫걸음 기업 care 프로그램 도입

출처: 중소벤처기업부

3.1 제품 개발 단계

제품 개발 단계에서는 첫째, 기업의 독자적인 노력에 의해 특허를 확보하는 경우, 둘째, 기술 이전 또는 매입 등을 통해 특허를 확보하는 경우, 그리고 셋째 공동 연구 개발을 통해 특허를 확보한다. 특히 세번째 공동 연구 개발을 통해 특허를 확보하는 경우에 문제가 자주 발생하기 때문에 이에 대해 상세히 소개하고자 한다.

대학과 기업간 또는 기업간 공동연구 개발을 진행할 때는 지식재산권 처분에 관한 조항이 협약 사항에 포함된다. 협업을 예정하고 있기 때문에, 쌍방의 실무자들은 아이디어의 협업은 공동 발명이 되고, 따로 정하는 바가 없는 한, 공동 출원 이슈가 제기 된다. 따라서, 지식재산이 공동 연구를 통해 창출된 것인지, 공동 연구 전부터 보유하였거나 또는 공동 연구와는 독립적으로 보유하게 된 것인지를 구별하는 것이 중요하다. 예컨대, 공동 연구개발 시작 전에 이미 확보한 기술에 대해서는 미리 특허 등의 지식재산권을 확보하는 것이 좋다. 통상 '백그라운드 IP'라고 지칭하여 계약서 별첨에 계약 이전에 확보한 특허를 명시하는 것이, 공동 연구 개발의 성과에 대한 공동 소유권 다툼을 예방하는 최선의 방법이다.

대체로 뚜렷한 공동 연구의 성과가 발생하기 이전에는 지식재산의 처분에 관해 의견을 나누지 않거나, 협약 조항으로 명시되지 않아도 문제 되지 않는 경우가 대부분이나, 연구 성과를 확보한 시점에, 특히 연구 성과가 좋을 경우, 공동 연구의 참여자 사이에서 지식재산의 소유권을 둘러싼 첨예한 갈등이 발생한다.

때론 공동 연구의 협약 자체를 원활히 성사시키기 위해 추후 논의할 것을 명시하거나, 관련 조항을 처음부터 넣지 않는 방법이 유리할 수도 있다. 이론상 사전에 분명히 하는 것이 좋으나, 성과가 없는 상태에서 지나치게 쟁점화 되어, 공동 연구 개발 자체가 추진되지 못할 수 있으니 유념해야 한다. 따라서, 공동 연구 개발의 주제와 참여하는 각 주체의 역할을 둘러싼 이해관계에 따라 달리 접근하는 것이 바람직하다. 예컨대, 재료 업체와 공정 업체간 공동 연구 개발인 경우, 재료 특허와 공정 특허를 분리해서 나누어 가지는 것으로 협약하고, 기업이 대학에 충분한 연구 비를 부담하는 경우, 지식재산을 기업 소유로 협약하기도 한다. 공동 연구 개발 계약서에 지식재산권 처분에 관련된 조항을 명시하지 못한 경우에는, 발명자 주의 또는 창작자 주의에 의거하여 각측의 종업원 기여 정도에 따라 어느 일방 또는 공동의 소유가 결정된다. 분쟁 시 법원이 종합적으로 이를 판단한다.

발명자 주의에 따르면, 발명의 아이디어에 기여하지 않은 자는 기본적으로 특허 받을 권리를 가지지 못한다. 특별히 아이디에 기여하지 않은 한, 실험을 보조하기만 하거나, 측정 장비를 오퍼레이션을 한 이유로 발명의 아이디어에 기여했다고 보지는 않는다. 공동 연구에 참여한 참가자들의 역할과 기여에 따라 해당 발명 건 별로 발명자 주의에 입각하여 권리 관계가 정해질 수 있지만, 공동 연구 개발 계약서에 지적재산권 처분에 관한 조항을 명시하는 경우, 권리관계 해석에 있어 이를 우선적으로 고려한다. 특허청 심사기준 매뉴얼에서 소개하는 발명자에 해당하는 경우와 발명자에 해당하지 않은 경우의 예는 아래 박스에 나타내었다.

공동의 기여가 있었음에도 불구하고, 공동 연구자들의 동의 없이 특허 출원 절차를 진행할 경우, 권한 밖의 법률 행위로 간주한다. 특허는 필수적으로 출원 후 1년 6개월이 지난 시점에 특허청 공개 공보를 통해 공중에 공개되므로, 다른 공동 연구자들에게 필연적으로 노출되어 상대방이 알게 된다는 점을 주지해야 한다. 이 경우 시정 요청을 받거나, 손해가 발생할 경우 책임을 면하기 어렵다.

읽어 보기

[특허청 2018 특허, 실용신안 심사기준]

① 발명자에 해당하는 경우의 예

(예1)발명의 기술적 과제를 해결하기 위한 구체적인 착상을 새롭게 제시 · 부가 · 보완한 자

(예2) 실험 등을 통하여 새로운 착상을 구체화한 자

(예3) 발명의 목적 및 효과를 달성하기 위한 구체적인 수단과 방법을 제공한 자

(예4) 구체적인 조언 · 지도를 통하여 발명을 가능하게 한 자

② 발명자에 해당하지 않은 경우의 예

(예1) 단순히 발명에 대한 기본적인 과제와 아이디어만을 제공한 자

(예2) 연구자를 일반적으로 관리하기만 한 자

(예3) 연구자의 지시로 데이터의 정리와 실험만을 한 자

(예4) 자금 · 설비 등을 제공하여 발명의 완성을 후원 · 위탁하기만 한 자

판례에 따르면, “공동발명자가 되기 위해서는 발명이 완성되기까지의 과정 중 적어도 일부에 공동 발명자 각각이 기술적인 상호 보완을 통하여 발명의 완성에 유익한 공헌을 하여야 하며, 발명의 완성을 위하여 실질적으로 상호 협력하는 관계에 있어야 한다”고 한다 [99후468, 2009허6601]. 그리고, 발명이 공동으로 이루어진 경우, 공동 발명자 전원이 발명자이므로 특허를 받을 수 있는 권리는 공동 발명자 전원에게 있고, 그 중의 일부의 자만이 출원하여 특허를 받을 수는 없다 (특허법 44조).

공동연구개발에 임하는 과학자, 기술자, 연구원은 공동 발명자가 될 수 있거나, 공동 발명자가 될 수 없는 경우를 정확히 이해하고, 공동 연구개발에 임해야 한다. 연구 관리자의 경우에도 공동 발명으로 인정받을 수 있는지 여부를 정확히 이해하고 출원해야 한다. 예의상 관리자가 공동 발명자를 포함하는 경우, 향후 특허권의 무효사유가 될 수 있으니 유의해야 한다. 공동 발명자 범위에 대해 특허청이 직무발명보상제도에서 제시한 하기 박스 내용을 참조하자.

공동 발명인 경우, 특허 받을 권리를 공동 소유하게 되고, 이 경우 공동으로 특허 출원해야 한다. 공동 발명이라고 하더라도, 소유권에 대해 따로 정한 바가 있으면, 어느 일방의 단독 출원으로 진행할 수도 있다. 발명자 간의 지분은 발명 보상금을 분배하는 목적으로 설정한다. 기관에서 특허 로열티 수익이 발생하는 경우 수익금을 분배하는 기초 근거가 된다. 수익금이 발생하는 시점에 재작성할 수도 있다.

읽어 보기

[특허청 직무발명보상제도 21-22면 (2002)]

- 관리자의 경우 공동발명자에 해당하지 아니하는 자
  - o 부하인 연구자에 대한 일반적 관리 및 연구에 대한 일상적 관리를 한 자
  - o 구체적인 착상을 나타내지 않고 단지 어떤 연구과제를 주어 발명자인 부하에 대하여 일반적인 관리를 한 자
  - o 부하의 착상에 대하여 단지 양부의 판단을 한 자

■ 비관리자의 경우 공동발명자에 해당하는 자

o 어떤 문제를 해결하기 위한 기술적 수단을 착상한 자

o 타인의 착상에 의거 연구를 하여 발명을 완성하게 한 자

o 타인의 착상에 대하여 구체화하는 기술적 수단을 부가하여 발명을 완성한 자

o 구체화하기 위해서는 약간 불완전한 착상을 하고 타인에게 일반적인 지식의 조언 또는 지도를 얻어 발명을 완성한 자

o 타인의 발명에 힌트를 얻고 다시 그 발명의 범위를 확대하는 발명을 한 자

■ 비관리자의 경우 공동발명자에 해당하지 아니하는 자

o 발명자에게 자금을 제공하여 설비 이용의 편의를 주는 등 발명의 완성을 원조하거나 위탁한 자 (단순 후원자, 위탁자)

o 희망 조건만 제시하고 그것을 해결할 착상을 제공하지 않은 자

o 타인이 제시한 착상 속에서 실용성이 있을 것 같을 것을 선택한 것에 지나지 않는 자

o 당해 발명에 관하여 착상만 하고 구체화하는 과정에서 실질적으로 관여하지 않은 자65)

o 발명의 과정에서 연구자의 지시로 단순히 데이터를 정리하거나 제시된 제도, 실험 등을 한 것에 지나지 않는 자 (단순 보조자)

o 단지, 일반 지식의 조언 또는 제시를 주기만 한 자

특허 공동 출원에 의해 공유 특허가 형성될 경우, 공동 소유자 일방은 단독 특허 출원일 경우와 비교하여 특허권에 여러모로 제약을 받게 된다. 특허법상 공유특허권의 제한에 대해 아래 박스에 나타내었다. 다른 공유자 동의없이 지분을 양도하거나, 질권을 설정할 수 없고, 전용실시권을 실시하거나, 통상실시권을 허락할 수 없다. 또한 존속기간연장등록출원, 심판 청구 및 피청구의 경우 공유자 전원이 공동으로 진행해야 한다.

때에 따라서는 공동 특허를 형성하는 것이 비즈니스적으로 돈독한 관계를 형성하는데 도움이 될 수 있지만, 공동 출원 시 특허 권리의 제약사항에 대한 사정을 나중에 알고 당황해 하는 경우가 많다. 의도치 않게 특허 권리를 잃지 않도록 유념해야 한다.

읽어 보기

특허법상 공유특허권의 제한

1. 특허권이 공유인 경우에는 각 공유자는 다른 공유자의 동의를 얻지 아니하면 그 지분을 양도하거나 그 지분을 목적으로 질권을 설정할 수 없다. (특허법 99조 2항)

2. 특허권이 공유인 경우에는 각 공유자는 계약으로 특별히 약정한 경우를 제외하고는 다른 공유자의 동의를 얻지 아니하고, 그 특허발명을 자신이 실시할 수 있다. (특허법 99조 3항)

3. 특허권이 공유인 경우에는 각 공유자는 다른 공유자의 동의를 얻지 아니하면, 그 특허권에 대하여 전용실시권을 설정하거나 통상실시권을 허락할 수 없다. . (특허법 99조 4항)

4. 특허권인 공유인 경우에는 공유자 전원이 공동으로 특허권의 존속기간의 연장등록출원을 하여야 한다. . (특허법 90조 3항)

5. 공유인 특허권의 특허권자에 대하여 심판을 청구하는 때에는 공유자 전원을 피청구인으로 하여 청구하여야 한다. . (특허법 139조 2항)

6. 특허권 또는 특허를 받을 수 있는 권리의 공유자가 그 공유인 권리에 관하여 심판을 청구하는 때에는 공유자 전원이 공동으로 청구하여야 한다. . (특허법 139조 3항)

3.3 고객 유치 단계

특허는 고객을 유인하는 주요한 홍보 수단이 될 수 있다. 음식점 또는 소매점을 방문하다 보면, 메뉴 또는 상품의 차별성과 우수성을 드러내고자 특허 번호를 표시하는 걸 목격할 때가 있다. 특히, 음식점에 특허 출원 번호를 기재한 경우가 많은데, 사실 이것은 소비자에게 오인 혼동을 주는 부적절한 행위이다. 출원은 특허청에 허여를 받기 위해 신청하는 서류에 지나지 않으므로, 특허권을 증명하는 목적에는 부합하지 않는다. 출원 번호는 경제적 부담을 하면 누구나 취득할 수 있기 때문이다. 따라서, 이 경우 특허 등록 번호를 표시하는 것이 타당하다. 그럼에도 불구하고 음식 메뉴 또는 식료품에 특히 출원 번호가 유독 많이 표시되어 있는 것은, 해당 분야에서 특허 받기가 매우 어렵기 때문이다.

기업이 판매하는 제품 또는 서비스에 관해 특허를 보유한 경우와 그렇지 못한 경우는 고객의 구매 의사결정에 큰 영향을 준다. 구매자가 제품의 최종소비자일 경우에는 특허권 소진 이론에 따라 타인의 특허 침해에 대해 책임이지지 않지만, B2B 사업과 같이 구매자가 최종 소비자가 아닐 경우에는 물품 구매로 인해 특허 등 지식재산 분쟁의 위험을 부담하게 되기 때문이다. 따라서, 이런 이유로 구매자는 공급계약에서 특허 분쟁에 대한 면책조항을 두게 되는데, 공급 중단 등으로 인해 손해가 발생하였을 경우 피해 보상을 소구하기 위해서이다. 한편, 공급자는 공급물품에 대해 지식재산권 관련 분쟁이 발생하는 경우, 지체없이 구매자에게 통보해야 하고, 구매자의 이익을 위해서 모든 분쟁 해결의 노력을 해야 한다. 이러한 부분을 강조한 것이 책임조항이다. 아래 박스에 구매자의 면책 조항과 공급자의 책임 조항을 예시하였다. 구매자를 강하게 보호하도록 설계된 사례이므로, 구체적인 거래 상황에 따라 문구가 다소 조정 될 수 있지만. 대개의 경우 구매자와 공급자간의 계약 협상 우위를 고려할 때, 공급자가 면책 조항을 마음대로 조정하는 것은 쉽지 않다.

읽어 보기

[구매자 면책 조항 예시]

"공급자는 용역이나 그 부품, 또는 공급자의 공정 진행에 있어서 엔지니어링 용역, 특허, 설계 특허, 노하우, 발명, 기술정보, 상표 또는 저작권의 침해가 발생한 경우에 이로 인하여 한국 내외에서 제3자가 제기하는 모든 비용, 조치, 청구 또는 요구로부터 구매자 및 그 계열사와 그 임직원, 기술자 그리고 대리인을 면책한다. 공급자의 위 면책 의무는 본 계약의 완료 또는 해제 이후에도 지속된다"

[공급자 책임 조항 예시]

"구매자 및 계열사와 그의 임직원, 엔지니어 그리고/또는 대리인에게 청구 또는 소송이 제기된 경우, 구매자는 즉시 그 사실을 공급자에게 통보한다. 공급자는 자체 부담 및 판단으로 구매자의 지원을 요청할 수 있고, 그것으로 인해 발생하는 분쟁 또는 소송의 해결을 위해 구매자를 대신하여 구매자의 이익을 위해서 모든 협상을 수행하여야 하며, 그와 같은 청구나 소송 등으로 인하여 발생하는 비용이나 손해배상금을 부담한다. 또한 설비 사용이 금지된 경우, 공급자는 구매자의 선택에 따라 구매자가 해당 설비를 계속적으로 사용할 수 있는 권리를 확보해 주거나, 실질적으로 동등한 비침해 물품으로 대체하거나, 또는 사용 금지된 설비에 대하여 지급된 대금을 환불하여야 한다"

[지식재산21. 2009.10]

구매자 면책 조항의 예시에서 보는 바와 같이, 특허뿐만 아니라 노하우를 포함한 각종 지식재산을 면책 대상에 포함할 수 있고, 면책 범위를 구매자의 계열사 및 임직원 등으로 까지 포괄할 수도 있다. 면책이라 함은 공급자의 행위로 인하여 구매자가 금전상, 법률상 일체의 행위를 부담하지 않게 됨을 의미한다. 경우에 따라서는 구매자에게 특허 분쟁 대응을 위임하고, 일체의 정보 및 비용 지원을 제공하도록 계약하기도 한다.

그러나, 면책 조항 또는 책임 조항에도 불구하고, 구매자 입장에서 실제 특허 침해로 인한 가처분 등의 판결에 의해 공급 중단이 발생하거나, 구매자가 생산하는 제품에 특허 침해 분쟁이 발생하였을 경우에는 그 피해는 단순한 손해배상으로 계산하기 어려운 사업적 리스크로 작용할 수 있다. 또한, 특허권자는 예컨대 중소벤처기업 공급자 보다는 경제적으로 여유가 있는 중견 또는 대기업 구매자를 임의로 선택하여 제소할 수 있기 때문에, 구매자 입장에서는 면책조항 또는 책임 조항만으로 사실 부족하다. 이러한 이유로 구매자는 가급적이면 사전에 공급자의 특허 등의 특허 경쟁력 및 대응 능력을 판단해서 구매 계약 성사 여부를 결정하기도 한다.

3.4 시장 확장 단계

기업은 끊임없이 우수한 제품을 소비자에게 선보임으로서 평가를 받는다. 경쟁 기업은 오랜 시간과 자본을 투자하지 않고, 손쉽게 우수한 기술을 모방하고 싶은 생존 본능을 가지고 있으므로, 모방품의 시장 진입을 막는 비장의 카드를 가지고 있어야 한다. 특허의 독점 배타적인 권리를 활용하면, 경쟁에서 우위를 차지하여 시장 점유율을 높일 수 있다.

특허 침해가 발생할 경우, 특허권자는 반드시 즉각적으로 경고장을 보내거나, 특허 침해 소송을 제기하는 것은 아니다. 손해 배상은 침해 물품의 매출이 많아질수록 비례하여 증가하기 때문에 특허 침해품으로 비즈니스를 하고 있는 경쟁사가 많은 수익을 낼 때까지 충분히 기다렸다가 손해배상을 요구하기도 한다. 그러나, 제품의 수명 주기가 짧고, 경쟁 구도가 다변화되는 시장에서는 수년씩 소요되는 침해소송을 통해 손해 배상을 받는 것보다, 시장 점유권 쟁탈에서 승리할 수 있도록 특허 침해품의 판매를 즉시 금지하는 가처분 판결(예비적 금지 명령)을 선호하는 경향이 있다. 그러나, 판매 중지를 판결받은 기업의 입장에서는 그 피해가 극심하므로, 법원은 가처분 판결을 신중하게 판단하여, 제한적으로 인정하고 있다.

미국에서 eBay Inc. v. MercExchange LLC 소송 (2006)등을 통해 정착된 판례에 따르면, 법원은 첫째, 특허 침해로 인한 피해가 판매 금지를 하지 않으면 사후에 손해배상으로 회복하는 것이 불가능 할 정도로 시장에 영향이 큰지, 둘째, 본안 소송을 진행한다면 승소할 확률이 큰지, 셋째, 판매 금지가 공익적 이익에 부합되는지에 대한 요건을 종합적으로 판단하여 침해품의 판매 금지 여부를 결정하고 있다.

아이디어 혁신과 특허 포트폴리오 구축을 통해, 시장 점유율 우위 전략을 우수하게 구사하는 것으로 잘 알려져 있는 질레트사 사례를 살펴보면, 기술 창업가에게 귀감이 되는 부분이 있다.

읽어 보기

세계 최대의 면도기 회사인 질레트사는 1990년대부터 우수한 기술 개발과 함께 전략적인 특허 포트폴리오 전략을 잘 구사하는 회사로 알려져 있다. 새로운 제품군이 출시되면, 다양한 측면에서 아이디어를 정립하여 최소 30개 이상의 관련 특허 또는 디자인권을 확보한다. "Sensor"라는 브랜드 면도기는 면도날을 2중에서 3중날로 증가시켰고, 손잡이에 버튼을 이용하여 카트리지와 쉽게 결합할 수 있도록 하였다. 뜨거운 시장의 반응에 쉬크, BIC 등의 경쟁기업들은 이 부분을 모방하기 시작했고, 질레트는 급기야 2003년 쉬크사의 4중 면도날 면도기의 제품 출시를 질레트사는 매사추세츠 지방법원에 제기한 특허 침해 가처분 소송을 통해 성공적으로 저지하였다. 일련의 특허 소송을 통해 질레트는 세계 시장 점유율을 70%로 상승시켰다.

질레트는 Sensor 제품을 통해, 밀착력이 좋고 편안한 면도를 위하여 독립적으로 움직이는 면도날을 제품화 하고자, 7가지 후보기술을 고안하였고, 이를 부유 각도 기하학 앞문자를 따서 Flag 기술이라는 별명을 붙였다. 7가지 기술 중 한가지 기술을 채택하였음에도 불구하고, 7가지 후보기술 모두를 특허화 하였고, 채택된 1가지 핵심기술에 대한 22개의 파생기술을 고안하여 특허 장벽을 구축했다. 카트리지, 스프링, 면도날 각도, 손잡이 뿐만 아니라, 찢을 때 남성적인 소리와 느낌을 주는 포장, 면도 동작을 찍는 고속 사진 기술 등 특허화 할 수 있는 기술은 모두 패키지화 하여 해당 제품의 시장을 독점적으로 장악하는데 성공하였다.

2015년에는 한국의 도루코사가 출시한 4중, 6중 날 면도기에 대해 M3 파워 마크 특허 제품을 모방하였다는 이유로 미국에서 침해소송을 제기하여 진행 중이다. 2017년에는 도루코사가 질레트사의 면도날 경질코팅 기술 특허에 대해 미국 특허심판원에 제기한 특허 무효심판이 기각된 바 있다.

단원요약

- 2019년부터 민간이 주도하는 벤처 확인 제도가 운영된다. 창업자의 양질의 특허권 보유 여부는 창업 단계에서 기술력을 인정 받아 투자를 유치하는데 매우 중요하다.

- 산학연과의 공동 연구개발 계약 이전에 이미 확보한 기술에 대해서는 특허 등의 지식재산권으로 출원하고 계약서에 명시해 두는 것이, 공동 연구 개발의 성과와 구별하여 해당 기술에 대한 공동 소유권 다툼을 예방하는 최선의 방법이다.

- B2B 사업과 같이 구매자가 최종 소비자가 아닐 경우, 구매자는 공급자의 특허 보유 등 지식재산 분쟁 대응력을 제품 경쟁력으로 평가하며, 공급계약서에 특허 등 지식재산 관련 분쟁에 대한 면책 조항을 요구한다.

- 특허의 독점 배타적 권리를 이용하여 모방 제품의 시장 진입을 억제하고 시장 점유율을 향상 시킬 수 있다.

핵심용어 정리

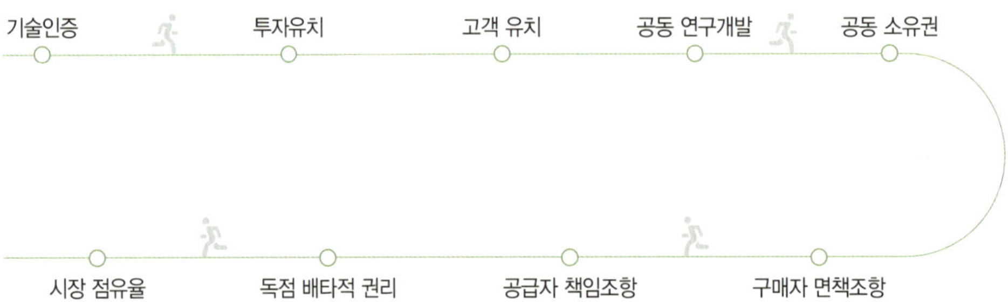

학습하기

1. 창업 준비 또는 창업 후 사업 중인 기술 분야(또는 장래에 관심있는 기술 분야)에서 특허 출원을 염두에 두고 있는 하기 사항에 대해 토론해보자

   1) 공동 발명 인지 단독 발명인지
   2)공동 발명인 경우, 공동 발명자 각각이 타당한 진정발명자인지
   3)복수의 출원인이 요구되는 공동 출원이 필요한지

2. 공급계약을 체결한 적이 있는 경우, 특허 등 지식재산 면책 조항을 확인한 후, 면책 대상 범위에 대해 토론해보자

3. 동일 또는 유사 제품/서비스를 제공하는 경쟁업체의 특허 보유 현황을 조사해보고, 예비 창업자 본인 또는 소속 기관의 특허 경쟁력을 토론해보자

4. 시장 진입 또는 시장 점유율을 높이기 위해 특허적으로 준비해야 할 사안이 무엇이 있을지 토론해보자

참고문헌

- 한국중소기업인증지원센터
- 중소벤처기업부
- 특허청 2018 특허, 실용신안 심사기준
- 특허청 직무발명보상제도 21-22면 (2002)
- 지식재산21 (2009. 10)
- Rodney D. Ryder and Ashwin Madhavan SAGE (2014) "Intellectual Property and Business"

04 특허의 활용 (로열티)

4.1 특허 검토 및 분석

침해 정보 입수

경쟁사 제품 정보를 인터넷 홈페이지, 기사, 연례 보고서, 카달로그, 서비스 매뉴얼, 광고 선전, 전시회, 거래선 등을 통해 확보한 다음, 대상 제품의 판매 지역 및 매출 규모를 파악한다. 제품정보를 파악하는 이유는 특허권 침해가 있는 제품을 찾기 위함이며, 판매 지역 및 매출 규모를 파악하는 것은 손해배상 청구액을 가늠하기 위함이다. 정보 부족으로 인해 정확한 매출액을 산정하기는 어려운 일이므로, 침해를 주장하는 쪽이 침해 주장 단계에서 이를 명확히 입증할 책임은 없다.

여기서, 판매 지역은 침해 예상 제품이 상업적으로 실시되고 있는 국가를 의미한다. 특허는 속지주의 원칙상 해당 국가에 등록된 특허만이 침해 주장을 할 수 있기 때문에, 권리 행사를 하기 전에 반드시 본인의 특허가 침해 예상 제품이 판매되고 있는 국가에서 등록을 받았는지 확인해야 한다.

읽어 보기

국제출원(PCT)에 대한 오해

흔히 국제 출원이라고 알려진 PCT 출원이 국제 조사를 통해 국제적인 특허권이 형성되는 거라고 오해하는 경우가 있다. 안타깝게도 PCT 출원을 해도 PCT 등록이란 건 존재하지 않는다. 즉, 아직까지 세계가 동시에 인정하는 특허권은 없다는 것이다. PCT 출원 후에 30개월이 지나면 각 개별 국가에 진입해서 정상적인 심사와 등록 절차를 거쳐야 특허권이 발생한다. 따라서, 해당 국가에 특허 권리를 행사하려면, 해당 국가에 출원된 특허가 등록되었는지 확인해야 한다. 특허는 국가의 산업 발전과 경제에 미치는 파급효과가 크기 때문에, 국가별로 자국의 이익에 부합되게 특허 제도를 운영하기 때문이다. PCT나 유럽 특허는 다국적 출원에 편의를 주는 절차라고 생각하면 된다.

특허 강대국인 미국, 중국, 유럽, 일본, 한국 5개국 특허청 회의인 IP5를 중심으로 특허 조화 논의가 매년 진행되고 있다. 각국의 특허법상 실체법이나 자국 이익에 민감한 절차법에 대해서는 여전히 진척이 미미하다. 그러나, IT 기술 발전에 따른 시스템 효율화 아젠다는 빠르게 발전하고 있다. 예컨대, IP5 국가의 특허청 심사 결과를 심사국 간에 온라인으로 공유하는 글로벌 도시에르 사업은 이미 구축되었다. IP5 회의체는 특허청 외의 사용자 중심의 민간 참여를 확대하여, 특허 조화 이슈를 활발이 논의 중이다.

침해품은 시장에 출시한 제품을 반드시 구매해야 한다. 제품의 모델별로 제품 설계가 상이하기 때문에 모델별로 구분하여 증거를 확보해야 한다. 외관에 대한 증거를 충분히 확보하고, 완제품 상태의 동작에 관한 증거를 충분히 수집한 후에 제품을 분해하여, 침해 기술 적용 여부를 확인해야 하니 주의가 필요하다. 한번 분해하면 비가역적으로 완제품으로 복귀가 어려운 경우가 대부분이므로, 필요시 둘 이상의 동일 제품 구매를 고려한다. 특허 청구항의 구성요소와 침해 물품의 특징을 일대일로 대비하는 클레임 차트를 작성하여, 침해품을 생산, 사용, 양도, 대여, 또는 수입하거나 해당 물건의 양도 또는 대여의 청약한 한 상대방에게 특허 권리의 침해를 주장하는 증빙 자료로 사용한다. 특히, 특허 기술 협상 단계에서 유용하게 사용된다.

권리행사 특허의 유효성 조사

보유 특허가 권리행사에 문제가 없는지, 침해 주장을 하기 전에 자가 점검을 해야 한다. 선행기술 조사를 통해 상대방의 특허 무효 주장을 대비해야 하고, 자사 특허의 등록과정을 검토하여 심사과정 중 보유 특허의 우월성을 주장하는 과정에서 특허의 권리 범위를 스스로 제한하는 기록을 특허청에 남겼는지 확인해야 한다. 금반언의 원칙에 따라 추후 분쟁 과정에서, 특허청의 심사관에게 특허를 받기 위해 주장한 사실과 논리적으로 상충되는 주장을 심판원 또는 법원에서 개진하는 경우, 인정받지 못하게 된다. 추가적으로 미국에서는, 특허 등록에 제한이 있는 것으로 출원인이 알고 있었음에도 IDS 절차에서 고의적으로 숨긴 경우 또는 발명자가 아닌 자를 발명자로 등록한 경우 등에서 특허권을 행사할 수 없게 된다.

4.2 특허 경고장 (Claim Letter) 송부

경고 방법 결정

경고장을 보낼 것인지, 즉시 소송을 제기할 것인지, 경고장을 보낸다면 제조사에 보낼 것인지, 고객사에 보낼 것인지 혹은 모두에게 보낼 것인지 등을 신중하게 결정해야 한다. 경고장 보다 즉시 소송장을 보내는 것이 사안의 심각성이 강한 것을 알릴 수 있는 방법이긴 하나, 그만큼 부담도 큰 것이라 통상 경고장을 송부하는 것부터 시작한다. 예를 들면, 자금력이나 노하우가 충분한 대기업을 상대로, 상대적으로 그렇지 못한 특허권자가 소송부터 제기하게 되면 낭패를 볼 수도 있다. 대기업은 소송 절차를 감내할 여력이 충분하기 때문이다. 하지만, 때로는 경각심을 일으키는 좋은 전략이 될 수도 있다. 특허권자가 본인이 보유한 특허와 침해 입증에 대한 준비 상태와 자기 확신에 따라 다른 선택을 할 필요가 있다.

경고장을 보내거나 소장을 접수할 때 상대방의 범위를 정하는 것도 중요하다. 하나의 침해품을 생산, 사용, 양도, 대여, 수입 또는 청약하는 주체는 분업과 유통 과정에 따라 복수의 사업자가 될 수 있다. 이들 모두를 대상으로 침해를 주장하게 되면, 상호 협력할 기회를 주게 되고, 상대에 따라 개별적인 대응을 하기 어려워 질 수도 있다. 반대로, 복수의 사업자를 상대로 하게 되면, 보전을 받을 손해배상액이 커지게 되고, 공급망(Supply Chain)상의 비지니스 관계를 협상의 지렛대로 활용할 수 있게 만들기도 한다. 한편, 통상 법률 대리인을 통해 경고장을 전달하게 되면, 특허 침해 주장에 대한 준비가 되어 있음을 암시해, 사안의 심각성을 더 크게 느끼게 한다.

경고장의 내용

경고장에는 특허 권리자 소개, 침해 제품 및 해당 모델명 제시, 특허 권리의 개요, 침해 이유 등을 기술하고, 요구사항을 적시한다. 간략히 손해배상 또는 판매 중지를 요청하는 것만으로도 괜찮다. 주의해야 할 점은 회답 요청 일자를 적시하는 것이다. 대부분의 경우, 누구든 경고장을 받게 되면, 선불리 반응하기 힘들고 대응하는데 시간이 오래 걸린다. 합리적인 회답 요청 일자를 설정하면서, 요청을 하게 되면, 법률적으로 우위를 점할 수 있다. 특허 등록 원부를 첨부하는 것이 좋다. 이때, 특허 등록 공보를 첨부해야 하고, 특허 공개 공보를 첨부하지 않도록 주의해야 한다. 공개 공보는 특허 명세서의 청구항 권리가 확정되지 않은 상태, 즉 출원인이 신청했던 당시의 청구항을 표시하고 있으므로, 권리 행사의 근거로 부적절하다. 국내일 경우, 내용증명으로 보내고, 해외일 경우 이메일을 먼저 송부한 후에 등기 우편으로 전달하는 것이 좋다. 국가에 따라 우편 행정이 부실하여, 전달이 안되는 경우가 종종 있으므로, 배송 추적이 잘되는 송달 방법을 사용하는 것이 바람직하고, 복수의 방법으로 송달하는 것도 좋다.

4.3 ____ 특허 협상

협상은 상대가 있는 일인 만큼 절대적인 가이드라인을 따르기 보다, 자신의 포지션과 상대방의 대응에 따라 유연하게 결정하는 것이 바람직하다. 그러나, 민감한 회의 주제의 특성 상, 소강상태가 오래 동안 진행되는 경우가 많으므로, 협상의 기본 타임 라인과 규칙을 처음부터 정해놓고 추진해야 하는 경우가 많다. 논의할 특허의 건수, 협상 횟수, 협상 기간, 협상 장소 등을 정한다.

특허 협상은 크게 두 가지로 나눌 수 있다. 첫번째는 특허 기술 협상이며, 두번째는 비즈니스 협상이다. 특허 기술 협상은 특허 침해를 주장하는 측이 근거를 제시하고, 방어하는 쪽이 이에 답변하는 과정으로 진행한다. 크로스 라이선스 상대일 경우, 쌍방이 교대로 공방을 진행할 수 있다. 특허 소송에 대한 유리 또는 불리의 정도를 사전에 시뮬레이션하는 의미가 있고, 향후 특허 협상에 임하는 자신의 포지션을 가늠할 수 있다.

특허 침해를 주장하기 위해서는 특허 클레임 차트를 주로 이용한다. 특허 클레임 차트란 등록 특허의 청구항 구성요소와 침해 물품의 구성요소를 하나씩 매칭하여 보여주는 문서 형식을 말한다. 구성요소 완비 법칙의 원리상 청구항의 모든 구성요소가 침해 제품에 모두 존재함을 보여주고, 기술적으로, 언어적으로, 법률적으로 침해 가능성이 높다는 점을 설명한다. 한편, 상대방은 청구항과 제품의 구성요소가 매칭이 안된다고 반대 논리를 설명하거나, 권리를 주장하는 특허의 출원일 보다 빨리 해당 기술을 공개한 선행 문헌을 찾아 해당 특허의 무효 판결 가능성을 제시한다. 참고로, 어차피 특허 소송까지 진행할 것으로 판단될 때는 결정적인 논리나 증거는 아껴 두는 것이 좋다.

한번의 협상이 끝나고 나면, 각 측에서는 자체 평가를 통해 침해 또는 무효 가능성을 점검해야 한다. 차기 회의의 전략을 수립하기 위함이다. 회사에서 내부 보고서를 작성해야 할 경우가 있다면, 가능한 가치 중립적으로 글을 작성해야 한다. 향후 법정에서 해당 문서를 공개해야 할 수도 있으므로 주의해야 한다. 공격 또는 방어에서 자신의 포지션이 매우 불리하다고 생각될 때에는 특허 기술 협상을 중단하거나, 애초에 시작하지 않는 것도 좋다.

특허 기술 협상이 끝나면, 비즈니스 협상을 진행한다. 특허 기술 협상에서는 특허 권리의 우월성에 대해 검토하는 과정이었다면, 비즈니스 협상은 특허 기술 협상 동안의 경과를 바탕으로, 원만한 해결 방안을 상호 모색하는 과정이다. 특허 침해를 주장하는 특허권자가 과거 분에 대한 손해배상액과 미래 분에 대한 특허 로열티를 요청하고, 상대방은 침해에 대한 전면적인 또는 부분적인 부인 또는 손해배상액 또는 로열티 수준을 낮추는 노력을 한다.

특허 침해에 대한 협상이지만, 많은 경우에 비지니스적인 해법으로 갈등이 해소되기도 한다. 예컨대, 특허권자가 부품을 생산하는 기업이고, 상대방이 해당 부품을 이용하는 반제품 또는 완제품 생산 기업일 경우, 특허권자의 부품을 높은 가격으로 구매하거나, 회사의 지분 또는 펀드를 제공하면서 해당 비지니스를 운영토록 하기도 한다.

협상에서는 원칙적으로 발언권을 일원화 하여 진행하도록 하고, 돌발적인 코멘트는 하지 않는 것이 좋다. 예상치 못한 국면이 발생하였을 때에는, 양해를 구하고 휴식 시간을 가지는 것이 좋다. 휴식 시간 동안에는 협상에 함께 참가한 배석자, 법률 대리인 또는 회사의 관련 직원 등과 이슈를 공유하고, 충분한 협의를 진행한 후 대응 방안을 마련하여 협상 테이블로 복귀하도록 한다. 당일 대응할 수 없을 경우, 다음 날 또는 다시 기일을 잡아 협상을 재개하는 것이 바람직하다.

4.4 특허 소송

특허 침해가 제기된 경우, 통상 상대방은 해당 특허의 무효화를 추진한다. 로열티를 지급하는 것보다 경제적이고, 또한 효과적이기 때문이다. 통계적으로 보면 40%을 상회하는 비중으로 무효 인용 결과를 받아 낼 수 있다[2018년 한국 특허청 국정감사, 2017년 무효심판 인용률 44%]. 해외 선진국의 경우에도 무효 인용률은 국내보다 다소 낮긴 하지만, 최선의 방어책 중 하나라는 점은 동일하다. 미국의 경우에는 2012년 AIA (American Invent Act) 이후에 PTAB(Patent Trial and Appeal Board)의 특허 무효 심판이 필수코스로 자리 잡았다.

특허 무효 심결 또는 판결이 내려지면, 소송까지 진행할 추진력을 심각하게 잃는 다고 보면 된다. 자본력이 있는 대기업의 경우에는 특허청에서 무효 심결을 받아도 개의치 않고, 민사소송을 통해 법원에서 무효를 다시 다투지만, 특허권자가 경제적 여력이 충분치 않은 경우에는 무효 심결을 받은 상황에서 대체로 소송을 강행하기 어렵다. 반면, 무효 심결이 내려지지 않더라도, 비침해 논리는 강한지, 새로운 선행기술이 발견되었는지 등을 면밀히 검토한 뒤 소송 여부를 결정하도록 한다.

소송은 당사자간에 해결하지 못하고, 법원에 판단을 위임하는 행위로서, 결과를 예측하기 어렵고, 그 결과의 영향은 매우 큰 특징이 있다. 패소의 피해가 막대하므로 그만큼 필사적이고, 수년 이상의 오랜 시간이 소요되기도 한다. 따라서, 가능한 소송 보다는 협상을 통해 해결하는 것이 예측가능하고, 감내할 수 있는 결과에 도달하는 길임을 명심해야 한다. 따라서, 협상과정에서는 감정적인 분위기를 만들지 않아야 하고, 매너를 유지하는 것이 매우 중요하다. 경제적으로 해결될 수 있는 사안인데, 모든 것을 거는 자존심 대결로 발전하는 경우가 종종 발생하기 때문이다.

특허 소송을 고려하는 이유가 끝까지 가기 위해서라기 보다는, 사안의 심각성과 특허 포지션에 대한 기대를 보여줘 상대방을 극단적으로 압박하여 협상 테이블로 나오도록 하는 것을 목적으로 할 때가 많다. 특허 소송이 일단 제기되면, 시간이 흐름에 따라 비용적 부담이 급격하게 증가하기 때문에, 상대방이 소송 대응 능력 및 의지가 얼만큼 되는지 확인하고 시작하는 것이 바람직하다.

4.5 ___ 특허 라이선스

특허 계약은 일반 계약과 마찬가지로 사적자치의 원칙에 따라 자유롭게 작성하고 상호 규율하는 것이 가능하다. 따라서, 계약서는 기본적으로 초안을 작성하는 쪽이 유리하다. 반대측은 자신에게 불리한 독소조항을 꼼꼼히 찾아서 반박해야 하고, 여러 이유로 이러한 조항이 완전히 제거되지 못하고 불리한 계약을 체결하기 일수이다. 통상 경험이 많고, 재력이 있는 쪽에서 작성하는 경우가 많은데, 여력이 부족하더라도, 계약서만큼은 시간과 돈을 투자하여 초안을 먼저 작성하여 제공하는 것이 좋다.

특허 라이선스 체결을 위해서는 당사자, 대상 특허, 라이선스 방식, 기술료, 대금 지급 방법, 계약 위반시 조치사항 등의 내용이 당사자 간에 합의되고, 계약서에 명료하게 기재되어야 한다. 당사자 기재에 있어 특허 라이선스 허여 받아 특허 기술을 실시할 수 있는 대상의 범위는 어디까지인지 쟁점이 된다. 기업간 계열사 관계 또는 이전 특허 계약 관계를 통해 생각지도 못했던 대상에게 라이선스 권리가 공유되는 일이 발생할 수 있기 때문이다. 정보 검색 또는 질문을 통해 구체적인 상대를 파악하여 계약 조건 협상에 임할 수도 있겠으나, 협상 과정에서 합의한 대상 범위를 구체적으로 적시하고, 해당 범위를 넘어선 권리 공유를 원천적으로 차단하는 방식으로 계약서를 작성하는 것이 유리하다.

라이선스 방식은 크게 복수의 상대에게 실시권을 허여하는 통상 실시권, 오직 계약 당사자에게만 독점적인 실시권을 허여하는 전용 실시권으로 나눌 수 있다. 이때 간과해서 안되는 것은 실시권을 받은 계약 상대가 해당 권리의 주체가 되어 서브 라이선스를 줄 수 있는지에 대한 것을 명시하고, 여부에 따라 달리 기술료를 책정해야 한다는 점이다.

로열티 지급 방식에는 판매 실적을 고려하는 경상 방식과 판매와 직결되지 않는 비경상 방식으로 구분할 수 있고, 정액 지급인지 종률 지급인지, 일시 지급인지 분할 지급인지에 따라 구분할 수도 있다. 표 8에 로열티 지급 방식을 나타내었다. 특허 침해품의 매출액에 비례하여 산정한 로열티를 경상 로열티라고 하며, 침해품 Unit당 금액에 예상 매출량을 곱한 총액을 현재 가액으로 복리 환산하는 정액식과 예상 매출량 또는 예상 매출액에 대한 비율(%)을 정하는 종률식이 있다. 정액식인 경우 총 로열티 금액을 일시 납부할 수도 있고, 분할하여 납부할 수도 있다. 종률식인경우 연간 매출량 또는 매출액에 따라 납부하는 방식이므로 분할 납부를 기본으로 한다.

침해품의 매출과는 무관하게 기술 평가액에 기반하여 고정금액으로 지급하는 방식을 비경상 로열티라고 하며, 계약시점에 일시불 (lump-sum payment)로만 지급하고, 이후에 대가를 지불하지 않는 방식과, 주기적으로 분할 지급하는 방식(installment payment)이 있다. 특허 침해품의 판매실적에 비례하는 경상 방식은 부당 이득에 비례하는 만큼의 대가를 지불한다는 점에서 합리적인 반면, 非 경상방식은 라이선스를 받는 사업자의 능력 또는 시장 환경 의존성을 배제하고, 기술 가치 그대로 대가를 지불한다는 점에서 합리적인 면이 있다. 많은 경우 양쪽의 장점을 모두 취하기 위해, 경상 방식과 비경상 방식을 혼합하기도 한다. 예컨대, 기술 가치 평가에 비례하는 소정의 금액을 계약시 일시 지급하고, 이후 연도부터 일정 기간 매출의 증가에 따라 종률로 지급받는 방식이다. 표 3-8에 로열티 지급 방식에 대해 나타내었다.

표 3-8 로열티 지급 방식

경상(Running Royalty)		非경상 (Fixed Payment)	혼합 (Mixed)
[정액] Unit당 금액 * 예상 매출량을 현가로 복리 환산	일시	일시	선불 +정액 분할
	분할		
[종률] 예상 매출의 몇 %	매출량	분할	선불 + 매출량 종률
	매출액		선불 +매출액 종률

4.6 특허 매각

특허 라이선스 협상을 진행하다 보면, 특허 기술을 원하는 기업이 전략을 라이선스에서 특허 매입으로 선회하는 경우가 있다. 예를 들어, 해당 특허 기술을 특정 회사가 업계에서 유일하게 앞서서 실시하고 있는 경우, 해당 기업은 경쟁 기업이 추격해오기를 바라지 않기 때문에, 대가를 더 지불하면서도 경쟁업체의 라이선스를 원천적으로 차단하는 방안을 선택하는 경우이다.

특허권자 입장에서는 여러 기업과 통상 실시권 계약을 맺는 것이 하나의 업체에게 전용 실시권 또는 소유권 이전(이하 특허 매각)을 하는 것보다 이익이 클 것 같다면 특허 매각에 임할 필요가 없다. 그러나, 여러 기업과 계약 체결을 성사할 가능성이 높지 않거나, 특정 기업의 제시 조건이 충분히 좋은 등의 경우에 매각에 임하는 것이 유리할 수 있다. 특허권자가 예비 창업자 또는 창업자인 경우, 해당 기술을 적용한 제품 또는 서비스의 매출을 통해 기업이 성장하길 기대한다면, 특허 매각의 방법이 바람직하지 않을 수 있다. 회사를 M&A 하거나 해당 특허 기술과 관련된 사업은 포기하고자 하는 경우에 특허를 매각하여 특허 수지를 극대화 하는 것이 바람직하다.

4.7 로열티 수익 및 사후관리

로열티를 받을 때에는 지급 화폐나 지불 시기 및 방법적인 면에서 창의성을 발휘하여 설계하는 것이 좋다. 로열티 지급액이 지불 조건에 따라 상당한 폭으로 변동될 수 있기 때문이다. 시장이 쇠퇴할 것으로 예상되면, 정액식이 기본적으로 유리하며, 성장할 것으로 예상되면 매출액에 비례하는 종률식이 유리하다. 로열티 조건이 매출액의 변동에 따라 몇 단계로 연동하여 적용하는 것도 좋다. 어떤 방식으로 로열티를 산정하더라도, 예상치 못한 리스크가 발생하지 않도록 최소 또는 최대 로열티 지급액을 미리 설정하는 것도 좋다. 최초 라이선스 계약 발효일 이전에 발생한 매출에 대한 대가를 정액으로 받기도 하는데, 회사의 회계 원리상 과거 비용 분을 현재에 지급하기가 어려운 경우가 많기 때문에, 과거 피해액을 미래의 피해액으로 적절히 반영하면, 협상의 폭을 넓힐 수 있다.

국내 업체 간에는 부가세 별도인지의 여부가 논란이 되지 않도록 계약서에 명시하는 것이 바람직하고, 해외의 경우 세금을 누가 내는지를 분명히 하는 것이 중요하다. 해외 업체와의 계약인 경우 이중과세방지협정 (Double Tax Avoidance Agreement)에 따라 소득이 발생한 국가에서 소득세를 내는 것임을 명심하자. 예컨대, 특허권자가 한국인이고, 침해품 실시권자가 해외에 거주하는 경우, 실시권자가 자신이 거주하는 해외 국가에 원천 징수한다.

매출액과 연동되는 경상 로열티를 받는 경우에는 매년 1회정도 매출액에 대해 회계 감사를 실시해야 한다. 감사 비용은 공여자 부담이나, 감사결과 매출액 누락이 일정 수준을 넘을 경우(예컨대, 5%), 실시권자가 부담하도록 사전에 약속할 수 있다.

계약의 종료/해지가 성립되는 조건을 명시해야 한다. 해지 성립 조건은 파산, 매각 등이 보통이나, 양 당사자의 특수 사정에 기인한 종료 조건이 있다면 잘 확인하여 이행해야 한다. 종료 또는 해지가 될 경우, 계약 제품, 로열티 대금, 주식 등의 이해관계를 청산하는 방법을 미리 정해두는 것이 좋다.

단원요약

- 유 특허(등록) 청구항의 구성요소를 포함하는 것으로 예상되는 침해 예상 물품에 대한 정보를 공중의 자료물이나 상용품 분석을 통하여 수집한다.
- 특허 침해를 하는 것으로 판단되는 상대방에게 경고장을 송부하고, 대화를 시작한다.
- 특허 기술 협상과 비즈니스 협상을 통해 특허 라이선스 체결, 특허 침해 소송, 특허 매각 여부를 결정한다
- 로열티 산정 및 지불 방법 등에 대한 계약 협상을 진행한다.

핵심용어 정리

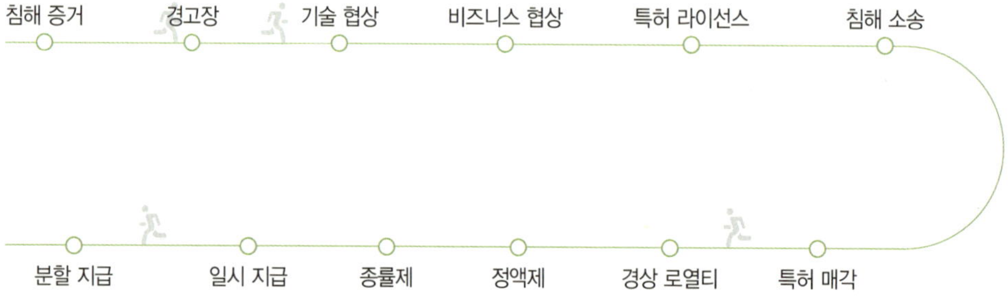

학습하기

1. 본인 아이디어(또는 특허)를 사용하고 있을 것으로 의심되는 상용품/상용서비스에는 어떤 것이 있고, 어떤 경로로 제품/증거를 입수할 수 있는지 토론해 보자

2. 등록 특허를 보유하고 있는 경우, 청구항의 어떤 구성요소를 침해 예상 물품에서 찾아야 하는지 열거해 보고 토론해보자.

3. 등록 특허를 보유하고 있지 않은 경우, 타인의 등록 특허 하나를 선정하여 상기 2번을 수행해보자.

4. 특허 소송, 라이선스, 매각 등의 로열티 수익 창출 활동이 각각 어떤 상황에서 더 적합한지, 어떤 장단점을 고려해야 할지 토론해보자

참고문헌

- 해외특허분쟁 가이드북 정승복 (2010)
- Russell L. Parr and Gordon V. Smith (2017)"Intellectual Property: Valuation, Exploitation, and Infringement Damages,2017 Cumulative Supplement"

05 디자인/상표/저작권

5. 디자인/상표/저작권

실용신안권이나 특허권의 존속기간이 만료되면 시장에서 더 이상 제품을 보호할 수 없다. 실용실안권의 존속기간은 10년, 특허권의 존속기간은 20년이다. 디자인권은 15년에서 2014년에 20년으로 존속기간이 연장되었다. 상표권의 보호기간은 상표권 등록일로부터 10년간이지만, 10년마다 갱신하여 끝없이 연장가능하다. 저작권은 창작자 사망 후 70년까지 보호된다. 디자인/상표/저작권은 산업재산권 보호 측면에서 특허권과 기능적으로 영역을 달리하면서도 상호보완적이다. 예컨대, 특허권은 만료되었지만 상표로 시장경쟁력을 유지하는 경우이다. 코카콜라 라이트와 같은 제품에 저칼로리 감미료로서 사용하는 아스파탐의 경우, 특허권이 만료 이후에도 뉴트라스위트라는 상표로 시장경쟁력을 유지할 수 있었다. 본 장에서는 디자인권, 상표권, 저작권 각각을 작성하는 방법과 활용하는 방법에 대해 소개하고자 한다.

5.1 디자인 작성 및 디자인권 활용

특허법이 보호하는 발명이란 "자연법칙을 이용한 기술적 사상의 창작으로 고도한 것"으로 (특허법 제 2조 1항), 실용신안법이 보호하는 고안이란 "자연법칙을 이용한 기술적 사상의 창작"으로 정의된다 (실용신안법 제 2조 1항). 정의에 의하면 발명과 고안의 차이는 "고도한" 것인지 아닌 지에서 차이가 있다. 한편, 특허법과 실용신안법을 비교해보면, 특허권의 존속기간은 출원일로부터 20년(특허법 제 88조 1항), 실용신안의 존속기간은 출원일로부터 10년(실용신안법 제 22조 1항)이라는 점 이외에는 큰 차이가 없다.

실무적으로 보면, 실용신안은 특허 등록을 받기에는 어려운 수준의 제품 또는 설비를 보호하고자 하는 경우, 그리고 제품의 라이프 사이클이 짧고, 기능적인 형상을 포함하는 설계를 보호하기 위한 목적으로 적합하다.

한편, 디자인은 물품의 기능적 형상이 아닌, 외관의 심미성을 구매의 유인으로 활용하고자 할 때, 유용하게 사용할 수 있는 지식 재산권이다. 기본적으로 디자인의 물품성을 인정하고 있어, 동일한 미키 마우스 캐릭터 도안이라 하더라도 티셔츠에 새겨진 디자인과 입체적인 봉제 인형으로 만들어진 디자인은 형상이 동일하더라도 디자인보호법 상으로는 서로 다른 디자인으로 구분된다.

특허와 실용신안의 심사과정 또는 권리 행사 과정에서 유효성을 따질 때, 가장 빈번히 쟁점화 되고, 성패의 갈림길이 되는 것은 선행 기술에 대비하여 해당 특허 (또는 실용신안)이 진보성이 있는지를 판단하는 것이다. 진보성의 판단 기준은 출원 시점의 당업자에게 자명(obvious)한지의 여부인데, 여기서 당업자란 해당 기술이 속한 업계의 종사자로서 영어로 PHOSITA (Person Having Ordinary Skills In The Art)라고 한다. 누구의 눈으로 판단하는 지가 중요한 이유는 예컨대 전문가에게는 자명한데, 비전문가에게는 자명하지 않을 수 있기 때문이다.

디자인 또한 심사과정이나 권리 행사 과정에서 기존에 등록된 디자인과 동일한지 또는 상이한지를 구별해야 하고, 그 이유로 누구의 눈으로 판단해야 할 것인가에 대한 기준이 중요하다. 디자인의 경우에는 해당 디자인의 심미적 차이는 전문가나 당업자의 눈이 아니라, 소비자(Consumer)의 눈으로 결정해야 하고, 이러한 점에서 특허나 실용신안과 구별된다.

대법원 판례에 따르면(대법원 2001. 5. 15. 선고 2000후129). 디자인의 유사 여부는 "디자인을 구성하는 각 요소를 분리하여 개별적으로 대비할 것이 아니라, 외관을 전체적으로 대비 관찰하여 보는 사람으로 하여금 상이한 심미감을 느끼게 하는지의 여부에 따라 판단하여야 하고, 이 경우 보는 사람의 주의를 가장 끌기 쉬운 부분을 요부로서 파악하고, 심미감에 차이가 생기게 하는지 여부의 관점에서 그 유사 여부를 결정하여야 한다"고 한다. 즉, 사람의 주의를 끌기 쉬운 부분을 디자인의 요부로 파악하는데 의의가 있다.

한편, 디자인권은 "물품의 신규성이 있는 형상, 모양, 색채의 결합에 부여되는 것으로서 공지의 형상과 모양을 포함한 출원에 의하여 디자인등록이 되었다 하더라도 공지 부분에까지 독점적이고 배타적인 권리를 인정할 수는 없으므로 디자인권의 권리범위를 정함에 있어 공지 부분의 중요도를 낮게 평가하여야 하고, 따라서 등록디자인과 그에 대비되는 디자인이 서로 공지 부분에서 동일 · 유사하다고 하더라도 등록디자인에서 공지 부분을 제외한 나머지 특징적인 부분과 이에 대비되는 디자인의 해당 부분이 서로 유사하지 않다면 대비되는 디자인은 등록디자인의 권리범위에 속한다고 할 수 없다(대법원 2004. 8.30. 선고 2003후762)"고 한다. 즉, 공지부분의 중요도는 낮게 평가하는데 의의가 있다.

구체적인 예시로서, 권리범위 확인 심판의 심결문을 인용하여, 두 디자인 간의 동일 유사성을 상기 판례를 기반으로 하여 어떻게 판단하는지를 설명하고자 한다 (특허심판원 2015허 2846). 그림 3-22에 등록디자인과 확인대상디자인을 사시도, 정면도, 배면도, 좌측면도, 우측면도 및 평면도를 사용하여 대비하였다.

우선 코부분에서 발등부, 뒤축에서 뒷목으로 솟아오른 곡선의 흐름과 운동화의 튀어나온 앞부분의 전체적인 형상, 그리고 앞 부분에 형성된 평활한 표면에 볼록하게 솟아오른 형태로 선이 드러나고, 발등에서 코쪽으로 여러 가닥이 나란이 펴져가는 줄 모양은 유사하게 판단하였다.

그림 3-22 등록디자인과 확인대상디자인의 대비

구분	이 사건 등록디자인	확인대상디자인
사시도		
정면도	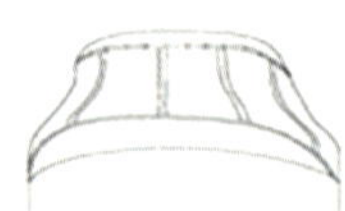	
배면도		
좌측면도		
우측면도		
평면도	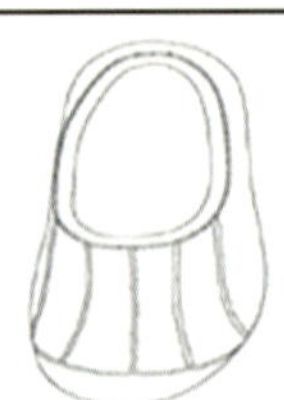	

출처: 특허심판원 2015허 2846

그러나, 양 디자인은 ㉮ 목부분에 있는 테두리의 띠모양에 있어서 등록디자인은 ‘ ’과 같이 목걸이 줄 모양인 반면에, 확인대상디자인은 ‘ ’과 같이 밴드 형태인 점, ㉯ 옆면 하단에 있어서 등록디자인에는 ‘ ’과 같이 하단에 띠가 없는 반면, 확인대상디자인에는 ‘ ’과 같이 얇은 하단의 띠가 있는 점, ㉰ 옆면에서 뒷면으로 가면서 확인대상디자인에는 물결무늬가 있는 반면에, 등록디자인에는 물결무늬가 없는 점, ㉱ 발등 덮개부의 아랫부에 있어서 등록디자인은 ‘ ’과 같이 초승달 모양인 반면, 확인대상디자인은 ‘ ’과 같이 밴드 형태인 점, ㉲ 뒷부분에 있어서 등록디자인에는 ‘ ’과 같이 목걸이 줄모양의 띠만 있는 반면에, 확인대상디자인에는 ‘ ’과 같이 밴드 형태와 그 아래에 엠보싱 형태의 띠가 있고, 하단부에는 4줄의 매우 가는 띠와 그 아래에 얇은 띠가 있는 점 등에서 차이가 있다고 판단하였다. 위 차이점 중 특히 ㉯, ㉰, ㉲와 관련된 확인대상디자인의 특징은 보는 사람의 주의를 끌 수 있는 요부에 해당하므로, 전체적인 심미감에 뚜렷한 차이를 가져온다고 판단하였다.

한편, 선행 디자인 검색은 특허청에서 제공하는 KIPRIS 웹페이지에서 가능하다 (그림 3-23). 상단 메뉴바에서 SERCH 하단에 디자인을 선택하고, 디자인 물품의 명칭에 해당하는 키워드를 입력하면 관련 디자인 출원 건의 디자인 도면과 서지사항을 확인할 수 있다. 상기 특허심판원 2015허 2846 심결에서 선행디자인으로 제시된 신발을 검색해보자.

그림 3-23 KIPRIS 디자인 검색 사이트

인터넷에서 쉽게 검색할 수 있는 특허청에서 발간한 디자인 물품류별 물품목록을 참조하면, "제 02류 의류 및 패션잡화용품" 하위 그룹인 "04군 신발류, 양말 및 스타킹" 하위 물품의 명칭 중에서 가장 적당해 보이는 "운동화"를 찾을 수 있다. 표 3-9에 해당 물품류의 물품의 명칭을 나타내었다.

표 3-9 물품분류 제 02류 04군 물품의 명칭

제 02 류 의류 및 패션잡화용품

04군	물품의 범위	신발류, 양말 및 스타킹

주: 타이츠, 각반(gaiters) 및 그 밖의 레그웨어와 축구, 스키, 아이스하키 등의 스포츠용 특수부츠, 교정용 신발 및 양말을 포함한다.

물품의 명칭

각반
고무신
골프용 덧신
골프화
골프화용 보강테
구두
구두갑피
구두깔창
구두끈걸이구
구두둘레테이프
구두뒤축
구두뒤축바닥
구두뒷단보호구
구두밑창
구두밑창보호구
구두바닥
구두안창
구두용 뒤축보호구
구두용 뒷축보호구
구두용 미끄럼방지구
구두중창
구두중창 결착구
구두중창용 철심
구두창
구두커버
깁스환자용 신발
나막신
농구화
단화
댄싱슈즈
덧버선
덧버선골

덧신
덧신장화
등산부츠
등산화
레깅스
모카신
무릎보호대
무용화
바디스타킹
반장화
발가락 양말
발가락샌들
발교정구
발레슈즈
발목커버
발커버
방한용 실내화
방한용 장화장식구
버선
부츠
샌들
샌들대
샌들바닥
샌들밴드
서핑용 신발
설화
수영화
수중낚시용 장화
수중화
숙녀화
스노보드용 부츠
스노우부츠 [아프레스 스키부츠]

스노우보드 부츠
스케이트화
스케이트화용 커버
스케이트화용 프레임
스키화
스타킹
스패츠
스패츠(※Spats)
스포츠용 특수화
슬리퍼
슬리퍼바닥
슬리퍼밴드
슬리퍼용 자동회전구
신발
신발끈조임구
신발냄새탈취용 밴드
신발대
신발바닥
신발보강판
신발보관상자
신발용 갑피
신발용 공기펌프
신발용 뒤축심
신발용 뒷축
신발용 미끄럼방지보호구 [스파이크 제외]
신발용 바닥
신발용 바닥심
신발용 발광장식구
신발용 생크
신발용 안창
신발용 앞코심

신발용 에어쿠션
신발코씌
신사화
실내화
안전화
앵글부츠
양말
양말용 깔창
여성구두
여화
운동용 무릎싸개
운동용 양말
운동용 정강이싸개
운동화
운동화공기튜브용 밸브
운동화바닥
운동화용 통풍조절구
운동화장식판
운전자용 무릎받침대
유아용 레깅스
유아용 양말
유아용 장화
유아화
의료용 스타킹
인솔(INSOLE)
작업용 고무각반
작업용 장화
작업화
작업화용 베라
장화
점프용 신발
정형외과용 신발

키워드 "운동화"를 입력하여 검색해 보면, 그림 3-24에서와 같이 해당 2,547개의 운동화 디자인이 나타나고, 운이 좋게도 11번에서 해당 선행디자인을 발견할 수 있다. 디자인 검색은 아직 특허에서 텍스트 검색하듯이 도면의 부분적인 특징을 검색하는 방법은 개발되지 못하였다. 도면 하나 하나를 눈으로 확인하면서 검색해야 한다.

그림 3-24 KIPRIS 디자인 검색 결과 예시

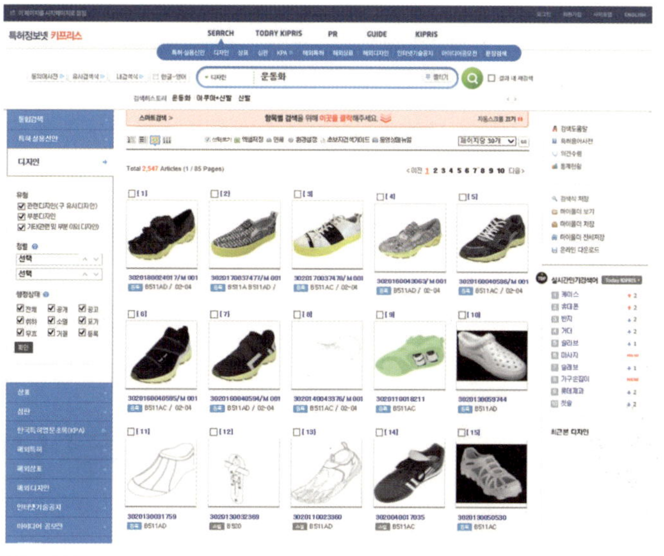

디자인 작성 및 출원 단계에서 디자인 보호법 관점에서의 디자인을 이해하고 접근해야 하고, 특허청에서 공개하는 판례를 살펴봄으로써 디자인권이 어느 정도의 권리 범위를 가지는지에 대해 감각을 가지는 것이 좋다. 실무적으로 보면 해당 제품의 디자인이 주지 또는 저명해질 경우 권리범위를 넓게 보는 경향이 있다. 상표와 마찬가지로 디자인의 경우에도 제품 식별력이 있으므로, 유사 제품에 대한 소비자의 오인 혼동을 방지하고자 하는 목적이 있기 때문이다.

디자인은 특허보다 모방이 용이하므로, 공개주의를 보완한 비밀 디자인 제도를 운영하고 있다. 일반적인 경우 디자인 출원 중이거나 거절된 디자인은 공개되지 않고, 등록 결정된 디자인은 디자인 등록 공보에서 공개되는데, 디자인 공개에 따른 모방 행위를 미연에 방지하기 위해, 출원일로부터 3년간 공개되지 않도록 보장하는 것이다. 국내 대기업 A사의 경우, 2017년 기준 한해 제품 디자인 500여개를 모두 비밀 디자인으로 출원하고, B사의 경우에는 전략 제품 디자인에 대해 비밀 디자인으로 설정하고 있다. 비밀이 유지되는 동안 검색 사이트에서 검출되지 않아 실질적으로 경쟁사가 모방할 시간을 주지 않는 유리한 측면과, 추후 비밀로 유지되는 해당 기간 동안 권리 주장이 어렵다는 단점이 있다.

5.2 상표 작성 및 상표권 활용

상표는 자타 상품을 식별하기 위해 사용하는 기호, 문자, 도형, 입체적 형상 또는 이들을 결합한 것을 보호하며, 최근에는 색채만으로 된 상표, 홀로그램상표, 동작 상표 및 그 밖에 시각적으로 인식할 수 있는 모든 유형의 상표까지 보호 범위가 확대되고 있다. 광의적으로는 상표의 범주에 "본죽"과 같은 서비스업을 식별하도록 하는 서비스표와 각종 기타 표장을 포함하기도 한다.

그림 3-25 기타 표장의 종류 [특허청 지식재산 탐구생활]

업무 표장	증명 표장	지리적 표시 증명 표장
한국스카우트연맹 KOREA SCOUT ASSOCIATION	광양망덕전어 광양시 인증식당	부안쌀
KR 42-0001686	KR 47-0000013	KR 48-0000001
단체 표장	**지리적 표시 단체표장**	
대한한의사협회	순창 두릅	
KR 43-0000101	KR 44-0000366	

상품에 부착하는 표장 상표 이외에도 다른 용도의 표장이 몇 가지 더 존재한다. "YMCA", "보이스카웃", "로타리클럽"과 같이 비영리 업무를 하는 자의 업무를 표시하는 (1) 업무표장, "광양망덕전어", "강진회춘탕"과 같이 상품의 품질, 원산지, 생산방법 또는 그 밖의 특성을 증명하고 관리하는 것을 업으로 하는 자가 타인의 상품에 대하여 그 상품을 증명하는데 사용하는 (2) 증명표장, "부안쌀", "함평단호박"과 같이 지리적 표시를 증명하는 것을 업으로 하는 자가 타인의 상품에 대하여 그 상품이 정해진 지리적 특성을 충족한다는 것을 증명하는 데 사용하는 (3) 지리적 표시 증명표장, "대한한의사협회"와 같이 상품을 생산, 제조, 가공, 판매하거나 서비스를

제공하는 자가 공동으로 설립한 법인이 직접 사용하거나 그 소속 단체원에게 사용하게 하기 위한 (4)단체 표장, "순창 두릅", "안동포"와 같이 지리적 표시를 사용할 수 있는 상품을 생산, 제조, 또는 가공하는 자가 공동으로 설립한 법인이 직접 사용하거나 그 소속 단체원에게 사용하게 하기 위한 (5)지리적 표시 단체표장이 그것이다. 도 24에 표장의 종류를 예시와 함께 나타내었다.

상호, 상표, 서비스표, 도메인 네임은 일반적으로 널리 통용되는 용어이기도 하지만, 법제적으로도 사용상 일부 공역(commons)이 있어 개념을 혼돈하기 쉽다. 구별하자면, 상호는 상인이 영업상 자기를 표시하는 명칭으로 인적 표지의 일종이며, 상표는 자타 상품을 식별하기 위해 상품에 부착하는 표장이다. 한편, 서비스표는 자기의 서비스업(광고업, 은행업, 요식업등 용역의 제공업무)을 타인의 서비스업과 식별되도록 사용하는 표지이다. 상표가 제조업등 1차, 2차 산업에 속하는 지정상품을 지정하고, 서비스표는 3차산업에 속하는 서비스를 지정하여 권리 행사한다는 점에서 차이가 있다. 그러나, 본죽사건(특허법원 2005허9053)에서 나타난 바와 같이 등록서비스권자가 죽용기, 포장용 쇼핑백, 젓가락 냅킨 등에 서비스표를 붙이는 행위 또한 서비스표권의 사용범위 내에 속할 수 있어 상표와 서비스표 사이에는 권리의 공역을 부인하긴 힘든 면이 있다. 실무적으로 상표 등록 심사 시 서비스표가 인용되어 거절되기도 한다.

한편, 도메인 네임은 인터넷상 연결되어 있는 컴퓨터들의 IP Address 대신 이용자가 쉽게 송수신 컴퓨터의 위치를 알 수 있도록 문자로 표기한 것으로, 인터넷 기술과 전자상거래의 발전에 따라 상품이나 서비스의 출처 표시의 기능도 있어, 상표 또는 서비스표의 일부 기능을 대체하고 있다. 이와 같은 이유로 상표의 등록 여부와 도메인 네임의 등록 여부는 전혀 무관하게 진행되지만, 상표와 도메인 이름 간의 분쟁이 증가하고 있는 추세이다. 한국에서는 도메인 네임의 신청을 한국인터넷진흥원(NIDA)에서 할 수 있다. 도메인 네임은 상표, 서비스표와 달리, 인터넷상 동일한 도메인 이름은 단 하나밖에 생성할 수 없어 독점적으로 사용할 수 있고, 등록비, 유지비를 납부 하는 한 기간에 구애 받지 않는 반면, 오인 혼동을 일으키는 유사 도메인을 배척할 권리는 없다. 표 3-10에 상호, 상표, 서비스표, 도메인 네임 사이의 차이점에 대해 나타내었다.

표 3-10 상호, 상표, 서비스표, 도메인 네임 간에 차이점

	상호	상표	서비스표	도메인 네임
대상	상인	1차/2차 산업	서비스업	웹사이트 주소
동일성 표시	영업	상품	서비스	호스트 컴퓨터
사용의무	강제성	비강제성	비강제성	강제성
등록여부	불필요	필요	필요	필요
독점배타적권리	없음	있음	있음	없음

상표의 기본적인 기능은 자기의 상품과 타인의 상품을 식별할 수 있고, 동일한 출처에서 나온다는 것을 수요자에게 표시하는 데 있다. 동일 출처이므로 동일한 품질을 보증하기도 하고, 수요자에게 심리적인 연상 작용을 일으켜, 시장에서 광고 선전의 기능을 하기도 한다. 상표로 특허청에 등록이 되면, 타인이 동일 또는 유사한 상표를 사용하지 못하도록 금지할 수 있으며, 손해가 있을 경우 배상을 청구할 권리가 발생한다. 상표권은 설정 등록이 있는 날로부터 10년간씩 갱신하며 반영구적으로 사용할 수 있으나, 불사용하는 경우 취소될 수 있다. 특허는 발명을 공중에 공개하여 산업발전에 이바지하는 대가로 부여 받는 권리이지만, 상표는 수요자의 오인 혼동을 방지하여 시장질서가 유지되도록 부여 하는 권리이므로, 등록자가 사용하지 않고, 타인을 사용하지 못하게만 하도록 권리를 보장해줄 이유는 없다.

표 3-11 식별력이 없는 상표의 예시

1. 상품의 보통 명칭 (예: 스낵제품–corn chip, 과자류–호두과자)
2. 관용상표 (예: 과자류–깡, 청주–정종)
3. 성질표시적 상표
   1) 산지표시 (예: 사과 – 대구, 모시–한산, 굴비–영광)
   2) 품질표시 (예: 상, 중, 하, 특선)
   3) 원재료표시 (예: 양복–Wool, 넥타이–silk)
   4) 효능표시 (예: 복사기 – Quik Copy)
   5) 용도표시 (예: 가방–학생, 의류–Lady)
   6) 형상표시 (예: 소형, 대형, 슬림)
   7) 생산방법 · 가공방법 · 사업방법 표시 (예: 구두–수제, 농산물–자연농법)
   8) 시기표시 (예: 의류 – 봄 · 여름 · 가을 · 겨울)
4. 현저한 지리적 명칭, 그 약어 또는 지도 (예: 금강산, 백두산, 뉴욕)
5. 흔한 성 또는 명칭 (예: 이씨, 김씨, 사장, 상사, 조합, 총장)
6. 간간하고 흔히 있는 표장 (예: 123, One, Two)
7. 기타 식별력이 없는 표장 (예: Believe it or not, www 등)

출처: 특허청 상표의 이해

상표 제도의 취지상 일반 수요자에게 상표를 표시한 상품이 누구의 상품인지를 식별시킬 수 없는 것은 상표등록이 불허된다. 상표법 제 33조 1항 각호에서는 식별력이 없는 상표를 제한적으로 열거하고 있다. 표 3-11에 식별력이 없는 상표의 예시를 나타내었다.

예외적인 경우로, 상표등록출원 전부터 그 상표를 사용한 결과, 그 상표가 수요자 간에 누구의 업무에 관련된 상품을 표시하는 것인가 현저히 인식되어 있는 상표(예: 등산용품-K2)와 지리적 표시 표장(예: 보성 녹차)은 등록받을 수 있다.

한편, 상표 그 자체로서 자타상품의 식별력을 가지고 있다 하더라도, 공익상의 이유로 또는 타인의 이익을 침해하는 경우를 지정하여 당해 상표의 등록을 배제하고 있다 (표 3-12). 상표를 디자인할 단계에서부터 해당 사안을 위반하지 않도록 참고하여 작성하는 것이 좋다.

상표의 검색은 특허, 실용신안, 디자인과 마찬가지로 특허청에서 제공하는 KIPRIS 홈페이지에서 상표명을 입력하여 쉽게 검색할 수 있다. 도 25에 예시적으로 상표 "설빙"을 검색한 결과를 나타내었다.

그림 3-26 KIPRIS 상표 검색 예시

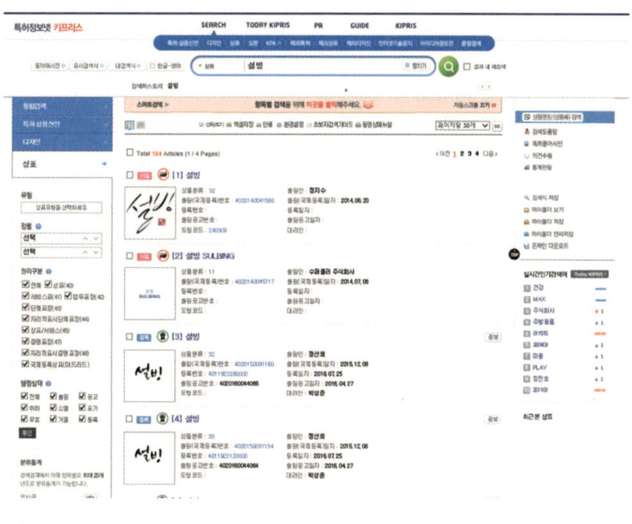

출처: 한국 특허청

표 3-12 상표 부등록 사용

1. 대한민국의 국기 · 국장, 파리협약동맹국 · 세계무역기구 회원국 또는 상표법조약 체약국의 훈장 · 포장, 적십자 · 올림픽 등의 공공마크와 동일 또는 유사한 상표 (예 : 무궁화 도형, IMF, WTO 등)
2. 국가 · 민족 · 공공단체 · 종교 또는 저명한 고인과의 관계를 거짓으로 표시하거나 이들을 비방 또는 모욕하거나 이들에 대한 평판을 나쁘게 할 우려가 있는 상표(예 : 양키, Negro 등)
3. 국가 · 공공단체 또는 비영리 공익법인의 표장으로서 저명한 것과 동일 또는 유사한 상표 (예 : YMCA, KBS, 적십자 등)
4. 선량한 풍속에 어긋나는 등 공공의 질서를 해칠 우려가 있는 상표 (예 : 외설적인 도형이나 문자, 사기꾼, 소매치기 등의 문자)
5. 정부 또는 외국정부가 개최하거나 정부 또는 외국정부의 승인을 받아 개최하는 박람회의 상패 · 상장 또는 포장과 동일 · 유사한 표장이 있는 상표
6. 저명한 타인의 성명 · 명칭 또는 상호 · 초상 등을 포함하는 상표 (예 : DJ, JP, 한전, 주공 등)
7. 타인의 선등록상표와 동일 · 유사한 상표
8. 타인의 등록된 지리적 표시 단체표장과 동일 · 유사한 상표
9. 타인의 상품을 표시하는 것이라고 수요자들에게 널리 인식되어 있는 상표와 동일 유사한 상표
10. 수요자들에게 널리 인식되어 있는 타인의 지리적표시와 동일 · 유사한 상표
11. 수요자들에게 현저하게 인식되어 있는 타인의 상품이나 영업과 혼동을 일으키게 할 염려가 있는 상표
12. 상품의 품질을 오인하게 하거나 수요자를 기만할 염려가 있는 상표
13. 국내외에 특정인의 상표라고 인식되어 있는 상표와 동일 · 유사한 상표로서 부당한 이익을 얻으려 하는 등 부정한 목적으로 사용하는 상표
14. 국내외에 특정지역의 지리적표시로 인식되어 있는 것과 동일 또는 유사한 상표로서 부당한 이익을 얻으려하는 등 부정한 목적을 가지고 사용하는 상표
15. 상품 또는 그 상품의 포장의 기능을 확보하는데 꼭 필요한 입체적 형상, 색채, 색채의 조합, 소리 또는 냄새만으로 된 상표
16. 세계무역기구(WTO) 회원국내의 포도주 또는 증류주의 산지에 관한 지리적표시로서 구성되거나 그 지리적 표시를 포함하는 상표로서 포도주 또는 증류주에 사용하려는 상표. 다만 지리적 표시의 정당한 사용자가 지리적표시 단체표장 등록 출원을 한 경우는 예외
17. 「식물신품종 보호법」 제109조(품종명칭의 등록절차 등)에 따라 등록된 품종 명칭과 동일 · 유사한 상표
18. 「농수산물 품질관리법」 제32조(지리적표시의 등록)에 따라 등록된 타인의 지리적 표시와 동일 · 유사한 상표
19. 대한민국이 외국과 양자간(兩者間) 또는 다자간(多者間)으로 체결하여 발효된 자유무역협정에 따라 보호하는 타인의 지리적 표시와 동일 · 유사한 상표
20. 동업 · 고용 등 계약관계나 업무상 거래관계 또는 그 밖의 관계를 통하여 타인이 사용하거나 사용을 준비 중인 상표임을 알면서 그 상표와 동일 · 유사한 상표를 등록 출원한 상표
21. 조약당사국에 등록된 상표와 동일 · 유사한 상표로서 그 등록된 상표에 관한 권리를 가진 자와의 동업 · 고용 등 계약관계나 업무상 거래관계 또는 그 밖의 관계에 있거나 있던 자가 동의를 받지 아니하고 등록출원한 상표

출처: 상표법 제 34조

상표는 중국 시장 진출을 염두에 둘 경우 중요한 이슈로 부각되고 있다. 중국 시장의 규모와 중국의 짝퉁 문화 때문이다. 중국의 짝퉁 문화가 어제 오늘 일이 아님에도 불구하고, 최근에 더욱 이슈가 되고 있는 것은 한국 제품과 서비스에 대해 상표 도용이 만연해지고 있기 때문이다. 필자는 한국지식재산협회 국제분과위원장으로 활동하던 시절, 중국의 상표 사냥꾼에 대한 실상을 잘 알게 되었다. 한국에서 어떤 프랜차이즈나 상품의 인기가 많아지면, 중국에서 상표 출원을 신속하게 등록하고, 한국 기업에게 거액의 보상금을 요구하거나, 중국 업체에게 상표권을 파는 등의 방법이 성행하더니, 급기야 직업적인 브로커 회사들이 생겨났다.

대표적인 상표 무단 선점 사례로 눈꽃 빙수로 유명한 '설빙' 카페의 피해가 있다. 중국 상하이 중심가에는 간판뿐만 아니라, 종업원 복장, 인테리어 및 소모용품까지 설빙 카페를 그대로 베껴서 영업 하고 있고, 업체 중 몇몇은 가맹점 모집까지 진행하였다. 브로커가 상표, 서비스표만 선점한 경우보다, 불사용 취소, 특수관계/악의적 브로커 입증에 의한 무효가 어렵고, 사업이 성황 중에 있으므로 상표권 매입에 의한 해결도 어렵다. 중국 사업에 관심있을 경우, 해당 국가에 상표 및 서비스표를 빨리 등록 했으면 해결될 수 있는 문제였다.

그림 3-27 한국 상표의 중국 선점. 도용 사례 [이찬열 국회의원실]

한국 상표의 중국 선점·도용 사례

중국 선점·도용상표	한국 상표
신포우리 新浦友利	
DONCHICKEN 吨位	돈치킨
NATURE REPUBLIC	NATURE REPUBLIC
김밥천국	김밥천국
설빙 SULBING	설빙
BARIS BAGUETTE	PARIS BAGUETTE Café
굽네치킨	굽네치킨
횡성 横城	횡성 횡성한우
핑크퐁	핑크퐁

특허청 통계에 따르면 전체 한국 지식재산권 침해의 24%는 중국이 차지하고 있고, 그 중 42.5%는 상표권에 의한 침해이다. 상표권 도용 건수는 2015년에 화장품 96건, 식품 173건, 의류 35건, 프랜차이즈 323건 (총 826건), 2017년에는 화장품 60건, 식품 90건, 의료 30건, 프랜차이즈 52건 (총 406건)으로 집계되었다.

그림 3-28에 중국 주요 상표 브로커 리스트를 나타내었다. 주목할 만한 점은 일부 개인이 큰 영향력을 행사하고 있고, 전문화 되어 있다는 것이다. 창업자나 기업 관련자들은 중국 시장 진출을 하려면 사전에 반드시 중국에 동일 유사 상표가 등록되어 있는지 또는 상표 도용으로 매매되고 있는지 확인해보아야 한다. 등록된 상표들의 검색은 중국공상행정관리국 상표국 검색사이트에 접속하면 손쉽게 중문, 영문으로 검색 가능하다 (http://sbcx.saic.gov.cn). 자신의 상표가 선점되어 있는 건 아닌지 대표적인 상표 브로커들의 매매 사이트를 미리 살펴보는게 좋겠다.

그림 3-28 중국 주요 상표 브로커 현황 및 대표적인 매매 사이트

≫ 중국 주요 상표브로커 현황 (단위 : 건, '16. 11 기준)

No	상표브로커 명	피해권리수
1	金光春 (김광춘)	330
2	沈阳绅士格林贸易有限公司 *(심양신사격림유한공사)	142
3	优尚康国际贸易(上海)有限公司 (우이강국제무역(상해)유한공사)	80
4	北京汉拿山世纪国际商务会馆有限公司 (북경한나산세기국제상무회관유한공사)	73
5	李恩植 (이은식)	72
6	张永杰 (장영걸)	49
7	北京驰名会教育咨询有限公司 *(북경치명회교육자순유한공사)	32
8	杭州辛普莱斯贸易有限公司 (항주신보래사무역유한공사)	33
9	威海九日进出口有限公司 (위해구일진출구유한공사)	36
10	韩林(上海)投资管理有限公司 (한림(상해)투자관리유한공사)	48
11	广州市和麦贸达贸易有限公司 (광주시화맥하달무역유한공사)	35
12	杰博斯贸易(上海)有限公司 (걸박사무역(상해)유한공사)	32
13	哈尔滨宏飞盛世经贸有限公司 (합이빈홍비성세경무유한공사)	28
14	广州市世忠贸易有限责任公司 (광주시세충무역유한책임회사)	20
15	富双(上海)投资管理有限公司(부쌍(상해)투자관리유한공사)	22
16	义乌优罗进出口有限公司 (이오우라진출구유한공사)	17
17	香港万福珠宝有限公司 (향항만복주보유한공사)	16
18	上海韩宝餐饮管理有限公司 *(상해한보찬음관리유한공사)	14
19	青岛凯云通商进出口有限公司 (청도기운통상진출구유한공사)	12
20	上官宗南 (상관종사)	11
21	义乌达展李进出口有限公司 (의오달옥이진출구유한공사)	10
22	北京芭黎贝甜企业管理有限公司 *(북경파려패첨기업관리유한공사)	8
23	北京净王科技有限公司 *(북경정왕과기유한공사)	5
	계	1,125

* 상표브로커 김광춘 자회사

순번	명칭	사이트 주소
1	[illegible]商标转让网	http://www.ht.cn
2	赛标网	http://www.saibiao88.com
3	中国商标交易网	http://www.esb.com.cn/Tms/ShopItem/List
4	创名商标转让网	http://www.cmsbw.cn
5	中华商标超市网	http://www.gbicom.cn
6	名鼎商标转让网	http://www.mdsb.cn
7	[illegible]	http://www.sootm.com
8	尚标网	http://www.86sb.com
9	品牌传播网	http://www.ppcb.cn

출처: 특허청 "중국 상표 보호의 모든 것"(2017)

중국 상표 또는 서비스표가 아직 등록되지 않은 경우에는 한국 상표 등록 6개월 이내에 중국에 조약 우선일 주장을 하면서 출원하면 된다. 만약, 중국 시장 진출 하였거나 준비 단계에 있는데, 상표 또는 서비스표가 선점된 것을 발견하였다면, 서둘러 문제의 해결 방향을 검토해보아야 한다. 상표 등록이 중국 시장 진출을 위해 협력하는 계약 파트너 등 특수관계인에 의한 것일 경우, 중국 상표법 15조에 기반하여 증거자료를 모으고 이의신청, 무효심판을 진행할 수 있다. 상표 선점 브로커에 의한 경우에는 악의적 상표 브로커임을 입증하는 자료를 준비하여 이의신청, 무효심판을 진행하면 된다. 두 가지 모두 해당되지 않을 경우 상표권 매입을 위해 상표권자에게 접촉하거나, 불사용 취소 신청으로 대응해야 한다. 선점된 중국 상표 등록이 최근 6개월 이내이

고, 한국에서 상표 출원한 것도 6개월 이내인데, 한국 출원이 중국보다 빠른 경우, 조약 우선권을 주장하면서 중국에 출원하면 된다.

그림 3-29 한국기업의 상황별 상표브로커 대응전략과 이의신청, 무효선고 신청 시 증거자료

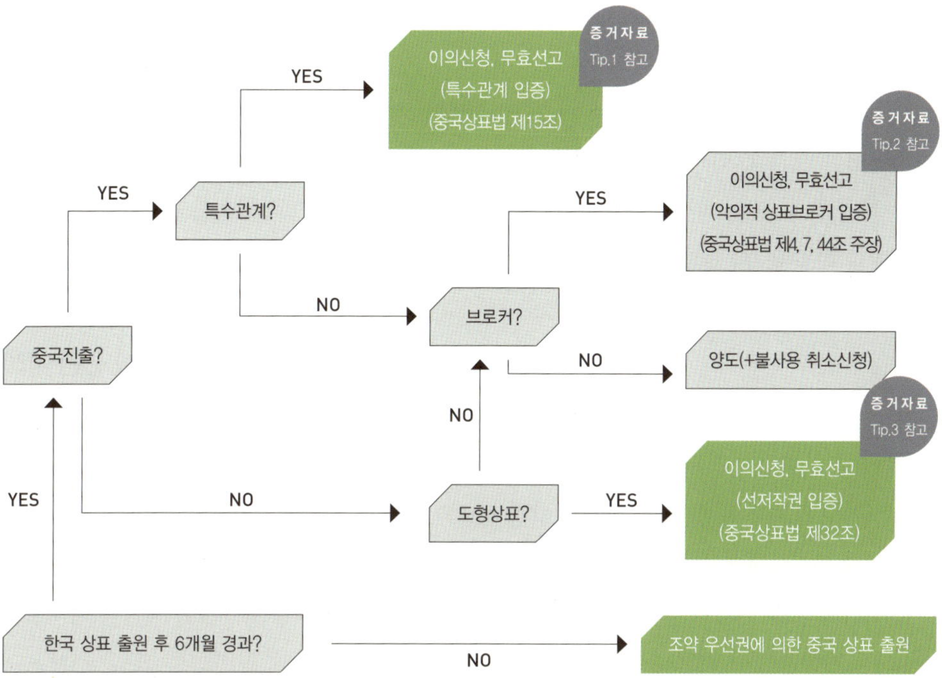

증거자료 [Tip.1]

'특수관계' 입증을 위한 증거자료

· 업무 협약서 · 중국 판매 계약서 · 중국법인 재직증명서 · 기타 특수관계임을 입증할 수 있는 자료 *상기 자료는 '공인증'시 증명력 강해짐

증거자료 [Tip.2]

'상표브로커' 입증을 위한 증거자료

· 상표브로커가 선점한 중국 상표 리스트 · 중국 상표에 대응되는 한국 등록상표의 등록원부 · 중국 온라인 상표 매매 사이트에서의 판매 웹페이지 링크
· 한국 기업의 한국 및 중국 내 인지도 증명자료 · 한국 기업의 한국 및 중국 내 인지도 증명자료 (언론보도, 주요 수상내역 등)

증거자료 [Tip.3]

'선저작권' 입증을 위한 증거자료

· 로고 제작 계약서 · 로고 제작일을 입증할 수 있는 로고 제작 시안, 보고서 등 · 한국 상표 및 저작권 등록증 · 중국 저작권 등록증
*상기 자료는 '공인증'시 증명력 강해짐

출처: 특허청 "중국 상표 보호의 모든 것" (2017)

5.3 저작물 창작 및 저작권 활용

저작권법은 저작자의 권리와 이에 인접하는 권리를 보호하여 "저작물"의 공정한 이용을 도모하고자 하는 것인데, 여기서 저작물은 인간의 사상 또는 감정을 표현한 "창작물"이다. "창작물"은 수준 높은 예술품을 의미하는 것이 아니라, 저자 자신의 작품으로 남의 것을 베낀 것이 아니라는 것과 최소한도의 창작성이 있다는 것을 의미한다.

저작물의 창작성 관련 사례

원저작물을 편집한 것도 창작성을 갖춘 경우 편집저작물로 저작권의 보호를 받을 수 있다. 편집물이란 부호 문자 음성 음향 영상 그 밖의 형태의 자료 등 소재의 집합물을 의미하고, 편집저작물은 그 편집물에서 소재의 선택, 배열, 또는 구성이 창작성을 갖춘 것을 의미하는데, 제작의 목적에 따라서 그 소재의 선택, 배열, 또는 구성을 누가하더라도 동일 유사한 결과를 가져오는 경우에는 창작성이 인정되지 않을 가능성이 높다.

대법원 판례(97도 2227)에 의하면, 단편적인 어구나 계약서 양식 등과 같이 누가 하더라도 같거나 비슷할 수 밖에 없는 성질의 것은 최소한도의 창작성을 인정 받기 어렵다고 한다. 다른 판례(대법원 2009도291)에 의하면, 여행지의 역사, 교통, 숙박 등의 정보나 인문적 현상은 객관적 사실이나 정보를 별다른 특색없이 그대로 기술한 것에 지나지 아니하거나 종래의 통상적인 방식과의 차이가 없어 실질적 유사성 판단의 전제로서 창작성을 인정할 수 없다고 하였다.

편집저작물의 창작성에 관련 사례

대법원 판례(92마 1081)에 의하면, 출판된 서적에서 미술분야에서의 중요 사건 및 사실을 연대순으로 선택 배열하여 10년 단위로 분산 수록하면서, 미술 분야가 아닌 문학, 음악, 및 공연, 예술, 영화, 과학 기술 및 기타의 항목도 함께 대비하여 각 분야의 중요한 역사적 사실을 함께 수록한 것이라 하더라도, 이는 창작성이 부족해 편집저작물로서 인정 받지 못한다고 한 바 있다. 또 다른 사례로, 제품만을 촬영한 광고 사진은 광고 사진작가의 고도의 기술을 이용한 것일 뿐, 어떤 창작적 노력 내지 개성을 인정하기 어렵다고 하여 저작물이 아니다라고 판시된 바 있다 (대법원 98다 43366)

저작권은 크게 저작물을 배타적으로 이용할 수 있는 권리인 저작재산권과 저작물에 대하여 가지는 인격적 · 지적 이익을 보호하는 권리인 저작인격권으로 구분된다. 저작재산권은 복제권, 공연권, 방송권, 전송권, 전시권, 배포권을, 저작인격권은 공표권, 성명표시권, 동일성유지권을 권리의 내용으로 한다. 표 3-13에 저작권의 종류를 나타내었다.

표 3-13 저작권의 종류

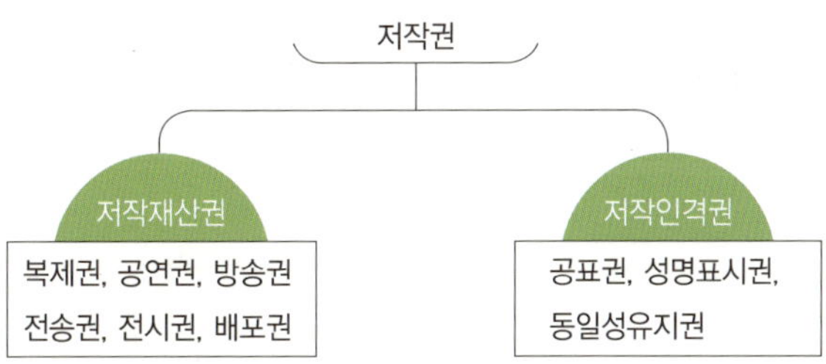

저작인격권은 일신전속적 성격이 있어, 저작재산권과 달리 양도 또는 상속이 되지 않는다. 성명표시권이란 저작물을 공표할 때, 저작자의 실명 또는 이명을 표시할 권리를 말한다. 원저작자가 타인에게 약정으로 이를 귀속시킬 수 없다. 한편, 저작자가 아닌 타인은 저작물의 내용은 저작자의 명시적 또는 묵시적 허락없이 무단으로 수정, 삭제하여 동일성을 해칠 수 없다. 이를 동일성 유지권이라고 한다.

저작권은 특허, 실용신안, 디자인 및 상표와 같이 권리를 취득하기 위해서 관청에 출원 및 등록을 해야 하는 것은 아니고, 창작과 동시에 자연 발생한다. 다만, 저작권위원회에 등록을 하는 경우 법정 추정력 대항력을 인정받아 분쟁 시 권리자의 입증책임을 완화하는 효과가 발생한다. 저작권 등록은 한국저작권위원회 저작권 등록 홈페이지(http://www.cros.or.kr)에 소정의 수수료(온라인 20,000만원, 등록면허세 별도)를 내고 게재하면 된다. 1저작물 1등록 원칙으로, 저작권자의 신청이나 법원 등 기관이 법령에 의한 촉탁에 의해 신청이 가능하다. 그림 3-30에 한국저작권위원회 홈페이지를 나타내었다.

그림 3-30 한국저작권위원회 홈페이지

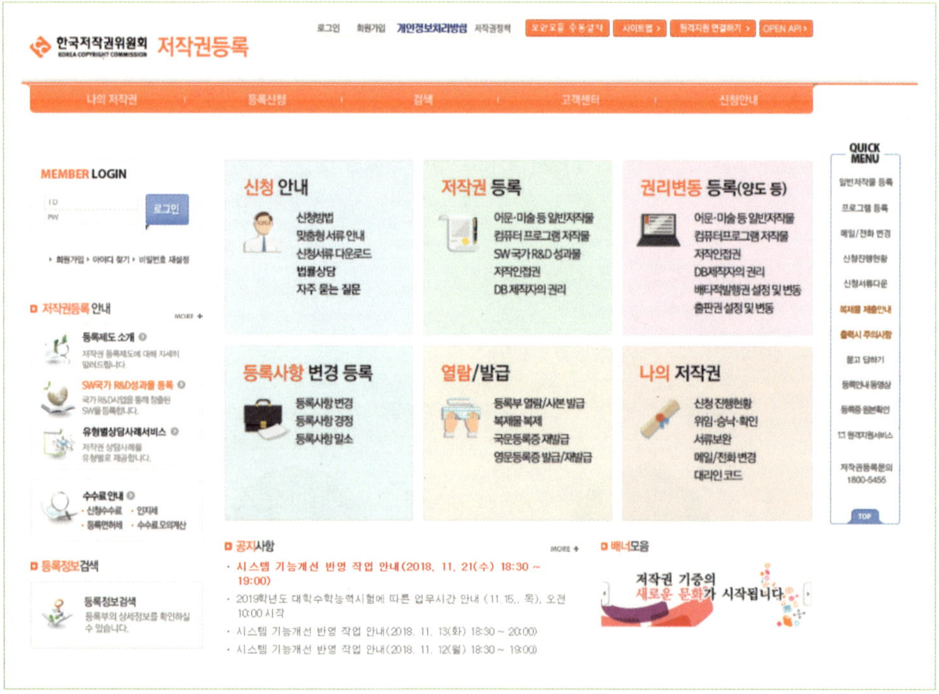

저작권의 대상이 되는 저작물은 문자, 소리, 그림, 영상 등으로 사람의 사상이나 감정을 창작성 있게 표현한 것으로, 아래 표 3-14와 같이, 저작권법 제 2, 4, 5조에 예시되어 있다. 한편, 저작 인접권의 대상이 되는 저작 인접물은 저작권과는 별도로 저작물의 구현과 제작에 따르는 일정한 노력의 산물이다. 국내에서 보호되고 있는 저작인접물은 표 3-15에 나타낸 것과 같이 3종류가 있다. 데이터베이스란 데이터의 소재를 체계적으로 배열 또는 구성하여 그 소재를 개별적으로 접근 또는 검색할 수 있게 한 편집물로서, 인적 물적 투자에 대한 제작자의 권리를 저작권법으로 보호하는 것이다. 저작물을 출판할 권리는 출판권이라 하고, 저작물을 복제, 배포할 권리를 가진 자로부터 이를 인쇄 또는 유사한 방법으로 문서 또는 도화로 발행하고자 하는 자에게 부여한다. 한편, 저작재산권자는 해당 저작물에 대하여 독점적으로 복제하여 배포 또는 전송할 수 있는 배타적발행권을 설정할 수 있다.

표 3-14 저작물 예시

구분	내용
① 어문저작물	소설, 시, 논문, 강연, 연술, 각본 등, 언어를 매체로 하여 작성된 저작물.
② 음악저작물	악곡 등, 음(音)에 의하여 표현되는 저작물.
③ 연극저작물	연극 및 무용, 무언극 등에 있어 동작에 의하여 표현되는 저작물(즉, 동작의 형(型), 안무).
④ 미술저작물	회화, 서예, 도안, 조각, 공예, 응용미술저작물 등, 형상 또는 색채에 의하여 미적(美的)으로 표현되는 저작물.
⑤ 건축저작물	건축물, 건축을 위한 모형 및 설계도서 등, 토지상의 공작물에 표현된 전체적인 디자인.
⑥ 사진저작물	사진, 청사진 등 사진의 방법으로 표현한 저작물.
⑦ 영상저작물	영화, 애니메이션 등, 연속적인 영상으로 표현되는 저작물.
⑧ 도형저작물	지도, 도표, 약도, 모형, 설계도(건축 설계도 · 모형은 ⑤에 해당)에 의해 표현되는 저작물.
⑨ 컴퓨터프로그램저작물	특정한 결과를 얻기 위하여 컴퓨터 등 정보처리능력을 가진 장치안에서 직접 또는 간접으로 사용되는 일련의 지시 · 명령으로 표현된 창작물.
⑩ 편집저작물	저작물이나 부호, 문자, 음성, 음향, 영상 그 밖의 자료 등 소재의 집합물로서 그 소재의 선택 또는 배열이 창작성이 있는 것(창작성 있는 데이터베이스 포함).
⑪ 2차적저작물	원저작물을 번역 · 편곡 · 변형 · 각색 · 영상제작 그 밖의 방법으로 작성한 창작물. 2차적저작물은 다시 위의 ①~⑩의 하나에 해당할 수 있음

출처 : 한국저작권위원회

표 3-15 저작인접물의 종류

01. 실연
저작물을 연기 · 무용 · 연주 · 가창 · 연술 그 밖의 예능적 방법으로 표현하는 것.

02. 음반
(가창 · 연주 · 자연의 소리 등) 음이 유형물에 고정된 것(음이 영상과 함께 고정된 것은 제외)으로 CD와 같은 매체가 아니라 이에 수록된 콘텐츠 자체.

03. 방송
라디오 방송, 텔레비전 방송 등.

출처 : 한국저작권위원회

원저작물을 번역, 편곡, 변형, 각색, 영상제작 또는 그 밖의 방법으로 작성한 창작물은 2차 저작물이라고 한다. 2차 저작물로서 인정받으려면 추가적인 창작성이 가미되어야 한다. 대법원 판례(2003다41555)에 의하면, 아날로그 방식으로 녹음된 음반을 디지털 샘플링 기법을 이용하여 디지털화 한 것은 단지 아날로그 방식의 음반을 부호화하면서 잡음을 제거하는 등으로 실제 연주에 가깝게 한 것에 지나지 않아, 재구성하거나 새로운 내용을 첨삭하는 등의 방법으로 독자적인 표현을 부가한 것이 아니므로 2차 저작물이 아니라고 한다. 2차 저작물의 저작권은 원저작물의 저작자의 동의 여부에 무관하게 창작을 가미한 해당 2차 저작물의 저작자에게 귀속된다.

저작권법 보호 대상 여부 관련 사례

저작권은 저작자에게 자연 발생됨에도 불구하고, 법인 등의 명의로 공표되는 업무상 저작물은 계약 또는 근무 규칙 등에 다른 정함이 없는 때에는 그 법인 등이 저작자가 된다. 저작권은 표현된 형식을 보호하는 것이며, 내용 또는 생각을 보호하지 않는다. 다만, 내재적 표현이 동일하면 외면적 형식이 다소 변경되더라도 원저작물의 범위 이내라고 본다. 내재적 표현이란 외부에 나타나 있는 그대로의 표현과 내부에 존재하는 아이디어의 중간층을 의미한다.

저작인접권이란 실연자, 음반제작자, 방송사업자에게 부여되는 권리로서, 저작물의 직접적인 창작자는 아니지만, 저작물의 해석자 내지는 전달자로서 창작에 준하는 활동을 한다는 점에서 저작권에 준하는 권리를 부여하는 것이다. 저작권자의 허락과 저작인접권자의 허락은 별개의 것으로 필요시 모두 득해야 한다.

여기서, 실연자란 저작물을 연기, 무용, 연주, 가창, 연술 그 밖의 예능적 방법으로 표현하는 자와 실연을 지휘, 연출 또는 감독하는 자를 말한다. 실연자는 실연을 복제, 방송, 전송할 권리 및 실연이 녹음된 음반 등을 영리목적으로 사용함에 있어 허락할 권리가 있다. 음반이란 음 또는 음이 영상 등과 함께 유형물에 고정된 것을 말하며, 음반제작자란 음을 미디어에 고정한 사람을 말한다. 음반제작자는 음반을 복제, 배포, 전송할 권리를 갖는다. 방송사업자란 방송을 업으로 하는 자를 말하는 것으로, 방송사업자는 방송을 녹음, 녹화, 사진 그 밖의 유사한 방법으로 복제하거나 동시 중계 방송할 권리를 갖는다.

한 식품회사가 "내가 제일 잘 나가사끼 짬뽕"이라는 문구에 의한 광고에 대해 인기 걸그룹 투애니원(2NE1)의 노래 "내가 제일 잘 나가"의 작사작곡가가 제기한 저작권 침해 사건에서, 투애니원의 "내가 제일 잘 나가"라는 문구는 인기를 많이 얻거나 사회적으로 성공했다는 단순한 내용을 표현한 것으로 보호할 만한 독창적인 표현 형식이 포함되기 어려워 저작권법이 보호하는 저작물이 아니라는 판단하였다 (서울중앙지법 자 2012카합996).

"제 5판 재무관리" 학술적 저작물에 대한 복제권 침해 사건에서, 학술적 저작물에 담겨 있는 학술적 내용을 이용하더라도 창작성이 드러나 있는 구체적인 표현까지 베끼지 않는 한 복제권 등을 침해한 것으로 볼 수 없다고 판시하였다 (대법원 2010다70520).

한글교육 교재가 채택하고 있는 순차적 교육방식의 경우, 저작권법이 보호하고 있는 사상과 감정을 표현한 창작적인 표현형식이 아니라, 표현 되어 있는 내용 즉 아이디어나 이론 등의 사상 및 감정 그 자체는 독창성, 신규성이 있다 하더라도 아이디어에 불과하여 저작물로 보호받을 수 없다고 판시하였다 (대법원 96다6264).

스포츠 소식을 비롯하여 각종 사건이나 사고, 수사나 재판 상황, 판결 내용 등 여러가지 사실이나 정보들을 언론매체의 정형적이고, 간결한 문체와 표현 형식을 통하여 있는 그대로 전달하는 정도에 그치는 기사는 독창적이고 개성 있는 표현 수준에 이르지 않고, 단순히 사실의 전달에 불과한 시사 보도의 정도에 불과하여 저작권법에 의한 보호 대상에서 제외한다고 판시하였다 (대법원 2007다354).

저작권은 아니지만, 저작권 관련 법률을 통해 저작권과 유사한 권리를 보호받을 수 있다. 대표적인 것이 퍼블리시티권과 온라인콘텐츠법이다. 퍼블리시티권(Publicity Right)은 한국에서는 성문법상 명시적으로 인정하고 있지는 않지만, 사람의 초상, 성명 등 그 사람 자체를 가리키는 것을 광고, 상품 등에 상업적으로 사용하여 경제적 이익을 얻을 수 있는 권리로 인정되는 경우가 있다. 통상, 퍼블리시티권의 범주는 실명, 예명, 얼굴이나 외모, 특이한 행동거지, 음성, 연기 등을 광고, 상품, 보도, 영화 등에 사용하지 못하도록 한다. 반면, 미국에서는 불법행위법에 프라이버시 관련법이 잘 발달 되어 있는데, 성명과 외모뿐만 아니라 사생활 정보, 개인 공간 또는 물건, 개인정보 왜곡 등의 경우에 적용된다. 아직 한국에서는 필요성에 공감대가 형성되고 있지만 입법이 미비하고, 판례도 부족한 상태이다.

타인이 상당한 노력으로 제작하여 표시한 온라인콘텐츠 중 최초로 제작된 것은 최초로 제작하여 표시한 날부터 5년 동안 보호된다(온라인콘텐츠법 제 18조 제 1항). 하지만, 온라인 콘텐츠 제작 및 표시 연월일, 제작자의 성명(또는 법인 명칭), 이용조건 등을 온라인 콘텐츠 또는 그 포장에 표시 하지 않으면 그 권리를 보호받을 수 없는 특징이 있다(대법원 2004도9073).

인터넷 홈페이지는 그 구성형식, 소재의 선택이나 배열에 있어 창작성이 인정되는 경우, 편집저작물로서 보호받을 수 있다. 예컨대, 인터넷 사이트에 올려진 상품정보와 동영상 등의 구성 형식이나 배열, 서비스 메뉴의 구성 등은 편집저작물로 간주되어 보호 받을 수 있다. 편집 저작물의 보호와는 별개로 온라인콘텐츠법에 따라 타인의 상당한 노력으로 제작 표시된 온라인 디지털 콘텐츠로 인정될 경우, 정당한 권한 없이 복제 또는 전송하는 방법으로 경쟁사업자의 영업에 관한 이익을 침해할 수 없게 된다(서울지법 2003카합1713).

한편, 오픈 소스의 사용이 종종 이슈가 되는데, 예를 들어 GNU GPL(General Public License)과 같은 공개 SW 라이선스 정책에서 "사용자가 자유롭게 소프트웨어를 복제, 수정, 재배포할 수 있도록 하면서도 개작한 모든 결과물을 GPL에 따라 재배포할 것"을 규정으로 한다 할지라도, 기업내부에서 핵심 소스코드 등을 개발하여 대외비로 관리해 왔다면, 소프트웨어를 영업비밀의 비공지성, 경제적 유용성, 비밀관리성을 만족하여 영업비밀로 인정받는데는 영향이 없다(2005고단2806).

표 3-16 저작권자 허락 없이 이용할 수 있는 저작재산권 제한 사유

1) 재판절차, 입법, 행정자료를 위한 저작물의 복제 (제 23조)
2) 정치적 연설 및 법정, 국회 또는 지방의회에서 공개적으로 행한 진술 (제 24조)
3) 학교의 교육 목적상 필요한 교과용 도서에의 저작물 게재 및 해당 저작물의 복제, 배포, 공연, 방송 또는 전송 (제 25조)
4) 방송, 영화, 신문 등의 방법에 의한 시사 보도를 위한 저작물의 이용 (제 26조)
5) 정치, 경제, 사회, 문화, 종교에 관하여 신문 및 인터넷 신문의 이용 또는 뉴스 통신에 게재된 시사적인 기사나 논설에 대한 다른 언론기관의 이용 (제 27조)
6) 공표된 저작물의 인용 (제 28조)
7) 영리를 목적으로 하지 않고, 반대급부를 받지 않는 공연이나 방송, 또는 반대급부 없이 음반이나 영화를 재생하여 공개 전달 하는 것 (제 29조)
8) 개인적 및 가정 내 이용을 위한 저작물의 복제 (제 30조)
9) 도서관 등에 보관된 자료의 복제 (제 31조)
10) 입학시험이나 기타 학식을 검정하는 시험을 위한 복제(제 32조)
11) 맹인을 위한 점자에 의한 복제 (제 33조)
12) 방송사업자의 자체 방송을 위한 일시적 녹음 녹화 (제 34조)
13) 미술 저작물 등의 일정한 장소에서의 전시 또는 일정한 목적에서의 복제 (제 35조)
14) 제 25조, 제 29조, 제 30조 저작물의 번역, 편곡 또는 개작 및 제 23조, 제 24조, 제 26조, 제 28조, 제 32조, 제 33조 저작물의 번역 (제 36조)

출처: 저작권법

이러한 저작권 보호에도 불구하고, 저작권자의 허락 없이 저작물을 이용할 수 있는 경우는 있다. 각각의 예시가 저작재산권 제한 사유로 저작권법에 명시되어 있다. 공익적인 목적으로 이해하면 된다. 표 3-16에 나타내었으니, 제한 사유가 있을 시에는 저작권법에 침해되지 않으니, 안심하고 저작물을 활용하면 된다.

단원요약

디자인 보호법에서는 신규성과 창작성이 있는 형상, 모양, 색채 및 이들의 결합에 관한 물품의 외관에 대해 소비자가 느끼는 심미감을 구별하여 이를 보호한다.

◆ 상표는 자타 상품을 식별하기 위해 사용하는 기호, 문자, 도형, 입체적 형상, 색채, 동작 또는 이들을 결합한 것으로 광의적으로 서비스표 및 표장을 포함하나, 상호 또는 도메인 네임과는 구별된다.

◆ 소비자의 오인 혼동을 방지하기 위해 상표 등록을 받을 수 없는 부등록 사유를 상표법에 명시하고 있다. 한편, 상표적 식별력이 없거나, 식별력을 사용에 의해 잃어버리는 경우 상표 등록을 받을 수 없다.

◆ 중국 시장 진출 시에는 특수 관계인에 의한 도용 또는 상표브로커에 의한 상표 선점을 검토하고 주의해야 한다.

◆ 저작권은 문자, 소리, 그림, 영상 등으로 사람의 사상이나 감정을 창작성있게 표현한 저작물을 보호하는 것으로, 복제권, 공연권, 방송권, 전송권을 포함하는 저작재산권과 공표권, 성명유지권, 동일성 유지권을 포함하는 저작인격권으로 구성된다.

◆ 저작권으로 보호되는 저작물에는 어문, 음악, 연극, 미술, 건축, 사진, 영상, 도형, 컴퓨터프로그램, 편집, 2차 편집 저작물이 포함된다.

◆ 저작물의 직접 창작자는 아니지만 실연자, 음반제작자, 방송사업자에게는 저작물의 해석자 내지는 전달자로서의 저작인접권이 인정된다.

핵심용어 정리

디자인 · 물품성 · 심미감 · 상표

도메인 네임 · 상호 · 표장 · 서비스표

오인 혼동 · 식별력 · 상표브로커 · 저작권

편집 저작물 · 저작물 · 창작성

학습하기

1. 창업 아이템 관련 원하는 디자인을 한 가지 스케치해보자. 적합한 물품의 명칭을 물품류에서 찾아 특허청에서 제공하는 KIPRIS 디자인 검색사이트에서 선행 디자인을 검색해보자. 선행 디자인 검색 결과를 바탕으로 스케치한 디자인의 등록 가능성에 대해 토론해보자.

2. 창업 관련 상표를 하나 스케치해보자. KIPRIS 상표 검색 사이트에서 원하는 상표명을 문자로 입력하여 검색해보자. 기호, 문자, 도형, 입체적 형상, 색채, 동작 또는 이들을 결합을 기준으로 원하는 상표와 오인 혼동을 일으킬 만한 상표가 있는지 확인하고 등록 가능성에 대해 토론해 보자.

3. 창업 아이템과 관련하여 저작물이 있는지 생각해보고, 저작권의 보호를 받을 수 있는 저작물에 해당하는지 토론해보자.

4. 창업을 통해 사업을 영위하는 동안 저작권 또는 저작인접권의 이슈가 발생할 만한 사안이 있는지 생각해보고 토론해보자.

참고문헌

- 특허청 지식재산 탐구생활
- 이찬열 국회의원실
- 특허청 산업재산보호지원과, 한국지식재산보호원 해외협력팀 "중국 상표 보호의 모든 것" (2017)
- 한국저작권위원회

집필진 소개

박명일 KAIST에서 학 · 석 · 박사 과정을 마친 후 삼성전자에서 TFT-LCD 개발 및 제조를 경험하였으며, 기술보증기금에서 중소벤처기업들의 자금, 사업화를 지원하면서 창업, 경영 관련 전문지식을 체득하였습니다. 현재 기술보증기금에서 기술이전사업화, 기술금융, 투자 등의 업무를 수행하고 있으며, 동시에 한밭대 창업학과 겸임교수, 한국벤처창업학회 상임이사로서 기술창업 관련 강의 및 연구 활동을 하고 있습니다. 저서로는『끝까지 살아남은 탄탄한 기업의 비밀』,『꼭 알아야 할 기술사업화 바이블』이 있습니다.

배종성 삼성전자/삼성디스플레이 지식재산팀에서 소송/매입/출원/기획 업무를 13년간 수행하였고, 한국지식재산협회(KINPA) 국제분과위원장으로 특허청장상을 수상하였습니다. 지식재산업무에 대한 실무적 전문성 이외에, 신소재 공학박사, 프로페셔널 라이팅 석사, 미국 로스쿨 수료 등 융합적 소양을 갖추고 있습니다. 현재 KAIST 융합기초학부 및 산학협력단에서 근무하고 있습니다.

이철흠 서울대학교 재료공학부를 졸업하고, 동 대학원에서 공학박사 학위를 받았습니다. 삼성전자에서 책임연구원으로 관련 전문지식과 제조 현장 경험을 얻었고, 이후 기술보증기금에서 기술(가치)평가 등을 통해 중소기업을 지원하였으며, 은행연합회를 거쳐 한국신용정보원에 재직하고 있습니다. 현재 은행 및 기술평가기관에 대한 기술, 시장 분석정보 제공과 금융당국 정책 지원을 통해 중소기업에 대한 기술금융 지원을 돕고 있으며, 이와 관련 금융위원장 표창을 수상하였습니다. 은행 및 투자기관 등이 기업의 신용뿐만이 아닌 기술력을 판단잣대로 삼는 심사 관행이 정착될 수 있도록 다양한 지원활동을 수행하고 있습니다.

기술사업화로 비상하라!

기술사업화 실무

2019년 6월 10일 1판 1쇄 인쇄
2019년 6월 20일 1판 1쇄 발행

저자와의
협의하에
인지생략

저 자: 박명일 · 배종성 · 이철흠
발행인: 송 준
발행처: 홍릉과학출판사
주 소: 01093 서울시 강북구 인수봉로 50길 10
등 록: 1976년 10월 21일 제5-66호

전 화: 02-999-2274~5, 903-7037
팩 스: 02-905-6729
e-mail: hongpub@hongpub.co.kr
http://www.hongpub.co.kr
ISBN: 979-11-5600-678-7(93320)

정 가: 19,000원